for Art Ashins —
with friendship and
admiration

EN TORNO

AL ROMANCERO SEFARDI

(Hispanismo y balcanismo de la tradición
judeo-española

Instituto Universitario Interfacultativo
«Seminario Menéndez Pidal»
Universidad Complutense de Madrid

FUENTES PARA EL ESTUDIO
DEL ROMANCERO. SERIE SEFARDÍ
(F. E. R. S.)

VII

Editores:

DIEGO CATALÁN

SAMUEL G. ARMISTEAD   JOSEPH H. SILVERMAN

IACOB M. HASSÁN

Samuel G. Armistead   Joseph H. Silverman

EN TORNO AL ROMANCERO SEFARDÍ

(Hispanismo y balcanismo de la tradición judeo-española)

con un estudio etnomusicológico
por

Israel J. Katz

traducción parcial
de

Iacob M. Hassán y Selma Margaretten

Madrid
Seminario Menéndez Pidal
1982

Published with the assistance of the Alexander Kohut Memorial
Foundation of the American Academy for Jewish Research.

IMPRESO EN ESPAÑA
PRINTED IN SPAIN
I.S.B.N. 84-600-2798-8
DEPÓSITO LEGAL: M. 32.658-1982
UNIGRAF, S. A. - FUENLABRADA (MADRID).

PRÓLOGO

Hace más de veinte años empezamos la apasionante tarea de procurar el rescate de las últimas reliquias —en inminente peligro de desaparición total— de la poesía tradicional judeo-española. Desde entonces hemos recogido, transcrito y clasificado más de millar y medio de romances sefardíes, amén de innumerables ejemplos de otros géneros folklórico-literarios. Acompañó este esfuerzo de campo otro, no menos importante, de gabinete: el estudio minucioso de los textos; la búsqueda de sus fuentes; la documentación de sus nexos con otras ramas del Romancero hispánico y con la balada paneuropea; la identificación de las múltiples y complejas contaminaciones que caracterizan e informan su vida tradicional; y la investigación de posibles modalidades ajenas a la tradición hispánica. Fruto de estas labores ha sido una serie de artículos orientados primordialmente hacia los dos extremos cronológico-geográficos del problema: por un lado, hacia lo medieval y lo hispánico y, por otro, hacia lo diaspórico y lo balcánico. Hemos procurado elucidar fuentes o facetas medievales desconocidas o poco conocidas del romancero sefardí y, a la vez, hemos podido dar a conocer otro aspecto suyo más moderno y, hasta la fecha, totalmente ignorado: el impacto sobre el cancionero judeo-español de temas, motivos y elementos estilísticos típicos de las tradiciones poéticas de los pueblos balcánicos y del Próximo Oriente. O sea: lejanías medievales y novedades orientales.

Quedaban dispersos estos trabajos en revistas y libros impresos en Alemania, Colombia, España, Estados Unidos, Francia, Grecia, Inglaterra, Italia y Méjico. Algunos se publicaron originalmente en inglés y varios de ellos vieron la luz en publicaciones poco asequibles al lector hispánico. Creemos que tales circunstancias, junto a su unidad temática, justifican la presente reedición en forma de libro. Ahora, por lo tanto, los reimprimimos: traducidos (cuando hacía falta), muy ampliados en muchos casos, puestos al día desde el punto de vista bibliográfico, y sujetos todos ellos a una reelaboración detenida y unificadora.

Nos queda el grato deber de agradecer a los muchos colegas quienes, con erudición y paciencia, nos han ofrecido su generosa ayuda a lo largo de los años: a Antonio Alatorre, J. Richard Andrews, Albert C. Baugh, Paul Bénichou, Rina Benmayor, Diego Catalán, Cynthia M. Crews, Marc A. Gabinski, Wayland D. Hand,

Mónica E. Hollander, Paul M. Lloyd, Yakov Malkiel, Helen McFie, María Menocal, John S. Miletich, Seán Ó Súillebháin, Carlos P. Otero, Florette M. Rechnitz, William J. Roach, Mitchell D. Triwedi y Ana Valenciano por sus expertas orientaciones bibliográficas y filológicas; a Diego Catalán, por su generosidad, al concedernos permiso de citar ciertos materiales inéditos; a Roger M. Allen, Mishael Caspi, Thomas Naff, Moshe Perlmann, Gerald Prince y Charles Wendell con referencia a varios problemas arábigos; a Dan Ben-Amos, Mishael Caspi, Judah Goldin y Iacob M. Hassán por sus valiosos consejos respecto a hebraísmos; a Gregory Gizelis, Anita Grillos Van Baelen, Michael Jameson, John Palesis y Renée Toole Kahane por su amable ayuda con los textos griegos; a Thomas Eekman, Boris A. Kremenliev y Biljana Šljivić-Simšić para lo referente a materiales eslavos; a Ahmet Evin, Andreas Tietze y Osman N. Tuna por habernos elucidado muchos problemas turcos; y a Erminio Braidotti le agradecemos su ayuda respecto a los dialectalismos venecianos.

La eficaz ayuda editorial de Ronald Swaab con la lectura de los varios juegos de pruebas ha sido imprescindible.

Nos incumbe dar nuestras más sinceras gracias a las siguientes entidades por su generosa ayuda económica durante los años en que preparamos los estudios de este libro: The American Council of Learned Societies, The American Philosophical Society, The Del Amo Foundation, The Ford Foundation, The John Simon Guggenheim Memorial Foundation, The National Endowment for the Humanities, y The Committee on Research de la Universidad de California en Los Angeles y en Santa Cruz. También nos complace agradecer al antiguo decano y preboste de la Universidad de Pennsylvania, Dr. Vartan Gregorian (ahora, presidente de la New York Public Library), tanto por el generoso apoyo material que siempre nos ofreció como por el invariable entusiasmo con que alentó nuestros trabajos.

Finalmente nos toca nombrar a tres queridos colegas, Iacob M. Hassán, Israel J. Katz y Selma Margaretten, cuya amistad, entusiasmo y erudición han alentado nuestras labores y cuya valiosa colaboración honra las páginas de este libro.

S.G.A. y J.H.S.
Philadelphia, Pennsylvania
Santa Cruz, California
mayo de 1980

Nota bibliográfica

I. La herencia peninsular

I.1.   *«La sanjuanada:* ¿Huellas de una ḫarǧa en la tradición actual?» Reproducimos, con ciertos cambios menores y amplificando en algún detalle las notas, nuestro estudio de título idéntico publicado en *NRFH,* XVIII (1965-1966), 436-443.

I.2.   «Un fragmento de las *Mocedades de Rodrigo* conservado en Marruecos»: Volvemos a publicar, con varias amplificaciones en el texto y en las notas, el artículo, «Sobre unos versos del cantar de gesta de las *Mocedades de Rodrigo* conservados tradicionalmente en Marruecos», *ALM,* IV (1964), 95-107.

I.3.   «El romance de *Celinos:* Un testimonio del siglo XVI» se publicó con este mismo título en *NRFH,* XXV (1976), 86-94. Aquí lo publicamos sin el apéndice que apareció en el original (pp. 93-94) y añadido el precioso detalle del texto de Sejas (Zamora).

I.4.   *«La niña de Gómez Arias* en la tradición moderna» se publicó en *ALM,* XVII (1979), 309-317. Aquí se reproduce sin cambios esenciales.

I.5.   *«La dama de Aragón* y sus congéneres griegos y románicos» se publicó primero en *KRQ,* XIV (1967), 227-238, bajo el título *«La dama de Aragón:* Its Greek and Romance Congeners». Con varias modificaciones se publica aquí en versión española.

I.6.   «Dos romances fronterizos en Oriente»: Corresponde a nuestro artículo, «Dos romances fronterizos en la tradición sefardí oriental», *NRFH,* XIII (1959), 88-98. Texto y notas han sido completamente refundidos y puestos al día.

I.7.   «¿Una forma oriental del *Conde Arnaldos?»* se publicó originalmente en *La Corónica,* V: 2 (1977), 110-112, como parte del artículo, «Another Ballad Publication of Yacob Abraham Yoná»; también se incorporó a «Un nuevo testimonio del romancero sefardí en el siglo XVIII», *ESef,* I (1978), 197-212 (con I. M. Hassán). Aquí sale el texto muy refundido.

I.8.   «Una fuente desatendida de *La Celestina»:* Corresponde a nuestra nota, «A Neglected Source of the Prolog to *La Celestina», MLN,* XCIII (1978), 310-312.

I.9.   «Un poema celestinesco en la tradición sefardí» se publicó con este mismo título en *Celestinesca,* II:1 (1978), 3-6. Aquí se reproduce suplementado con la «Nota adicional» impresa en *Celestinesca,* II:2 (1978), 29.

I.10. «Una variación antigua de *Tarquino y Lucrecia»:* Corresponde a «Una variación antigua del romance de *T. y L.», BICC,* XXXIII (1978), 122-126. Se publica aquí sensiblemente amplificado.

I.11. «Las *Coplas de la Muerte* y una endecha de Esmirna»: Se publicó con el título «Las *Coplas dela muerte como llama a vn poderoso Cauallero* y una endecha judeoespañola de Esmirna» en *ALM,* VII (1968-1969), 171-179. Se reproduce con algún ligero retoque.

I.12. «Una contraparte antigua de *Tamar y Amnón*» formó parte de «Romancero antiguo y moderno: Dos notas documentales», *AION,* XVI (1974), 245-259.

I.13. «Un texto de *Diego León* del siglo XVII»: Reproducimos la nota, «Sobre el romance "En vna villa pequeña" *(Xácaras y romances varios,* Málaga, 1668)», *Sef,* XXXI (1971), 184-186.

I.14. «Siete vueltas dio al castillo...» se publicó en *RDTP,* XXX (1974), 323-326. Se reproduce con varias adiciones en las notas.

I.15. «Poesía, amor y agricultura: *Vivardueña»:* Se publicó primero como parte de nuestro artículo-reseña, «A New Collection of Judeo-Spanish Wedding Songs», *JVF,* XIX (1974), 154-166. Ahora sale muy refundido y ampliado.

I.16. «Etimología y dicción formulística: J.-esp. *alazare* "alazán"» es una refundición muy ampliada de la nota publicada en *RPh,* XXI (1968), 510-512: «Jud.-Sp. *alazare:* An Unnoticed Congener of Cast. *alazán».* Aducimos varios nuevos textos inéditos.

I.17. «Un hispanoarabismo: J.-esp. *algüeca* "trompetilla, flauta"»: Corresponde a «J.-esp. *algüeca* "trompetilla"», *ESef,* I (1978), 143-145. Sólo experimenta cambios menores.

I.18. «El substrato cristiano del romancero sefardí» se publicó con el título «Christian Elements and De-Christianization in the Sephardic *Romancero»,* en *Collected Studies in Honour of Américo Castro's Eightieth Year* (Oxford, Inglaterra, 1965), pp. 21-38. Aparte de algunos ligeros cambios y adiciones, se reproduce esencialmente intacto.

II. HUELLAS DE LA DIÁSPORA

II.1. «Baladas griegas en el romancero sefardí»: Se basa en la ponencia leída por S. G. A. en el Second Sephardic Symposium: The Re-Discovery of the Hispano-Judaic Past, University of California, San Diego, 25 a 27 de abril de 1975. Experimenta aquí amplificación significativa y refundición fundamental respecto a la comunicación original. Una versión en inglés se publicará en el tomo XXXII (1979-81) de la revista *Laografía* (Atenas).

II.2. «La balada del *Puente de Arta:* Un tema pan-balcánico»: Se publicó primero como «A Judeo-Spanish Derivative of the Ballad of *The Bridge of Arta»,* *JAF,* LXXVI (1963), 16-20. La traducción española, ya refundida y ampliada, se publicó sin notas bajo el título «Influencias griegas en el folklore sefardí: La balada del *Puente de Arta»,* en *Davar* (Buenos Aires), núm. 107 (1965), 97-104. Experimenta ahora una refundición completa.

II.3. «Un dístico neo-helénico y su traducción judeo-española» apareció como «A Judeo-Spanish *Kompla* and its Greek Counterpart», en *WF,* XXIII (1964), 262-264. Una traducción española ampliada, pero sin notas, se publicó en *Davar,* núm. 112 (1967), 120-122: «Influencias griegas en la poesía tradicional sefardí: Un dístico neo-helénico y su traducción judeo-española». Ponemos al día la bibliografía.

II.4. «Una canción acumulativa y su congénere griego» se publicó en *REJ,* CXXXVII (1978), 375-381, bajo el título «A Judeo-Spanish Cumulative Song and its Greek Counterpart».

II.5. «Las *Complas de las flores* y la poesía popular de los Balcanes» se publicó con el mismo título en *Sef,* XXVIII (1968), 395-398. Se reimprime ahora con algunos retoques en las notas.

II.6. «Una metáfora oriental: *Selví*» reproduce sin grandes cambios el artículo «*Selví:* Una metáfora oriental en el Romancero sefardí», *Sef,* XXVIII (1968), 213-219.

II.7. «Calcos semánticos: J.-esp. *reinado* "bienes materiales"»: Sale muy refundida la nota, «A New Semantic Calque in Judeo-Spanish: *Reinado* "Belongings, Property"», *RPh,* XXVI (1972-1973), 55-57.

II.8. «Calcos semánticos: J.-esp. *libre* "virgen"» se publicó como «Otro calco semántico en el judeoespañol marroquí: *libre* "virgen"», *ESef,* I (1978), 133-138.

II.9. «Estribillos árabes en un romance sefardí» es una refundición radical y muy ampliada de «Arabic Refrains in a Judeo-Spanish *Romance*», *Iberoromania,* II (1970), 91-95.

II.10. «Exclamaciones turcas y otros rasgos orientales» reproduce, con alguna que otra ampliación, el artículo «Exclamaciones turcas y otros rasgos orientales en el Romancero judeo-español», *Sef,* XXX (1970), 177-193.

II.11. «Canciones narrativas italianas entre los sefardíes de Oriente» se publicó en *Homenaje a Julio Caro Baroja,* ed. A. Carreira, J. A. Cid, M. Gutiérrez Esteve y R. Rubio (Madrid, 1978), pp. 101-108. Experimenta algún que otro aumento bibliográfico.

II.12. «*El buceador:* Una canción popular francesa en la tradición sefardí» se publicó con el mismo título en *ESef,* I (1978), 59-64. Aparte de las preciosas noticias de la n. 13, apenas refleja cambio alguno.

III. PERSPECTIVAS MUSICALES

«La música de los romances judeo-españoles»: El profesor Israel J. Katz combina y reelabora a fondo lo expuesto en dos artículos suyos: «Toward a Musical Study of the Judeo-Spanish *Romancero*», *WF,* XXI (1962), 83-91, y «A Judeo-Spanish *Romancero*», *EMu,* XII (1968), 72-85.

I

LA HERENCIA PENINSULAR

LA *SANJUANADA:* ¿HUELLAS DE UNA ḤARĞA EN LA TRADICIÓN ACTUAL?

Para James T. Monroe

Frente al erotismo quejumbroso que lleva la voz cantante en la lírica mozárabe, sorprende la nota épica de la ḥarğa de San Juan. Trátase de una cuarteta octosilábica que sirve de remate a una muwaššaḥa árabe del Ciego de Tudela, Abū-l-ᶜAbbās al-Aᶜmà at-Tuṭīlī (muerto en 1126):

> ¡Albo día ešte día,
> día đē al-ᶜAnṣara ḥaqqā!
> Beštiréy mio al-mudabbağ
> wa-našuqqu ar-rumḥa šaqqā.

O sea:

> *¡Albo día, este día,*
> *día de la sanjuanada de verdad!*
> *Vestiré mi [jubón] brochado*
> *y quebraremos la lanza.*[1]

---

[1] La publicó primero E. García Gómez en «Dos nuevas jarŷas romances (xxv y xxvi) en muwaššaḥas árabes (ms. G. S. Colin)...», *AlAn,* 19 (1954), 369-384. Reproducen la documentación esencial R. A. Borello, *Jarŷas andalusíes* (Bahía Blanca, 1959), p. 44, y K. Heger, *Die bisher veröffentlichten Ḥarğas und ihre Deutungen* (Tübingen, 1960), pp. 166-171 (núm. 51). Para el texto de la ḥarğa y su versión moderna nos hemos basado en J. M. Sola-Solé, *Corpus de poesía mozárabe* (Barcelona, 1973), p. 175. Cfr. García Gómez, *Las jarchas romances de la serie árabe en su marco* (Madrid, 1965), pp. 244-245 (núm. XXV); 2.ª ed. (Barcelona, 1975). Sobre la métrica de esta ḥarğa, véase García Gómez, «La lírica hispano-árabe y la aparición de la lírica románica», *AlAn,* 21 (1956), 303-338 (pp. 334-335), o bien la versión francesa del mismo artículo en *Arab,* 5 (1958), 113-144 (pp. 140-141). Para el uso de *mudbage* en las lenguas hispánicas durante la Edad Media, véanse C. Bernis Madrazo, *Indumentaria medieval española* (Madrid, 1956), p. 12 y la foto IV, núm. 18; H. Brunswick, *Diccionario da antiga linguagem portugueza* (Lisboa, 1910), p. 187; R. Dozy and W. H. Engelmann, *Glossaire des mots espagnols et portugais dérivés de l'arabe,* 2da ed. (Leyde, 1869), p. 321; L. de Eguilaz y Yanguas, *Glosario etimológico de las palabras españolas de origen oriental* (Nueva York, 1970), p. 460; A. H. de Oliveira Marques, *Daily Life in Portugal in the Late Middle Ages* (Madison, 1971), pp. 41, 43, 93; A. Steiger, «Zur Sprache der Mozaraber», *Festschrift Jacob Jud* (Geneva-Zürich-Erlenbach, 1942), p. 676; J. de Sousa, *Vestígios da língoa arábica em Portugal* (Lisboa, 1830), p. 165.

El poemita se encaja dentro de la tradición de las fiestas populares del solsticio de verano, la famosa mañana de San Juan —ᶜAnṣara en hispano-árabe— celebrada con igual entusiasmo por moros y cristianos en la España medieval.[2] Además de subrayar el carácter postizo de la ḫarǧa (que «salta a la vista desde el primer instante»), así como su absoluta independencia respecto a la muwaššaḥa, García Gómez ve en la última estrofa del poema árabe una cancioncilla «de carácter eminentemente popular, sin duda preexistente a la muwašāḥa... En ella tenemos nada menos que un cantar romance o semi-romance de los de la noche de San Juan (23 a 24 de junio)».[3]

Entre varios poemas de carácter tradicional aducidos por García Gómez como posibles paralelos de esta ḫarǧa de San Juan, figura un artificioso romance en lenguaje morisco incluido por Lope de Vega en su comedia San Diego de Alcalá (compuesta hacia 1611):

> El maniana de San Joan,
> al tempo que el manecía,

[2] La tradición moderna conserva alguna memoria de esta ambivalencia religiosa: «El dia de Sant Joan / n'és un molt senyalat dia, / faran festa els cristians / i els moros de Moreria...» (Las hermanas reina y cautiva, en J. Amades, Cançons populars amoroses i cavalleresques [Tárrega, 1935], p. 232; cf., del mismo, Folklore de Catalunya, II: Cançoner [Barcelona, 1951], núm. 3239); «La festa de Sant Joán / festa és de molta alegria, / la fan tots els cristians / i els moros de Moreria...» (Don Bueso y su hermana, en J. Sarri, «Cancionero de «La Rosa de Bulner»: Primera parte», Ilerda, 16 [1958], 91-126: p. 114). Versos casi idénticos introducen un texto de La infantina recogido por M. Milá y Fontanals, Romancerillo catalán, 2.ª ed. (Barcelona, 1882), núm. 213. Sobre la fiesta de la ᶜAnṣara en Al-Andalus, cf. Dozy y Engelmann, s.v. alhanzaro; A. Steiger, Contribución a la fonética del hispano-árabe... (Madrid, 1932), p. 283. Cfr. también La gran conquista de Ultramar, ed. P. de Gayangos (BAAEE, t. 44, Madrid, 1951), p. 101a; Cristóbal de Villalón, Viaje de Turquía, Autobiografías y Memorias, ed. M. Serrano y Sanz (NBAE, t. 2, Madrid, 1905), pp. 131-132; Adolfo de Castro, El conde-duque de Olivares y el rey Felipe IV (Cádiz, 1846), pp. 22, 25. Para la fiesta de la ᶜAnṣara o ᶜAnṣra en Marruecos y Argelia en tiempos modernos, véanse amplias referencias bibliográficas reunidas por W. Marçais, Textes arabes de Tanger (París, 1911), p. 152, n. 1; también E. Arques, Tierra de moros: Estampas de folklore (Ceuta-Tetuán, 1938), pp. 118-131; M. ibn Azzuz Hakim, Diccionario de supersticiones y mitos marroquíes (Madrid, 1958), pp. 8, 10; J. Bourrilly, Éléments d'ethnographie marocaine (Paris, 1932), pp. 119-120; E. Westermarck, Ritual and Belief in Morocco, 2 tomos (New Hyde Park, N. Y., 1968), II, 182-206. Cf. «Dos nuevas jarŷas...», p. 372.—En varias comedias de Lope de Vega y otros dramaturgos se alude a la veneración que los moros tenían por San Juan Bautista. Véase Lope de Vega, El cordobés valeroso Pedro Carbonero, ed. J. F. Montesinos (Madrid, 1929: Teatro ant. esp., 7), I, vs. 281-284, y pp. 228-229.

[3] «Dos nuevas jarŷas», p. 371; cf. Las jarchas romances, p. 239. Véanse también los comentarios de J. B. Trend, «The Oldest Spanish Poetry», Hispanic Studies in Honour of I. González Llubera (Oxford, Inglaterra, 1959), pp. 415-428: 424; J. M. Alín, El cancionero español de tipo tradicional (Madrid, 1968), p. 172; A. Sánchez Romeralo, El Villancico (Estudios sobre la lírica popular en los siglos xv y xvi) (Madrid, 1969), p. 81; J. M. Sola-Solé, «El artículo al- en los arabismos del iberorrománico», RPh, 21 (1967-1968), 275-285.

gran festa hacelde los moros
al senior de San Joan Baptista.
            ¡Ay ha!
Salimos todos al vega,
divididos al cuadrilias:
Benzaide lievar leonado
con lunas de plata fina.
            ¡Ay ha!
Alcaide de los Donceles
una marlota marilia,
toda de Mahomas de oro
e mil arábigas cifras.
            ¡Ay ha!
Cuando estar jugando todos
con el dargas y cañizas,
el Maestre de Santiaguas
tener so gente escondida.
            ¡Ay ha!
Salir de repente juntos:
damos voces el moriscas,
desmayábase la Reina
sobre una turca alcatifa.
            ¡Ay ha!⁴

Ahora bien, no es éste el análogo romancístico más cercano a nuestra ḫarǧa mozárabe. Lope, muy al tanto de la poesía tradicional y del Romancero en particular, no hace aquí sino imitar, aunque en forma muy lejana y libre,⁵ unos versos romancísticos —bien conocidos en su época— cuyas notables semejanzas con la ḫarǧa del Ciego de Tudela merecen darse a conocer. El romance fronterizo de *La pérdida de Antequera*, impreso repetidas veces en

---

⁴ «Dos nuevas jarŷas», pp. 373-374; *San Diego de Alcalá, Acad.,* t. 5, p. 43*b*. En relación con las fiestas de San Juan evocadas en comedias de Lope, Montesinos citó ya en 1929 la misma letra de *San Diego de Alcalá,* observando con su acostumbrada perspicacia que parecía un romance morisco hecho de elementos populares —los versos iniciales, por ejemplo— y de reminiscencias literarias (*El cordobés valeroso,* pp. 181-182; véase también I, vs. 281-379). Véanse también M. S. Carrasco Urgoiti, *El moro de Granada en la literatura del siglo xv al xx,* Madrid, 1956; G. Labib, *Der Maure in dem dramatischen Werk Lope de Vega's. Ein Beitrag zu dem Problem: der Maure —eine literarisch stilisierte Fiktion oder historische Wirklichkeit?* [tesis], Hamburg, 1961; y U. Knoke, *Die spanische «Maurenromanze»: Der Wandel ihrer Inhalte, Gehalte und Ausdrucksformen zwischen dem Spätmittelalter und dem Beginn des Barock* [tesis], Göttingen, 1966.
⁵ Compárese la libre inspiración (y el felicísimo resultado) con que Lope maneja el tema de *La infanta de Francia* (*Primavera* 151) y otros *topoi* romancísticos en «A caza va el caballero / por los montes de París...» (de *El villano en su rincón,* II, vs. 1252-1271; *Poesías líricas,* ed. J. F. Montesinos, *Clás. cast.,* ed. de 1951, t. I, 64). Véase otro caso parecido en R. Menéndez Pidal, *Romancero hispánico,* 2 tomos (Madrid, 1953), II, 208. Cfr. ahora también G. Umpierre, *Songs in the Plays of Lope de Vega* (London, 1975), pp. 18-19.

el siglo XVI, lleva como prólogo la siguiente evocación poética de
la fiesta del solsticio estival:[6]

> La mañana de San Juan   al punto que alboreaua,
> 2 gran fiesta hazen los moros   por la bega de Granada;
>   revolbiendo sus caballos   y jugando de las lanças;

[6] Véanse *El cordobés valeroso,* p. 182, n. 1, y el fundamental estudio de este
romance y el de *Jarifa y Abindarráez* por F. López Estrada, *La conquista de Antequera en el Romancero y en la épica de los siglos de oro* (Sevilla, 1956), pp. 21-39.
Sobre la cronología de las distintas versiones, véanse pp. 22-23, n. 6, 26, 31-32.
Reproducimos como texto base *(A)* del trozo que nos interesa la versión glosa-
da en ciertos *Disparates donde ay puestas muchas damas y señoras de Aragón* in-
cluidos en el *Cancionero de Juan Fernández de Íxar,* ed. J. M. Azáceta, 2 tomos
(Madrid, 1956), II, 785-786. Transcribe el mismo texto López Estrada, *op. cit.,* p.
21, quien aduce buenos argumentos a favor de la antigüedad de esta versión (pp.
26, 30-32). Con todo, Azáceta señala provisionalmente «el comienzo del último
cuarto [del siglo XVI]... como tope máximo» para la difícil cronología de esta sección tardía del ms. del *Cancionero* de Íxar (t. 1, pp. XX-XXI).
Para las variantes tenemos en cuenta los siguientes textos:
B. *Pliegos poéticos españoles en la Universidad de Praga,* 2 tomos (Madrid,
1960), II, 218. Véanse también F. Wolf, *Ueber eine Sammlung spanischer Romanzen in fliegenden Blättern auf des Universitäts-Bibliothek zu Prag* (Viena, 1850), p.
197 (núm. LXVII); R. Foulché-Delbosc, «Les cancionerillos de Prague», *RHi,* 61
(1924), 303-586 (pp. 329-330: núm. LXVIII). ¿Deriva de este pliego el de la colección
de Cracovia impreso en Granada en 1573? Véase E. Porębowicz, *Zbiór niezna-
nych hiszpańskich ulotnych druków znajdujących się w Bibljotece Jagiellońskiej w
Krakowie* (Kraków, 1891), p. 7 (núm. 88); López Estrada, p. 26, n, 10; A. Rodríguez-Moñino, *Diccionario bibliográfico de pliegos sueltos poéticos (siglo XVI)* (Madrid, 1970), núms. 683 y 919; M. C. García de Enterría, *Pliegos poéticos españoles
de la Biblioteca Universitaria de Cracovia,* 2 tomos (Madrid, 1975), II, 74.
C. *Pliegos poéticos góticos de la Biblioteca Nacional,* 6 tomos (Madrid, 1957-
1961), II, 341: pliego suelto, s.l.n.a. (Burgos [?], mediados del siglo XVI [?]). Véase
López Estrada, p. 25, n. 10, quien transcribe el texto. Lo recoge también Durán,
Romancero general (BAAEE), núm. 1.045. Véase además Rodríguez-Moñino, *Diccionario,* núm. 679.
D. *Segunda parte de la Silva de varios romances,* Zaragoza, 1550. Seguimos la
transcripción de López Estrada, p. 24. Se reproduce también en F. J. WOLF y C.
Hofmann, *Primavera y flor de romances, apud* M. Menéndez Pelayo, *Antología de
poetas líricos castellanos,* 10 tomos (Santander, 1945), VIII, núm. 75.
E. Lorenzo de Sepúlveda, *Romances nuevamente sacados de historias antiguas
de la Crónica de España,* Amberes, 1566. Transcripción de López Estrada, p. 23.
F. Diego Pisador, *Libro de música de vihuela* (1552), reproducido en G.
Morphy, *Les Luthistes espagnols du XVIe siècle,* 2 tomos (Leipzig, 1902), II, 177-178.
Véanse también M. Querol Gavaldá, "Importance historique et nationale du
romance", en *Musique et poésie au XVIe siècle* (Paris, 1954: Colloques Internatio-
naux du C.N.R.S.), pp. 299-327 (310-311, 323), y López Estrada, pp. 25-26, n. 10.
G. Juan Timoneda, *Rosas de romances,* Valencia, 1573, ed. A. Rodríguez-
Moñino y D. Devoto (Valencia, 1963), «Rosa española», fols. lij vº-liij vº.
La música (sin texto) de un romance que comienza «La mañana de Sant Juan»
figura en los *Tres libros de música en cifras* de Alonso de Mudarra (1546), ed.
Morphy, *Les Luthistes...,* II, 112. Recuerda el mismo prólogo migratorio un romance artificioso sobre Bernardo del Carpio que empieza: «La mañana de Sant Juã /
quando el alua començaua...» *(Pliegos poéticos góticos de la Bibl. Nacional,* III,
266; también V. Castañeda y A. Huarte, *Colección de pliegos sueltos, agora de
nuevo sacados* [Madrid, 1929], p. 2; Rodríguez-Moñino, *Diccionario,* núm. 1079).

4   ricos pendones en ellas   labrados por sus amadas,
    ricas aljubas bestidas,   de sedas y finas granas,
6   ricos albornozes puestos,   texidos de oro y plata.
    El moro que amores tiene,   señales d'ellos mostraua,
8   mas quien amores no abia,   alli no escaramuçaba...

VARIANTES: 1a. Sant *BCDEFG*, Joã *C*, Joan *G* / 1b al tiempo que alboreava *DF*, a punto que alboreava *E* / 3-4 *faltan en F* / 3b jugando yuan las lanças *B*, jugando yuan a las cañas *C*, y jugando con las lanças *E*, jugando van de las lanças *G* / 4b broslados por sus amadas *D*, labrados por las amadas *E* / 5a y sus aljubas vestidas *BCG*, ricas marlotas vestidas *D*, ricas algunas [*sic*] vestidas *E* / 5b de sedas finas de grana *B*, de sedas finas y grana *C*, texidas de oro y grana *D*, de seda y oro labradas *FG* / 6 *falta en BCDEFG* / 7-8 *faltan en F* /7a El moro que tiene amores *BC* / 7b señales de ello mostraua *B*, señales dello mostraua *CDG* / 8a y el que amiga no tiene *BC*, y el que no tenia amores *D*, y el que amiga no tenia *EG*.

Un artificioso romance morisco, *Jarifa y Abindarráez*, impreso en Granada en un pliego suelto de 1573, empieza con versos casi idénticos, cuya relación con el texto de Timoneda *(G)* se transparenta en alguno que otro detalle (cf. vs. 3b y 5b):[7]

También aprovecha los versos tradicionales el artificioso romance cidiano, «Quando el roxo y claro Apolo», que figura en el mismo pliego suelto:

    ... la mañana de sant Juan   al tiempo que alboreaua,
    en vn cauallo furioso   bordado el jaez de Plata
    con armas de fino azero   todo de blanco se armaua
    vna lança larga y gruessa   y enella veleta blanca:
    ha salido de Castilla,   y entra brauo en Lusitania...

Compárese también: «La mañana de sant Juã / quando el alua començaua // y el padre de Faetõ / sus cauallos enfrenaua...» (Castañeda-Huarte, p. 2; Rodríguez-Moñino, *Diccionario*, núm. 1.079).
Conviene tener en cuenta también varias adaptaciones a lo divino: «La noche de Navidad / al tiempo que alboreaua», del *Cancionero general de la doctrina christiana* de Juan López de Úbeda (Alcalá de Henares, 1579) y otras ediciones. Véanse Rodríguez-Moñino, *Manual bibliográfico de cancioneros y romanceros: Impresos durante el siglo xvi*, 2 tomos (Madrid, 1973), I, 595-596, 605 (núm. 8); II, 553; J. de Sancha, *Romancero y cancionero sagrados* (B.A.E., t. XXXV) (Madrid, 1855), núm. 219; M. Vidal, *Cancionero de Navidad* (Madrid, 1913), p. 31: «Mañana de Navidad / al tiempo que alboreaua», del *Vergel de flores divinas* del propio Úbeda (Alcalá de Henares, 1582 y 1588). Véanse Rodríguez-Moñino, *Manual*, I, 642, 649 (núm. 68); II, 580; Sancha, núm. 218; y «La noche de Navidad / que ya el alba se acercaba», del *Vergel de plantas divinas* de Fray Arcángel de Alarcón (Salamanca, 1593). Véase Sancha, núm. 234.
   [7] Tomamos como base *(A)* el texto del pliego suelto núm. 91 de la colección de Cracovia transcrito por Porębowicz, *Zbiór...*, pp. 34-35, pero tenemos a la vista el pliego mismo *(Pliegos... de Cracovia*, II, 97). (Véanse la descripción del pliego, Porębowicz, p. 8, y el comentario, pp. 14-15.) López Estrada, pp. 33-34, reproduce el mismo texto. Cf. también Menéndez Pidal, *Romancero hispánico*, II, 36, n. 29 y Rodríguez-Moñino, *Diccionario*, núm. 1.010. Variantes:
  B. Silva de varios romances recopilados, y con diligencia escogidos los mejores Romances de los tres libros de la Silva, y agora nuevamente añadidos cinco Romances de la armada de la Liga, y cuatro de la sentencia de don Albaro de Luna, uno del

La mañana de Sant Juan   al tiempo que alboreaua,
2 hazen gran fiesta los moros   por la vega de Granada;
reboluiendo sus cauallos,   jugando van de las lanças;
4 ricos pendones en ellas   labrados por sus amadas,
ricas aljubas vestidas,   de seda y oro labradas.
6 El moro que amores tiene,   alli bien se señalaua
y el que amores no tenia,   alli no escaramuçaua...

VARIANTES: 1b al punto que C / 2a gran fiesta hazen los moros BC / 5b labradas de seda y plata B, de oro y seda labradas C / 6b aseñalava B / 7a y el
que amores no tiene B, y el moro que no los tiene C / 7b por tenerlos tra-
bajava C.

La popularidad de estos versos como introducción a distintas
narraciones romancísticas, atestiguada así desde antiguo, ha cundi-
do en la vida tradicional de nuestro poema-prólogo. Hoy día se
descubren sus restos en distintas ramas geográficas del Romancero
pan-hispánico, asociados con una variedad de temas narrativos.
Entre los judíos de Marruecos sobrevive nuestra *sanjuanada* en
forma bastante completa como prólogo a un romance del *Nacimiento de Bernardo del Carpio:*

Mañanita era, mañana,   al tiempo que alboreaba,
2 gran fiesta hasen los moros   por la bella de Granada;
arrevuelven sus caballos,   jugando iban a las lanzas;
4 [aquél del caballo blanco,   el de la silla dorada...]
aquél que amiga tenía,   ahí se le asercaba
6 y el que no la tenía   procuraba en alcansarla...[8]

*cerco de Malta, otro de la mañana de sant Juan, otro mira Nero de Tarpeya y otros
muchos* (Barcelona: Jaime Sendrat, 1582), transcripción de López Estrada, p. 34. (En
el texto B, el orden de los versos es éste: 1, 2, 5, 3, 4, 6, 7.)
   C. Ginés Pérez de Hita, *Guerras civiles de Granada: Primera parte* (1595), ed. P.
Blanchard-Demouge, 2 tomos (Madrid, 1913-1915), I, 79-80. Reproducen el texto Durán, núm. 80, y López Estrada, pp. 36-37.
   Refundición ampliada de este poema es el de *Fátima y Jarifa* («Qvando el ruuicun-
do Phebo») que figura en el *Romancero hystoriado con mucha variedad de glosas y
sonetos* de Lucas Rodríguez (Alcalá de Henares, 1585), ed. J. Núñez de Prado (Madrid, 1875), pp. 227-230. Es preferible la nueva ed., que sigue la de Alcalá, 1582,
publicada por A. Rodríguez-Moñino (Madrid, 1967), pp. 153-154. Reproduce el romance López Estrada, pp. 35-36. El mismo romance se incluye en la *Flor de varios
romances nueuos y canciones* de Pedro Moncayo, Huesca, 1589 (= *Las fuentes del
Romancero general,* ed. A. Rodríguez-Moñino, 12 tomos [Madrid, 1957] I, fols. 86v-
88r).
   [8] Textos publicados: R. Menéndez Pidal, «Catálogo del romancero judío-
español», *CE,* 4 (1906), 1045-1077; 5 (1907), 161-199: núm. 8 (también en *El Romancero: Teorías e investigaciones* [Madrid, 1928], pp. 101-183); P. Bénichou, «Romances
judeo-españoles de Marruecos», *RFH,* 6 (1944), 36-76, 105-138, 255-279, 313-381:
núm. 61 (2.ª ed. [Madrid, 1968], pp. 40-41); A. de Larrea Palacín, *Romances de
Tetuán,* 2 tomos (Madrid, 1952), núms. 1-1b. Se reúnen todas las versiones recogidas
hasta la fecha (impresas e inéditas) en el *Romancero tradicional,* ed. R. Menéndez
Pidal *et al.,* I (Madrid, 1957), 177-183 (textos 1c-1n). Reproducimos el texto *i,* recogido en Tetuán por Diego Catalán en abril de 1948, pero nuestro v. 4, que falta en *i,*

En Castilla y Cataluña se han recogido los dos primeros versos antepuestos al romance del *Martirio de Santa Catalina:*

La mañana de S. Juan   al punto que rompe el alba,
hacen gran función los moros   en la ciudad de Granada...

Lo matí de Sant Joan   com es fresca matinada
los moros feyan gran festa   á la ciutat de Granada...[9]

En todo el Noroeste de la Península —Santander, Asturias, Galicia, Trás-os-Montes— el *incipit* del alba de San Juan (asonancia *á-a*) se asocia con el romance apócrifo de *La Virgen* [o *Jesucristo*] *y la hija del rey:*

La mañana de San Juan   cuando el sol alboreaba,
cuando la reina del cielo   a la tierra se bajaba...[10]

Mañanita de San Juan,   cuando el sol alboreaba,
la Virgen Santa María   de los cielos abajaba...[11]

Mañanciña de San Xoan   cando o sol alborexaba
Xesucristo se paseia   ao redor da fonte crara...[12]

Na manhã do S. João,   pela manhã d'alvorada,
Jesus Cristo se passeia   d'ao redor da fonte clara...[13]

No deja de ser impresionante la concordancia, tanto temática como métrica, entre los versos romancísticos y la ḫarǧa de Abū-l-

procede de las versiones *j* y *k,* de Alcazarquivir y Larache, recogidas por M. Manrique de Lara en 1916. Sobre las semejanzas entre los versos marroquíes y los que sirven de prólogo a la versión de *Jarifa y Abindarráez* publicada por Pérez de Hita, véase Bénichou, p. 344 (2.ª ed., p. 40).

[9] N. Alonso Cortés, *Romances populares de Castilla* (Valladolid, 1906), p. 116; Milá y Fontanals, *Romancerillo catalán,* p. 27 (núm. 24D).

[10] N. Alonso Cortés, «Romances tradicionales», *RHi,* 50 (1920), 198-268 (p. 260).

[11] J. Menéndez Pidal, *Poesía popular: Colección de los viejos romances que se cantan por los asturianos en la danza prima, esfoyazas y filandones* (Madrid, 1885), núms. 71, 70, 72. Cf. también J. Amador de los Ríos, «Romanzen Asturiens aus dem Volksmunde zum ersten Mal gesammelt und herausgegeben», *JREL,* 3 (1861), 268-296: pp. 280-281; publicado también bajo el título «Poesía popular de España: Romances tradicionales de Asturias», *Revista Ibérica,* 1 (1861), 24-51: pp. 41-42; Å. W. Munthe, «Folkpoesi från Asturien», *Språkvetenskapliga Sällskapets i Upsala Förhandlingar* (sept. 1885-mayo 1888): *Upsala Universitets Årsskrift: Filosofi, Språkvetenskap och Historiska Vetenskaper,* 5 (1887) 105-124 (núm. 14).

[12] L. Carré Alvarellos, *Romanceiro popular galego de tradizón oral* (Porto, 1959), núm. 103. El mismo verso introduce una versión gallega de *La Samaritana* (núm. 104).

[13] J. Leite de Vasconcellos, *Romanceiro português,* 2 tomos (Coimbra, 1958-1960), II, núm. 797 (también núms. 798-808); Id., *Romanceiro português* (Lisboa, 1886), pp. 14-15; F.A. Martins, *Folklore do Concelho de Vinhais,* 2 tomos (Coimbra, 1928; Lisboa, 1938), I, 143-146; J. A. Tavares, «Romanceiro trasmontano», *RL,* 8 (1903-05), 71-80; 9 (1906), 277-323: pp. 308-313.

ᶜAbbās. Contamos seis coincidencias: *1)* «albo dia» / «al punto que alboreava»; *2)* «al-ᶜAnṣara» / «San Juan»; *3)* «al-mudabbaǧ» («jubón brochado») / aljubas, marlotas y albornoces ricamente labrados;[14] *4)* juegos de lanzas; *5)* versos octosilábicos; *6)* rima en *á-a*.[15] Semejante multiplicidad de concordancias milita en favor de una relación genética entre la ḫarǧa y el prólogo romancístico. Por otra parte, siempre se podría argüir que, al celebrar en forma poética las festividades del alba de San Juan, lo más natural sería evocar las costumbres típicas de ellas: o sea, juegos de lanza y estreno de lujosa vestimenta.[16] El octosílabo sería, en todo caso, uno de los versos más indicados para cualquier cancioncilla popular y la asonancia se daría luego por coincidencia fortuita. Vistos así, los dos poemas hubieran podido producirse independientemente y, pese a todas las correspondencias que hemos aducido, no es imposible que tal sea el caso. Sin embargo, la propia vida tradicional de los versos romancísticos parece argüir a favor de una relación genética con la ḫarǧa o, mejor dicho, con la cancioncilla mozárabe de la que ésta sin duda deriva. El Romancero sirve a menudo de refugio para poemas de diverso origen y antiguo abolengo, cuya existencia autónoma se sacrifica a cambio de la mayor seguridad proporcionada por su asociación con uno u otro tema romancístico.[17] Un caso muy semejante al que proponemos para nuestra *Sanjuanada* sería el de la canción de mayo, adaptada por

[14]   Quizá recuerden —aunque lejanamente— estos lujosos atavíos el caballo blanco y la silla dorada del v. 4 del texto marroquí de Alcazarquivir y Larache.

[15]   Téngase en cuenta, sin embargo, que las rimas de los *qufls* árabes son en realidad: *-iyya* / -consonante + *qā* / *-dos consonantes* + *aǧ* / *-consonante + qā*, con las cuales, por supuesto, está de acuerdo la rima de la ḫarǧa (véase «Dos nuevas jarŷas» p. 373). Ahora bien, pese al homoiotéleuton del poema árabe, *haqqā* y *šaqqā* en la ḫarǧa llevan el acento sobre la primera sílaba, lo cual acerca la rima de esta cancioncilla híbrida a la de los romances en *á-a*.

[16]   Merece señalarse la analogía entre nuestros poemas y un hermoso pasaje de los *Hechos del condestable don Miguel Lucas de Iranzo.* Hablando de los años 1461 y 1463, describe esta crónica cómo en la ciudad fronteriza de Jaén celebraba el Condestable «el día de Sant Juan»: «caualgaua con toda la cauallería de Jahén e yva por la mañana al río, do venían todos enrramados a escaramuçando e echando çeladas, e jugando las cañas a la manera de la tierra» (ed. J. de Mata Carriazo [Madrid, 1940], pp. 65, 132, 180; véase también López Estrada, p. 27, n. 13). Más adelante se describe en detalle la rica indumentaria con que el Condestable participó en las fiestas de San Juan: «muy gentilmente vestido y tocado a la morisca, en vn byen lindo cauallo de la gineta, arreado de vn rico jaez dorado» (p. 171). Cfr. Vicente Espinel, *Vida de Marcos de Obregón,* ed. S. Gili Gaya, 2 tomos (Madrid: «Clásicos Castellanos», 1960), II, 88-89, o bien la ed. de M. S. Carrasco Urgoiti, 2 tomos (Madrid: «Clásicos Castalia», 1972), II, 84-85. Sobre la asimilación de costumbres y vestimenta morunas por los cristianos al celebrar semejantes juegos, téngase en cuenta el hermoso artículo de M. S. Carrasco Urgoiti, «Aspectos folclóricos y literarios de la fiesta de moros y cristianos en España», *PMLA,* 78 (1963), 476-491: pp. 482-483.

[17]   Cfr. el sugestivo estudio de M. Alvar, «Patología y terapéutica rapsódicas: Cómo una canción se convierte en romance», *RFE,* 42 (1958-59), 19-35. Se reproduce ahora en el libro *El Romancero: Tradicionalidad y pervivencia* (Barcelona, 1970), pp. 285-304; 2.ª ed. (Barcelona, 1974), pp. 289-308.

el *Libro de Alexandre (ca.* 1250),[18] por Juan Ruiz (1330)[19] y por
el *Poema de Alfonso XI (ca.* 1348),[20] que luego se asocia felicísi-
mamente con el tema baládico del *Prisionero,* alianza poética que
ha asegurado su supervivencia hasta el siglo XX.[21] Del mismo modo, encontramos la famosa albada del siglo XV «Ya cantan los gallos, / buen amor, y vete; / cata que amaneçe»,[22] refugiada en
versiones portuguesas modernas del romancillo del *Parto en lejas
tierras:* «Já os gallos cantam, / o' meu amor, vae-te».[23] Parecido
también es el caso del «Panegírico geográfico de los reyes de España», documentado en el *Cantar de mio Cid* y en las *Mocedades de
Rodrigo,* que se adhiere a dos romances del siglo XVI (*Primavera,* 33
y 39),[24] para luego sobrevivir hasta nuestros días en la tradición
sefardí de Marruecos.[25] Ante tales ejemplos, resulta fácil intuir la
trayectoria tradicional de nuestra cancioncilla de San Juan: Recogida
de boca del pueblo a principios del siglo XII para servir de remate a la
muwaššaḥa del Ciego de Tudela, aún llevaría una vida tradicional
autónoma durante varias centurias hasta fundirse en el siglo XVI con
La pérdida de Antequera y *Jarifa y Abindarráez,* de donde había de
propagarse a los varios romances en los que hoy vive refugiada.[26] De

[18]   Ed. R. S. Willis (Princeton-París, 1934), vs. 1950 *ss.* (pp. 338 *ss.*).
[19]   *Libro de buen amor,* ed. J. Corominas (Madrid, 1967), vs. 1225-1227. Cf. F.
Lecoy, *Recherches sur le «Libro de buen amor» de Juan Ruiz, archiprêtre de Hita*
(París, 1938), pp. 254-261; 2.ª ed. A. D. Deyermond (Westmead, Inglaterra, 1974).
[20]   Ed. Yo ten Cate (Madrid, 1956), vs. 412-413.
[21]   Véase F. Hanssen, «Las coplas 1788-1792 del *Libro de Alexandre*», *RFE,* 2
(1915), 21-30. Ténganse en cuenta también los notables paralelismos adicionales que
descubre D. Catalán, *Siete siglos de Romancero* (Madrid, 1969), pp. 199-201.
[22]   Figuran estos versos en los «Cartapacios literarios salmantinos», ed. R. Menéndez Pidal, *BRAE,* I (1914), 303; cf. pp. 309-310; y en el *Cancionero musical* [*de
Palacio*] *de los siglos XV y XVI,* ed. F. Asenjo Barbieri (Madrid, 1890), núm. 413. De su
popularidad temprana en Portugal es testimonio el *Cancionero musical e poético da
Biblioteca Públia Hortênsia,* ed. M. Joaquim (Coimbra, 1940), fol. 93. Cfr. también M.
Frenk Alatorre, *Lírica hispánica de tipo popular* (Méjico, 1966), núm. 112. Para otras
variantes antiguas, véase el hermoso estudio de E. M. Wilson, «Ora vete, amor, y
vete, cata que amanece», *EMP,* 5 (1954), 335-348. Téngase en cuenta la excelente ed.
y fino comentario de José Romeu Figueras, *Cancionero musical de Palacio (siglos
XV-XVI),* 2 tomos (Barcelona, 1965), I, 108; II, 322, 536 (núm. 155).
[23]   Tavares, «Romanceiro trasmontano», núm. 19. Cf. también M. A. Furtado de
Mendonça, «Romances populares da Beira-Baixa», *RL,* 14 (1911), 1-35: núm. 3; Leite
de Vasconcellos, *Romanceiro português,* núm. 552; J. Lopes Dias, *Etnografía da Bei-
ra,* t. VII (Lisboa, 1948), 57-59. En cuanto a la supervivencia de estos versos en la
lírica popular gallega moderna, véase E. M. Torner, *Lírica hispánica* (Madrid, 1966),
núm. 52.
[24]   R. Menéndez Pidal, *Romancero hispánico,* t. 1, p. 216.
[25]   S. G. Armistead y J. H. Silverman, «Sobre unos versos del cantar de gesta de
las *Mocedades de Rodrigo* conservados tradicionalmente en Marruecos», *ALM,* 4
(1964), 95-107 (reimpreso aquí: I.2).
[26]   En su artículo, «Hispano-Arabic Poetry during the Almoravid Period: Theory
and Practice», *Viator,* 4 (1973), 65-98, James T. Monroe estudia la ẖarǧa de Abū-l-
ᶜAbbās desde el punto de vista de su acuerdo formulístico con el Romancero y concluye que se trata del «earliest known fragment from some now lost peninsular Romance ballad *(romance)*» (p. 87).

ser genética su relación con la ḫarǧa, el prólogo romancístico, cantado aún en España y Marruecos, nos haría oír de viva voz un eco casi
milenario y acaso único de la lírica mozárabe en el siglo XX.

UN FRAGMENTO DE LAS *MOCEDADES DE RODRIGO* CONSERVADO EN MARRUECOS*

Para Paul Bénichou

El tema épico-legendario de la invasión de Francia por Fernando el Magno y el Cid fue perpetuado durante el siglo xvi en dos romances que atribuían la misma hazaña al rey Sancho II. Uno de estos poemas, *El Rey y el Cid a Roma (=Primav. 33)*, empieza con los versos siguientes:

> Rey don Sancho, rey don Sancho,   quando en Castilla reynó,
> corrió a Castilla la Vieja   de Burgos hasta León,
> corrió todas las Asturias   dentro hasta Sant Saluador,
> también corrió a Santillana   y dentro en Nauarra entró
> y a pesar del rey de Francia   los puertos de Aspa passó.
> Siete días con sus noches   en el campo le esperó.
> Desque vio que no venía   a Castilla se boluió...[1]

En el propio siglo xvi, este elogio épico de Sancho II, en forma abreviada y contaminada, sirvió de prólogo a otro romance, también de origen heroico, el de *Don Sancho y doña Urraca* o *La prisión de Alfonso VI (= Primav. 39)*:

> Rey don Sancho, rey don Sancho,   quando en Castilla reynó,
> le salían las sus barbas,   ¡y quán poco las logró!
> A pesar de los franceses   los puertos de Aspa passó;
> siete días con sus noches   en campo los aguardó,
> y viendo que no venían   a Castilla se boluió...[2]

* Queremos dar las gracias a la Fundación Del Amo y al American Council of Learned Societies cuyas generosas becas hicieron posibles diversas investigaciones nuestras durante los años 1962-1963: en Marruecos, sobre el romancero sefardí, y en las bibliotecas de España, sobre la prosificación cronística de las *Mocedades de Rodrigo*.
[1] *Pliegos poéticos españoles en la Universidad de Praga,* 2 tomos (Madrid, 1960), I, 70. Ajustamos la puntuación, la división de las palabras y el uso de letras mayúsculas y acentos a las normas modernas. Sobre este pliego, véase A. Rodríguez-Moñino, *Diccionario bibliográfico de pliegos sueltos poéticos (Siglo xvi)* (Madrid, 1970), núm. 1.075 (pp. 583-584).
[2] *Segunda parte dela Silua de varios Romances* (Zaragoza: Estevan G. de Nágera, 1550), fols. xlviij ro. (léase xlvij ro.)-xlviij ro. modernizada la puntuación, uso de

Prosperó el romance de *Don Sancho y doña Urraca* en la arcaica tradición de los judíos sefardíes de Marruecos, donde aún en la actualidad se pueden recoger buenas versiones en la mayoría de las comunidades hebraico-españolas. Igual que el romance del siglo XVI, las versiones marroquíes conservan como prólogo unos versos relacionados con el tema épico de la invasión de Francia. Se han publicado cinco versiones oriundas de Tánger, Tetuán y Orán (de origen tetuaní): [3]

A. TÁNGER.

Rey de Francia, rey de Francia,   de Toledo y Aragón,
a pesar de los franceses   dentro de la Francia entró.
Halló la Francia revuelta   y también la apaciguó...

(MP 4)

B. ORÁN-TETUÁN.

Rey Fernando, rey Fernando,   de Toledo y Aragón,
a pezar de los fransezes   dentro de la corte entró.
Hayó la Fransia arrehuelta   y también la apasihuó...

(Bénichou 23)

C. TETUÁN.

Rey Fernando, rey Fernando,   de Toledo y Aragón,
al pasar por los franceses   dentro de la Francia entró.
Halló la Francia arrevuelta,   tan bien que la apaciguó...

(Gallent 2)

---

mayúsculas y acentos y división de palabras; también tenemos en cuenta la ed. de A. Rodríguez-Moñino, *Silva de romances (Zaragoza, 1550-1551)* (Zaragoza, 1970), p. 299. Para las impresiones posteriores del romance, A. Rodríguez-Moñino, *Manual bibliográfico de cancioneros y romanceros,* 2 tomos (Madrid, 1973), II, 726; Juan Timoneda, *Rosas de romances* (Valencia, 1963), *Rosa española,* fol. xxij.

Para los antecedentes épicos de la petición de Doña Urraca, véanse C. Reig, *El cantar de Sancho II y cerco de Zamora* (Madrid, 1947), pp. 234-235 (cap. XIII); *Chrónica del famoso cavallero Cid Ruydiez Campeador* («Crónica particular del Cid»), ed. V. A. Huber (Marburg, 1844, o Stuttgart, 1853), página 56 (cap. XLVI).

[3] *A:* R. Menéndez Pidal, «Catálogo del romancero judío-español», *CE,* I (1906), 1045-1077; V (1907), 161-199: núm. 4.

B: P. Bénichou, «Romances judeo-españoles de Marruecos», *RFH,* VI (1944), 36-76, 105-133, 255-279, 313-381: núm. 23. Cfr. la 2.ª ed. (Madrid, 1968), pp. 35-37. En la p. 258 se señala la contaminación del v. 2b con el v. 10 del mismo romance: «con siento de sus donzeyas / dentro de la corte entró». Cf. nuestros textos *MOP.*

C: G. Guastavino Gallent, «Cinco romances sefardíes», *África* (Instituto de Estudios Africanos), VIII, núm. 119 (1951), 537-539: núm. 2.

D-E: A. de Larrea Palacín, *Romances de Tetuán,* 2 tomos (Madrid, 1952): núms. 4-5.

D. Tetuán.

>   Rey de Francia, rey de Francia,   rey de Francia y de Aragón;
>   a pesar de los franceses   dentro de la Francia entró.
>   Halló la Francia revuelta,   tan bien que la apaciguó...
>
>   (Larrea 4)

E. Tetuán.

>   Rey Fernando, rey Fernando,   de Toledo y Aragón;
>   a pesar de los franceses   dentro de la Francia entró.
>   Y halló la Francia revuelta   y él también la apaciguó...
>
>   (Larrea 5)

A los textos publicados podemos agregar catorce versiones más, recogidas de hebreos originarios de Tetuán, Larache y Alcazarquivir, durante nuestras encuestas romancísticas de 1962-1963. A éstas sumamos otra, también de Alcázar, editada por J. Martínez Ruiz en 1963. Constituyen estos textos una buena prueba de la persistente vitalidad del poema en la tradición actual. Sólo en la reducidísima comunidad de Arcila y en el europeizante Tánger dimos con respuestas negativas al preguntar por el romance:[4]

---

[4]   *F:* Cantado por Moisés Benadiba, de 73 años, en Tánger, 12 septiembre 1962.
  G: Cantado dos veces por Alegría X, de 46 años, en Melilla, 3 marzo 1963.
  H: Recitado por Celia Azerrad, de 50 años, en Tánger, 13 junio 1963.
  I: Recitado por Ana Maleh, de 35 años, en Tetuán, 12 agosto 1962.
  J: Cinco recitaciones de Luna Elaluf Farache, de 78 años, en Tetuán 7 y 19 agosto 1962 y 31 mayo 1963. Variantes: v. 1*b* «de Fransia e *(sic)* d'Aragón»; v. 2 «al encontrar a la Fransia / areuelta la hayó».
  K: Recitado por Isaac Sarfaty, de 60 años, en Martil (Río Martín), 7 agosto 1962.
  L: Cantado por Ester Matitia, de 55 años, en Larache, 24 agosto 1962.
  M: Cantado por Rachel Elmaleh, de 36 años, en Larache, 25 agosto 1962.
  N: Cantado por Dora Ayach de Bergel, de 60 años, en Casablanca, 27 agosto 1962. Ester Ayach de Benniflah, también presente, sugirió algunas variantes: v. 1*b* «de Toledo»; v. 2*a* «al pasar».
  O: Del texto manuscrito de Samuel Fereres, de Larache.
  P: Cantado por Oro Melul, de 44 años, en Tánger, 16 septiembre 1962.
  Q: Cantado por Žimol Sudri de Ponte, de 84 años, en Alcazarquivir, 4 septiembre 1962. El incomprensible hemistiquio *b* del v. 3 parece haberse contaminado con el verso anterior.
  R: Cantado por Sarah Gozal, de 42 años, en Alcazarquivir, 4 septiembre 1962. El v. 2*b* en esta versión y en la siguiente es contaminación de *La doncella guerrera:* «a la primera batalla / a media guerra mató» (Larrea 186, vv. 39-40). Cf. M. L. Ortega, *Los hebreos en Marruecos,* 4.ª ed. (Madrid, 1934), p. 210, v. 20.
  S: Cantado por Salomón Gozal, de 45 años, en Alcazarquivir, 4 septiembre 1962.
  El fragmento sobre el rey Fernando empalma con el romance de *Sancho y Urraca* mediante el verso «a su hermano don Alonso (don Alfonso, don Ordoño, don Ordueño, don Lorenzo, Dolorenso, Juan Lorenzo) / en prisiones le metió...».

F. Tetuán.

> Rey Fernando, rey Fernando, de Toledo y Aragón
> y al pasar de los fransezes, dentro de la Fransia entró.
> Hayó la Fransia revuelta y él fue quien l'apaziguó...

G. Tetuán.

> Rey Fernando, rey Fernando, de Toledo y de Aragón,
> hayó la Franθia arreuelta, tan bien que l'apaziguó...

H. Tetuán.

> Rey Fernando, rey Fernando, de Toledo y Aragón,
> encontró la Fransia arreuelta, tan bien que l'apaziguó...

I. Tetuán

> Rey de Fransia, rey de Fransia, de Fransia y de Aragón,
> hayó la Fransia reuelta, tan bien que l'apaziguó...

J. Tetuán.

> Rey de Fransia, rey de Fransia, de Toledo y Aragón,
> hayó la Fransia arreuelta, tan bien que la apaziguó...

K. Tetuán.

> Rey de Fransia, rey de Fransia, de Toledo y Aragón,
> encontró la Fransia reuelta, tan bien que la apasiguó...

L. Larache.

> Rey Fernando, rey Fernando, de Seviya y de Aragón
> y al pasar por los fransezes, dentro de la Fransia entró.
> Hayó la Fransia reuelta; no hubo quien l'apaziguó...

M. Larache.

> Rey Fernando, rey Fernando, de Seviya y Aragón
> y al pasar de los fransezes, dientro de la corte entró.
> Pasara por los fransezes, dientro de la corte entró.
> Hayó la Franθia reuelta; no hubo quien la apaziguó...

N. Larache.

> Rey Fernando, rey Fernando, de Seviya o Aragón,
> a pesar de los franseses dientro de la Fransia entró.
> Hayó la Fransia revuelta; no hubo quien l'apaziguó...

O. LARACHE.

> Rey Fernando, rey Fernando,   de Castiya y de Aragón,
> al pasar por los franseses,   dentro de la corte entró.
> Hayará Fransia revuelta;   no hubo quien la apaziguó...

P. LARACHE.

> ¡A rey Toledo, rey Toledo,   de Seviya y Aragor!
> ¡Ay! Al entrar por los franθezes,   dentro de la corte entró.
> Y al entrar por los franθezes,   dentro de la corte entró.
> Hayó la Fransia reuelta   y no hubo quien la apaziguó...

Q. ALCAZARQUIVIR.

> Rey Fernando, rey Fernando,   de Toledo y Aragó
> y al entrar de los fransezes,   dientro de Fransia entró.
> Hayará Fransia reuelta;   entró en l'apasiuó...

R. ALCAZARQUIVIR.

> Rey de Fransia, rey de Fransia,   de Toledo y Aragón,
> al pasar por los franseses   o media guerra mató.
> Encontró Fransia reuelta   y también l'apasiuó...

S. ALCAZARQUIVIR.

> Rey de Fransia, rey de Franθia,   de Toledo y Aragón,
> al pasar por los franseses,   ya media guerra mató.
> Encontrará Fransia revuelta,   él también l'apasiguó...

T. ALCAZARQUIVIR.

> Rey Fransia, rey de Fransia,   rey de Toledo y Aragón
> y al pasar por los fransezes   dentro de la Fransia entró.
> Encontró a Fransia rewuelta   y también la pasiwuó...[5]

El brevísimo fragmento marroquí tiene obvio parentesco con los textos del siglo XVI. El v. 2 corresponde bastante de cerca a *Primavera* 39, v. 3. Sin embargo, en su pequeña extensión, el fragmento revela importantes diferencias. El v. 1, aparte de su ritmo iterativo, poco tiene que ver con el verso inicial de *Primavera* 33-39. En primer lugar nos ofrece un «rey Fernando» en vez del «rey don Sancho». El segundo hemistiquio, «de Toledo...» *(ABCEFGHJKN [var] QRST)*, «de Francia...» *(DIJ[var.])*, «de Seviya...» *(LMNP)*, «de Castiya y Aragón» *(O)*, parece cifrar aquella enumeración geográfica

⁵ *T:* J. Martínez Ruiz, «Poesía sefardí de carácter tradicional (Alcazarquivir)», *AO*, XIII (1963), 79-215: p. 122.

que aparece en *Primavera* 33, [6] pero que falta precisamente en *Primavera* 39, supuesto antepasado del romance marroquí. Por último, ni uno ni otro de los textos del 500 nos ayudan a identificar el v. 3 del poema sefardí:

> Halló la Francia revuelta   y también la apaciguó.

Este verso, que trae a las mientes una cabal conquista de tierras francesas, contrasta notablemente con ambos romances antiguos, en los que se representa una situación bien distinta: Al llegar a Francia, el rey espera que se presenten los franceses a librar batalla, pero queda frustrada su esperanza y, tras siete días de inactividad, el rey se retira a España:

> Siete días con sus noches   en el campo los aguardó,
> y viendo que no venían   a Castilla se volvió...
>
> *(Primav. 39)*

En vista de tales desacuerdos, parece evidente que los versos sobre la invasión de Francia que sirven de introito al romance judeo-español de *Sancho y Urraca,* no se relacionan sino indirectamente con el fragmento análogo que precede a la versión arcaica del mismo romance *(Primav. 39).*[7]

Al estudiar la versión judeo-española por él publicada, Bénichou señaló la relación entre los primeros versos del romance marroquí y el tema épico de las *Mocedades de Rodrigo.* Sobre la coincidencia entre el nombre del rey en el romance y en la tradición épica, Bénichou comenta: «En nuestra versión lo más curioso es que el rey se llame Fernando, y no Sancho... Lo más probable, sin embargo, es que el nombre de Fernando se halle en nuestra versión, no como

---

[6]   Sobre la larga vida tradicional de este elogio geográfico, véase R. Menéndez Pidal, *Romancero hispánico,* 2 tomos (Madrid, 1953), I, 216, donde se señalan versos análogos en el *Cantar de Mío Cid* y en la *Refundición de las Mocedades de Rodrigo.*

[7]   Los versos del cantar sefardí que corresponden propiamente al romance de la prisión de Alfonso VI no dan indicios claros de que puedan proceder de una variante distinta de *Primavera* 39. En efecto, faltan en este texto los versos con que, en el romance judeo-español, se especifican quiénes serían castigados si hablaran a favor de Don Alonso («sea conde o sea duque / o sea de cualquier nación», Larrea 5, vv. 13 ss.), así como la descripción de los atavíos y la llegada de doña Albar a la corte («Quitóse paños de siempre / y de pascua los vistió; / / con siento de sus donzeyas / dentro de la corte entró»; Bénichou 23, vv. 17-20), pero dichos versos tienen aspecto de ser amplificaciones relativamente tardías. Ocurren ejemplos parecidos en otros romances sefardíes. Compárense *La doncella guerrera* (Larrea 185-187, vv. 5-6: «Sea conde, sea duque / sea de cualquier nación»), *Búcar sobre Valencia* (Bénichou 24, vv. 47-49: «se quitó paños de siempre / y puzo los de la pascua, / / y con siento de sus donzeyas / asomóse a la ventana») y *El robo de Elena* (Larrea 48, vv. 25-26: «Con ciento de sus doncellas / reina Elena se ha embarcado»). El «bofetón» que evoca Doña Urraca de los tiempos de su infancia para justificar su petición, tampoco figura en la versión del siglo XVI. No sabemos qué antigüedad puede tener tal pormenor.

resto de la tradición auténtica de las mocedades, sino por efecto de una alteración fortuita y tardía, como sucede en la versión del Catálogo, que, en vez de nombrar al rey, le llama "rey de Francia".»[8] En efecto, de acuerdo con toda la onomástica tradicional el nombre del rey, protagonista de nuestro romance mixto, se nos presenta bastante cambiadizo, como lo demuestran las versiones *ADIJKRST*.«Rey de Francia», *T* «Rey Fransia» y *P* «Rey Toledo». Por lo tanto, parece del todo razonable la afirmación de Bénichou. Sin embargo, al fijarnos de cerca en los antecedentes épicos del romance marroquí, llama nuestra atención un rasgo, hasta ahora desatendido, que une los versos iniciales del romance a una etapa aun más arcaica de las *Mocedades* y que viene a apoyar, junto con otras coincidencias, la posible autenticidad del nombre «Fernando».

Bénichou ha señalado, como antecedente del fragmento judeo-español, unos versos de la *Crónica rimada* o *Refundición* del cantar de gesta de las *Mocedades de Rodrigo:*

> El buen rey don Fernando   par fue de emperador;
> mandó a Castilla Vieja,   et mandó a Leon,
> et mandó a las Esturias   fasta en San Salvador; ...
> pobló a Soria,   frontera de Aragón,
> e corrió a Sevilla   tres veces en una sazón: ...
> ovo a Navarra en comienda,   et vínole obedeçer el rey de Aragón.
> A pessar de françesses,   los puertos de Aspa passó:
> a pessar de reys   e de emperadores,
> a pessar de romanos,   dentro en Paris entró...[9]

La tradición épica de las *Mocedades* se ejemplifica, no sólo en esta *Refundición* poética de hacia 1365, sino también en otra versión prosificada, que remonta a principios del siglo XIV, o aun hasta finales del XIII, de la que nos proporcionan textos la *Crónica de los Reyes de Castilla* y la *Crónica General de España de 1344.*[10] En esta prosificación temprana también constan dos de los versos que cita Bénichou como antecedente de nuestro fragmento marroquí:

---

[8] Bénichou, «Romances judeo-españoles...», pp. 259-260. La ed. de 1968 ya toma en cuenta el presente estudio (p. 37). Véase también G. Di Stefano, «Marginalia sul Romanzero», *Miscellanea di studi ispanici* (Pisa, 1968), pp. 139-178: 141.

[9] Ed. R. Menéndez Pidal, *Reliquias de la poesía épica española* (Madrid, 1951), pp. 257-289: vv. 786-788, 792-793, 796-799. Bénichou cita los vv. 786, 797-799 («Romances judeo-españoles...», p. 260). Sobre la fecha de la *Refundición de las Mocedades de Rodrigo,* téngase en cuenta el fundamental estudio de A. D. Deyermond, *Epic Poetry and the Clergy* (Londres, 1969), pp. 22-24.

[10] Cf. S. G. Armistead, *La Gesta de las Mocedades de Rodrigo: A Lost 13th-14th-century Epic Poem* (en preparación). Menéndez Pidal fecha la *Crónica de Castilla* «a comienzos del siglo XIV» *(Reliquias,* p. lxiv). Sobre la fecha de la traducción gallego-portuguesa (ms. *A,* Bibl. Nac. 8817), el códice más antiguo de la *Crónica de Castilla,* véase L. F. Lindley Cintra, *Crónica Geral de Espanha de 1344,* 3 tomos (Lisboa, 1951, 1954, 1961), I, 231: «Não poderemos colocar a sua redação mais tarde que nos primeiros anos do século XIV e possìvelmente não erraríamos se falassemos dos últimos

... Et el rey don Ferrando torrnose con muy grant onrra para su tierra. E ouola por consejo del Çid, su vasallo... Et por esta onrra que el rey ouo, fue llamado después *don Ferrando el Magno, el par de enperador* e por esto dixieron que *pasara* [var. *paso*] *los Puertos de Aspa a pesar de los françeses.*[11]

La *Crónica Ocampiana,* formada en la primera mitad del siglo XIV e impresa en 1541, aprovechó un códice perdido de la *Crónica de Castilla.* El texto editado por Florián de Ocampo añade un precioso y sugestivo detalle:

... E por esta honrra que el rey ouo, fue llamado despues don Ferrando el Magno, el par de emperador e por esto dixeron *los cantares* que pasara los Puertos de Aspa a pesar de los françeses.[12]

Igual afirmación se encuentra en una versión portuguesa abreviada *(circa* 1456) de la segunda redacción de la *Crónica de 1344:*

... E por esta honrra que el rrey dõ Fernãdo assy ouue, foy chamado par de emperador e por esto lhe disserom *nos cantares antygos* que passara os Portos d'Aspa a pe[s]sar dos françeses.[13]

do século XIII». D. Catalán, confirma las conclusiones de Cintra: «Podemos... fechar el volumen II.º de la *Versión Gallego-portuguesa de la Crónica General* entre 1295 y 1312; tales límites cronológicos vienen a confirmar las deducciones paleográficas de Cintra, quien situaba las letras (la cursiva inicial y la asentada) del manuscrito A_2, muy a principios del siglo XIV, si no a finales del siglo XIII» (*De Alfonso X al conde de Barcelos* [Madrid, 1962], p. 354. Cf. también p. 313, n. 1). Nótese ahora la monumental ed. de Ramón Lorenzo, *La traducción gallega de la Crónica General y de la Crónica de Castilla,* 2 tomos (Orense, 1975).

[11] *Crónica de Castilla,* ms. *G.* (Bibl. Esc. X-I-11), fol. 138 v.º *b.* La forma asonantada «pasó» consta en seis mss. de una versión algo abreviada de la *Crónica de Castilla,* en la traducción gallego-portuguesa (ms. *A),* y en la primera redacción de la *Crónica de 1344* (ms. *M).* Para variantes de este pasaje y el que se cita más abajo, tenemos a la vista trece mss. de la *Crónica de Castilla* y la ed. impresa de la *Crónica particular del Cid* (Burgos, 1512), cuatro mss. y la edición impresa de la *Crónica Ocampiana* (Zamora, 1541), seis mss. de la *Crónica General de 1344* y dos mss. de la *Crónica de 1404.* Dichos textos ofrecen las siguientes variantes adicionales, que importan para la reconstrucción de los dos versos prosificados: el par de enperador] en par de enp., par de enp., par del enp.; a pesar de los françeses] a pesar de los françeses. Véanse la ediciones de la prosificación, según las crónicas de *Castilla* y de *1344,* que figurarán en el estudio citado en la nota anterior. Para el texto portugués de la 2.ª redacción de la *Crón. de 1344,* véase Cintra, *Crón. Geral,* III, 329.12-18.

[12] *Las cuatro partes enteras de la Crónica de España que mando componer el Serenissimo rey don Alonso llamado el sabio...,* ed. Florián Docãpo (Zamora, 1541), fol. 287 r.º, a. En los mss. de esta *Crónica Ocampiana* falta la alusión a «los cantares». Sobre el significado de este texto y el que se cita a continuación, escribe Menéndez Pidal, en *Reliquias,* p. lxxi, n. 2.

[13] Ms. *P* (Bibl. Nat., Paris, Port. 4), fol. 150 v.º; idéntico en ms. *Li* (Bibl. Nac., Lisboa, F. G. 8650), fol. 278 r.º. En ms. *Ev.* (Bibl. Pública de Evora, CV/2-23), fol. 199 v.º: «par do emperador». Mss. *Li* y *Ev.* son copias tardías (siglo XVII) de *P.* Cf. la ed. de Cintra, *Crón. Geral,* III, 329.17, variante. *La Crónica de Veinte Reyes,* formada a finales del siglo XIII, también trae noticias semejantes: «avn llamanle en los cantares par de emperador» (mss. *X, K* y *L* = Bibl. de la Univ. de Salamanca ms.

Ahora bien, resulta que la prosificación historiográfica de las *Mocedades,* basada en aquellos cantares épicos antiguos de finales del siglo XIII, también nos proporciona el precursor del desconocido v. 3 del romance marroquí, olvidado tanto en la *Refundición* de 1365 como en las versiones romancísticas del siglo XVI y en la crítica moderna. He aquí cómo la prosificación describe la invasión de Francia por el Cid y el rey castellano:

> [El rey don Ferrando] mando muy bien guisar sus gentes, segunt que auia fablado con el Çid, e mouio con ocho mill e nueueçientos caualleros suyos e del Çid. Et el Çid ouo la delantera [con los suyos]. *E desque pasaron los Puertos d'Aspa, fallaron toda la tierra alboroçada* e non les querien vender vianda. Mas el Çid metio mano en quemar toda la tierra e robar quanto fallaua de todos los que non les querian vender la vianda. E a los que la trayan, non les fazia mal ninguno. E asi guisaua el Çid, que quando el rey llegaua con su hueste, que fallaua quanto les era menester. E en guisa lo fazia, que yuan sonando las nueuas por toda la tierra [de los brauos fechos que fazia], asi que todos tremian [antel].[14]

El códice más antiguo de la *Crónica de Castilla,* ms. *A* (Bib. Nac. 8817), contiene una traducción gallego-portuguesa que constituye de por sí una forma especial de esa crónica. Remonta esa traducción a un texto castellano desaparecido, que difería en algunos detalles de los demás códices conservados. Este venerable ms. *A* nos proporciona la siguiente variante:

> ... E desque pasarō os Portos d'Aspa, acharō a terra toda *auolta*...[15]

Así es que la prosificación cronística nos representa, en palabras bien parecidas a las del romance sefardí, el alboroto de las tierras francesas ante la invasión española:

1824, fol. 65; ms. 2211, fol. 149 v.º [*olim* Bibl. Real 2-C-2, mod. 11-180, y 2-M-1, mod. 11-1782] y Bibl. Escorial, X-II-24); «aun llamanle en las canciones par de emperador» (ms. *J:* Bibl. Esc. X-I-6, fol. 48 r.º, apud Th. Babbitt, *La Crónica de Veinte Reyes* [New Haven, 1936], p. 51).

[14] Ms. *G,* fol. 138 r.ºb-v.ºa, completado en vista de otros códices de la *Crónica de Castilla* (material entre [ ]), según la ed. de Armistead, *La Gesta de las Mocedades.* Aparte del ms. *A* (cf. la nota siguiente), los demás códices de la Crónica de Castilla y los de las otras crónicas sólo ofrecen las siguientes variantes de interés: fallaron toda la tierra alboroçada] fallaron la gente (toda) aluoroçada; metio mano en quemar toda la tierra e robar] metio mano a tomar (las) e a robar.

[15] Ms. *A,* fol. 101 v.º. La *Crónica de 1404,* escrita también en gallego-portugués, copia el propio ms. *A.* Al ser traducida de nuevo al castellano, la *Crónica de 1404* llega a aproximarse aun más al texto del romance: «...E desque pasaron los Puertos d'Aspa, fallaron toda la tierra revuelta...» (Bibl. Esc. ms. X-I-8, fol. 280 r.º, a). En vez de «metio mano a quemar toda la tierra e robar», el ms. *A* reza «meteu mão a queymar e astragar e rroubar». El texto es parecido en las crónicas de *1344* y *1404.* Compárese Cintra, *Crón. Geral,* III, 327.11-17. Para la relación directa entre el ms. *A* y la *Crónica de 1404,* véase S. G. Armistead, «New Perspectives in Alfonsine Historiography», *RPh,* 20 (1966-1967), 204-217: pp. 215-216.

> Fallaron toda la tierra alboroçada...
> Acharõ a terra toda auolta...

igual que en el romance:

> Halló la Francia revuelta...

Aunque ya no hay coincidencia verbal, parece que en el segundo hemistiquio del romance («tan bien que la apaciguó») se refleja el relato de los estragos e incendios con que el Cid logra apaciguar aquellas tierras levantiscas, hasta tal punto que «todos tremian antel». El que esta actividad apaciguadora del Cid se atribuya en el romance al rey Fernando, se explica perfectamente como resultado de una típica simplificación romancística, del todo natural, puesto que se trata de un elogio del monarca donde el Cid no interviene para nada.

En resumen, los versos sefardíes coinciden en todo con sus antecedentes épico-cronísticos: evocación del rey Fernando (v. 1a, *Refundición,* v. 786, y Crónicas); enumeración geográfica (v. 1b y *Refund.,* vv. 787-796); invasión de Francia «a pesar de los franceses» (v. 2, *Refund.,* vv. 797-799, y Crónicas); alboroto en Francia (v. 3a y Crónicas); apaciguamiento de la tierra (v. 3b y Crónicas). Frente a tan estrecho y completo acuerdo, ¿no cabría preguntar si el nombre «Fernando» en el romance no sería una auténtica supervivencia épica, en vez de una mera sustitución fortuita del «rey don Sancho» de los romances del siglo XVI? Hay que notar que el uso del nombre «Fernando» no es nada corriente en el romancero de Marruecos. En toda la extensa colección de Larrea, sólo se recoge en el propio romance de *Sancho y Urraca* (véase el «Índice de nombres», tomo II, 353b). Todo lo contrario a aquellos *Güezos* y *Vergicos* que emigran de romance en romance y que sirven para designar varios protagonistas diferentes, el nombre «Fernando» parece no tener popularidad alguna en la tradición marroquí.[16] En vista de lo antedicho, la su-

---

[16] El nombre no es, sin embargo, completamente desconocido. La esmerada colección de Bénichou nos proporciona un ejemplo en *La mala suegra castigada* (núm. 44): «Mujer del rey Fernando / a la misa iría...», donde las demás versiones rezan «Mujer de don Buezo», o «Güezo» (MP 69; Larrea 93 [excepto el disparatado «don Pedro» en el v. 1]; versiones inéditas nuestras). El nombre se usa también en el rarísimo *Conde Arnaldos* marroquí (MP 143, Bénichou 29), donde el protagonista se llama «infante Fernando». En la versión que cita Menéndez Pidal en «Poesía popular y poesía tradicional en la literatura española» *(Los romances de América* [Buenos Aires-México, 1948], p. 65), se conserva el antiguo nombre «Arnaldos». Ortega recoge otro ejemplo del nombre Fernando en unos versos de tono vulgar que sirven de desenlace a una versión del *Capitán burlado* (=MP 117): «Sepáis, don Fernando amigo: / Sabrís, querido en el alma, / / que aquí me quieren casar / de la tarde a la mañana...» *(Los hebreos en Marruecos,* p. 218a, vv. 23-24). Los textos de Bénichou (núm. 55) y Larrea (núms. 176-177) desconocen este anómalo desenlace. También aparece «el rey don Fernando» en unos versos del romance de *Garcilaso* incrustados

puesta restauración fortuita del nombre «Fernando» por obra de la
tradición sefardí resulta inverosímil, y parece menos arriesgado pensar en una continuidad tradicional entre el Fernando épico y el del
romance judeo-español.[17]

Concluimos que los versos sefardíes han de reflejar una antigua
variante del romance de la invasión de Francia, que difería sensiblemente de los dos textos impresos en el siglo XVI. Conforme a la
tradición épica, esta variante narraba el apaciguamiento de la tierra
francesa por el rey Fernando el Magno, en vez de representar, como
en *Primavera* 33-39, la frustración del afán guerrero de Sancho II
frente al recelo y la cobardía de los franceses.[18] Constituyen los ver-

en *Búcar sobre Valencia* (Arce, núm. I). Para algunos ejemplos más, véase ahora S.
G. Armistead et al., *El romancero judeo-español en el Archivo Menéndez Pidal,* 3
tomos (Madrid, 1978), III, 333.

[17] Reconocemos a la vez que tal conclusión complica la cuestión del desarrollo
tradicional del tema de la invasión de Francia en el Romancero. Tendríamos que
suponer que, en el antecedente de *Primavera* 33, una invocación inicial del «rey Fernando» habría sido reemplazada por la invocación del «rey don Sancho», tomada del
popularísimo romance sobre el cerco de Zamora *(Primav.* 44-45), llegando así a atribuirse toda la narración al malogrado rey castellano. Tal atribución habría facilitado a
su vez la formación del romance mixto: *Sancho invade Francia + Sancho y Urraca
(Primav.* 39), contaminado además en el v. 2 por otra alusión indirecta a los trágicos
acontecimientos del cerco de Zamora: «le salían las sus barbas / ¡y cuán poco las
logró!» (cf. *Primav.* 40, vv. 1-2). ¿Cómo explicar, pues, el que en Marruecos el mismo romance mixto atribuya la acción en Francia al rey Fernando? Tendríamos que
suponer, o que se produjera en dos casos distintos la contaminación de unos versos
sobre la invasión de Francia con el romance de *Sancho y Urraca* (o sea, que *Primav.*
39 y el romance marroquí fueran el resultado de dos contaminaciones diferentes), o
bien, modificando la suposición de Bénichou, que algún recitador de romances, cono-
cedor de la tradición épica, restaurara el nombre «Fernando» al fragmento contaminado. Otra solución más sería suponer la formación de un solo romance mixto *(Fernando invade Francia + Sancho y Urraca),* cuyos primeros versos integraban las características distintivas del fragmento introductorio judeo-español (enumeración geográfica
y apaciguamiento de la tierra) +, a continuación, la frustrada espera de los siete días,
según *Primavera* 39. En este caso veríamos, en *Primav.* 39, una segunda influencia del
verso «Rey don Sancho, rey don Sancho» *(Primavera* 44-45, o bien *Primav.* 40), independiente de la que se refleja en *Primavera* 33. De estas posibles soluciones, ninguna
de ellas del todo satisfactoria, quizá la última sea la más probable, dada la notable
popularidad de *Primavera* 44-45 y demás versiones durante los siglos XV-XVII. (cf. *Romancero hispánico,* I, 200; II, 107 y 191).

[18] La espera de Sancho II en *Primavera* 33-39 también tiene fuente épica. La
Refundición (vv. 819-820) afirma que:

... siete semanas por cuenta   estido el rey don Fernando,
atendiendo batalla   en una lid en canpo...

Pero en la *Refundición* esta demora acaba en una buena batalla campal con el conde
de Saboya.

Ya realizada la revisión de estas páginas llegaron a nuestra atención otras varias
versiones de los versos que aquí nos ocupan. No modifican en lo esencial lo que aquí
hemos expuesto. Trátase de una versión de Tánger publicada por I. Levy, *Chants
judéo-espagnols,* II (Jerusalén, 1970), núm. 29, y otras dos de Tetuán y Alcazarquivir
recogidas por nosotros en Israel en el verano de 1978. Se publican en nuestro artícu-

sos judeo-españoles un minúsculo pero valiosísimo fragmento, de venerable abolengo épico, que, como tantos otros textos conservados por el arcaizante romancero sefardí, nos permite vislumbrar lejanas perspectivas y captar a lo vivo las resonancias de una poesía heroica cuya vida tradicional abarca más de seis siglos.

«Field Notes on a Ballad Expedition to Israel», *Shevet va'Am*, 4(9) (1980), 7-27: núms. *6a-6b*. El texto tangerino de Levy ofrece la siguiente lectura:

> Rey de Francia, rey de Francia,   de Toledo y Aragón,
> a pesar de los franceses   dentro de la Francia entró.
> Halló la Francia revuelta   y no hubo quien la apaciguó.

Nuestras versiones de Tetuán y Alcázar rezan:

> Rey Fernando, rey Fernando,   de Toledo u Aragón
> y al entrar de los franseses,   dentro de la Fransia entró.
> Hayó la Fransia revuelta   y atambién que l'apaziguó.

> Rey de Fransia, rey de Fransia,   de Toledo y Aragón,
> al pasar por los franseses,   dentro de la corte entró.
> Encontró Fransia revuolta,   altambién l'apasiguó.

Otras 20 versiones inéditas de Tánger, Tetuán, Larache, Alcazarquivir, Casablanca y Marruecos (sin lugar) constan en la colección de Menéndez Pidal. Véase Armistead et al., *El romancero judeo-español en el Archivo Menéndez Pidal*, núms. A4-A5.

I.3

EL ROMANCE DE *CELINOS:* UN TESTIMONIO
DEL SIGLO XVI

A la memoria de Américo Castro

Celinos y la adúltera es un rarísimo romance de difusión pan-hispánica y de origen indiscutiblemente medieval.[1] En pro de la anti-güedad del poema ya aboga, en un principio, su singular distribución geográfica. Todos los textos conocidos provienen de áreas laterales arcaizantes y en todas partes se da el romance como una rara anti-gualla al borde de la extinción. Así es que sólo se conocen en total cuatro textos de la provincia de Burgos,[2] dos de Santander,[3] tres de

[1] Sobre el romance, véase lo que dice R. Menéndez Pidal en *Romancero hispáni-co,* 2 tomos (Madrid, 1953), I, 261, 331; II, 330, 406, y en el prólogo de J. Leite de Vasconcellos, *Romanceiro português,* 2 tomos (Coimbra, 1958-1960), I, xv-xvi, xix; así como nuestros estudios, *Diez romances hispánicos en un manuscrito sefardí de la Isla de Rodas* (Pisa, 1962), pp. 70-82; «El romance de *Celinos y la adúltera* entre los sefardíes de Oriente», *ALM,* 2 (1962), 5-14; *The Judeo-Spanish ballad chapbooks of Yacob Abraham Yoná* (Berkeley-Los Ángeles, 1971), pp. 227-240; *Tres calas en el romancero sefardí (Rodas, Jerusalén, Estados Unidos)* (Madrid, 1979), pp. 64-77.
[2] Todos inéditos en el Archivo Menéndez Pidal: de Castrillo de Rucios, Celadas del Páramo y Rubena (part. judic. Burgos) y Santa Cruz del Tozo (part. judic. Seda-no). Algunos fragmentos del texto de Rubena se reproducen, con ciertas modificacio-nes, en M. Goyri de Menéndez Pidal, *Romances que deben buscarse en la tradición oral* (Madrid, 1929), núm. 74, y en *Romances tradicionales y canciones narrativas existentes en el folklore español (Incipit y temas)* (Barcelona, 1945), núm. 29.—Nos complace recordar aquí la característica bondad con que don Ramón Menéndez Pidal nos recibió hace años en su casa de Chamartín y su invariable generosidad al poner a nuestro alcance los riquísimos materiales inéditos de su incomparable archivo roman-cístico. También nos agrada hacer constar ahora a nuestro colega y amigo, Diego Catalán, el más sincero agradecimiento por todo lo que ha hecho para facilitar nues-tros trabajos recientes en el Archivo Menéndez Pidal. Igualmente a la generosidad y erudición de Arthur L.-F. Askins, Albert C. Baugh, William J. Roach y Ana Valen-ciano debemos indispensables informes bibliográficos por los que nos es grato expre-sar aquí nuestro agradecimiento.
[3] Uno inédito de Valderredible (part. judic. Reinosa), en el Archivo Menéndez Pidal, y otro fragmento de Bejorís (part. judic. Villacarriedo), publicado primero en 1897 y recogido en J. M. de Cossío y T. Maza Solano, *Romancero popular de la montaña,* 2 tomos (Santander, 1933-1934), I, núm. 17. Se puede ver el mismo texto, con variantes mínimas, en María Goyri de Menéndez Pidal, «Romances que deben buscarse en la tradición oral», *RABM,* 10 (1906), 374-386; 11 (1907), 24-36, núm. 73 (pp. 35-36), y en M. Menéndez Pelayo, *Antología de poetas líricos castellanos,* IX (Santander, 1945), 324.

Zamora,[4] otro del extremo nordeste de Portugal[5] y otro de Ibiza,[6]
así como varias versiones —siempre en número reducido— de una
serie de comunidades sefardíes del Mediterráneo oriental.[7] Semejantes testimonios geográficos ya arguyen a favor de una difusión por lo
menos anterior a los últimos años del siglo xv. A la vez, la clara y
estrecha relación entre nuestro romance y el episodio inicial de la
popularísima *chanson de geste* de *Beuve de Hantone* (segunda mitad
del siglo xii) nos asegura que, en los preciosos textos modernos, estamos ante un poema de venerable abolengo.[8] Sin embargo, hasta el
momento no se conocía ningún indicio concreto de que el romance
de *Celinos* se cantara en la época clásica del Romancero. Ahora
creemos haber dado con semejante testimonio.

El romance de *Celinos y la adúltera* nos evoca un fatal triángulo
amoroso. Desarrolla un relato bárbaro y violento de adulterio, traición y venganza sanguinaria: la mujer del conde viejo, poco satisfe-
cha con su matrimonio, se enamora del joven Celinos. Éste le acon-
seja que finja estar embarazada, diciendo que perderá el niño a menos que pueda comer la carne de un ciervo (puerco o carnero —según los textos sefardíes) que anda en un monte cercano. El conde
viejo vuelve de oír misa y su mujer le repite esta falaz historia, ins-
tándole a que se dirija al monte a cazar el ciervo y sugiriéndole que

---

[4]   Dos inéditos, en el Archivo Menéndez Pidal, de Uña de Quintana (part. judic.
Benavente), recogido por Américo Castro, de María García, de 40 años, en 1912; y
de Sejas de Aliste (p. j. Alcañices), recogido por Diego Catalán y Álvaro Galmés, de
Agustina Diebra, de 60 años (?), en enero 1948. Ya en prensa estas páginas, S.G.A.
pudo recoger, también en Uña de Quintana, otra versión (recitada por la señora
Martina González, de 88 años, el 22 de julio de 1980). En lo que se refiere al ciervo y
a los bramidos, el texto es esencialmente idéntico al que recogió don Américo. Sobre
la encuesta en Uña, notable por el hallazgo de numerosos temas raros, véase S. G.
Armistead et al., «Hispanic Ballad Field Work during the Summer of 1980», *La Corónica*, IX:1 (1980), 29-36.
[5]   De Campo de Víboras (Vimioso, Bragança), recogido por J. Leite de Vasconcellos, en agosto de 1883. Véase *Romanceiro portuguès*, núm. 1.000.
[6]   Inédito del Archivo Menéndez Pidal.
[7]   Conocemos dos textos de Sarajevo, cinco de Salónica y sendos de Sofía, Lárissa, Estambul, Esmirna y Beirut, todos inéditos en el Archivo Menéndez Pidal y provenientes la mayoría de ellos de la masiva campaña romancística de M. Manrique de
Lara en 1911. En nuestra propia colección sólo figuran dos versiones de Salónica y
una de Sérrai (Grecia), muy fragmentarias las tres. A éstas corresponde sumar un
reducido número de versiones publicadas: M. Attias, *Romancero sefaradí*, 2.ª ed. (Jerusalén, 1961), núm. 50; A. Hemsi, *Coplas sefardíes,* IV (Alejandría, 1935), núm. 22;
y *Judeo-Spanish Chapbooks,* núm. 17 —estas tres de Salónica— y otras dos, muy
breves y contaminadas, de Rodas, editadas por nosotros en *Diez romances,*
núms. 10a-b, y *Tres calas,* núms. A10a-A10b. El prólogo en -é, que figura en muchos
textos orientales y que identificamos con *Celinos* en *Judeo-Spanish ballads from Bosnia* (Philadelphia, 1971), núm. C16, resulta, a la luz de materiales inéditos del Archivo Menéndez Pidal, pertenecer a otro romance autónomo, *Casada con un viejo (é),*
emparentado con ciertas canciones narrativas existentes en Cataluña y Francia. Véanse *Chapbooks*, p. 233 y n. 14; S. G. Armistead et al., *El romancero judeo-español en
el Archivo Menéndez Pidal,* 3 tomos (Madrid, 1978), núm. 12.
[8]   Véanse los estudios citados en la n. 1.

para el caso no necesita ir fuertemente armado. El viejo se arma bien, sin embargo, y se encamina al monte, donde Celinos le espera en emboscada, según ya había concertado con la condesa. Al ser atacado, el buen conde no sólo se defiende, sino que vence y mata al amante y vuelve a su casa para presentar a la mujer infiel la cabeza ensangrentada de Celinos. Acto seguido, la degüella y coloca juntas las dos cabezas, para que se cumpla en la muerte lo que los amantes habían querido realizar en vida.[9] Veamos ahora lo que nos aportan sobre el caso ciertos pliegos sueltos góticos de mediados del siglo XVI.

La *Glosa peregrina* es un largo y pesadísimo poema compuesto por Luis de Aranda y publicado por primera vez, que sepamos, en 1560. Se conocen tres ediciones: la de 1560 (ejemplar del British Museum), otra de 1566 (perteneciente a la Biblioteca Central de Barcelona) y otra, sin año, en la que el poema se atribuye al clérigo Alonso López (Biblioteca Nacional de Madrid, R-3637).[10] Narra esta composición, «glosando muchos Romances antiguos», la caída de Lucifer, la desobediencia de Adán y la encarnación, pasión y resurrección de Jesucristo.[11] El poema, que podría calificarse de una especie de ensalada a lo divino, consiste en sesenta y siete estrofas de once versos en su mayoría octosilábicos, cuyos dos últimos versos suelen ser tomados de algún romance de asunto secular que nada tiene que ver con el tema piadoso de la obra. El poema resulta ser, por lo tanto, una importante fuente documental para el estudio del romancero viejo. Para lo que en este momento nos interesa, conviene que nos fijemos en la estrofa 66 de esta curiosa obrita. Siguiendo el patrón establecido ya al final de las estrofas 63 y 65 —mediante la cita de dos versos del famoso romance de *La venganza de Montesinos (Primavera* 176: «Cata Francia Montesinos / cata Paris la ciudad… / Cata las aguas de duero / do combaten con la mar»)— la estrofa 66 prosigue instando al lector a que «cate» otros fenómenos de trascendencia espiritual:

> Cata los campos de gloria
> a donde murio Luzbel
> a manos de sant Miguel
> en quien quedo la victoria
> cata biua la memoria
> de su peccado cruel

[9] Seguimos primordialmente las versiones burgalesas, santanderinas, zamoranas y braganzana, con algunos detalles de las judeo-españolas. Ciertos textos sefardíes parecen conservar el desenlace épico original en el que Celinos mata al marido. Véase *Chapbooks,* pp. 238-240.

[10] Véanse las descripciones minuciosas que publica A. Rodríguez-Moñino, *Diccionario bibliográfico de pliegos sueltos poéticos (siglo XVI)* (Madrid, 1970), núms. 25-28. Postula la existencia de una impresión del texto de Alonso López anterior a la conservada. Véase el núm. 27.

[11] Cf. el comentario de Menéndez Pidal, *Romancero hispánico,* t. 2, p. 179.

[Cata la vandera y seña]
que perdio este desle[al]
con injuria no pequeña
Cata las sierras de ardeña
donde brama vn animal.[12]

¿Qué será este misterioso animal cuyos bramidos retumban por las «sierras de Ardeña»? Sólo se resuelve el enigma si compaginamos la tradición del siglo xx con textos épicos del siglo xii, de alguna de cuyas variantes —no conservada— había de nacer el romance de *Celinos* a fines de la Edad Media. Epopeya y Romancero forman —temática, estilística y métricamente— una sola unidad, una continuidad tradicional en constante y dinámico devenir a través de los siglos. En este caso concreto, como en otros muchos de alcance mucho mayor, el Romancero es inseparable de sus raíces épicas.

Nuestro textos modernos varían constantemente en lo que se refiere a la identidad del lugar donde el conde viejo ha de ir en busca del ciervo (o puerco), objeto del fingido antojo de su traicionera esposa.[13] La guarida del animal se identifica con una abigarrada variedad de nombres: el monte (de) *Olivar* (Burgos, Santander), los montes de *Celinos* (Zamora), el monte de *Selino* (Bragança), los campos de *Algolimbri* o huertas de *Arbolido* (Sarajevo) y campos de *Azumare, Alsuma* o *Alzuma* (Salónica y Lárissa). En nada nos ayudan, por lo tanto, estos textos modernos con la identificación del enigmático verso de la *Glosa peregrina*.

Hay varias redacciones italianas de *Bovo d'Antona*, tanto poéticas como en prosa.[14] Las que incluyen el episodio comparten en común con nuestro romance el importante motivo del embarazo fingido.[15] Una de las versiones rimadas, la «Laurenziana», identifica

---

[12]   Citamos de la reproducción fotográfica del texto atribuido a Alonso López: *Pliegos poéticos góticos de la Biblioteca Nacional,* t. 2, Madrid, 1957, p. 291. Suplimos las palabras perdidas en lo alto de la página a la vista de los pliegos de Londres y Barcelona. Subrayamos el verso romancístico. Variantes: *pecado* (Londres); *Ardeña* (Barcelona), *el animal* (Londres).

[13]   Para las variantes en lo que se refiere al animal —ciervo o jabalí—, véanse *Diez romances,* p. 81 y n. 80; *Tres calas,* p. 76, n. 80.

[14]   Para las varias redacciones italianas, véase J. E. Matzke, «The Oldest Form of the Beves Legend», *MPh,* 10 (1912-13), 19-54, especialmente p. 4.

[15]   Véanse *Diez romances,* pp. 77-78; *Tres calas,* pp. 71, 73-74. Pio Rajna, *Ricerche intorno ai Reali di Francia,* t. 1, Bologna, 1872, p. 496 (v. 102); *id.,* «Frammenti di redazioni italiane del Buovo d'Antona», *ZRPh,* 11 (1887), 153-184; 12 (1888), 463-510; 15 (1891), 47-87: p. 65, § 39; Andrea da Barberino, *I reali di Francia,* ed. G. Vandelli y G. Gambarin, Bari, 1947, p. 295 (o bien la ed. antigua de G. Vandelli, tomo II : ii [Bologna, 1900], 327-328). Es notable que, en la versión rimada «Laurenziana» (Rajna, *Ricerche,* I, 493-497), todo el texto que corresponde al romance tiene, como él, asonancia en *-á.* Respecto al remedio tradicional que estudiamos en *Tres calas,* pp. 71-72, n. 74 y p. 143, no podemos por menos que añadir el siguiente ejemplo, geográficamente remoto, pero emparentado seguramente con la misma tradición popular europea: Tras un accidente de caza (en 1845), en que reventó el cañón de su rifle, hiriéndole gravemente la mano, el presidente de la República de Sudáfrica, Paul

el lugar donde caza el duque Guidon como el «boscho de Sclaravena»,[16] mientras que una de las prosificaciones habla de la «Selva Bruna»[17] y la otra se limita a decir que va a cazar a una «selva».[18] En la versión anglonormanda de *Boeve de Haumtone*, así como en la traducción al inglés medieval, la condesa sólo afirma que el jabalí *(sengler; wilde bor)* se encuentra «en vostre foreste ad un par desuz la mer»[19] o bien «in hare forest be side the se».[20] Por otra parte, las redacciones francesas continentales son más específicas y he aquí que, en todas ellas, es precisamente al famoso bosque de *Ardenne* donde acudirá el duque Gui de Hantone en su fatal cacería:

> De Hantonne issent tout le chemin rengié,
> Jusqu'en Ardenne ne se sont atargié
> Et ont un chierf esmëu d'un plaisié,
> Bien quatre lieues l'ont sivi et chacié...[21]

Kruger, llama la atención en sus *Memorias* sobre el éxito de un notable remedio tradicional contra la gangrena: «Different remedies were employed, but all seemed useless, for the black marks rose as far as the shoulder. Then they killed a goat, took out the stomach and cut it open. I put my hand into it while it was still warm. This Boer remedy succeeded, for when it came to the turn of the second goat, my hand was already easier and the danger much less... I account for the healing power of this remedy by the fact that the goats usually graze near the Spekboom River, where all sorts of herbs grow in abundance» *(The Memoirs of Paul Kruger* [Nueva York, 1902], p. 34).

[16] Rajna, *Ricerche,* t. 1, p. 494 (v. 19).
[17] Rajna, art. cit. de *ZRPh,* 12, p. 506; 15, p. 64 (§§ 35 y 37). Nótese la correspondencia entre la «Selva Bruna» de esta versión toscana y «Brunas Vals», donde los protagonistas encuentran primero el jabalí en *Daurel et Beton* (v. 361). Véanse *infra,* las nn. 22-24.
[18] Andrea da Barberino (ed. Vandelli y Gambarin), pp. 295-296.
[19] A. Stimming (ed.), *Der anglonormannische Boeve de Haumtone* (Halle, 1899), p. 7, v. 134.
[20] E. Kölbing (ed.), *The Romance of Sir Beues of Hamtoun* (Londres, 1885-1894), p. 7, vs. 137-138.
[21] A. Stimming (ed.), *Der festländische Bueve de Hantone: Fassung III,* tomo I (Dresden, 1914), p. 16, vs. 311-314. Véanse también los vs. 215 y 261. Igualmente en *Fassung I* (Dresden, 1911), I, vs. 56, 68, así como en *Fassung II* (Dresden, 1912), I, vs. 290, 385, Gui de Hantone va a cazar a *Ardenne*. Sobre las distintas versiones de *Beuve de Hantone*, es de importancia fundamental la monografía de Ch. Boje, *Über den altfranzösischen Roman von Beuve de Hamtone* (Halle, 1909; *ZRPh*, Beih. 19), donde se establece la relación entre las redacciones francesas e italianas y la anglo-normanda, holandesa, inglesa, irlandesa, galesa, nórdica, rusa, yidish y rumana. Ténganse en cuenta también los siguientes estudios: A. C. Baugh, «Improvisation in the Middle English romance». *PAPhS.* 103 (1959), 418-454: Ph. A. Becker, *Beuve de Hantone (Berichte über die Verhandlungen der Sächsischen Akademie der Wissenschaften zu Leipzig, Philologisch-historische Klasse,* t. 93, fascículo 3, Leipzig, 1941); M. Deutschbein, «Die Boevesage», *Studien zur Sagengeschichte Englands,* I (Köthen, 1906), 181-213, 263-264; L. Dingerling, *Das gegenseitige Verhältnis der Handschriften der Fassung III des festländischen Bueve de Hantone* (Göttingen, 1917); R. Greve, *Studien über den Roman Buovo d'Antona in Russland* (Berlín, 1956); A. Hilka, «Eine neue Version des Bueve de Hantone», *ZRPh,* 44 (1924), 265-290; P. C. Hoyt, «The Home of the Beves Saga», *PMLA,* 17 (1902), 237-246; L. Jordan, *Über Boeve de Hanstone* (Halle, 1908; *ZRPh,* Beih. 14); H. Kühl, *Das gegenseitige Verhältnis der*

El poema épico provenzal de *Daurel et Beton* data de mediados del siglo XII. Puede haber existido en 1150 y no puede ser posterior a 1168.[22] Remonta, por lo tanto, a una época anterior a todas las versiones actualmente conservadas de *Beuve de Hantone*. Sin embargo, consta en esta gesta occitana la obvia impronta de alguna redacción temprana de *Beuve*.[23] En uno de los episodios iniciales de *Daurel,* el duque Boves d'Antona sale de caza, en compañía del traidor Gui d'Aspremont. Al perseguir un gigantesco jabalí, que se va internando en el bosque, los protagonistas se apartan de los demás cazadores y, al encontrarse solos, el traidor concierta la muerte de Boves, haciendo ver que ha sido mortalmente herido por el animal. Las semejanzas, tanto onomásticas como circunstanciales, con *Beuve de*

Handschriften der Fassung II des festländischen Bueve de Hantone (Göttingen, 1915); J. E. Matzke, «The Legend of Saint George: Its Development into a *Roman d'Aventure*», *PMLA,* 19 (1904), 449-478; H. Paetz, *Über das gegenseitige Verhältnis der venetianischen, der franko-italienischen und der französischen gereimten Fassungen des Bueve de Hantone* (Halle, 1913; *ZRPh,* Beih. 50); J. Reinhold, «Die franko-italienische Version des Bovo d'Antone», *ZRPh,* 35 (1911), 555-607, 683-714; 36 (1912), 1-12; G. Sander, *Die Fassung T des festländischen Bueve de Hantone* (Göttingen, 1912); M. Watkin, «Albert Stimming's *Welsche Fassung* in the *Anglonormannische Boeve de Haumtone:* An Examination of a Critique», *Studies... presented to... Mildred K. Pope* (Manchester, 1939), pp. 371-379; A. Wolf, *Das gegenseitige Verhältnis der gereimten Fassungen des festländischen Bueve de Hantone* (Göttingen, 1912); R. Zenker, *Boeve-Amlethus: Das altfranzösische Epos von Boeve de Hamtone und der Ursprung der Hamletsage* (Berlín, 1905) (= *Literarhistorische Forschungen,* ed. J. Schick y M. v. Waldberg, t. 32). R. Bossuat, *Manuel bibliographique de la littérature française du moyen âge* (Melun, 1951), p. 31, recoge varias tesis alemanas que no hemos podido consultar. Véase también H. Flasche, *Die Sprachen und Literaturen der Romanen im Spiegel der deutschen Universitätsschriften 1885-1950: Eine Bibliographie* (Bonn, 1958), p. 129.

[22] Véase lo que dice sobre la fecha del poema A. S. Kimmel: «*Daurel et Beton* was composed in the mid-twelfth century in or near Poitiers. It may have been in existence by 1150 or earlier and could not have been written later than 1168» *(A Critical Edition of the Old Provençal Epic «Daurel et Beton»* [Chapel Hill, 1971], p. 47).

[23] En el estudio preliminar de su edición (pp. 43-46), Kimmel arguye ingeniosamente que las semejanzas entre *Beuve* y *Daurel* son fortuitas, que representan lugares comunes presentes en otras *chansons de geste,* que las referencias provenzales a *Bovon, Buf* y *Boves d'Antona* en textos del siglo XII se refieren al Boves de *Daurel* y no al protagonista de *Beuve* y que, por lo tanto, *Beuve* no existió hasta hacia 1200. Sigue pareciéndonos que, por su número y combinación, las varias coincidencias entre *Daurel* y *Beuve* no pueden ser casuales y que aquél fue influido por una versión arcaica y perdida de éste. Véase lo que dice M. de Riquer, *Los cantares de gesta franceses* (Madrid, 1952), pp. 321-324 (o en la trad. francesa [París, 1968], pp. 273-275), y para otro testimonio comprobatorio, M. Coll i Alentorn, «La introducció de les llegendes èpiques franceses a Catalunya», *Coloquios de Roncesvalles (agosto 1955)* (Zaragoza, 1956), pp. 133-150, especialmente p. 139 y n. 23. (Se trata del nombre *Josiana* —amada de Beuve en la *chanson de geste*— atribuido a una condesa catalana en 1167). Contra una fecha tardía para el *Beuve* también arguye el poema en alemán medieval de *Graf Rudolf* que surge hacia 1170 y donde Deutschbein descubre una serie de detalles tomados de alguna versión temprana de *Beuve* («Die Boevesage», pp. 192-194). Es muy arriesgado siempre todo juicio que no cuente con la posibilidad —o mejor dicho, la probabilidad— de textos perdidos.

Hantone son bien claras y aquí también nos volvemos a encontrar con el famoso e inmenso bosque de *Ardena la gran* (v. 288):

> Ins en Ardena a .i. singlar tan gran...
> Anc nulha bestia no vi de so semblan!...
> En Brunas Vals trobero lo singlar...
> E-l porc si leva e fa-ls esparpalhar;
> .III. cans a mors ab la den maiselar
> Et ieis del bosc; en altre vai intrar,
> So es Ardena c'om non pot adesmar.[24]

> (*«Dentro en Ardena hay un jabalí tan grande.*
> *¡Nunca vi un animal de tal aspecto!*
> *En Brunas Vals toparon con el jabalí.*
> *Y el puerco se levanta y los hace dispersar.*
> *Tres perros con sus colmillos destrozó*
> *y sale del bosque; en otro va a entrar.*
> *Este es Ardena, de extensión incalculable.»*)

Acabamos de ver la importancia del bosque de Ardenne como trasfondo de los acontecimientos del episodio inicial de *Beuve de Hantone*. Desprovisto de sentido para los cantores de romances hispánicos, el topónimo francés habrá desaparecido de la tradición moderna, al deformarse hasta dejar de ser reconocible (como en *Alsuma*, por ejemplo) o al ser reemplazado por invenciones más obviamente ligadas a las *dramatis personae* del romance (como *los montes de Celinos*). Por otra parte, un notable testimonio moderno, que a continuación veremos, nos induce a creer que la *Ardeña* de la *Glosa peregrina* es en efecto idéntica al bosque de *Ardenne* de la gesta de *Beuve de Hantone*.

Las distintas versiones de la *chanson de geste* nada nos dicen, por cierto, acerca del detalle de los bramidos de nuestro supuesto ciervo de Ardeña. El motivo habría de ser privativo del romance hispánico y el caso es que, si lo encontramos en la cita del siglo XVI, ha desaparecido de todas las versiones modernas —de todas menos tres. En el espléndido texto inédito de Uña de Quintana (Zamora), recogido por Américo Castro a principios de siglo y conservado hoy en el Archivo Menéndez Pidal, se encuentran los versos siguientes:

> No quiero trucha del río,   ni pescado de la mare,
> ni carnero castellano,   ni vaca de Portugal;
> quiero la cabeza del ciervo,   desde aquí lo oigo bramare.
> A los montes de Celinos,   allí lo has de ir a buscare.

---

[24]*Daurel et Beton,* ed. Kimmel, vs. 293, 295, 365-368. En la última palabra del v. 368 seguimos la enmienda de P. Meyer (*Daurel et Beton: Chanson de geste provençale,* París, 1880 [= *SATF*], p. 13), más convincente que la que ahora propone Kimmel (cf. pp. 210-211).

Igual en la versión recogida por Diego Catalán y Álvaro Galmés en Sejas de Aliste (Zamora) en 1948, se lee:

> Ni se me antojaban peces,   ni pescados de la mar;
> n'esos montes de Ceriño   un ciervo oyo bramar;
> que si no comiese de él   esperaba reventare.[25]

Después, cuando el conde viejo vuelve a casa con la cabeza de «Ceriño» (Celinos), increpa a la mujer adúltera:

> Ahí tienes, mi condesa,   el ciervo que oyes bramar.

Los dos testimonios —uno del siglo XII, para Ardeña, y otro del siglo XX, para los bramidos del ciervo— juntos aclaran perfectamente, según creemos, la identidad del enigmático animal de la *Glosa peregrina.* No puede ser sino aquel ciervo del romance de *Celinos,* con que la esposa adúltera procura engañar al conde viejo. Estamos, por lo tanto, ante un precioso y único testimonio de la existencia de nuestro romance en el siglo XVI. El poema de Aranda no nos da siquiera una cita, pues el verso original ha sido gravemente deformado por las exigencias de la glosa.[26] Pero con todo, como en tantos otros casos de un estado latente que momentáneamente rompe su silencio multisecular, el verso de la *Glosa peregrina* nos proporciona un firme puente documental entre unas *chansons de geste* francesas del siglo XII y lo que aún cantaban en nuestro tiempo campesinas españolas de Burgos, Zamora e Ibiza y labranderas sefarditas de Sarajevo, Salónica y la Isla de Rodas.

---

[25]   Agradecemos a nuestro amigo, el profesor Diego Catalán el permiso de publicar estos textos inéditos, así como el habernos proporcionado preciosos datos sobre los materiales del Archivo Menéndez Pidal.

[26]   Nótese como, en la estrofa anterior, la *Glosa* también deforma el famoso verso de *La muerte de don Beltrán* (*Primavera 185a:* «En los campos de Alventosa / mataron a don Beltrán»), al convertirlo en «Cata campos de aluentosa / donde murió don Beltrán».

I.4

LA NIÑA DE GÓMEZ ARIAS
EN LA TRADICIÓN MODERNA

Para Juan Bautista Avalle-Arce

El misterioso cantar de *La niña de Gómez Arias,* fuente —directa o indirecta— de una glosa de Sebastián de Horozco, de comedias de Vélez de Guevara y de Calderón, de un entremés de Cervantes, de una novela romántica de Trueba y Cossío y de un drama moderno de Marquina, amén de innumerables y cínicas alusiones áureas a putidoncellas coquetuelas «que nunca en tal se vieron», ha sido el objeto de una serie de indagaciones, en gran parte infructuosas, con el propósito, por un lado, de encontrar una versión cabal del poema antiguo y, por otro, de identificar la base histórica de la leyenda que con él se asocia.[1] En fecha reciente, nuestro amigo, el profesor Juan Bautista Avalle-Arce ha logrado cimentar los versos firmemente en unos hechos del siglo XIV, pero el poema mismo ha quedado, al parecer, irrevocablemente perdido en la neblina de los siglos.

El asunto de la leyenda —¿y del cantar perdido?— que se deduce de un cotejo de la glosa de Horozco y de las comedias de Vélez y Calderón, había de ser el siguiente: Gómez Arias seduce a una niña, pero, al cansarse de ella, se la vende como esclava al alcaide moro de Benamejí. La niña suplica a su amante de marras que se apiade de ella, diciendo que es joven e inocente y que «nunca en tal se vio». Avalle-Arce ha podido situar en su momento histórico el nexo crucial entre un Gómez Arias, maestre de Santiago, y la fortaleza granadina de Benamejí, de la que según la *Crónica de Alfonso XI,* era alcaide en el año 1333. A causa de la ausencia y negligencia de Gómez Arias, quien «non estaba en el castiello et dexó y mal recabdo», la plaza volvió a caer por sorpresa en manos de los musulmanes, hecho que acarreó resultados desastrosos en forma de una destructiva correría moruna que llegó hasta las mismas puertas de Córdoba. Permaneció Benamejí en manos de los moros hasta 1341. Sea la que sea la base histórica —si es que la tiene— del lance con la niña, el famoso cantar habría nacido al calor de los hechos como

---

[1] Véase el fundamental artículo de Ramón Rozzell, «The Song and Legend of Gómez Arias», *HR,* XX (1952), 91-107, así como su edición de Luis Vélez de Guevara, *La niña de Gómez Arias* (Granada, 1959), pp. 15-46.

poema de difamación personal contra quien, por descuido o por traición, había causado el desastre.[2] El propósito, si no la forma, de tal
poema tendría su parecido con el del romance que, según otro acertado descubrimiento de Avalle-Arce, siglo y medio después se inven-
tó para denigrar al mezquino y odiado capitán de los Reyes Católicos, Bernal Francés.[3] La rima y la forma métrica del difamante poema de Gómez Arias inspiraría, pasados los años, otro cantar famoso:
el de *Los Comendadores* (de 1448 o después).[4] Pero pese a su influencia y la huella que ha dejado en tantas obras posteriores e incluso en la paremiología, el mismo cantar de *La niña de Gómez
Arias* ha quedado perdido y envuelto en misterio. El texto que más
nos permite intuir su contenido es la glosa, de fecha desconocida,
escrita quizá hacia mediados del siglo XVI por el licenciado Sebastián
de Horozco (¿1510-1580?). He aquí el poema:

EL AUCTOR SOBRE LA CANCIÓN VIEJA Y MAL ENTENDIDA, QUE DIZE ANSÍ:

> *Señor Gómez Arias,*
> *doleos de mí;*
> *soy mochacha y niña,*
> *y nunca en tal me vi.*

Señor Gómez Arias,
vos me traxistes,
y en tierra de moros
vos me vendistes.
Yo no sé la causa
por qué lo hezistes,
que yo sin ventura
no os lo merecí.
  Señor Gómez Arias, etc.
  Si mi triste madre
tal cosa supiese,
con sus mesmas manos
la muerte se diese.
No hay hombre en el mundo

Véome ora triste,
  enajenada,
triste fue la hora
en que yo naçí.
  Señor Gómez Arias, etc.
  Señor Gómez Arias,
aved compasión
de la sin ventura
que queda en prisión.
Conmueva mi llanto
vuestro coraçón;
no seáis tan cruel
en dexarme así.
  Señor Gómez Arias, etc.

---

[2] J. B. Avalle-Arce, «El cantar de *La niña de Gómez Arias*», *BHS*, XLIV
(1967), 43-48; reproducido ahora en *Temas hispánicos medievales* (Madrid, 1974),
pp. 83-92. Rozzell ya había observado con notable perspicacia que «el hecho de que
Vélez y Calderón sitúen la acción de sus comedias en el período de los Reyes Católicos no prueba que la leyenda pertenezca realmente a esa época» (*La niña*, pp. 43-44;
«The Song», p. 106).

[3] Véase J. B. Avalle-Arce, «Bernal Francés y su romance», *AEM*, III (1966),
327-391; reimpreso en *Temas hispánicos medievales*, pp. 135-232.

[4] Véanse Rozzell, «The Song», pp. 105-106; Avalle-Arce, «El cantar», pp. 47-48.
Ténganse en cuenta ahora M. Frenk Alatorre, «Un desconocido cantar de los Comendadores, fuente de Lope», *Homenaje a William L. Fichter* (Madrid, 1971), pp. 211-
222, y Donald R. Larson, *The Honor Plays of Lope de Vega* (Cambridge, Massachusetts, 1977), pp. 38-54.

que no se doliese
de la desventura
que vino por mí.
 Señor Gómez Arias, etc.
 En cas de mi padre
estaba ençerrada,
de chicos y grandes
querida y mirada.

Señor Gómez Arias,
si a Córdoba fuerdes,
a mi padre y madre
me encomendedes;
y de mis hermanos
vos os guardedes,
que no os den la muerte
por amor de mí.
 Señor Gómez Arias, etc.[5]

De las fuentes que utilizan el último verso de la cuarteta, convertido ya en frase hecha, sólo parece que tres pueden ser anteriores al
poema de Horozco: son *La Lozana andaluza* (1528) de Francisco Delicado, la *Aulegrafía* (¿1554?) de Jorge Ferreira de Vasconcellos y el
Crotalón (¿1558?) de Cristóbal de Villalón.[6] Estas breves alusiones,
claro está, no nos aclaran nada acerca del carácter del antiguo cantar.

Parece que Vélez se inspiró, por lo menos en parte, en la glosa de
Horozco, aunque haya podido estar en contacto con tradiciones
locales.[7] Su versión de los versos sólo difiere en dos mínimos detalles
(duélete y la transposición de *niña y mo/uchacha)* de la del poeta
toledano:

  Señor Gómez Arias,
  duélete de mí;
  soy niña y muchacha,
  y nunca en tal me vi.[8]

Calderón, a su vez, «posiblemente no tenía más fuente que Vélez
de Guevara».[9] Su texto reza:

  Señor Gómez Arias,
  duélete de mí,
  que soy niña, y sola,
  y nunca en tal me vi.[10]

---

[5] *Cancionero de Sebastián de Horozco* (Sevilla, 1874), p. 68 («Bibliófilos Andaluces»); citado por Rozzell, «The Song», p. 99. Modificamos algunos detalles a la vista
de Sebastián de Horozco, *El Cancionero,* ed. J. Weiner (Bern-Frankfurt, 1975),
núm. 134 (pp. 93-94). Para los poemas fechables del *Cancionero:* Rozzell, p. 99; para
la muerte de Horozco: Weiner, p. 35.

[6] Para las citas, véase Rozzell (ed.), *La niña,* pp. 26-27, 32.

[7] Rozzell (ed.), *La niña,* p. 34.

[8] Rozzell (ed.), *La niña,* pp. 149, 181. Sobre la fecha de la comedia (1611),
véase la p. 63.

[9] Rozzell (ed.), *La niña,* pp. 33-34; «The Song», p. 101. Sobre la fecha tentativa
de la comedia de Calderón (1637-1639), véase la p. 93, nn. 10-11; p. 19, nn. 10-11 de
la edición.

[10] Pedro Calderón de la Barca, *Comedias,* tomo X: *Quarta parte de Comedias*
(Madrid, 1672), ed. D. W. Cruickshank y J. E. Varey (Londres, 1973), p. 224*a;* igual
en la *Quarta parte (Madrid, 1674)* (= tomo XI), p. 113*b,* y en la ed. de J. E. Hart-

A principios del siglo XVII, Cervantes había recogido los mismos versos en una forma ligeramente diferente en su entremés *El viejo celoso,* publicado en *Ocho comedias y ocho entremeses...* en 1615:

> Señor Gómez Arias,
> doleos de mí:
> soy niña y muchacha;
> nunca en tal me vi.[11]

Los demás testimonios áureos —chistosas adaptaciones de Vélez y sobre todo de Calderón al papel del gracioso[12] o escuetas y cínicas aplicaciones de la fórmula *Nunca en tal me vi* a mujerzuelas de sospechosas costumbres y vida airada[13]— han de ser en gran parte derivativas y de todas formas nada nos dicen acerca de la posible vida del famoso cantar en una tradición oral casi totalmente latente. En palabras de Ramón Rozzell: «La cuestión de cuándo se perdió la leyenda en España es casi tan inquietante como la cuestión de cuándo surgió».[14] Lo que menos se había de esperar es que volviéramos a dar con las huellas de la niña de Gómez Arias en la tradición oral del siglo xx.

Los miles —más de 10.000— textos de romances tradicionales, peninsulares, hispanoamericanos y judeo-españoles, pertenecientes al Archivo Menéndez Pidal abrigan un tesoro de fascinantes descubrimientos que en muchos casos sólo ahora están empezando a darse a conocer.[15] Los fondos incluyen 2,150 textos de romances y canciones narrativas sefardíes —la mayor colección de poesía tradicional judeo-española que existe— y entre ellos constan tres versiones de un cu-

---

zenbusch, *BAAEE,* XIV (Madrid, 1850), p. 42*b*. Todas las adaptaciones calderonianas de los versos de Gómez Arias están reunidas por E. M. Wilson y J. Sage, *Poesías líricas en las obras dramáticas de Calderón: Citas y glosas* (Londres, 1964), núm. 146. Es imprescindible la comparación entre las comedias de Vélez y Calderón en A. E. Sloman, *The Dramatic Craftsmanship of Calderón: His Use of Earlier Plays* (Oxford, 1958), pp. 159-187.

[11] S. Griswold Morley (ed.), *The Interludes of Cervantes* (Princeton, 1948), p. 194; Rozzell, «The Song», pp. 97-98; véase también L. Montoto y Rautenstrauch, *Personajes, personas y personillas que corren por tierras de ambas Castillas,* 2.ª ed., 2 tomos (Sevilla, 1921-1922), I, 334.

[12] Véanse Rozzell, «The Song», pp. 92, 94, 101-102; Wilson-Sage, núm. 146.

[13] Además de las dos publicaciones de Rozzell, véanse M. Frenk Alatorre, «Refranes cantados y cantares proverbializados», *NRFH,* XV (1961), 155-168: 166, n. 30; Francisco Delicado. *Retrato de la loçana andaluza,* ed. B. M. Damiani y G. Allegra (Madrid, 1975), p. 181, n. 19. También reúne citas J. Puyol y Alonso, *La pícara Justina,* 3 tomos (Madrid, 1912), III, 280, n. 34.

[14] Rozzell (ed.), *La niña,* p. 33.

[15] Véanse S. G. Armistead, «Los romances judeo-españoles del Archivo Menéndez Pidal» y D. Catalán, «El Archivo Menéndez Pidal y la exploración del Romancero castellano, catalán y gallego», *El Romancero en la tradición oral moderna,* ed. D. Catalán, S. G. Armistead y A. Sánchez Romeralo (Madrid, 1973), pp. 23-30 y 85-94; también S. G. Armistead, «A Unique Collection of Sephardic Traditional Poetry: The Menéndez Pidal Archive in Madrid», *The Sephardic Scholar,* III (1977-1978), 31-36.

rioso cantar de boda paralelístico, *La casada arrepentida,* que nos reservaba una de aquellas deliciosas sorpresas con que a veces la poesía tradicional recompensa a los que a ella dedicamos nuestros afanes filológicos. He aquí los versos iniciales del romancillo, según constan en una versión recogida en Tetuán, en 1915, por Manuel Manrique de Lara:

> Yo me estando, madre,   en mi rico vergel,
> 2   una mala vieja   me vino a vencer.
> Yo me estando, madre,   en mi rico rosal,
> 4   una mala vieja   me vino a engañar.
> Con don Gómez Aire   me había de casar;
> 6   con don Gómez Aire   adoláivos de mí;
> soy niña y muchacha   y nunca lo sentí...[16]

Desde aquella neblina de los siglos, de repente, inesperado, el cantar se asoma ante nuestra vista, en una versión moderna, palpable y viva aún en la tradición oral apenas hacía más de cincuenta años —viva aún quizá hoy mismo.[17] Pero a pesar de lo dramático de semejante anagnórisis repentina, queda el enigma sin aclararse. Los versos modernos no nos dicen nada que no estuviera en los antiguos, de los que, aparte de las connotaciones transparentemente sexuales del verso final, no difiere en lo esencial.

Al Archivo pertenecen otras dos versiones de *La casada arrepentida,* en las que también ha dejado diversas huellas el cantar de Gómez Arias. El texto ofrecido a Manrique de Lara por la señora Hanna Bennaim, de 70 años, en Tánger, en 1915, se limita a mentar al famoso protagonista sin dar más detalles:

> Yo me estando, madre,   en mi rico verjel,
> una mala vieja   me vino a vencer,
> que con Gómez Aire   me había de casar...[18]

Más reveladora es la espléndida versión apuntada, unos diez años antes, por José Benoliel, también en Tánger. Empieza con versos

---

[16] S. G. Armistead et al., *El romancero judeo-español en el Archivo Menéndez Pidal: Catálogo-Índice de romances y canciones,* 3 tomos (Madrid, 1978), III, 31-32 (núm. 22); véanse también los núms. H27 y L15.

[17] Por otra parte, no hay resto del poema de Gómez Arias en las versiones recogidas modernamente: M. Alvar, *Cantos de boda judeo-españoles* (Madrid, 1971), p. 316; Isaac Benarroch Pinto, *El indiano, el kadi y la luna* (Tetuán, 1951), p. 84; A. de Larrea Palacín, *Romances de Tetuán,* 2 tomos (Madrid, 1952), núm. 254; *Canciones rituales hispano-judías* (Madrid, 1954), núm. 65. Sobre una contraparte antigua del verso «que en ca de mi padre/mejor estaba yo», véase M. Frenk Alatorre, «Supervivencias de la antigua lírica popular», *Homenaje... a Dámaso Alonso,* I (Madrid, 1960), 51-78: pp. 63-64 («que en casa de mi padre / bien m'estaba yo»). El artículo se reproduce en el espléndido libro, *Estudios sobre lírica antigua* (Madrid, 1978), pp. 81-112.

[18] *Catálogo-índice,* núm. L15.2.

parecidos a los de las otras dos versiones, pero sigue con otros que
nos deparan la solución del problema de la fuente inmediata de esta
manifestación moderna de *La niña de Gómez Arias:*

```
 4   ...Una mala vieja     me vino a engañar.
     Que con Don Esaires     me ha de casar.
 6   Me iba llevando     por unas callejas.
     Me iba contando     mil falsas consejas:
 8   Que tenía vacas,     que tenía ovejas;
     que tiene molinos     en Guadamesí.
10   Y él no acaudala     un maravedí.
     ¡Tristura!     ¡Ay, triste de mí!
12   Triste fue la hora     en que yo nací...
18   No me diga nadie     que buena estoy yo.
     Que en ca de mi padre     estaba mejor.
20   En ca de mi padre,     calzar y vestir;
     y con Don Esaires, criar y parir.
22   En ca de mi padre,     vestir y calzar;
     y con Don Esaires,     parir y criar.[19]
```

   ¿Queda en *Guadamesí* una disfrazada alusión a la famosa fortaleza de Benamejí, calificado aún hoy como «Castillo de Gómez
Arias», en recuerdo de una infamia del siglo XIV?[20] Nada se puede
asegurar. Lo que sí queda patente es la huella de la glosa de Horozco en el romancillo sefardí. En los vv. 12, 19, 20 y 22 del texto de
Benoliel suenan claramente los del poema de Horozco:

```
           En cas de mi padre
           estaba ençerrada,
           de chicos y grandes
           querida y mirada.
           Véome ora triste,
              enajenada,
           triste fue la hora
           en que yo naçí.[21]
```

[19]   *Catálogo-índice,* núm. L15.1; recogido entre 1904 y 1906.
[20]   Véanse Rozzell, «The Song», p. 103, y Avalle-Arce, p. 45, quienes se basan
en el *Diccionario geográfico* de Madoz. Por su parte, Guadamesí es el nombre de un
río en la provincia de Cádiz. Véase M. Asín Palacios, *Contribución a la toponimia
árabe de España,* 2.ª ed. (Madrid-Granada, 1944), p. 110.
[21]   No deja de ser curiosa la intervención hebraica a los dos extremos de la conservación del cantar. Mientras su manifestación más moderna se conserva entre sefardíes, Horozco parece haber sido de ascendencia conversa. Véanse J. Gómez-Menor
Fuentes, «Nuevos datos documentales sobre el Licenciado Sebastián de Horozco»,
Anales Toledanos, VI (1973), 249-286, J. H. Silverman, «The Spanish Jews: Early
References and Later Effects», *Américo Castro and the Meaning of Spanish Civiliza-
tion* (Berkeley-Los Angeles-Londres, 1976), pp. 137-165: p. 156, n. 17 y Weiner,
pp. 20-32.

Los versos modernos, intercalados como contaminación en el romancillo de *La casada arrepentida,* constituyen, por lo tanto, una tradicionalización de la glosa de Horozco —testimonio de las abigarradísimas fuentes que han nutrido la tradición judeo-española— pero nada nos revelan acerca de la naturaleza prototípica del cantar del siglo XIV.

En 1952 publicó Diego Catalán un valioso artículo sobre un desconocido romance noticiero, incrustado en una anécdota histórica.[22] Ramón Rozzell también había aludido al mismo texto fragmentario porque su primer verso incluía el nombre de Gómez Arias.[23] Según doña Carolina Michaëlis de Vasconcellos, los incidentes del romance habían de ocurrir o en 1495 o entre 1507-1509. Pero sabemos ahora, gracias al documentado estudio de Catalán, que el supuesto romance de los «jaboneros», o sea los sevillanos, tiene que ver con «la sublevación, derrota y prisión de don Juan de la Cerda», en 1357.[24] Avalle-Arce, reconociendo la proximidad cronológica de los dos textos poéticos referentes a un Gómez Arias, es decir, el Gómez Arias de Benamejí, de 1333, y el Gómez Arias, alcaide mayor de Sevilla, de 1357, ha sugerido la intrigante aunque remota posibilidad de que se trate del mismo individuo. A la luz de los textos sefardíes conviene añadir algún otro detalle en apoyo de la «seductora suposición» de Avalle-Arce.[25] En primer lugar el romance histórico de los «jaboneros» emerge de un fondo histórico de matiz lujurioso y violento. El cantar de *La niña de Gómez Arias* es, huelga decir, del mismo jaez. En las versiones sefardíes del cantar el personaje principal se llama Gómez Aire o don Esaires. Tales deformaciones nominales son típicas de la tradición sefardita, pero resulta que el compadre Gómez Arias del romance se llama de verdad Gómez *Aires* de Arias. ¿Será posible que la tradición judeo-española nos proporcione así una fugaz demostración del engarce entre los dos poemas, tratándose o no de un mismo individuo histórico?

La niña de Gómez Arias, esquiva y enigmática como siempre, sigue guardando su secreto, pero la tradición judía ha podido sugerir algún pormenor, tal vez de no mínima importancia, sobre su cruel e infame seductor Gómez Arias. La extraña y fascinante confluencia de coincidencias —contemporaneidad, identidad de nombres, y fondo históricamente confirmado de lujuria y crueldad— merece la investigación de archivo que tan oportunamente ha recomendado Avalle-Arce.[26]

---

[22] «Nunca viera jaboneros tan bien vender su jabón: Romance histórico del rey don Pedro, del año 1357», *BRAE,* XXXII (1952), 233-245; renovado y reimpreso en *Siete siglos de Romancero* (Madrid, 1969), pp. 57-81.

[23] «The Song», pp. 104-105; *La niña,* pp. 40-42.

[24] *Siete siglos,* p. 64.

[25] «El cantar», p. 48.

[26] «El cantar», p. 48.

LA DAMA DE ARAGÓN Y SUS CONGÉNERES GRIEGOS Y ROMÁNICOS

A la memoria de
María Rosa Lida de Malkiel

En su artículo «*La dama de Aragón*» (*HR,* VI [1938], 185-192), William J. Entwistle propone con razones convincentes que dos romances hispánicos genéticamente emparentados, el catalán *La dama de Aragón* y el castellano *La bella en misa,* son, en cuanto a su origen, meros fragmentos de una narración mucho más amplia. Estos romances, según demuestra Entwistle, corresponden exactamente a la escena cumbre de una balada neo-helénica, ampliamente difundida, *Tēs koumpáras poù égine núfē (La dama de honor que se hizo novia).* La balada griega narra la siguiente historia:

> Un joven noble se propone abandonar a su prometida para casarse con otra mujer. Exige a su antigua amada que atienda a su nueva prometida durante la boda. Siguiendo el consejo de su madre, la dama rechazada se viste ricamente y al entrar en la capilla se desorganiza por completo la ceremonia. Se desmaya el novio, y cuando vuelve en sí ordena que la misa empiece de nuevo y que esta vez ofrezcan la corona nupcial a su primera amada.[1]

He aquí los versos griegos que corresponden a los de los romances hispánicos:

26 Ἔκατσε κ᾽ ἐστολίστηκε τρεῖς μέρες καὶ τρεῖς νύχτες.
Βάζει τὸν οὐρανὸ μαντί, τὴ θάλασσα μαγνάδι,
28 τὸν ἥλιο βάζει πρόσωπο καὶ τὸ φεγγάρι στῆθος
καὶ τοῦ κοράκου τὸ φτερὸ βάζει καμαροφρύδι,
30 τὴν ὄχεντρα τὴν πλουμιστὴ κορδέλλα στὰ μαλλιά της,
τὸν ἄμμο τὸν ἀμέτρητο ρίχνει μαργαριτάρι.

---

[1] Adaptamos y traducimos el resumen de Entwistle («La dama de Aragón», p. 187). Sobre la amplia difusión geográfica de la balada griega, véase también S. Baud-Bovy, *La chanson populaire grecque du Dodécanèse,* I, *Les Textes* (París, 1936), p. 214, n. 1.

32 Κάνει στεφάνια ὁλόχρυσα, λαμπάδες ἀσημένιες
    καὶ δαχτυλίδι πυργωτὸ τῆς νύφης νὰ χαρίση.
34 Παίρνει καὶ πάει στὴν ἐκκλησιὰ ν᾿ ἀρραβωστεφανώση.
    Βάγιες τὴν πάνε ἀπὸ μπρὸς καὶ βάγιες ἀπὸ πίσω
36 καὶ βάγιες ἀπ᾿ τὰ δυὸ πλευρὰ νὰ μή τὴν πιάση ὁ ἥλιος.
    Στὸ δρόμον ὅπου πήγαινε, τὰ μονοπάτια ἀνθοῦσαν.
38 Κι᾿ ὡσὰν τὴν εἶδε ἡ ἐκκλησιά, ἀπ᾿ ἄκρη σ᾿ ἄκρη σείστη.
    Παπὰς τὴν εἶδε κ᾿ ἔσφαλε, διάκος κι᾿ ἀποξεχάστη,
40 τὰ ψαλτικά τους ἔχασαν ψάλτες καὶ καλανάρχοι.

26 *Se sentó y se adornó durante tres días y tres noches.*
    Se pone el cielo por mantilla, el mar por su velo;
28 *se pone el sol por su cara, la luna por su pecho*
    y la pluma de cuervo por sus cejas arqueadas;
30 *una culebra adornada como cinta para sus trenzas*
    y se echa perlas como arena, sin medida.
32 *Hace coronas enteramente de oro, candelabros de plata*
    y un anillo torreado para dárselo a la novia.
34 *Coge [todo] y se dirige a la iglesia para presenciar la boda.*
    Doncellas van delante, doncellas van detrás
36 *y a ambos lados doncellas para protegerla del sol.*
    Por el camino donde pasaba, de los senderos brotaban flores.
38 *Y cuando la vio la iglesia, se agitó de un cabo a otro.*
    El sacerdote la vio y tropezó, al diácono se le olvidó todo.
40 *Al coro y a los cantores se les olvidaron sus cánticos.*[2]

Tal vez el texto mejor conocido del romance hispánico sea el que nos ha llegado en una glosa impresa en dos pliegos sueltos del siglo XVI, pertenecientes a la Biblioteca de la Universidad de Praga y a la Biblioteca Nacional de Madrid. He aquí el romance:

       En seuilla esta vna hermita   qual dizen de san simon.
2   A donde todas las damas   yuan a hazer oracion.
       Alla va la mi señora   sobre todas la mejor.
4   Saya lleua sobre saya   mãtillo de vn tornasol.
       Enla su boca muy linda   lleua vn poco de dulçor.
6   Enla su cara muy blanca   lleua vn poco de color.
       Y enlos sus ojuelos garços   lleua vn poco de alcohol.
8   Ala entrada dela hermita   relũbrando como el sol.
       El abad que dize la missa   no la puede dezir non.
10   Monazillos que le ayudan   no aciertan responder non.
       Por dezir amen amen   dezian amor amor.[3]

[2] N. G. Politis, *'Eklogaì 'apò tà tragoúdia toū hellēnikoū laoū* (Atenas, 1958), núm. 83.26-40; cfr. Entwistle, *«La dama de Aragón»*, p. 187.
[3] *Pliegos poéticos españoles en la Universidad de Praga*, 2 tomos (Madrid, 1960), II, 268-270. El texto corresponde a *Primavera*, núm. 143. El pliego de Madrid trae un texto esencialmente idéntico. Véase *Pliegos poéticos góticos de la Biblioteca Nacional*, 6 tomos (Madrid, 1957-1961), II, 28-30. Sobre los dos pliegos, véase A. Rodríguez-Moñino, *Diccionario bibliográfico de pliegos sueltos poéticos (Siglo XVI)* (Madrid, 1970), núms. 499-500.

Las concordancias entre el *tragoúdi* griego y los romances hispánicos son patentes y Entwistle tiene completa razón en relacionar las dos tradiciones, aunque sean geográficamente distantes. Sin embargo, Entwistle ha visto relativamente pocos textos griegos y aun menos textos hispánicos.[4] No tiene en cuenta, además, una importante canción francesa, *Les atours de Marie-Madeleine* —refundición a lo

[4] Tenemos conocimiento de los siguientes textos románicos y griegos: **Judeo-españoles de Oriente:** M. Attias, *Romancero sefaradí: romanzas y cantes populares en judeo-español* (Jerusalén, 1956; 2.ª ed., Jerusalén, 1961), núm. 14; A. Danon, «Recueil de romances judéo-espagnoles chantées en Turquie», *REJ,* XXXII (1896), 102-123, 263-275; XXXIII (1896), 122-139, 255-268: núm. 29; nuestros *Diez romances hispánicos en un manuscrito sefardí de la Isla de Rodas* (Pisa, 1962; abrev. DRH), núm. 1; A. Hemsi, *Coplas sefardíes (Chansons judéo-espagnoles),* 10 fascículos (Alejandría-Aubervilliers, 1932-1973), núm. 29; nuestro «Hispanic Balladry among the Sephardic Jews of the West Coast», *WF,* XIX (1960), 229-244: núm. 5; G. Menéndez Pidal, *Romancero* («Biblioteca Literaria del Estudiante», núm. 25), 2.ª ed. (Madrid, 1936), pp. 191-192; R. Menéndez Pidal, «Catálogo del romancero judío-español», *CE,* IV (1906), 1045-1077; V (1907), 161-199: núm. 133; nuestro «Judeo-Spanish Ballads in a MS by Salomon Israel Cherezli», *Studies in Honor of M. J. Benardete* (Nueva York, 1965), pp. 367-387: núm. 1; Y. A. Yoná: una versión impresa en cuatro libritos de cordel en letras hebreas entre 1905 y 1920 (editado en nuestro *Yoná,* núm. 24). Nuestra colección inédita de romances de Oriente incluye algunos textos adicionales, procedentes de Salónica y de la Isla de Rodas. Véase también S. G. Armistead et al., *El romancero judeo-español en el Archivo Menéndez Pidal,* 3 tomos (Madrid, 1978), núm. 57. Las versiones de DRH, «Hispanic Balladry», y Cherezli se reeditan ahora en *Tres calas en el romancero sefardí* (Madrid, 1979), núms. A1, B1, C8.
Judeo-españoles de Marruecos: M. Alvar, «Los romances de *La bella [en] misa* y de *Virgilios* en Marruecos», *AO,* IV (1954), 264-276: p. 266 (vv. 1-30); A. de Larrea Palacín, *Romances de Tetuán,* 2 tomos (Madrid, 1952), núms. 201-202.
Castellanos modernos: P. Echevarría Bravo, *Cancionero musical popular manchego* (Madrid, 1951), p. 416; B. Gil, *Romances populares de Extremadura recogidos de la tradición oral* (Badajoz, 1944), p. 90; Id., *Cancionero popular de Extremadura,* 2 tomos, I, 2.ª ed. (Badajoz, 1961), II (Badajoz, 1956): II, 39-40; Id., «Romances tradicionales de La Rioja», separata de *Ber,* XVII y XVIII (Logroño, 1962), pp. 32-33; M. Goyri de Menéndez Pidal, «Romances que deben buscarse en la tradición oral», *RABM,* X (1906), 374-386; XI (1907), 24-36: núm. 46; Id., *Romances que deben buscarse en la tradición oral* (Madrid, s.a.; publicado como tirada aparte junto con E. M. Torner, *Indicaciones prácticas sobre la notación musical de los romances),* núm. 31; J. Magaña, «Notas para un romancero religioso de La Rioja», *Ber,* II (1947), 445-461: pp. 459-460; R. Menéndez Pidal, *Flor nueva de romances viejos,* 13.ª ed. (Buenos Aires: «Austral», 1962), pp. 188-189; M. Milá y Fontanals, *Romancerillo catalán,* 2.ª ed. (Barcelona, 1882), núm. 47; *Romances tradicionales y canciones narrativas existentes en el Folklore español (incipit y temas)* (Barcelona: Instituto Español de Musicología, 1945), núm. 112; K. Schindler, *Folk Music and Poetry of Spain and Portugal-Música y poesía popular de España y Portugal* (Nueva York, 1941), núm. 23 (del apartado «Romances y relaciones», pp. 46-116).
Hispano-americanos: M. R. Lida de Malkiel, «El romance de la misa de amor», *RFH,* III (1941), 24-42: pp. 28-29, n. 1; I. Moya, *Romancero,* 2 tomos (Buenos Aires, 1941), II, 56-57.
Gallegos: L. Carré Alvarellos, *Romanceiro popular galego de tradizón oral* (Oporto, 1959), núm. 116; C. Sampedro y Folgar y J. Filgueira Valverde, *Cancionero musical de Galicia,* 2 tomos (Madrid, 1942), I, 129.
Portugueses: F. M. Alves, «Cancioneiro popular bragançano», *Memórias Arqueológico-históricas do Distrito de Bragança...,* X (Oporto, 1938), 347-585: p. 577; J. Leite de Vasconcellos, *Romanceiro português,* 2 tomos (Coimbra, 1958-1960), núms. 743-744.

divino de *La dama de Aragón* catalana que comparte algunos importantes rasgos arcaicos con las versiones judeo-españolas de *La bella*

Catalanes: J. Amades, *Cançons populars amoroses i cavalleresques* (Tárrega, 1935), pp. 199-202, 260-262; F. P. Briz, *Cansons de la terra: Cants populars catalans,* 5 tomos, I (Barcelona, 1866), II (Barcelona, 1867), III (Barcelona, 1871), IV (Barcelona-París, 1874), V (Barcelona-París, 1877): I, 63-66; F. Camps y Mercadal, *Folk-lore menorquín (De la pagesía)* (Mahón, 1918), pp. 182-183; A. Capmany, *Cançoner popular,* 3 series (Barcelona, 1901-1903, 1904-1907, [1907]-1913), núm. 48; I. Macabich, *Romancer tradicional eivissenc* (Palma de Mallorca, 1954), pp. 71-72; Milá y Fontanals, *Romancerillo catalán,* núm. 218; *Obra del cançoner popular de Catalunya: Materials,* 3 tomos, I, fasc. 1 (Barcelona, 1926), I, fasc. 2, y II (Barcelona, 1928), III (Barcelona, 1929) (abrev. OCPC): I, fasc. 2, 105-106; II, 374; III, 241; F. Pedrell, *Cancionero musical popular español,* I, 2.ª ed. (Barcelona, s.a.), núm. 66; J. Segura, «Cansons catalanas aplegadas en la comarca d'Urgell», en *Miscelánea folk-lórica per los Srs. Almirall, Arabia,* et al. (Barcelona, 1887), pp. 105-125: pp. 109-110; R. Serra i Pagès, *El cançoner musical popular catalá* (Manresa, 1918), p. 14; J. Serra i Vilaró, *El cançoner del Calic* (Barcelona, 1913), pp. 73-74.
Franceses: G. Doncieux, *Le Romancéro populaire de la France: Choix de chansons populaires françaises* (París, 1904), pp. 166-173; E. Rolland, *Recueil de chansons populaires,* 6 tomos, I (París, 1883), II (1886), III-V (1887), VI (1890): VI, 2-11.
Italiano: Una canción del sur de Italia con versos alternantes en *-au* publicada por A. Casetti y V. Imbriani, *Canti popolari delle provincie meridionali,* 2 tomos (Roma-Turín-Florencia, 1871-1872), I, 200, sugiere una cierta relación genética con *La bella-La dama-Les atours*. No conocemos ningún otro ejemplo de esos versos italianos.
Griegos: G. F. Abbott, *Songs of Modern Greece* (Cambridge, Inglaterra, 1900), pp. 202-207; P. Arabantinos, *Sullogē dēmōdōn asmátōn tēs Ēpeírou* (Atenas, 1880), núm. 215; Ph. P. Argenti y H. J. Rose, *The Folk-lore of Chios,* 2 tomos (Cambridge, Inglaterra, 1949), pp. 730-733; S. Baud-Bovy, *La chanson populaire grecque du Dodécanèse, I: Les textes* (París, 1936), pp. 213-217; Id., *Chansons du Dodécanèse,* 2 tomos, I (Atenas, 1935), II (París, 1938): II, 251-253, 457 (núm. 16); R. M. Dawkins, «Tragoúdia tōn Dōdekanēsōn», *Laog,* XIII (1950), 33-99: pp. 67-70; C. Fauriel, *Chants populaires de la Grèce moderne,* 2 tomos (París, 1824-1825), II, 376-379; L. M. J. Garnett, *Greek Folk Poesy,* 2 tomos (Londres, 1896), I, 148-150, 250-252; G. Georgeakis y L. Pineau, *Le Folk-lore de Lesbos* (París, 1894 = *Les Littératures Populaires de Toutes les Nations,* tomo XXXI), pp. 214-216; A. Jeannaraki, *Ásmata krētikà metà distíchōn kaì paroimiōn: Kretas Volkslieder nebst Distichen und Sprichwörtern* (Leipzig, 1876), núm. 292; P. de Lagarde, «Neugriechisches aus Kleinasien», separata de *Abhandlungen der Königlichen Gesellschaft der Wissenschaften zu Göttingen,* XXXIII (Göttingen, 1886), pp. 24-25; E. Legrand, *Recueil de chansons populaires grecques* (París, 1874), pp. 300-303; H. Lüdeke, *Im Paradies der Volksdichtung* (Berlín, 1948), pp. 94-95; H. Lüdeke y G. A. Megas, *Neugriechische Volkslieder* (Atenas, 1964), núms. 56-63; A. Passow, *Tragoúdia rōmaïkà: Popularia Carmina Graeciae recentioris* (Leipzig, 1860), núms. 436, 438; A. Pellegrini, *Canti popolari dei greci di Cargese* (Córcega) (Bérgamo, 1871), pp. 17-18; H. Pernot, *Études de linguistique néo-hellénique,* III: *Textes et lexicologie des parlers de Chio* (París, 1946), núms. 16, 60, 80, 110; D. Petropoulos, *Hellēnikà dēmotikà tragoúdia,* 2 tomos (Atenas, 1958-1959), I, 107-109; N. G. Politis, *Eklogaì apò tà tragoúdia,* núm. 83; A. Proust, *Chants populaires de la Grèce moderne* (Niort, 1866), pp. 11-12; A. Theros, *Tà tragoúdia tōn hellēnōn,* 2 tomos (Atenas, 1951-1952), I, núm. 360; N. Tommaseo, *Canti popolari toscani, corsi, illirici, greci,* tomo III (Bologna, 1972), 100-110. Para otras versiones griegas que no hemos podido consultar, véase Baud-Bovy, *Les textes,* p. 214.
Búlgaro: La versión búlgara publicada por A. Dozon, *Chansons populaires bulgares inédites* (París, 1875), núm. 45, parece ser una adaptación tradicional de la balada griega.
Rumanos: También ha de depender de la balada griega la canción rumana de *Mîndra părăsită.* Véanse Al. I. Amzulescu, *Balade populare romînești,* 3 tomos (Buca-

en misa— y también desconoce una curiosa canción italiana, «Pari'na luna», que quizá esté emparentada con las otras formas románicas. Un cotejo de los textos griegos, hispánicos, galo-románicos e italianos no consultados por Entwistle, o quizá inasequibles al gran erudito inglés, revela una notable cantidad de rasgos comunes entre los poemas europeo-occidentales y griegos. Tales concordancias requieren consideración individual, pues tal procedimiento podría esclarecer en gran medida la relación mutua entre las varias canciones en lenguas románicas y, a su vez, su relación con la fuente primordial, la griega *Dama de honor convertida en novia*.

Todas las canciones griegas, catalanas y provenzales coinciden en evocar una escena en que la joven se adorna ricamente antes de ir a misa. En el romance castellano y en sus derivados portugueses y judeo-españoles, estos preparativos se combinan por lo general con la descripción de la belleza deslumbrante de la muchacha cuando entra en la iglesia. Sin embargo, el singular texto sefardí salonicense de Attias incluye, tras la acostumbrada descripción de la belleza de la joven, el siguiente verso:

> Ya se viste, ya se endona,   para la misa partió.
>
> (Attias, núm. 14)

Tras este verso, la versión de Attias continúa «Ella entrando a la misa, / la misa s'arrelumbró», etc. ¿Recordará la versión de Attias una etapa previa de la tradición castellana y judeo-española en que los preparativos de la joven estuvieran separados de la descripción de su entrada en la iglesia? El verso en cuestión es formulístico y bien podría ser un simple préstamo de *La expulsión de los judíos de Portugal,* del *Robo de Elena* o de algún otro romance judeo-español:

> Ya la visten, ya la endonan,   y al caballo ya la han subido.
>
> (*Expulsión de los judíos*)

> Ya se viste y se atacana,   a la nave a yegado.
>
> (*Robo de Elena*)

> Se vistió y se atacanó,   en cavayo se suvería.
>
> (*Don Bueso y su hermana*)[5]

rest, 1964), I, 199-200 (núm. 244), y el exhaustivo análisis de F. M. Rechnitz, *Hispano-Romanian Ballad Relationships,* tesis de Ph. D. (University of Pennsylvania, Filadelfia, 1978), pp. 383-392, 635-636.
[5] *La expulsión* procede de Attias, núm. 57, vv. 15-16. Los otros dos textos son de E. Adatto [Schlesinger], *A Study of the Linguistic Characteristics of the Seattle Sefardí Folklore* (tesis de M. A., Universidad de Washington, Seattle, 1935), núms. 2 y 1. Es aparente que el verso de *Don Bueso* es una contaminación, probablemente de *La expulsión* o de *El robo. Atacanar* proviene del turco *takınmak* «ponerse, llevar».

En algunos textos griegos (p. ej. Passow, núm. 436), las tías y primas ayudan a engalanar a la dama de honor, al igual que hacen los parientes en las formas catalanas y provenzales del romance occidental. Descripciones metafóricas de la belleza de la joven o de sus adornos se dan tanto en la canción griega como en la forma sefardí oriental de *La bella en misa,* aunque ésta está ciertamente influida por descripciones formulísticas parecidas de otros romances.[6] Las imágenes solares con que comienza la descripción de la joven en el romance griego («Bázei tòn hélio prósōpōn kaì tò feggári stē̄os»)[7] también aparecen, aunque no en forma metafórica, en *Les atours:* «Iéou voou quèré ma queifuro / que lou choulel rayo dedzou» («Je vais chercher ma coiffure où le soleil rayonne dessous»); «La coiffure qui la coiffe / les quatre soleils y sont».[8] En Cataluña, la joven es «bonica com un sol»[9] y en la arcaica versión castellana de *La bella en misa,* la chica entra en la capilla «relumbrando como el sol». Algunos textos judeo-españoles de Oriente están aun más cercanos a sus paralelos griegos y franceses: «I su firente [«frente»] reluzyentre, / ke arelumbra más ke el sol».[10]

En ciertas versiones catalanas, al igual que en la balada griega, la madre interviene para aconsejar a la muchacha que vaya a la iglesia.[11] En la canción griega acompañan a la chica sus doncellas («bágies»);[12] en las versiones sefardíes de Oriente, es una entre tres, o hasta cien doncellas (Hemsi, DRH); en Marruecos y en la tradición castellana, se dice que es «entre todas la mejor»;[13] en Cataluña la escoltan «criats» (Briz, I, 6).

Camino hacia la iglesia, la belleza de la joven hace que de los senderos broten flores («Stò drómon ópou pégaine, tà monopátia

---

[6] Sobre el empleo de estas imágenes tradicionales en otros cantos sefardíes *(Melisenda sale de los baños* y la canción de boda *Ansí dize la nuestra novia),* véanse nuestros comentarios en «Hispanic Balladry», p. 239; DRH, pp. 26-27; y ahora, M. Alvar, *Cantos de boda judeo-español* (Madrid, 1971), pp. 151-164; y nuestro *Tres calas,* pp. 26-27.

[7] «Se puso el sol como cara y la luna como seno» (Argenti y Rose, pp. 730-731; Politis, *Eklogaì,* núm. 83.28). El verso griego es formulístico. Ocurre, por ejemplo, en una «canción de alabanza» de Jíos publicada por Argenti y Rose: «poú'cheis tòn hélio prósōpo kaì tò feggári stétheia» («Tienes el sol por cara y la luna por seno»: pp. 646-647). Legrand ha recogido una variante de la misma fórmula: «Pour visage elle prend le soleil, pour collier la lune» *(Recueil,* núm. 109); cfr. Georgeakis-Pineau, pp. 264, 317. Un verso semejante figura en *San Jorge y el Dragón* (Jeannaraki, núm. 1).

[8] Rolland, VI, 7-8 y 3. Cfr. también pp. 9-10 (texto G); Doncieux, p. 169, v. 9.

[9] Por ejemplo: Briz, I, 63; Milá, núm. 218; OCPC, III, 241.

[10] DRH, núm. 1, v. 6. La canción italiana recogida por Casetti e Imbriani también recuerda estas imágenes solares: «Pari 'na luna...», etc. La balada griega también evoca el sol y la luna, según hemos visto. Véase n. 7 *supra.*

[11] Camps y Mercadal, p. 182; Milá, núm. 218F; Rolland, VI, 9-10.

[12] Politis, núm. 83.35-36. Cfr. Baud-Bovy, *Les textes,* p. 215, donde los «esclavos» son piedras que han sido animadas por la belleza de la muchacha.

[13] Alvar, Larrea; *Primavera,* núm. 143; Menéndez Pidal, *Flor nueva;* Gil, *Cancionero.*

aneoūsan» [Politis, v. 37]). Del mismo modo, flores, arbustos o árboles florecen en el camino o en la pila de la iglesia misma en los
textos franceses, provenzales y catalanes:

Les chemins par où qu'all's passent,   les bussons fleurissaient tous.

(Rolland, VI, 6)

Lo camin per ont el passa,   los albres florisson tos.

(Doncieux, v. 13)

Con vol pendre aigua beneita,   les piques tornaren flos.

(OCPC, III, 241)[14]

La dama griega, al llegar a la iglesia, hace que se estremezca de
un cabo a otro: «Ki'hōsàn tèn eĩde hē ekklēsiá, ap' ákrē s'ákrē seís-
tē» (Politis, v. 38). Semejantes fenómenos sísmicos se producen —en
un caso con correspondencia verbal exacta («ap' ákrē s'ákrē» = «bout
pour bout»)— en el poema provenzal y francés de *Les atours de Marie-
Madeleine:* «Quant metèt ginol en terra, / los autars tremblavon tos»
(Doncieux, v. 17); «Quand elle prit d'l'eau bénite, / l'autel trembla
bout pour bout» (Rolland, VI, 4).[15]

En uno de los textos griegos un diácono se vuelve loco, lo mismo
que le sucede a un acólito en una de las versiones catalanas: «escolà
que li ajuda, / ha perduda la raó» (OCPC, I, 106). En la balada
griega se desmaya el novio; en Marruecos esta desgracia quizá se
haya trasladado a «el que toca la vigüela / [que] en un desmayo
cayó» (Larrea, núm. 202.25-26).[16] La confusión experimentada por
el cura y los otros celebrantes se atestigua en todas las sub-
tradiciones hispánicas y francesas y sigue paralelamente en la griega.
En relación con esto, sin embargo, muchos textos judeo-españoles
de Oriente añaden otro detalle importante: Cuando el sacerdote y
sus acólitos se quedan atónitos mirando a la hermosa dama, ésta les
regaña, instándolos a que continúen rezando:

El papás k'está meldando   i de meldar ya se kedó.
—Melda, melda, el dezdichado,   ke por ti no vengo yo...
El ke tañe la laúta,   de tañer ya se kedó.
—Tañe, tañe, el dezdichado,   ke por ti no vengo yo...[17]

---

[14]   Cfr. también Rolland, VI, 4; Briz, I, 63; Milá, núms. 218*H* y *B*1; Segura, p.
110.
[15]   El mismo motivo ocurre también en la canción italiana de Casetti e Imbriani:
«E quandu pigghi l'acqua beneditta, / parsi ca tutta la chiesa tremau».
[16]   Véase el texto de Argenti y Rose citado abajo (n. 18).
[17]   Texto inédito cantado en Los Angeles (31 de julio de 1958) por la Sra. Leah
Huniu, de Rodas. Cfr. DRH, p. 29, n. 26. Compárense también Danon, Hemsi, y la

Aunque no se incluye en el texto facticio de Politis utilizado por Entwistle, la advertencia de la dama al sacerdote y sus acólitos también es un rasgo común de las versiones griegas:

Παπᾶς τὴν εἶδε κι᾽ ἔσφαλε καὶ διάκος κι᾽ ἐξηλώθη
46   καὶ τὰ μικρὰ διακόπουλα ἐχάσαν τὰ χαρτιὰ τως.
«Ψάλλε παπᾶ σὰν ποὺ ᾽ψαλες, διάκο σὰν ποὺ ᾽λειτούργας
48   καὶ σεῖς μικρὰ διακόπουλα εὑρᾶτε τὰ χαρτιά σας...»

El sacerdote la vio y se equivocó y el diácono se enloqueció
24   *y los monacillos perdieron sus papeles.*
—Canta, padre, como cantabas y tú, diácono, como cuando dirigías la
[misa
26   *y vosotros, monacillos, encontrad vuestros papeles.*[18]

Si hiciera falta otra prueba de la autenticidad de esta etapa de la narración romancística, podría hallarse en las versiones *Oc* y *Oïl* de *Les atours de Marie-Madeleine*, que corresponden exactamente con el romance judeo-español y su contraparte griega:

Loous prèchtés quittoun lour mécho,   maï loous clergués lours leïchous.
—Atsabas, prèchtres, lo mécho,   · et clergués, vochtras leïchous.

(Les prêtres, quittent leur messe et les clercs leur leçons.
—Achevez, prêtres, la messe, et clercs, vos leçons.)

(Rolland, VI, 8)

Le clerc qui disait la messe   au Kyrie demeura court.
Et l'clergé qui lui répond   en oublia sa leçon.
N'y eut que le grand saint Pierre   qui n'fit pas attention:
—Tout beau, tout beau, Madeleine,   abaissez votre grandour!
—Prêtres continuez la messe, je n'l'abaiss'rai pas pour vous.

(Rolland, VI, 5)[19]

Una versión gallega de *La bella en misa* parece haber conservado algún recuerdo de los insólitos sucesos de aquella misa nupcial. En los otros textos hispánicos, el atuendo lujoso de la joven no tiene aparentemente ningún propósito especial, pero aquí se nos dice que

versión de S. I. Cherezli. La presencia del tañedor y otros personajes secundarios, además del sacerdote, es sin duda un rasgo prototípico de *La bella en misa,* puesto que aparecen también en la balada griega. Para los oficiantes menores y su relación con el tocador de laúd, de guitarra, etc., en los textos sefardíes, véase nuestro estudio, «El substrato cristiano del romancero sefardí» (aquí I.18).

[18]   Argenti y Rose, pp. 730-731. Versos parecidos se dan en Abbott; Arabantinos; Baud-Bovy, *Chansons,* II, 253; Fauriel; Garnett; Lagarde; Lüdeke-Megas, núms. 56, 59-62; Passow; Pernot, *Études,* núm. 110.40; Petropoulos, texto *B,* v. 30; Proust.

[19]   Véase también Rolland, VI, 10-11.

la hija de un campesino se ha puesto su mejor ropa de fiesta con la finalidad de casarse con un señor de alto linaje:

> Sube al alto, sube al alto,   ao mais alto corredor,
> que verás como vai guapa   a filla do labrador...
> Casa c'un Conde galán,   casa c'un rico señor.

(Sampedro-Carré)

Aunque la alusión puede ser simple coincidencia, las versiones extremeñas todavía parecen recordar al amante de la joven. Aquí los anillos que forman parte de su atuendo fueron comprados por su amante en la feria de León. Es decir, que la novia rechazada pretende utilizar el regalo de su antiguo enamorado para así volver a recobrar su amor:

> Y en sus manos blancas lleva   anillos de gran való[r]
> que se los trajo su amante,   que se los trajo su amó[r],
> que se los trajo su amante   de la feria de León.[20]

Por último, aunque es imposible averiguar a ciencia cierta si son simples «reconstrucciones» coincidentales, merece señalarse que, en un texto de *La bella* procedente de Salónica («Hispanic Balladry»), la joven está enamorada de un «hijo de rey» (igual que en las versiones de Legrand y Pellegrini de *Tēs koumpáras*) y que, lo mismo en Attias que en todos los textos griegos, la joven parece haber ganado el amor «del rey» cuando termina el romance:

> Estas palabras diciendo,   que el buen rey que allegó.
> Se tomaron mano con mano   y juntos se hueron los dos.[21]

---

[20] Gil, *Romances populares,* p. 90, vv. 5-7. Cfr. también *Cancionero popular,* II, 40. El hermano de la joven substituye al amante en las versiones catalanas, pero un «aymadó[r]», que parece esperar al hermano y a la hermana en la iglesia, figura en Milá, núm. 218G.
La intervención casi incestuosa del hermano en el romance catalán, de la cual no hay el menor indicio en los textos griegos que hemos podido ver, ha de ser una contaminación, aunque de respetable antigüedad, puesto que ciertas versiones de Braganza también parecen aludir al mismo motivo: «Tamén una irmana mia / das mais guapas que lá vão» (Alves, p. 577; Vasconcellos, núm. 744). El motivo de la feria («d'Aragó», «de León», etc.), aunque al parecer es extraño al original griego, debe ser muy arcaico, puesto que figura igualmente en Cataluña y Extremadura. Tampoco es posible conciliar la venta de la joven en la feria (OCPC, III, 241) con las versiones griegas a nuestra disposición. Nótese, sin embargo, que el motivo de la mujer vendida —esencialmente ajeno al repertorio hispánico (pese al famoso caso de la niña de Gómez Arias)— se incorpora a una balada griega de gran difusión. Véanse Politis, *Eklogaì,* núm. 86; Baud-Bovy, *Les Textes,* p. 242; Lüdeke-Megas, núms. 76-78.
[21] Attias, núm. 14, vv. 47-50. Huelga decir que éstos no son más que versos formulísticos de relleno. Su utilización aquí cumple una obvia necesidad para llevar la narración a un claro desenlace. Pero, ¿no podrían también disfrazar algún recuerdo «auténtico» de una narración más amplia? El segundo verso, que también aparece en

La siguiente tabla sinóptica reúne los rasgos compartidos por los poemas griegos y románicos. El orden de presentación sigue la narración griega. Se incluyen entre paréntesis los rasgos dudosos o escasamente confirmados:

	Koumpáras	Dama	Atours	Bella	«Pari 'na luna...»
La madre aconseja a la joven que vaya a la iglesia	*	*			
Escena de adornos	*	*	*	(*)	
La joven ayudada por familiares	*	*	*		
Descripción metafórica de adornos o belleza	*			(*)	
Imágenes solares	*	*	*	*	*
La dama acompañada por doncellas	*	*		(*)	
Su belleza hace que broten flores	*	*	*		
Tiembla la iglesia	*		*		*
El cura se confunde	*	*	*	*	*
Los celebrantes menores se confunden	*	*	*	*	
El celebrante menor se vuelve loco	(*)	(*)			
Desmayo	*			(*)	
«Sigue rezando»	*		*	*	
Se celebra el casamiento	*			(*)	
Mención del amante	*	(*)		(*)	
El amante es hijo del rey	*			(*)	
La joven recobra el amor del antiguo enamorado	*			(*)	

En resumen: Aunque Entwistle alguna vez se haya excedido en considerar el posible papel de Grecia —la Anatolia fronteriza en particular— como fuente de temas romancísticos, en este caso particular no podemos por menos de aplaudir el fino acierto de su penetrante erudición. Un gran número de detalles en *La bella en misa*, *La dama de Aragón* y *Les atours de Marie-Madeleine*[22] —al igual

Danon y Hemsi, cierra otros muchos romances sefardíes orientales. Véase M. R. Lida de Malkiel, «El romance de la misa de amor», p. 39, n. En Larrea, núm. 202, la muchacha se escapa con un «caballero», que parece ser el mismo «que toca la vigüela» (v. 25). El final del texto de S. I. Cherezli y una versión inédita de Rodas quizá recuerden lejanamente la narración original: «Yyo no vine por el Papa de Roma, /ni por el Duke de Istambol. / / Vine por el mi marido, / telas de mi corazón». Cfr. también la observación de Entwistle referente a la versión de Danon en *HR*, VIII, 159, n. 6.

[22] En *Les textes*, p. 217, n. 1, Baud-Bovy percibe la relación entre *Les atours* y *Tës koumpáras*, pero piensa en una fuente francesa de la balada griega más que en lo contrario. Doncieux (pp. 171-172) relaciona *Les atours* con *La dama de Aragón*. En 1878, F. Liebrecht se refirió a *Primavera*, núm. 143, en relación con la versión de Legrand de la canción griega *La dama de honor convertida en novia*. Véase *Zur Volkskunde* (Heilbronn, 1879), p. 218, publicado previamente en *ALG*, VII (1878),

que otros enigmas semejantes presentes en aquellos antiguos romances españoles desgajados de las estructuras más complejas de la épica medieval— cobran pleno significado sólo cuando se estudian como parte integrante de la más amplia narración griega de *La dama de honor que se hizo novia*. De las numerosas concordancias adicionales y a veces muy próximas aducidas aquí entre los textos griegos y occidentales, algunas bien pueden ser elaboraciones tardías coincidentes y gratuitas (por ejemplo, la presencia del amante [Extremadura; Cataluña]; el recuerdo de la boda [Galicia]; el tópico del hijo del rey; los desenlaces formulísticos judeo-españoles), pero estudiados en su conjunto y de manera global, no pueden sino confirmar vigorosamente la tesis de Entwistle de que *La bella en misa* y *La dama de Aragón* dependen de la canción griega. Que el prototipo de los romances hispánicos ha llegado al Mediterráneo occidental en forma de romance catalán *(La dama de Aragón)* se confirma por varias correspondencias entre esta *Dama,* su variante francesa *(Les atours)* y la canción griega, ausentes por otra parte de la *Bella en misa* castellana, judeo-española y portuguesa (preparativos del tocador; intervención de la madre y parientes; flores que brotan). Ese texto primario catalán tendría, sin embargo, muchos más detalles en común con su fuente griega que cualquier versión catalana actualmente conocida: El hecho lo confirman los rasgos griegos (iglesia que tiembla, «sigue rezando»), que se conocen en *Les atours* y *La bella,* pero que ya no figuran en *La dama de Aragón.*

La dama de Aragón —y sus derivados hispánicos y galorománicos— se nos ofrece, en relación con su fuente neo-helénica, como un precioso testimonio poético a las aventuras catalanas en Grecia y el establecimiento del ducado de Atenas en el siglo XIV. La dominación catalana en Grecia (1311-1388) duró amplio tiempo para que surgieran varias generaciones bilingües en griego y catalán. En semejante contexto habrá nacido *La dama de Aragón* como adaptación de la escena cumbre de *La dama de honor convertida en novia.* Desde Atenas, al menguar la presencia catalana, el nuevo romance se habría llevado a Cataluña, para luego propagarse con notable vigor por Francia y por toda España. De allí, un siglo después de su difusión hispana, los judíos, camino al destierro, lo llevaron de vuelta a Grecia, a la tierra donde nació.

236-253. En el *Romancero hispánico*, 2 tomos (Madrid, 1953), I, 332, Menéndez Pidal se refiere a la relación entre *La dama de Aragón* y «ciertas canciones griegas y *francesas*» (lo subrayado es nuestro). No podemos estar de acuerdo con el esfuerzo de Entwistle *(HR,* VIII, 156-159) para enlazar *La dama de Aragón* con *La Dame mariée nouvellement* (Rolland, II, 227-233) y *La vella* (Briz, II, 143 y ss.; Milá, núm. 566), *Les noces de la vieille* (Rolland, II, 219-227) y *La vecchia sposa* (C. Nigra, *Canti popolari del Piemonte* [Turín, 1957], núm. 86), basado principalmente en pruebas musicales y en el empleo de fórmulas y estribillos parecidos.

I.6

DOS ROMANCES FRONTERIZOS EN ORIENTE

A la memoria de Ester Varsano Hassid,
quien primero nos cantó romances sefardíes

En las colecciones de romances hasta ahora publicadas, casi no hay ejemplos de romances fronterizos procedentes de la tradición sefardí del Mediterráneo oriental. En cambio, se conocen bastantes romances de esa clase conservados en la tradición marroquí.[1] A la superioridad de esta última se refiere Menéndez Pidal: «Ella conserva, a la vez que el arcaísmo distintivo de los judíos orientales, un mayor carácter histórico español que esos otros han perdido. Ciertos romances heroicos del Cid y de Bernardo, algunos fronterizos, varios moriscos, son frecuentes en Tánger, en Tetuán, en Alcazarquivir y en Larache, cuando hoy ni en España ni en Oriente nadie los recuerda por tradición oral...» *(Romancero hispánico,* II, 335).

No es absoluta, sin embargo, la ausencia de romances fronterizos

---

[1] Véanse las colecciones de R. Menéndez Pidal, «Catálogo del romancero judío-español», *CE,* IV (1906), 1045-1077, y V (1907), 161-199 (reimpreso, con abreviación de algunos textos, en *El Romancero, Teorías e investigaciones* [Madrid, 1928] y en *Los romances de América* [Buenos Aires-México, 1948]); M. Ortega, *Los hebreos en Marruecos* (Madrid, 1919); P. Bénichou, «Romances judeo-españoles de Marruecos», *RFH,* 6 (1944), 36-76, 105-138, 255-279, 313-381; 2.ª ed. (Madrid, 1968); y A. Larrea Palacín, *Romances de Tetuán,* 2 tomos (Madrid, 1952). Recogen versiones marroquíes del *Alcaide de Alhama* (véase la n. 8 *infra),* de *Abenámar (Primav.* 78a; MP 10), de *Portocarrero* (MP 11; Bénichou 62) y del de *Garcilaso de la Vega (Primav.* 93; Ortega, p. 252; Bénichou 63; Larrea 8). Para la música de este último romance, véase Menéndez Pidal, *Romancero hispánico* (Madrid, 1953), I, 398. En la tradición sefardí de Marruecos se encuentran también unos versos introductorios de *La pérdida de Antequera* o *La sanjuanada (Primav.* 75), que sirven de introducción a un romance de Bernardo del Carpio. Publica Menéndez Pidal unas doce versiones de este fragmento, procedentes de Tánger, Tetuán, Alcazarquivir, Larache y Buenos Aires (de origen marroquí) en el *Romancero tradicional de las lenguas hispánicas* (Madrid, 1957), t. 1, pp. 177-184, núms. 1c-1n. Incluyen estas versiones las de Bénichou (núm. 61) y Larrea (núms. 1 y 1b) y la que publicó Menéndez Pidal en su *Catálogo* con el núm. 8, que corresponde al núm. 1d del *Romancero tradicional.* Véase aquí arriba: I.1. Para otros varios romances fronterizos (o posibles restos de ellos) en la tradición sefardí, véase ahora S. G. Armistead et al., *El romancero judeo-español en el Archivo Menéndez Pidal,* 3 tomos (Madrid, 1978), núms. C6, C8, C10 y C15. Trátase de unos versos de *Río Verde,* un *Alcaide de Alhama* (en *í-a, á-a),* un posible vestigio del *Cerco de Baza,* y un fragmento de *La Muerte de don Alonso de Aguilar.* Para un fragmento algo más extenso de *Río Verde,* véase nuestro artículo, «Rare Judeo-Spanish Ballads from Monastir (Yugoslavia) Collected by Max A. Luria», *The American Sephardi* (New York), VII-VIII (1975), 51-61: pp. 52, 54, 60, n. 10.

en la tradición oriental.[2] En el *Romancero sefaradí* publicado en Israel en 1956 por Moshe Attias se incluyen ya dos romances fronterizos recogidos en Salónica. Ahora damos a conocer dos breves poemas de esa clase, que hemos oído en boca de sefardíes oriundos de los Balcanes emigrados a la costa occidental de los Estados Unidos.[3]

I

   —I al buen moro i al buen moro,   el de la barva enveyutada,
2 vos mandó a yamar el reyes   i que vos kiere una palavra.
   I que él vos kiere una palavra,   tan sekreta i tan ortala.
4 Kortarvos kiere la kavesa   i metervos kiere a la almušama.
   —I anda, dezilde al buen reyes   i ke yo no le kulpí nada.
6 Él [léase Yo] pedría una iža donzeya,   tan kerida i tan amada.[4]

[2] También advierte esto Menéndez Pidal en su *Romancero hispánico*. Refiriéndose al primero de los romances que ahora publicamos, observa que ha subsistido «hasta hoy entre los judíos de Oriente y de Marruecos» (I, 143).

[3] Sobre estas encuestas romancísticas, véanse nuestros artículos, «Hispanic Balladry among the Sephardic Jews of the West Coast», *WF,* XIX (1960), 229-244, y «Para un gran Romancero sefardí», *Actas del Primer Simposio de Estudios Sefardíes* (Madrid, 1970), pp. 281-294; reedición ampliada de los dos artículos ahora en *Tres calas en el romancero sefardí* (Madrid, 1979), pp. 115-142.

[4] Este romance nos lo cantó la señora Ester Varsano Hassid, de Salónica, en Van Nuys, California, el 20 de agosto de 1957. Al cantar, repitió el segundo hemistiquio de cada verso, con excepción del 2 y del 6. Lo cantó como romance independiente, mientras que la variante recogida por Attias se da como continuación de una versión de *Las Almenas de Toro* (núm. 2, vs. 35-58). En los romances de Salónica, la forma *reyes* «rey» (vs. 2, 5) ocurre regularmente cuando la palabra siguiente empieza con vocal anterior. Nuestra informante interpreta *ortala* «decisiva, urgente». Quizá refleje una fusión del turco *örtülü* «covered; concealed; obscure [of speech]» (H. C. Hony, *A Turkish-English Dictionary,* Oxford, 1957) con el j.-esp. *ortada* («hurtada»). El sentido de *almušama* tampoco parece claro. Nuestra recitadora lo define como «un sitio para matar a personas o animales; un matadero». Esta definición no responde al sentido etimológico de la palabra, que se relaciona con el arabismo antiguo *almoxama;* esp. mod. *mojama.* Refiérese aquí a la costumbre de preservar las cabezas de los reos decapitados con sal para que después se pudieran exponer a la vista del público. Sobre el caso, véase *Yoná,* núm. 1. La variante de Attias, una *muršáma,* no resulta del todo satisfactoria desde el punto de vista semántico. Como observa Attias, tendrá que ver con *mušamá* o *mušama* «toile cirée» (véanse otros ejemplos en C. M. Crews, *Recherches sur le judéo-espagnol dans les pays balkaniques* [París, 1935], p. 259; S. I. Cherezli, *Nouveau petit dictionnaire judéo-espagnol-français* [Jerusalén, 1898-99], p. 141; A. Danon, «Essai sur les vocables turcs dans le judéo-espagnol», *Keleti Szemle* [Budapest], [1904], 119; E. Giménez Caballero, «Monograma sobre la judería de Escopia», *ROcc,* 27 [1930], 373). El jud.-esp. posee esta voz en común con las demás lenguas balcánicas: bulg. *mušamá,* alb. *mushamá,* rum. *mușamà,* gr. μουσαμᾶς). Proviene del turco *mușamba* (que tiene su origen en la misma voz árabe, *mušammaᶜ,* de la que procede el arabismo español *mojama).* Las lecturas judeo-españolas representan una forma estropeada de «Alhambra», que aparece en el romance del siglo XVI del cual deriva el texto sefardí. El topónimo ya queda eliminado en la versión del *Cancioneiro musical e poético da Biblioteca Públia Hortênsia:* «Y ponella en el alcaçoua» (ed. M. Joaquim [Coimbra, 1940], p. 158). Nuestro v. 6 debe leerse: «Yo pedría...», como indica la versión de Attias. La sustitución de *Yo* por *Él* responde, sin duda, a un procedimiento de origen supersticioso: Siempre nos había parecido raro lo que creíamos ser un error en el penúltimo hemistiquio, es decir: «*Él*

Nuestro texto, procedente de Salónica, representa una variante algo abreviada del romance núm. 2 de la colección de Attias. Como éste afirma, deriva del «sentido y antiguo romance» del *Alcaide de Alhama,* impreso en 1595 en las *Guerras civiles de Granada* de Ginés Pérez de Hita.[5] La versión de Attias reza:

> —¡El buen moro, el buen moro,   el de la barba *envellutada*!,
> 2 vos mandó a llamar el buen rey,   que vos quiere una palabra.
> —¿Qué palabra era ésta,   tan secreta y tan notada?
> 4 —Cortar vos quiere la cabeza,   echarla en una *muršáma*.
> —Andá, dicilde al buen rey,   que yo no lo culpo nada,
> 6 de cuando hueron las guerras   pedrí mi honra y mi fama;
> pedrí hijos y mujer   y una cosa muy amada,
> 8 pedrí una hija doncella   que otra no había en Grenada;
> pedrí mil y quinientos mulinos   que molían noche y día,
> 10 quinientos molían oro   y los quinientos plata fina;
> quinientos molían perla   que para el rey pertenecían.
> 12 Ya se parte el buen moro,   ya se parte, ya se iba.[6]

pedría una iža donzeya». No se nos había ocurrido pensar que la Sra. Varsano lo hubiera dicho intencionalmente. Gracias a una atinada observación hasta ahora inédita de José Benoliel, sabemos que «las hebreas nunca ponen en la 1.ª ni en la 2.ª persona, pero únicamente en la 3.ª, todo verso de mal agüero». Y esto nos explica por qué nuestra informante fuera reacia a pronunciar en primera persona una frase que auguraba un acontecimiento tan trágico. Madre también de una hija «tan kerida y tan amada», la señora Varsano acudió a la tercera persona para ahuyentar toda posibilidad de alusión autobiográfica. Para la observación de Benoliel, véase D. Catalán, «Memoria e invención en el romancero de tradición oral (I)», *RPh,* XXIV (1970), 1-25: p. 9, n. 28. Para más ejemplos del mismo fenómeno, véanse *El romancero judeo-español en el Archivo Menéndez Pidal,* III, 340, s.v. *allá,* y nuestro libro, *Judeo-Spanish Ballads from New York* (Berkeley-Los Angeles, 1981), p. 90 (núm. 19).

[5] Ed. P. Blanchard-Demouge (Madrid, 1913), I, 256. Corresponde a *Primavera* 84a y al núm. 1062 del *Romancero general* de Durán, aunque hay ligeras diferencias sintácticas entre éstos y el texto de Blanchard-Demouge. Otra versión más breve (*Primav.* 84; Durán, 1061), con asonante *í-a,* que aparece ya en el *Cancionero de romances* de 1550, termina como las versiones sefardíes orientales con la pérdida de la familia del alcaide. Menéndez Pelayo y otros críticos opinan que la forma en *á-a* «debe de ser una paráfrasis» de la del *Cancionero* de 1550 en *í-a (Tratado de los romances viejos, Antología de poetas líricos castellanos* [Santander, 1944], VII, 126). Menéndez Pidal, cuya opinión nos parece más convincente, observa que el romance en *á-a* «es la forma más popular, más cantada en el siglo xvi, ... pero al lado de ella circuló otra forma contrahecha en *ía*» (*Romancero hispánico,* I, 143-144 y n. 121).

Existe, además, una versión mixta del romance, con comienzo en *í-a* y continuación en *á-a,* que en su forma antigua empieza: «Siempre lo tubiste, moro, / de andar en barraganías». Un breve fragmento se ha recogido modernamente en Marruecos. Véase *El romancero judeo-español en el Archivo Menéndez Pidal,* I, 162-163 (núm. C8); III, 18-19 (núms. 10A-10B).

[6] Attias, núm. 2, vv. 35-58. Omitimos algunas grafías especiales. En los cuatro vv. finales de esta versión hay una contaminación evidente. Cfr. el romance del *Juicio de Paris (Cancionero de romances sin año,* fol. 195 rº-vº): «... mil y quinientos mulinos / que d'él [el río] muelen noche y día: // quinientos muelen canela / y quinientos perla fina // y quinientos muelen trigo / para sustentar la vida; // todos eran del gran rey [Príamo] / que a los reyes precedía...».

En las versiones sefardíes, el romance antiguo, que tenía unos 25 versos, ha sido radicalmente abreviado. Sólo se conservan los rasgos más esenciales de la denuncia y la respuesta del alcaide. Se han eliminado todos los detalles que explican las circunstancias de la acción. Han desaparecido los «caballeros y hombres buenos, / los que regís a Granada», que en el texto antiguo acusan al alcaide, y no se sabe a quién o a quiénes dirige la palabra el protagonista. La misma pérdida de Alhama, así como la ausencia del alcaide en Antequera, claramente explicadas en la versión del siglo xvi, se han fundido en una vaga frase en la versión de Attias («de cuando hueron las guerras») y faltan por completo en la abreviada versión nuestra. Fuera de la mención de «Grenada» en la versión de Attias, los nombres propios se han eliminado o han sufrido alteración radical (por ejemplo, *almušama),* como a menudo sucede, sobre todo en la tradición sefardí oriental.[7] En las dos versiones judeo-españolas, el romance queda trunco; no se menciona el fallido rescate y conversión de la hija al cristianismo, y falta el trágico desenlace en que es decapitado el alcaide; queda, pues, envuelto en misterio todo el proceso de la narración. Esta nota de tragedia inexplicada, que coincide con una de las versiones del siglo xvi, merece señalarse entre las abreviaciones acertadas que suele producir la tendencia fragmentarista del romancero tradicional.[8]

[7]   La toponimia peninsular, bastante bien conservada en el romancero de Marruecos, se reduce radicalmente en la tradición oriental, donde sólo se dan referencias a *Aragón, Portugal, Granada* y *Sevilla.* La onomástica también parece haber sufrido más en Oriente que en Marruecos. Compárense un par de ejemplos: En las diez versiones marroquíes publicadas del romance de las *Hermanas reina* y *cautiva* (MP, 48) se conserva el nombre tradicional, *Blancaflor,* mientras que en los ocho textos orientales que conocemos sufre múltiples cambios: *Sanjoeli, Sanjigüela, Sangugale* (en una versión nuestra inédita), *Lifanta, Vida* y *Marqueta.* Las versiones marroquíes de los *Amantes perseguidos (Conde Olinos:* MP 55) conservan generalmente el nombre del *Conde Niño,* mientras éste se convierte en el *Conde Alemán* o *Alemar* en Salónica o queda anónimo («un mansevico») en Turquía y en las dos variantes distintas que existen en la tradición de Rodas. Entre otras muchas versiones impresas de los *Amantes perseguidos,* véanse los cinco textos representativos que publica A. Hemsi, «Sur le folklore séfardi», *JS* (1959), núm. 18, 794-795. De los catorce textos del romance de *Don Bueso y su hermana* (MP, 49) que hemos recogido procedentes de la Isla de Rodas, sólo tres conservan el nombre *Don Bezo,* considerado como un solo apellido: *Dumbezo.* Otra versión que tenemos de Salónica le llama *Andaneto,* y queda anónimo en versiones de Mármara y Constantinopla. De los siete textos orientales de este romance ya publicados, sólo dos conservan el nombre tradicional (A. Danon, *REJ,* 32, p. 272, núm. 18, *Dumbélo;* y Attias, 1, *Don Bueso* [léase *Buezo*]). La única versión completa auténticamente marroquí hasta ahora publicada (Larrea, 58) ofrece *Don Güeso.* Bénichou da noticia de otro sefardí de Marruecos en que el héroe se llama *Huezzo (RFH,* VI, 123, 2.ª ed., p. 240). Para datos más amplios sobre la toponimia y onomástica de las dos tradiciones sefardíes, véase ahora S. G. Armistead et al., *El romancero judeo-español en el Archivo Menéndez Pidal,* 3 tomos (Madrid, 1978), III, 330-338.
[8]   Véanse ejemplos en Menéndez Pidal, *Flor nueva de romances viejos* (Buenos Aires-México, 1946), pp. 26-29, y *Romancero hispánico,* I, 71-75. El mismo romance del *Alcaide de Alhama* subsiste en la tradición sefardí de Marruecos. Hay versiones de

II

De la ǧuma sale el moro,   de la ǧuma al mediodía,
2 kon trezientos kavayeros   se yeva por kompañía.
I no es por kompañía,   ni por favor ke tenía,
4 sino ke diga la ǧente: —¡Oḥ, ké gran kavayería!—
Lo ke él arrasta por embašo,   sien mil proves rikos fazía;
6 la toka ke él yevava,   lavrada a la maravía;
ke se la lavró esta toka   Šerifá, la su amiga;
8 Šerifá ke está en altas torres,   las más altas ke Turkía.[9]

Tánger (MP, 9) y Tetuán (Larrea, 10) que se conservan mucho más completas y próximas al texto del siglo XVI y mantienen con relativa fidelidad muchos detalles que faltan en los textos orientales: la pérdida de Alhama (transformada en *Alamba* o *Alámbar*); los acusadores del alcaide, convertidos en aburguesados «mercaderes y hombres ricos, / los que viven en Granada» (Larrea); y el rescate y conversión de la hija. Por otra parte, no se habla del viaje a Antequera ni de la muerte del alcaide, y la mención de la Alhambra se sustituye por el verso «y se la enfielen en la lansa» (Larrea) o «y se la enfilen en lanza» (MP). Compárese la variante que recoge Attias (p. 63, n. 4): «puntarla en la su lanza».

[9] En Los Ángeles nos cantaron este romance las señoras Perla Galante, Sol Cohen, Rachel Tarica, Leah Huniu, Rebeca Peha, Leonor Halfon, Estrella Mayo y Rebeca Leví. La señora Victoria Hazan Kassner nos facilitó una versión escrita en letras hebreas que figura en un antiguo manuscrito, cuyo caudal romancístico publicamos íntegramente en nuestras monografías *Diez romances hispánicos en un manuscrito sefardí de la Isla de Rodas* (Pisa, 1962), pp. 48-49, y *Tres calas en el romancero sefardí* (Madrid, 1979), pp. 44-45. En Seattle recogimos versiones cantadas por las señoras Rosa Alhadeff, Tamar Tarica y Rosa Franco. El texto que ofrecemos es el de la señora Galante. Suplimos el v. 8 de acuerdo con el manuscrito de Hazán. Éste y las demás versiones orales ofrecen las siguientes variantes: *1b* a m., en m. //*2a* sincuenta, quinientos //*2b* se yevan, se yevava, se los yeva, los yeva // *3a* no era, non era, no se los yeva por kopañía [sic] // *3b* ni por favor ke (él) kería, sino por bafor ke kería *(falta 4ab)*, sino por grande kavayería //*4a* ke digan, ke le digan //*4b* ké grande k. *(falta oh)*, ké ermoza k. // *5ab falta en las demás versiones orales. En el manuscrito se lee:* Lo ke arasta por enbašo / 100 proves rikeserían // *6a* se le el moro yeva, ke yeva el moro // *6b* a las maravías // *7a* (ke) se la l. Š., kén se la l., kén te lavró // *7b* Sorifá, Šerifé, la mi a. // *8a* Šerifé está // *8b* ke la T., de T., que Frankía, de Frankía. Al v. 2 siguen, en una de las versiones orales, dos versos ajenos al romance:

Si unos parten para Fransia   i otros para Turkía
kon el más chico de eyos   saludes yo le daría.

Se relacionan sin duda con el romance de las *Hermanas reina y cautiva* (MP 48), especialmente la versión de A. Galante, «Quatorze romances judéo-espagnols», *RHi*, X (1903), 599, núm. VII, v. 2: «Unos parten para Francia, / otros para Turquía». Al cantarse el romance, suele repetirse el segundo hemistiquio de cada verso, menos el último. La voz *ǧuma* representa el ár. *djumᶜa,* sin duda a través del turco *cuma.* La palabra árabe no sólo significa «viernes», o sea el día de la «asamblea general» de carácter religioso, sino también la misma ṣalāt del viernes. Ya en su suplemento a la *Primavera y flor de romances (Antología,* IX, 401, n. 4), Menéndez Pelayo suponía el significado «¿Aljama, mezquita?» La mayoría de nuestras informantes, así como la de Attias (p. 107, n. 3), identificaban *ǧuma* con el turco *cami* «mezquita». *Favor* (v. 3) significará «pavor» (véase Rodolfo Gil, *Romancero judeo-español* [Madrid, 1911], p. 5; *Antología,* IX, 395, n. 2), pero da lugar a que se cambie el sentido del verso en algunas versiones. La variante *bafor,* que figura en una sola versión, querrá decir «jactancia, pomposidad»: cf. esp. ant. *baffar* «jactarse, baladronear» (*Cantar de Ro-*

Hemos recogido hasta ahora doce textos de este romance, todos ellos procedentes de Rodas. No figura esta versión *rodeslí* en ninguna de las colecciones impresas. [9a] Sin embargo, el mismo romance se conoce o se conocía en Salónica, donde se cantaba, no a la manera de Rodas como canción autónoma, sino como continuación de un romance de *Gaiferos y Melisenda*. Así aparece entre los romances recogidos por Carlos Coello y Pacheco e impresos por Menéndez Pelayo en el suplemento a la *Primavera y flor*. Attias también recoge un texto semejante, fundido de igual modo con el romance de *Gaiferos*. [10] Aunque salta a la vista la incoherencia de los dos asuntos reunidos así en una sola narración romancística, [11] ni Menéndez Pelayo ni Attias se preocupan por identificar el texto que venimos estudiando ni por descubrir su origen. [12] He aquí la versión de Attias:

> A la juma salió el moro,　　a la juma el mediodía,
> 2　con trescientos caballeros,　　que los lleva en compañía.
> 　　No los lleva por miedo,　　ni por temor que tenía,
> 4　sino que digan la gente:　　«¡Oh, que gran caballería!»
> 　　El caballo que el moro lleva,　　cien doblas y más valía,

---

drigo, ed. Menéndez Pidal, *Reliquias de la poesía épica española*, [Madrid, 1951], v. 446) y *bahareros* «fanfarrones, embusteros» *(Libro de buen amor, 1255c)*. Véase también *DCELC*, s. vv. *bravera* y *vaho*. Es posible, por otra parte, pensar en port. *bafo* «favor, protección». La forma *Šerifé* (ofrecida por siete versiones orales) en vez de *Šerifá* (ár. *šarif* «noble»; véase Menéndez Pidal, *Romancero tradicional*, I, 34) refleja la armonía vocálica característica del turco, que rechaza la mezcla de vocales anteriores y posteriores en una misma palabra.

[9a]　Téngase en cuenta ahora otra breve versión (seguramente de Rodas) publicada por A. Hemsi, *Coplas sefardíes*, t. X (Aubervilliers, Francia, 1973), núm. LV.

[10]　La versión del *Catálogo* (MP 27) no incluye el texto que nos ocupa. Giménez Caballero, art. cit., p. 371, recogió en Escopia un brevísimo fragmento, inútil para nuestros propósitos, de este mismo romance de *Gaiferos y Melisenda*.

[11]　Resulta curiosísima, en vista del significado de la voz *ǧuma* («viernes, *salāt* del viernes»), la coincidencia con los siguientes versos de *Primavera*, 173, antecedentes del romance sefardí de *Gaiferos y Melisenda* (Menéndez Pelayo, *Antología*, t. 8, pp. 379, 381):

> Viernes era en aquel día,　　los moros hacen solenidad:
> el rey Almanzor va a la mezquita　　para la zalá rezar,
> con todos sus caballeros　　cuantos él pudo llevar...
> Presto sale el rey Almanzor　　de la mezquita y el rezar.

Si efectivamente estos versos guardan alguna relación con la mención de la *ǧuma*, el texto «autónomo» de Rodas tendrá que haberse desgajado en algún momento de su vida tradicional de una versión del romance de *Gaiferos y Melisenda* parecida a la de Salónica.

[12]　Tampoco ofrece nada Rodolfo Gil (núm. XXXV), quien reproduce el texto de Coello.

6 lo qu'arrasta por enbajo   cien probes ricos facía.
  La toca que el moro lleva   labrada está a la maravilla,
8 que se la labró la (e)sposa   una noche con el día.
  Al cabo de la su toca   tiene una piedra zafira,
10 qu'arelumbra en la noche   más que el sol de mediodía.[13]

[13] *Romancero sefaradí,* núm. 27, vv. 31-50. Omitimos algunas indicaciones gráficas especiales. Los versos finales de la versión de Attias, según él mismo observa, pueden reflejar una contaminación con el romance de *Don Bueso* (Attias, núm. 1): «En su cabeza lleva / una piedra zafira, // qu'arelumbra de noche / más que al mediodía». Ciertas versiones de Rodas y Esmirna ofrecen variantes aún más parecidas: «En la su kavesa, / una piedra zafira; // más alelumbra de noche / ke el sol a la mediodía». Hay ejemplos de fórmulas análogas en otros romances: «y entre almena y almena / está una piedra zafira; // tanto relumbra de noche / como el sol al mediodía» (Larrea, núm. 37-38; *Primav.* 179); «Castel Novo y Capuana, / Santelmo, que relucía, // aqueste relumbra entre ellos / como el sol de mediodía» (*Primav.* 101); «Por el val de las estacas / va Rodrigo a mediodía, // relumbrando van sus armas / como el sol de mediodía» (*Romancero tradicional,* I, 70, núm. 14*o*; véanse también 14*n*, *ñ*, *p*, *q*). Para otros ejemplos en el cancionero sefardí: L. Wiener, «Songs of the Spanish Jews in the Balkan Peninsula», *MPh,* I (1903-1904), 205-216, 259-274: núm. 19.14; M. Attias, «Tišᶜãh bĕ-'Ãb», *Salonique: Ville-Mère en Israël* (Jerusalén-Tel-Aviv, 1967), pp. 168-171: 170, v. 3*b*.

El tema romancístico de la piedra preciosa dotada de maravillosa luminosidad tendrá su origen en abundantes modelos en la épica medieval francesa. (Véase *Romancero hispánico,* I, 265-266 y n. 45). A los ejemplos citados por Menéndez Pidal puede agregarse: *Pèlerinage de Charlemagne,* ed. E. Koschwitz (Leipzig, 1923), v. 423. Es característico, por lo detallado y fabuloso, un pasaje de la *Chanson d'Aspremont,* ed. L. Brandin (París, 1924), vv. 7018, 7020 ss.: «Qatre escarboncles fist el pumel lever:... /S'en est la terre et li païs si cler / a mie nuit, endroit le gal canter, / em poríés aseoir au disner / et as escés et as tables jöer; / ja n'i estuet candelles alumer». Sobre el motivo en la épica francesa, véanse también Wm. J. Entwistle, «Concerning Certain Spanish Ballads in the French Epic Cycles of *Aymeri, Aïol* (Montesinos), and *Ogier de Dinamarche*», *A Miscellany of Studies in Romance Languages and Literatures Presented to Leon E. Kastner* (Cambridge, Inglaterra, 1932), pp. 207-216: 209; A. R. Harden, «The Carbuncle in Medieval Literature», *RN,* II (1960), 58-62.

Por otra parte, es un motivo difundidísimo en la literatura medieval y no privativo de las *chansons de geste.* El Arcipreste apunta un típico ejemplo: «en cima del maste / una piedra estava: // creo que era rubí, / al fuego semejava, // non avié mester sol, / tanto de sí alumbrava» (*Libro de buen amor,* ed. J. Corominas [Madrid, 1967], v. 1.268). Para otros diversos ejemplos, véanse *Das Nibelungenlied,* ed. K. Bartsch (Leipzig, 1944), v. 1663; *Semeianza del mundo,* ed. W. E. Bull y H. F. Williams, *UCPMPh,* t. 51 (Berkeley-Los Angeles, 1959), § 226; F. Zarncke, *Der Priester Johannes,* 2 tomos (Leipzig, 1879 y 1876), I, 151 (§ 30); II, 136 (§ 34, 39-40), 143 (§ 25), 151 (§ 20), 183 (§ 40); Chrétien de Troyes, *Erec,* ed. W. Foerster (Halle, 1890), vv. 1614 var., 2378.16 var.; Id., *Cligés,* ed. W. Foerster (Halle, 1884), 2750-2751; Id., *Perceval,* trans. M. de Riquer (Madrid, 1961), p. 195; *Oliveros de Castilla y Artús d'Algarbe,* ed. A. Bonilla y San Martín, *NBAE,* t. IX (Madrid, 1908), 469*b*, 470*b*; E. G. Gardner, *The Arthurian Legend in Italian Literature* (Londres-Nueva York, 1930), p. 322; H. D. Austin, «Dante and the Mineral Kingdom», *RPh,* IV (1950-1951), 79-153: p. 112; E. H. Carnoy, «Les serpents et les dragons dans les croyances et les traditions populaires», *RHR,* IX (1884), 92-100: p. 97; otros ejemplos, del ámbito celta: *The Mabinogion,* trad. Jeffrey Ganz (New York: Penguin, 1976), p. 120 *(The Dream of Maxen);* Kenneth H. Jackson (ed.), *A Celtic Miscellany* (New York: Penguin, 1971), p. 291 *(The Vision of Adhamhnán).* Cfr. también L. L. Cortés, *Antología de la poesía popular rumana* (Salamanca, 1955), pp. 288-289, vv. 118-119. Véase además Stith Thompson, *Motif-Index of Folk-Literature,* ed. rev. (Bloomington, Indiana, 1955-1958), D1645.1. *Incandescent jewel.*

El texto de Coello, publicado por Menéndez Pelayo (núm. 9), reza:

De la giúma sale el moro,   de la giúma al mediodía,
2 con trescientos caballeros   que lleva su compañía;
non los llevaba por miedo,   ni por temor que tenía,
4 sinon porque digan la gente: ¡oh, qué gran caballería!
La toca que el moro lleva   es una rica romanía,
6 en la punta de la toca   lleva una piedra safira;
el caballo que el moro lleva   sien doblas y más valía,
8 lo que arrastra por esfuelo   sien pobes ricos hasía.

Ofrecen las tres variantes de nuestro poema indudable sabor de romance fronterizo. En esta clase de romances, notablemente propensos a la descripción detallada,[14] figuran como lugares comunes casi todos los elementos presentes en las dos versiones sefardíes que aquí reproducimos. Los romances fronterizos, al narrar las salidas y correrías de moros y cristianos, se detenían a describir con todo detalle la lujosa indumentaria de los caudillos. La atención del poeta recaía con frecuencia sobre alguna prenda valiosa,[15] hecha por la amada del guerrero con sus propias manos.[16] También se destacaba con admiración la extraordinaria valía de los caballos y solía aludirse a los jinetes que acompañaban al caudillo, los cuales eran a menudo «trescientos».[17] He aquí algunos ejemplos:

Ya se salen de Jaén   los trescientos hijosdalgo:...
Un lunes por la mañana   parten todos muy lozanos,

[14] «En los romances fronterizos suele haber descripciones bastante más detenidas [que en algunos otros tipos de romances]» (Menéndez Pidal, *Romancero hispánico*, I, 66). Cfr. *La epopeya castellana a través de la literatura española* (Madrid, 1959), pp. 153-154. Véase también F. López Estrada, *La conquista de Antequera en el Romancero y en la épica de los Siglos de Oro* (Sevilla, 1956), p. 10; y B. González de Escandón, «Notas estilísticas sobre los romances fronterizos», *UnivZ*, 22 (1945), 442-462.

[15] Según Ruth House Webber, *Formulistic Diction in the Spanish Ballad* (Berkeley-Los Angeles, 1951), p. 203: «The verses in which *a maravilla* is appended to a descriptive adjective appear chiefly in the poems dealing with Moorish subjects...» Las versiones de *Abenámar (Primav.* 78, 78a) y el *Romance de Portocarrero* (MP, 11) ofrecen varios ejemplos de ello, pero la verdad es que la expresión aparece con bastante frecuencia en muchos tipos de romances (cf. *Primav.* 5a, 15, 67, 128, 151, 154a, 193).

[16] El nombre *Šerifá* de nuestro texto de Rodas nos recuerda los artificiosos romances moriscos en los que este nombre gozaba de tal popularidad que llegó a convertirse en un tópico. Así lo observó Lope de Vega: «...quedará celebrada en un libro de pastores, o la cantarán en algún romance, si de cristianos, Amarilis; si de moros, Xarifa; y el galán, Zulema» (*La Dorotea,* ed. J. M. Blecua [Madrid, 1955], p. 128).

[17] Cf. *Primavera* 81, 82a, 86, 88a-b. Claro que este número es un lugar común, no sólo en los romances fronterizos, sino en todo el Romancero (*Primav.* 16, 18, 20, 29, 33, 50, 52, 109, 126, 162, 184, 190), así como en la poesía épica: *Cantar de Mio Cid,* 184, 186, 419, 605, 723, etc.; *Los siete infantes de Salas* (ed. Menéndez Pidal, *Reliquias),* pp. 193, 198, 199, 218; *Cantar del cerco de Zamora,* en *Primera Crónica General,* pp. 499b.39, 502a.24; *Rodrigo* (ed. *Reliquias),* vv. 403, 871, 994, 1018.

con lanzas y con adargas   muy ricamente adrezados.
Todos visten oro y seda,   todos puñales dorados:
¡muy bravos caballos llevan   a la gineta ensillados!
Los jaeces son azules   de plata y oro broslados;
las reatas son listones   que sus damas les han dado.

(*Primav.*, 82a)

Ya se salía el rey moro   de Granada para Almería,
    [*vars.* partía, sale)
con trescientos moros perros   que lleva en su compañía
    [*var.* caballeros]

(*Primav.*, 86)

De Granada parte el moro   que Alatar se llamaba, ...
caballero en un caballo   que de diez años pasaba: ...
una toca en su cabeza   que nueve vueltas le daba:
los cabos eran de oro,   de oro y seda de Granada; ...
Sáleselo a recebir   el maestre de Calatrava,
caballero en una yegua   que ese día la ganara.

(*Primav.*, 90)

Cercada está Santa Fe   con mucho lienzo encerado,
al derredor muchas tiendas   de seda, oro y brocado...
cuando a las nueve del día   un moro se ha demostrado
encima un caballo negro   de blancas manchas manchado...
El moro viene vestido   de blanco, azul y encarnado,
y debajo esta librea   trae un muy fuerte jaco,
y una lanza con dos hierros   de acero muy bien templado,
y una adarga hecha en Fez   de un ante rico estimado.

(*Primav.*, 93)

La mañana de Sant Joan   al punto que alboreava,
gran fiesta hazen los moros   por la vega de Granada,
rebolviendo sus cavallos,   jugando iban a las cañas,
ricos pendones en ellas,   labrados por sus amadas,
y sus aljubas vestidas   de sedas finas y grana,
[ricos albornozes puestos   texidos de oro y plata.]
El moro que tiene amores,   señales dello mostrava,
y el que amiga no tiene,   allí no escaramuçava.[18]

En el texto sefardí aparecen, pues, elementos tan típicos y tan comunes en el romancero fronterizo, que se dificulta bastante su identificación. Creemos, sin embargo, que los motivos que caracterizan el romance judeo-español aparecen combinados de modo muy semejante en un texto del siglo XVI. Se trata de un romance sobre la pérdida de Antequera, del que se conocen no pocas versiones antiguas. López Estrada (pp. 7-19) las clasifica en dos ramas: una forma

---

[18] Romance igual a *Primavera* 75. Preferimos en este caso las variantes publicadas por López Estrada, pp. 21 y 25. Sobre este romance véase I.1 *supra*. Otro ejemplo, ya extremado, de estas tendencias descriptivas, es el romance «De Ronda sale el alcayde» (Menéndez Pelayo, *Antología*, t. 9, 28).

«extensa» y otra «breve». Copiamos a continuación la primera parte
del poema según las dos versiones. De la breve escogemos el texto
del pliego suelto (s.l.n.a.) de Cristóbal Velázquez de Mondragón;[19]
de la extensa citamos el texto según el *Cancionero de romances impreso en Amberes sin año*.[20] Ponemos en cursiva los elementos que
aquí nos interesan:

<table>
<tr><td>Velázquez</td><td>Cancionero</td></tr>
</table>

Velázquez	Cancionero
De Antequera sale vn moro,	*De Antequera partió el moro*
de Antequera aquessa villa.	*tres oras antes del día,*
2 Cartas lleuaua en su mano,	con cartas en la su mano
cartas de mensajería;	en que socorro pedía;
escriptas yuan con sangre,	escritas yuan con sangre,
y no por falta de tinta.	mas no por falta de tinta.

[19]   V. Castañeda y A. Huarte, *Nueva colección de pliegos sueltos* (Madrid, 1933),
pp. 64-70; *Pliegos poéticos góticos de la Biblioteca Nacional,* III (1958), pp. 98-108.
Seguimos el pliego suelto, teniendo en cuenta a la vez la ed. de López Estrada *(op.
cit.,* pp. 7-8). La glosa que sigue al romance en el pliego ofrece, entre otras variantes
insignificantes, la lectura «trezientos» para el v. 20. Sobre este pliego véase Rodríguez-Moñino, *Diccionario,* núm. 630 (p. 383). López Estrada edita además otro pliego suelto de la misma versión breve, que se conserva en el British Museum *(Aquí se
contienen tres romances. El primero es el que dize: De Antequera salió el moro...,*
s.l.n.a.). Cfr. Rodríguez-Moñino, *Diccionario,* núm. 736 (p. 439). Este texto difiere
del de Velázquez en el orden de los versos (se asemeja más bien a la versión extensa)
y presenta gran número de variantes que aquí no vienen al caso. El texto de Velázquez, según lo publica López Estrada, concuerda en general con el núm. 1044 de
Durán, aunque hay ligeras diferencias.

[20]   Ed. Menéndez Pidal (Madrid, 1945), fols. 180 v°-182 v°. Seguimos el pliego
junto con la transcripción hecha por López Estrada *(op. cit.,* pp. 11-12). Corresponde
a *Primavera* 74. Además de esta versión y las de Velázquez y del British Museum,
tenemos noticia de los siguientes textos del romance (todos, excepto el núm. 5, citados por López Estrada, p. 12, n. 8, y p. 16, n. 16): 1) *Primera parte de la Silva de
varios romances* (Zaragoza, 1550), fols. 103 v°-105 v°. Cf. variantes de *Primavera,* 74,
y López Estrada, n. 8.–2) Miguel de Fuenllana, *Libro de música para vihuela intitula-
do Orphénica lyra* (Sevilla, 1554), fol. 145: «De Antequera sale el moro, / de Antequera se salía...» Cfr. Menéndez Pelayo, *Antología,* IX, 79, y Menéndez Pidal, *Romancero hispánico,* II, 83 y 85 . Véase la ed. de G. Morphy, *Les luthistes espagnols du
XVIe siècle,* 2 tomos (Leipzig, 1902), II, 196.–3) *Silva de varios romances* (Barcelona,
1561), ed. A. Rodríguez-Moñino (Valencia, 1953), fols. 141-143.–4). Un pliego suelto:
*Aquí comiençan tres Romances... El tercero es el romance que dize de Antequera par-
tio el Moro...,* Granada, 1568. Cf. Menéndez Pidal, pról. al *Cancionero,* p. xxix, Rodríguez-Moñino, *Diccionario,* núm. 684 (p. 413), y E. Porębowicz, ... *Una colección
de pliegos sueltos de Granada existente en la Biblioteca Universitaria [Jagellona] de
Cracovia* (Cracovia, 1891), p. 6, núm. 85 (obra poco asequible que hemos podido
consultar gracias a la amabilidad de don José F. Montesinos). Téngase en cuenta
ahora la ed. en facsímil de M. C. García de Enterría, *Pliegos poéticos españoles de la
Biblioteca Universitaria de Cracovia,* 2 tomos (Madrid, 1975), p. 54.–5) Juan Timoneda, *Rosas de romances* (Valencia, 1573), ed. A. Rodríguez-Moñino y D. Devoto (Valencia, 1963), *Rosa Española,* fols. liij-lvj. Cfr. F. Wolf, *Rosa de romances o Romances sacados de las «Rosas» de Juan Timoneda* (Leipzig, 1846), p. viii, y variantes de
Primavera 74.–6) Otro pliego suelto: *Siguense tres romances. El primero. De Antequera dartio [sic] el moro...,* s.l.n.a. Cf. F. Wolf, *Ueber eine Sammlung spanischer Romanzen in fliegenden Blättern auf der Universitäts-Bibliothek zu Prag* (Viena, 1850), p.
197, núm. LIX; R. Foulché-Delbosc, «Les cancionerillos de Prague», *RHi,* LXI

4 El moro quellas lleuaua,
ciento y veynte años auía;
ciento y veynte años el moro,
de dozientos parecía.

6 La barua lleuaua blanca,
muy larga hasta la cinta;
con la cabeça pelada
la calua le reluzía;

8 *toca lleuaua tocada,*
muy grande precio valía;
la mora que la labrara
por su amiga la tenía.

10 *Cauallero en vna yegua,*
que grande precio valía,
no por falta de cauallos,
que hartos él se *tenía.*

12 Alhareme en su cabeça
con borlas de seda fina.
Siete celadas le echaron,
de todas se escabullía.

14 Por los campos de Archidona
a grandes bozes dezía:
—¡Si supiesses, el rey moro,
mi triste mensajería,

16 messarías tus cabellos
y la tu barba bellida!
Tales lástimas haziendo,
llega a la puerta de Eluira;

18 uase para los palacios
donde el rey moro biuía.
Encontrado a con el rey,
que del Alhambra salía,

20 *con dozientos de a cauallo,*
los mejores que tenía.
Ante el rey, quando se halla,
tales palabras dezía:

22 —Mantenga Dios a tu alteza,
salue Dios tu señoría...

El moro que las lleuaua,
ciento y veynte años auía;
la barua tenía blanca,
la calua le reluzía;

toca lleuaua tocada,
muy grande precio valía;
la mora que la labrara
por su amiga la tenía.

Alhaleme en su cabeça
con borlas de seda fina,
cauallero en vna yegua,
que cauallo no quería.

Solo con vn pagezico
que le tenga *compañía,*
no por falta de escuderos,
que en su casa hartos auía

Siete celadas le ponen
de mucha *cauallería,*
mas la yegua era ligera,
de entre todos se salía.

Por los campos de Archidonia
a grandes bozes dezía:
—¡O buen rey, si tú supiesses
mi triste mensajería,

messarías tus cabellos
y la tu barua vellida!
El rey, que venir lo vido,
a recebirlo salía,
con trezientos de cauallo,
la flor de la morería.

—Bien seas venido, el moro,
buena sea tu venida.
—Alá te mantenga, el rey,
con toda tu *compañía...*

(1924), 326, núm. LX; Menéndez Pidal, *Cancionero*, p. xxv; Rodríguez-Moñino, *Diccionario*, núm. 1072 (pp. 581-582); *Pliegos poéticos españoles de la Universidad de Praga*, 2 tomos (Madrid, 1960), II, 153. (López Estrada, p. 16, n. 16, lo cita dos veces, como si se tratara de dos pliegos diferentes).—7) Otro pliego suelto: *Aquí se contienen tres romances. El primero es el que dize: De Antequera salió el moro...*, s.l.n.a. Cf. Durán, t. 1, p. lxx. Menéndez Pidal, *Cancionero*, p. xxviii, lo da por desconocido. No cabe duda de que es idéntico, o por lo menos muy parecido, al texto del British Museum, según observa López Estrada, p. 16, n. 16.—8) Una versión de la tradición local de Antequera: «De Antequera salió el moro / por la cueva de Albarizas...» Cf. López Estrada, p. 17 n. 16.

Conviene tener presente también una adaptación a lo divino: «De caluario sale el demonio / de Caluario ya salía». Véanse *Pliegos... de la Bibl. Nac.*, IV, 243; V. Castañeda y Alcover, *Corona poética en alabanza de la Virgen Nuestra Señora (Pliegos de los siglos XVI y XVII)* (Madrid, 1956), p. 128; Rodríguez-Moñino, *Diccionario*, núm. 1012.

Notables nos parecen las semejanzas que se advierten entre estas versiones antiguas y los textos sefardíes de Rodas y Salónica. La rima asonante es la misma, y en varios casos se emplean idénticas palabras: *día*,[21] *compañía, tenía, cavallería, valía*. Además, tienen buen número de motivos en común: *1)* la salida del moro; *2)* el gran valor del caballo o yegua (Velázquez, v. 10 y Salónica); *3)* la valiosa toca; *4)* labrada por la amiga del moro; y *5)* la presencia de una compañía de trescientos caballeros que le acompañan. Las palabras «no es por compañía...» o «no los lleva por miedo...» nos hacen pensar en las frases negativas que tanto abundan en las versiones antiguas: «no por falta de tinta», «no por falta de caballos», «no por falta de escuderos». El verso «Lo que él arrasta por embaxo, / sien (mil) proves ricos fazía»,[22] quizá sea un eco del alhareme con sus «borlas de seda fina». Cierto que en las versiones antiguas el moro sale solo (o con un solo pajecico), mientras que en los textos sefardíes va acompañado de un gran séquito. Sin embargo, este cambio no es difícil de explicar: En el texto sefardí deben haberse fundido en una sola las dos salidas que se encuentran en la versión antigua. Así se convierten en compañeros del moro mensajero los «trezientos de cavallo» que originalmente iban guardando al rey, ya ausente de la escena o identificado a su vez con el moro.

Si admitimos que *La pérdida de Antequera* es la fuente de los textos sefardíes, podremos apreciar, también en este caso, la radical reducción sufrida por el romance antiguo. Nada queda de la trama original y se ignoran las circunstancias en que sale de hacer sus rezos el desconocido protagonista. Sólo permanece la rica y colorida descripción inicial del moro de Antequera, mensajero de tristes nuevas para el rey de Granada y peregrino multisecular en la tradición oral sefardí.[23]

---

[21]   Al precisar que la salida se efectúa al *mediodía,* la versión sefardí recoge una fórmula favorita del Romancero, que gusta de buscar mayor dramatismo situando los acontecimientos en horas extremas: ya a medianoche (*Primav.*, 69, 174, 190; MP, 74; Attias, 52), ya al mediodía (*Primav.*, 31; *Antología,* IX, 34, 90; MP, 2; y el texto de *Romancero tradicional* citado en nuestra n. 13). Por lo demás, la djum^ca se celebra de hecho al mediodía.

[22]   La frase del segundo hemistiquio es una fórmula y se encuentra en otros textos. Cfr. la versión de la *Muerte del Duque de Gandía* que publica A. Galante (núm. IV, v. 8): «cien proves ricos haría»; en una versión nuestra inédita de Çanakkale (Turquía); «sien povres ricos azía»; y en Attias, núm. 35: «cien probes ricos s'hacían».

[23]   La descripción del moro también parece haber influido en otro romance sefardí. Los versos siguientes sirven de prólogo a dos versiones de *El conde alemán y la reina* (Durán, 305; *Primav.* 170) recogidas por Baruh Uziel («Šĕtê romansôt», *Yeda^c-^cÂm,* II [1954], 261) y Attias (núm. 25): «El que traía las cartas / cien y veinte años tenía, // no vos topéis maravilla, / que padre y madre tenía». El pliego del British Museum, publicado por López Estrada, ofrece el texto siguiente: «El moro que las [cartas] llevava / ciento y veinte años avía, / ciento y veinte años el moro, / y padre y madre tenía». Sobre estos versos, véase nuestro libro, *The Judeo-Spanish Ballad Chapbooks of Y. A. Yoná* (Berkeley-Los Angeles, 1971), pp. 112-114.

¿UNA FORMA ORIENTAL DEL *CONDE ARNALDOS?*

En 1971, publicamos nuestra monografía sobre *The Judeo-Spanish Ballad Chapbooks de Yacob Abraham Yoná* (Berkeley-Los Angeles: University of California Press). En ella dimos cuenta de un librito de Yoná, *Ku'entos 'ermozos de pasatyempo* (Salónica, 1914), que excluimos de nuestra edición por el carácter anómalo del único fragmento romancístico que contenía.[1] La publicación por Moshe Attias de una importante versión del siglo XVIII,[2] junto con el análisis de versiones inéditas aun más amplias en el Archivo Menéndez Pidal, nos ha hecho revisar nuestra opinión. El caótico poema publicado por Yoná en 1914 es, en efecto, un romance, incluso puede ser un romance de rancio abolengo. He aquí la canción según consta en el librito de Yoná:

```
    —Karṣelero 'i piadozo,      'a ṣí 'el Dyyo te dé laṣ vidaṣ,
2   ke me kiteṣ de 'eṣtaṣ kadenaṣ    'i me afloṣeṣ 'el koyyar.
    Yya la tomó 'el karṣelero,    yya la yevó 'en ṣivdadeṣ altaṣ.
4   'En la ṣivdad de Marṣelyya,    a'í aví'a treṣ donzeaṣ.
    La 'una dava para Marṣelyya;    la 'otra dava para Portugez;
6   la máṣ čika de 'elyyaṣ    dava para mareṣ altaṣ.
    'Elyya ke ṣe aparó ala ventana,    la ventana de la mar,
8   viḓo venir naveṣ frankaṣ,    navegando por la mar.
    Adyentro la nave aví'a 'un manṣeviko,    kantando 'una bu'eṇa romanṣa:
10  —Máṣ vale fortuna por tyera    ke 'una 'ora por mar.[3]
```

Las catorce versiones inéditas de Sarajevo, Salónica, Izmir y Rodas que obran en los fondos del Archivo Menéndez Pidal ayudan a

---

[1] Cfr. S. G. Armistead y J. H. Silverman, «A New Collection of Judeo-Spanish Ballads», *J.F.I.*, III (1966), 133-154: pp. 139-140, y nuestro comentario en *Sef*, XXXI (1971), 459, 464, n. 11.

[2] M. Attias, «Çěrôr rômansôth bě-kth''y šel Ṣarayevo», *Shevet va-'Am*, II (VII), (1973), 295-370: núm. 21; S. G. Armistead, I. M. Hassán y J. H. Silverman, «Un nuevo testimonio del romancero sefardí en el siglo XVIII», *ESef*, I (1978), 197-212.

[3] *Ku'entos 'ermozos*, p. 8. Para nuestro sistema de transcripción, véase *Yoná*, pp. 18-19. Aquí representamos la *samekh* por ṣ. El hecho de que en el presente texto se trata de una mujer como protagonista refleja indudablemente un desarrollo secundario.

colmar algunas lagunas de esta confusa narración, que aun así queda un tanto enigmática: El protagonista sigue a un joven que lo lleva a Livorno (o «Marsilia») y lo encierra en «altas torres». Ruega al carcelero que le quite las cadenas y que lo suba al aire libre. Se asoma a una de las siete puertas de la torre y ve acercarse una nave maravillosa. El navegante se pone a cantar: «Dios te guarde de ojo de hombre y de sirena de mar» (o bien: «Más vale fortuna en tierra que bonanza en las mares»). El mar se embravece y se hunde el barco[4].

A juzgar por los textos de Attias y Menéndez Pidal, parece haber, en último término, alguna relación entre el poema oriental y dos romances marroquíes: el famosísimo *Conde Arnaldos (á)*[5] y el casi desconocido *Cautiverio del príncipe Francisco (á-e)*[6] (aquí abreviados *A* y *F,* respectivamente). *El infante cautivo* (abrev. *I),* que así hemos titulado el romance, en sus varias versiones publicadas e inéditas, comparte con estos poemas los siguientes motivos: El protagonista está preso en una torre o mazmorra *(FI);* suplica al carcelero que le suelte *(FI);* se asoma al mar *(AFI);* ve aproximarse una nave maravillosa *(AFI),* en la que va un navegante que entona una canción *(AI),* que invoca la protección de Dios *(AI).*

Una versión de Sarajevo, copiada por M. Manrique de Lara en 1911, recuerda notablemente a *Arnaldos,* incluso en coincidencias formulísticas y verbales:

> El navío era de oro   y las tablas de bel cristal;
> las sus cuerdas eran   de un bel brijimal;
> las velas de aquella nave   eran de un bel sandal...
> Atan buena que va la nave,   el naveguero se metió a cantar:
> —El Dios te guarde de ojo de hombre   y de serena de mar.[7]

Por otra parte, tanto *El príncipe Francisco* como *El infante cautivo* organizan estos motivos de un modo muy diferente a *Arnaldos* y,

---

[4]   S. G. Armistead, et al., *El romancero judeo-español en el Archivo Menéndez Pidal (Catálogo-Indice de romances y canciones),* 3 tomos (Madrid, 1978), núm. H16: III, núms. 17*A*-17*B* (de la «Antología de romances rarísimos»). Compárense también M. Molho, *Literatura sefardita de Oriente* (Madrid-Barcelona, 1960), pp. 77-78 (núm. 11); I. Levy, *Chants judéo-espagnols,* III (Jerusalén, 1971), núms. 3-5; Attias, «Çĕrôr», pp. 366-367.

[5]   R. Menéndez Pidal, «Catálogo del romancero judío-español», *CE,* IV (1906), 1045-1077; V (1907), 161-199: núm. 143; *Catálogo-Índice,* núm. H15. Sobre el *Arnaldos,* consúltese sobre todo el fino estudio de P. Bénichou, *Romancero judeo-español de Marruecos* (Madrid, 1968), pp. 207-212, así como los exhaustivos artículos monográficos de F. Caravaca, «Hermenéutica del *Romance del Conde Arnaldos:* Ensayo de interpretación», *BBMP,* XLVII (1971), 191-319; «Tres apéndices al estudio del *Romance del Conde Arnaldos»,* *BBMP,* XLVIII (1972), 143-200; «Tres nuevas aportaciones al *Romance del Conde Arnaldos»,* *BBMP,* XLIX (1973), 191-228. Para más bibliografía, véase el *Catálogo-Índice.*

[6]   Véanse Menéndez Pidal, «Catálogo», núm. 52, *Catálogo-Índice,* núm. H17.

[7]   *Catálogo-Índice,* III, 26-27. *Brijimal* estará formado sobre el turco *ibrişim* «hilo de oro».

junto a sus varios acuerdos, los tres romances integran otros muchos elementos completamente dispares. Si es que los tres parten —parcialmente, por lo menos— de una lejana fuente común (¿un *Arnaldos* radicalmente reelaborado y contaminado?), la relación exacta que guardan entre sí los tres poemas ha de permanecer, como tantos enigmas de la poesía oral, envuelta en misterio.

I.8

UNA FUENTE DESATENDIDA DE *LA CELESTINA*

Para Stephen Gilman

El prólogo de *La Celestina* que figura en la edición de Zaragoza, 1507, y en posteriores ediciones de la *Tragicomedia,* es de importancia crucial para comprender la esencia conflictiva de la obra. Para dramatizar el carácter universalmente litigioso del mundo, Rojas evoca las continuas luchas que determinan las relaciones entre las diversas especies de animales:

> Pues entre los animales ningún género carece de guerra: peces, fieras, aves, serpientes, de lo cual todo, una especie a otra persigue. El león al lobo, el lobo la cabra, el perro la liebre y, si no pareciese conseja de tras el fuego, yo llegaría más al cabo esta cuenta.[1]

Dorothy Severin sugiere que este pasaje «puede aludir a la obra del Marqués de Santillana, *Refranes que dizen las viejas tras el fuego»* (p. 245). Pero esta enumeración de animales de rapiña y sus víctimas es por cierto más narrativa que paremiológica y tiene, según creemos, otra fuente más precisa en el folklore hispánico.

En su vasto *Vocabulario de refranes y frases proverbiales,* recopilado en los primeros años del siglo XVII, el Maestro Gonzalo Correas incluye el verso: «Kuitada de la mora, en el su moral tan sola».[2] El

---

[1] Fernando de Rojas, *La Celestina: Tragicomedia de Calisto y Melibea,* ed. Dorothy S. Severin (Madrid, 1971), p. 41. El pasaje hasta la alusión a la «conseja de tras el fuego», pero sin incluirla, se origina en Petrarca, *De remediis utriusque fortunae* (véanse F. Castro Guisasola, *Observaciones sobre las fuentes literarias de «La Celestina»* [Madrid, 1924], p. 118, y A. D. Deyermond, *The Petrarchan Sources of «La Celestina»* [Oxford, 1961]; 2.ª ed. [Westport, Connecticut, 1975], p. 54). Para otros ejemplos de guerra en el reino de los animales, véanse Lope de Vega, *La Dorotea,* ed. E. S. Morby (Berkeley-Los Angeles, 1958), p. 227; 2.ª ed. (Berkeley-Los Angeles, 1968), p. 233; F. Rico, *La novela picaresca española,* I (Barcelona, 1967), p. 234, n. 98; y J. H. Silverman, «Plinio, Pedro Mejía y Mateo Alemán: La enemistad entre las especies hecha símbolo visual», *Papeles de Son Armadans* (Palma de Mallorca), núm. CLIV (1969), 30-38, o *Et Caetera,* núm. 14 (1969), 23-31, y «Some Aspects of Literature and Life in the Golden Age of Spain», *Estudios de literatura española ofrecidos a Marcos A. Morínigo* (Madrid, 1971), pp. 131-70: 159-161.

[2] Gonzalo Correas, *Vocabulario de refranes y frases proverbiales (1627),* ed. L. Combet (Bordeaux, 1967), p. 452a; ed. M. Mir (Madrid, 1924), p. 144b. Véanse también J. Cejador y Frauca, *La verdadera poesía castellana,* I (Madrid, 1921), núm. 432; M. Frenk Alatorre, «Supervivencias de la antigua lírica popular», *Homenaje a*

citado verso es, en realidad, el *incipit* de una canción tradicional que se canta aún en casi todas partes del mundo pan-hispánico. Tenemos noticias de versiones castellanas, hispanoamericanas, judeo-españolas, gallegas, portuguesas, brasileñas, catalanas y vascas. Una versión característica de la canción es la siguiente, típicamente castellana, de Colmenar de Oreja (Madrid):

> 1. Estando la mora
> solita en su lugar,
> viene la mosca
> que la quiere hacer mal.
> La mosca a la mora,
> estando la mora
> solita, solita y sola...

> 12. Estando el herrero
> solito en su lugar,
> viene la muerte
> que le quiere hacer mal.
> La muerte al herrero,
> el herrero al cuchillo,
> el cuchillo al buey,
> el buey al agua,
> el agua a la lumbre,
> la lumbre al palo,
> el palo al perro,
> el perro al gato,
> el gato al ratón,
> el ratón a la araña,
> la araña a la mosca,
> la mosca a la mora
> solita, solita y sola.[3]

La mayoría de los animales mencionados en la enumeración de Rojas, la cual no quiso llevar «al cabo», tal vez precisamente para

Dámaso Alonso, I (Madrid, 1960), 51-78: p. 71 (núm. 53); reimpreso ahora en el espléndido libro, *Estudios sobre lírica antigua* (Madrid, 1978), pp. 81-112.

[3] *RDTP,* II (1946), 302-305. Citamos sólo la primera estrofa y la última. Hasta ahora no existe, que sepamos, ninguna bibliografía de las múltiples variantes de la canción. Para los textos que hemos manejado y una lista parcial de sus congéneres pan-europeos, véase nuestro estudio «Una canción acumulativa y su congénere griego» (reproducido en este mismo libro).

De ninguna manera ha de interpretarse el pasaje del prólogo de *La Celestina* como una indicación del linaje judaico de Fernando de Rojas por el mero hecho de que algunos de sus elementos concuerdan con los de la famosa canción de Pascua *Had gadyā'.* Dicha canción no entró en el rito sefardí sino en una fecha bastante tardía. Es, sin duda, una adaptación ashkenazí de la canción pan-europea, basada en un modelo alemán como su fuente más cercana. Su empleo en el rito judaico sólo remontará al siglo xv (véase la *Encyclopaedia Judaica,* vol. VII [Jerusalén-Nueva York, 1971], 1048-1049; *The Passover Haggadah,* eds. E. D. Goldschmidt y N. N. Glatzer [New York, 1969], p. 107). Para más datos y bibliografía adicional, véase más adelante, «Una canción acumulativa...» (II.4).

evitar una semejanza demasiado próxima a la narración oral, son —excepto el perro— diferentes de los de la canción pan-hispánica. Es, por lo tanto, muy posible que lo aludido aquí no sea una canción popular sino un cuento tradicional, posibilidad muy favorecida por el vocablo *conseja* usado por Rojas. Y en efecto existe en la tradición hispánica, pan-europea y mundial un cuento acumulativo que contiene elementos semejantes y, en algunos casos, idénticos a los de la canción de *La mora*. El cuento tradicional hispánico reúne la cabra (o la oveja), el lobo, el perro y la liebre (además de la muerte, el herrero, el cuchillo, la vaca o el buey, el agua, la lumbre y el palo) en una concatenación conflictiva que en última instancia recuerda aun más estrechamente que la canción las listas de perseguidores perseguidos elaboradas por Petrarca y Rojas.[4] Sea la que sea la fuente popular más directa —canción o cuento tradicional—, parece que Rojas, al asociar estos animales beligerantes con una «conseja de tras el fuego», evocaba un texto —¿algún recuerdo de su niñez?— que tenía su origen en la narrativa de tradición oral.

[4]   Véanse A. M. Espinosa, *Cuentos populares españoles*, 3 tomos (Madrid, 1946-1947), I, núms. 275-277; III, 450-458 (con abundante bibliografía internacional); G. López de Guereñu, «La vida infantil en la Montaña alavesa», *RDTP*, XVII (1961), 571-578; R. S. Boggs, *Index of Spanish Folktales* (Helsinki, 1930), pp. 155-156; T. L. Hansen, *The Types of the Folktale in Cuba, Puerto Rico, the Dominican Republic, and Spanish South America* (Berkeley-Los Angeles, 1957), p. 166; S. L. Robe, *Index of Mexican Folktales* (Berkeley-Los Angeles, 1973), p. 225; A. Taylor, «A Classification of Formula Tales», *JAF*, XLVI (1933), 77-88: p. 84, núm. 2030; A. Aarne y S. Thompson, *The Types of the Folktale*, 2.ª revisión (Helsinki, 1961), núm. 2030; S. Thompson, *Motif Index of Folk-Literature*, 6 tomos (Bloomington, Indiana, 1955-1958), V, núm. Z41. J. R. Perkal ha estudiado la presencia de temas narrativos semejantes en la tradición africana: «An Unusual Cumulative Tale and its Related Motif-Complex», *Fabula*, V (1962), 228-245.
   Sobre la manera en que Cervantes utiliza el mismo cuento en el *Quijote* (I, 16), «el gato al rato, el rato a la cuerda, la cuerda al palo», véase M. E. Barrick, «The Form and Function of Folktales in *Don Quijote*», *JMRS*, VI (1976), 101-138: pp. 106-107 y n. 17, donde se reúne mucha bibliografía valiosa. Es digno de notar que versiones análogas de la canción y del cuento existen también en la tradición italiana y que pudo haberlas conocido el Petrarca (véanse C. Nigra, *Canti popolari del Piemonte* [Torino, 1957], núm. 167, y M. de Cervantes, *El ingenioso hidalgo don Quijote de la Mancha*, ed. F. Rodríguez Marín [Madrid, 1947], I, 436-437, n. 1).

I.9

UN POEMA CELESTINESCO EN LA TRADICIÓN SEFARDÍ

En la colección manuscrita de romances y canciones judeo-
españoles de Tánger recogida de la tradición oral en 1929 por la
señorita Zarita Nahón, consta el siguiente poema de resonancias indudablemente celestinescas:

```
         —Alegue usted en hora aquí
 2   a don Loreta.
     Parece mujer discreta.
 4   De mi pena, mi canción,
     delibra mi corazón
 6   encadenado.
         —Dime si os anembraris
 8   de un hombre tan delicado;
     si ha pasado por aquí
10   este verano.
         —De la hora que le vi,
12   jamás pude asosegado.
         —Si te place a don Loreta,
14   iré a buscarlo.
         —Si tal remedio me haces,
16   serás m[i] remediadora.
     Entre todas te pondré
18   a ti la señ[ora].
     Darte yo mi rico anillo
20   y mi collar.—
     A donde le fuera a buscar,
22   le halló puesto el recado.
         —Más tenga en vuestro estado,
24   el mi doncé;
     que vos llama una mujer,
26   de prisa y sin más tardar;
     que con vos quiere hablar
28   toda esta noche.—
     Respondióla sin desbroche:
30   —De buen grado lo haré.
     Dime a dónde iré
32   o quién es ella.
         —De mí tome esta seña;
```

79

```
34   por otra no preguntés.
     A las huertas del marqués
36   habéis de entrar.
     Allí habéis de hallar
38   moza galana y tan bella.
     Besarís por mí las manos
40   a esa doncella.
     A las hojas de arlaurel
42   ya las oyo menear;
     a tu amo pasear
44   por el vergel.
     —Levanta, esclava, levanta;
46   pon la escalera a tu amo.—
     Se la pusiera mal puesta;
48   cayó y murió él.[1]
```

Conocemos otros cinco textos de esta canción: dos figuran en la colección impresa formada en Tetuán hacia 1950 por Arcadio de Larrea Palacín;[2] otros tres permanecen inéditos, dos de Tánger y Tetuán en el Archivo Menéndez Pidal recogidos por José Benoliel (entre 1904 y 1906) y por Eugenio Silvela (entre 1905 y 1906)[3] y otro más en el MS de Luna Bennaim escrito en Tetuán entre 1919 y 1950 y actualmente en poder de nuestro amigo, el Dr. Iacob M. Hassán.

No conocemos el origen inmediato de este poema, inspirado sin duda en último término en *La Celestina.* Aunque en este caso sea la dama la que toma la iniciativa en acudir a la tercera, la situación general, así como varios detalles —la huerta, la «cadena» o «cadenas» con que el joven recompensa a la medianera,[4] la caída fatal de la escalera y el suicidio de la dama[5]— todos recuerdan ineludiblemente

[1] Véase nuestra edición (en colaboración con Oro A. Librowicz): *Romances judeo-españoles de Tánger* (recogidos por Zarita Nahón), Madrid, 1977, núm. 48. Por *Alegue* (v. 1) hay que leer *Allegue;* por *Darte* (v. 19), *Darte he;* por *doncé* (v. 24), *doncel.* Las versiones de Larrea aclaran nuestros vv. 5-6: «de librar mi corazón /encadenado». En los vv. 16 y 18 está roto el margen de la hoja. Sobre el romancero de Zarita Nahón, véase también nuestra nota, «La colección Nahón de romances judeo-españoles de Tánger», *La Corónica,* 5:1 (1976), 7-16.

[2] A. de Larrea Palacín, *Romances de Tetuán,* 2 tomos (Madrid: Instituto de Estudios Africanos, 1952), núms. 233-234.

[3] Véase S. G. Armistead et al., *El romancero judeo-español en el Archivo Menéndez Pidal,* 3 tomos (Madrid, 1978), núm. R11.

[4] El detalle figura en las versiones de Larrea y en las inéditas del Archivo Menéndez Pidal y de Luna Bennaim. Para la «cadenilla» véase *La Celestina,* ed. J. Cejador («Clásicos Castellanos»), II, 68-69 («Aucto Onzeno»). Sobre el motivo, véase ahora A. D. Deyermond, «Hilado-Cordón-Cadena: Symbolic Equivalence en *LC»,* *Celestinesca,* 1:1 (1977), 6-12. En la versión de Menéndez Pidal, el nombre de la alcahueta es *Doloreta,* que aclara nuestra *don Loreta* o *doña Loreta* (como en Larrea).

[5] En Larrea 234.91-92, la dama se ahoga «con la faja que él tenía», y en la versión de Luna Bennaim, «con la sinta que él siñía».

la obra maestra de Rojas. Conviene tener en cuenta también la notable coincidencia verbal que nos proporcionan dos de las versiones marroquíes inéditas. Un texto tangerino de la colección Menéndez Pidal termina con los versos:

> hasta que estaba más muerto
> que su abuelo.

> *(Catálogo-Índice,* R11.1)

Aún mejor es la lectura que se encuentra en el manuscrito tetuaní de Luna Bennaim (núm. 52):

> Más muerto está
> que mi abuelo.

Aquí la canción sefardí refleja, claro está, las palabras de Sosia *(Celestina* XIX): «¡Señor, señor! ¡A esotra puerta! ¡Tan muerto es como mi abuelo! ¡Oh gran desaventura!» (ed. D. S. Severin [Madrid, 1971], p. 224). El detalle confirma, si falta hacía, el evidente origen del poema sefardí en la obra de Rojas.

Es difícil precisar la forma métrica que tendría el poema modelo de nuestra canción judeo-española. Aunque una fuente ya anisosilábica no sería imposible, parece más probable que se trataba de unos tercetos de pie quebrado de 8 y 4 sílabas respectivamente. En nuestro texto moderno, los versos largos varían entre 7, 8 y 9 sílabas y los breves entre 4, 5 y 6. El esquema de versificación del poema tradicionalizado se nos representa hoy bastante estropeado y caótico, pero, a juzgar sobre todo por los vv. 20-37, parece que se trataba de unas estrofas enlazadas, en las que el primer verso del terceto había de rimar (¿o asonantar?) con el verso quebrado anterior, estableciéndose así el patrón: ABBc-CDDe-EFFg, etc.[6] Poco o nada se puede decir con seguridad acerca de la fecha del poema, pero aun así, conviene tener en cuenta la gran boga que gozan las coplas de pie quebrado en los siglos xv y xvi, en contraste con su popularidad relativamente escasa en el siglo xvii y su desaparición casi total en el xviii.[7] De estrofas enlazadas en concreto los únicos ejemplos citados por Navarro son del siglo xvi.[8]

Sin haber apurado la exploración de la literatura poética de inspiración celestinesca,[9] conviene señalar la semejanza, desde el punto

[6] Véase T. Navarro, *Métrica española* (Syracuse, N. Y., 1956), p. 201.
[7] Cfr. Navarro, pp. 110-116, 200-201, 249-250, 301.
[8] Son un poema del *Cancionero manuscrito de Pedro del Pozo* (1547), ed. A. Rodríguez-Moñino (Madrid, 1950), pp. 112-113 (núm. 28), y otro del *Cancionero de Evora,* ed. A. L.-F. Askins (Berkeley-Los Angeles, 1965), p. 41 (núm. 47).
[9] Como puntos de arranque indispensables, huelga nombrar el tomo IV de *Orígenes de la novela* de Menéndez Pelayo (Madrid: NBAE, 14, 1910), así como el monu-

de vista tanto formal como temático, de nuestro poema con cierta *Copla que hizo tremar a una alcahueta,* descubierta hace poco por Luis C. Pérez.[10] Sea el que sea su origen, el poemita marroquí merece sumarse al corpus de obras de derivación celestinesca.

mental *Originalidad artística* de María Rosa Lida de Malkiel (Buenos Aires, 1962; 2.ª ed., 1970) y ahora, claro está, Pierre Heugas, *La Celestina et sa descendance directe* (Bordeaux, 1973).
    [10] «Coplas desconocidas del tema celestinesco», *Homenaje a Rodríguez-Moñino,* II (Madrid, 1966), 51-57. Trátase, en este caso, de unas octavas de pie quebrado bastante irregulares, aunque mayormente de 8 y 4 sílabas, y con esquema ABBAaCCa.

I.10

UNA VARIACIÓN ANTIGUA DE *TARQUINO Y LUCRECIA*

En un artículo reciente, Moïse Bernadach ha dado a conocer un caso interesante de la utilización del romancero viejo y nuevo en una composición burlesca de Alonso de Castillo Solórzano`(1584-1648).[1] El poema de Solórzano lo estudia Bernadach como un ejemplo del ingenioso empleo de una variedad de romances en forma de ensalada, pero también resulta, según veremos, que Solórzano nos proporciona un interesante testimonio romancístico, pertinente al tema central de estas quintillas. El poema de Solórzano lleva como título *A la fuerça de Lucrecia, referida por Julia, dueña de su casa, glosando principios de romances*. He aquí las tres primeras estrofas según las edita Bernadach:

> De Lucrecia contaré
> la historia, pues fui testigo,
> y a todo siempre me hallé,
>> yo que lo sé, que lo vi se lo digo,
>> yo que lo digo lo vi que lo sé.

> Junto a Roma, no en Turquía,
> que es muy diferente ley,
> y distinta Monarquía,
>> de caça se vino el Rey
>> bien así como solía.

[1] «Castillo Solórzano et ses fantaisies prosodiques (À propos d'une ingenieuse utilisation des romances)», en *RLR,* LXXX (1973), 149-175. Entre los versos tradicionales aprovechados por Solórzano figuran los siguientes: «Conde Claros, con amores, / no podía reposar» (= «Media noche era por filo»: *Primav.* 190); «Salto diera de la cama / que parece un gavilán» (= «Todas las gentes dormían», *Primav.* 198; pero donde todas las versiones antiguas dicen «como la parió su madre», Solórzano concuerda verbalmente con la tradición marroquí moderna: «... que parece un gavilane»); «A los moros por dinero / y a los cristianos de balde» (= «Morir vos queredes, padre»: *Primav.* 36; con la variante «de balde», como en muchas alusiones sueltas de la época áurea; véase J. B. Purcell, *The «Cantar de la muerte del rey don Fernando» in Modern Oral Tradition...,* tesis de Ph. D. [University of California, Los Angeles, 1976], pp. 173-175); «Mira Neyo *(sic)* de Tarpeya / a Roma cómo se ardía» (= Durán 571); y «La bella malmaridada / de las más lindas que vi» (concuerda, por ejemplo, con el *Cancionero gótico de Vázquez de Ávila,* ed. A. Rodríguez-Moñino [Valencia, 1951], p. 46, y muchos pliegos, contra las eds. de Sepúlveda que dicen «de las lindas que yo vi» [Durán 1459]).

> Diole Lucrecia a cenar,
> hízole cama de flores,
> mas desnudo en tal lugar,
> Conde Claros con amores
> no podía reposar...

Sobre las circunstancias iniciales del encuentro de Lucrecia con el que, según el poema, será su seductor, Bernadach nos ofrece el siguiente comentario: «Le roi (anonyme) rentre affamé de la chasse et demande l'hospitalité à Lucrèce qui le reçoit dignement à sa table... Selon Tite-Live, Sextus Tarquin ne revenait nullement de la chasse... [Castillo Solórzano] a donc pris de nombreuses libertés avec la tradition... Nous sommes loin de la tradition selon Tite-Live...» (págs. 152 y 166).

Puede que estemos lejos de Tito Livio, pero estamos, según se verá, más cerca de la tradición española de lo que se podría sospechar. Al estudiar los distintos romances utilizados por Solórzano, Bernadach llama la atención acertadamente sobre el parecido entre el verso romancístico «De caça se vino el rey / bien así como solía» y otros que se dan en los romances del *Conde Alarcos, La muerte ocultada* y *La infantina:*

> Retraída está la infanta,   bien así como solía...
> A cazar iba don Pedro,   a cazar como solía...
> A cazar va el caballero,   a cazar como solía...[2]

Bernadach se limita a decir, sin embargo, que «seul jusqu'à présente le deuxième vers [de Castillo Solórzano] a pu être localisé» (pág. 155). Indudablemente la cita de Solórzano refleja una especie de conflación de los famosos romances de *Alarcos* y *La infantina.* Pero tras esa alusión a la caza —difundidísimo y sexualmente sugestivo tópico del Romancero[3]— yace un intrigante testimonio tradicional, hasta ahora ignorado, que se confirmará en textos cronológica y geográficamente lejanos del siglo XVII.

Al estudiar los muchos romances aprovechados por Solórzano en sus quintillas, nada nos dice Bernadach del texto romancístico más afín al tema central del poema, o sea el *Romance de Tarquino rey de Romanos: cómo por traición forzó a Lucrecia.* El romance, de invención tardía y erudita indudablemente, se habrá creado a principios del siglo XVI o a fines del XV. Se recoge en tres pliegos sueltos

---

[2] Citamos aquí por las ediciones utilizadas por Bernadach (no porque sean las más autorizadas): los ejemplos primero y último son de A. Durán, *Romancero general,* I (Madrid, 1877), núms. 365 y 295; el segundo, de L. Santullano, *Romancero español* (Madrid, 1946), p. 962.

[3] Véase lo que decimos sobre la caza de amor en *The Judeo-Spanish Ballad Chapbooks of Y. A. Yoná* (Berkeley-Los Angeles, 1971), pp. 245-251; y ahora en «Otro calco semántico en el judeoespañol marroquí: *libre* "virgen"», en *ESef,* I (1978), pp. 134-136, n. 3 (reproducido aquí: II.8).

góticos y en innumerables reimpresiones cancioneriles. En la escena inicial correspondiente al poema de Solórzano, el romance no alude en absoluto a que Tarquino haya venido de caza para pedirle hospedaje a Lucrecia. Todas las impresiones antiguas que hemos podido consultar están de acuerdo con el texto del *Cancionero de romances* (sin año) impreso por Martín Nucio en Amberes:

Aquel rey delos romanos   que Tarquino se llamaua
enamoro se de Lucrecia   la noble y casta romana
y para dormir conella   vna gran traycion pensaua
vase muy secretamente   a donde Lucrecia estaua
quando en su casa le vido   como a rey le aposentaua...[4]

Todas las impresiones antiguas representan una sola versión y todas están conformes en no aludir a ninguna cacería por parte de Tarquino. ¿De dónde toma el detalle Solórzano? ¿Sencillamente saca a colación el famoso verso inicial de *La infantina?* La tradición moderna, como en otros tantos casos esclarecedora de la antigua, nos vendrá a comprobar que tal no es el caso.

El romance de *Tarquino y Lucrecia* sobrevive hoy en día refugiado en distintos rincones laterales y aislados del mundo hispánico.[5] Se conocen versiones de Málaga;[6] de Trás-os-Montes y Caldas da Rainha en Portugal;[7] de Tánger, Tetuán y Orán en el Norte de África;[8] y

[4] *Cancionero de romances impreso en Amberes sin año,* ed. R. Menéndez Pidal (Madrid, 1943), fol. 212r. Tenemos a la vista, además, las siguientes impresiones: *Pliegos poéticos góticos de la Biblioteca Nacional,* tomo I (Madrid, 1957), 133; *Pliegos poéticos españoles en la Universidad de Praga,* 2 tomos (Madrid, 1960), I, 205; II, 89; *Cancionero de romances (Anvers, 1550),* ed. A. Rodríguez-Moñino (Madrid, 1967), p. 270; *Silva de romances (Zaragoza, 1550-1551),* ed. A. Rodríguez-Moñino (Zaragoza, 1970), p. 198; *Silva de varios romances (Barcelona, 1561),* ed. A. Rodríguez-Moñino (Valencia, 1953), fol. 159v. Para todas las impresiones del siglo XVI, deben consultarse A. Rodríguez-Moñino, *Diccionario bibliográfico de pliegos sueltos poéticos (siglo XVI)* (Madrid, 1970), núms. 725, 726, 1061; *La Silva de romances de Barcelona, 1561: Contribución al estudio bibliográfico del romancero español en el siglo XVI* (Salamanca, 1969), p. 525; *Manual bibliográfico de cancioneros y romanceros,* 4 tomos (Madrid, 1973-1977), II, 318.

[5] Compárese la reseña geográfica parcial que da R. Menéndez Pidal, *Romancero hispánico,* 2 tomos (Madrid, 1953), I, 167.

[6] Archivo Menéndez Pidal, inédita, de Monda (part. jud. Coín; Málaga), recogida en 1924 por Juan Marqués Merchán, quien observa: «La recitadora tiene 62 años. Lo aprendió de su madre, natural de Gaucín» (part. jud. Gaucín). (Debemos estos datos a la amabilidad de Ana Valenciano.)

[7] F. A. Martins, *Folklore do Concelho de Vinhais,* II (Lisboa, 1938), 29; Z. Consiglieri Pedroso, *«O rei Traquilha»,* en *RL,* III (1895), 370-371; este último texto lo reproduce T. Braga, *Romanceiro geral portuguez,* I (Lisboa, 1906), 597-598.

[8] R. Menéndez Pidal, «Catálogo del romancero judío-español», separata de *CE* (1906-1907), núm. 45; P. Bénichou, *Romancero judeo-español de Marruecos* (Madrid, 1968), pp. 95-98; A. de Larrea Palacín, *Romances de Tetuán,* I (Madrid, 1952), núm. 50; S. G. Armistead y J. H. Silverman, con O. A. Librowicz, *Romances judeo-españoles de Tánger* (Madrid, 1978), núm. 13; para las versiones sefardíes inéditas de Menéndez Pidal: S. G. Armistead et al., *El romancero judeo-español en el Archivo Menéndez Pidal,* 3 tomos (Madrid, 1978), I, núm. F7.

de Salónica y Rodas (Grecia) y de Mármara y Tekirdağ (Turquía).[9]
Estas últimas versiones de Oriente nada nos dicen acerca del motivo
de la caza de Tarquino; aunque sí todas están de acuerdo en recalcar
el engaño que practica el rey al disfrazarse de viandante: «Se hizo
hombre de camino, / por su puerta pasara». La solitaria versión de
Málaga trae una lectura parecida, pero algo más específica: «Se vistió de peregrino / y por su puerta pasaba». Una de las versiones portuguesas conceptualiza la traición de otro modo al hacerle mentir al
rey, diciendo que acaba de llegar de las Indias: «disse-lhe que vinha
das Índias / donde seu marido estava» (Martins, *Vinhais,* p. 29).[10]
Pero he aquí que las versiones marroquíes vienen a proporcionarnos
una lectura que cuadra perfectamente con la de Castillo Solórzano:

> Este rey de los romanos,   que Tarquino se llamaba,
> namoróse de Lucrecia,   Lucrecia, casta romana.
> Vistióse todo de verde   como el que viene de caza,
> fuese para los palacios   donde Lucrecia estaba...

> (Menéndez Pidal, *Catálogo,* núm. 45).

La antigüedad del motivo de la caza también lo comprueba, por
otra parte, la variante portuguesa de Caldas de Rainha recogida por
Consiglieri Pedroso, que empieza con los versos siguientes:

> Indo o rei Traquilha á caça,   anoiteceu-lhe na caçada.
> Estando Gramaneza á porta,   logo ficou assustada...

Ambas lecturas modernas, la marroquí y la portuguesa, autorizan
a su vez la de Castillo Solórzano.
El motivo de la caza de Tarquino nos llama la atención sobre
otros dos detalles del texto de Castillo Solórzano, detalles no men-

---

[9] M. Attias, «Ha-rômansah *Tarkînôs wĕ-Lûkreçîah* bi-kĕthāb-yad šabĕtha'î», *She-vet va'Am,* III (1959), 97-101; M. Menéndez Pelayo, *Antología de poetas líricos caste-llanos,* IX (Santander, 1945), 395; B. Uziel, «Ha-folklor šel ha-yĕhûdîm ha-sĕfāradîm», *Rĕšûmôth,* 5 (1927), 324-337; 6 (1930), 359-397: pp. 368-369; M. J. Benar-dete, *Los romances judeo-españoles en Nueva York,* tesis de M. A. (Columbia Uni-versity, Nueva York, 1923), núm. 22; E. Adatto, *A Study of the Linguistic Character-istics of the Seattle Sefardí Folklore,* tesis de M. A. (University of Washington, Seat-tle, 1935), p. 35; D. Romey, *A Study of Spanish Tradition in Isolation as Found in the Romances... of the Seattle Sephardic Community,* tesis de M. A. (University of Wash-ington, Seattle, 1950), p. 65; R. Benmayor, *Romances judeo-españoles de Oriente recogidos en la costa occidental de los Estados Unidos,* tesis de Ph. D. (University of California, Berkeley, 1974), núm. 5 (con amplio estudio, pp. 82-92). Tenemos a la vista también versiones nuestras inéditas cantadas por informantes de Rodas y Tekir-dağ. Conviene notar además la existencia de un *incipit* judeo-oriental antiguo (fecha-ble en 1684): «Aquel rey de los romancos». Lo recoge H. Avenary, «Cantos españo-les antiguos mencionados en la literatura hebrea», en *AnM,* 25 (1971), 67-79, p. 71 (núm. 16).
[10] Véase el penetrante comentario de S. Petersen, «Cambios estructurales en el romancero tradicional», en *El romancero en la tradición oral moderna,* eds. D. Cata-lán, S. G. Armistead y A. Sánchez Romeralo (Madrid, 1972), pp. 167-179.

cionados en la versión antigua de *Tarquino y Lucrecia:* la cena servida por Lucrecia y la lujosa cama preparada para Tarquino. Y aquí también nos encontramos con correspondencias exactas en la tradición moderna:

>Lucrecia, desque lo vido,   como rey lo aposentara.
>Hízole gallina en cena,   cama de oro en que se echara.

>(Attias, «Ha-rômansah», p. 100)

>I la reina, ke lo vido,   komo rey lo aprezentava...
>Ya l'izo gaína en sena   i pichones almozales.
>Ya l'izo kama de oro,   kolcha de sirma lavrada.

>(inéd., Tekirdağ)

>Lucrecia, como le vido,   como rey le aposentara;...
>púsole mesa de goznes   con mantel de fina holanda;
>púsole a comer pan blanco   y a beber vino sin agua,
>y con un negro de los suyos   mandóle a hazer la cama.

>(Bénichou, p. 95)

>Se bem lhe fazia a cama,   melhor lho ordenava,
>por cima ricas cortinas,   por baixo lençóis de lana.

>(Martins, II, 29)

>Ella virou para dentro,   boa mesa aparelhada;
>se boa era a mesa,   muito melhor era a cama.

>(Braga, I, 597)[11]

En estos tres detalles —la caza, la cena y la cama— se ve claramente que Castillo Solórzano había de conocer una versión de *Tarquino y Lucrecia* que difería y suplementaba las unívocas impresiones antiguas, a la vez que concordaba con exactitud con varias de las subtradiciones modernas. Tales motivos no representan, por lo tanto, felices elaboraciones tardías, como se podría pensar, sino que ya en el siglo XVII, por lo menos, si no antes, formaban parte de alguna versión tradicional del romance. Los versos de Castillo Solórzano los autorizan indudablemente las versiones modernas portuguesas y sefardíes. El texto de Solórzano también nos confirma una vez más, si es que falta hacía, el amplio polimorfismo de la tradición antigua —a

---

[11] Faltan estos detalles, en cambio, en la solitaria versión malagueña. Es notable como en las tres distintas ramas —oriental, marroquí y portuguesa (pero sobre todo en la marroquí)— cunde la tendencia a elaborar la escena con lujoso despliegue detallista.

la par de la moderna— y nos confirma lo poco, lo poquísimo relativamente que sabemos de aquella rica tradición, pese a todas las impresiones de pliegos y cancioneros que se han conservado; y, por fin,
nos confirma que todavía queda mucho por hacer en el examen de
glosas, ensaladas, autos, comedias, alusiones y citas dispersas, que
nos ayudarán a reconstruir aquella tradición antigua en toda su rica
variedad.[12]

[12] Como buen ejemplo de lo que aún se puede descubrir, véase el espléndido
estudio de J. A. Cid, «Calderón y el romancillo de *El bonetero de la trapería*,* en
HR, XLV (1977), 421-434; también nuestro artículo «El romance de "Celinos": un
testimonio del siglo xvi», *NRFH*, XXV (1976), pp. 86-94 (aquí I.3 supra).

I.11

LAS *COPLAS DE LA MUERTE* Y UNA ENDECHA DE ESMIRNA

A la memoria de
Ramón Menéndez Pidal

Frente a tan abundantes paralelismos temáticos en el Romancero, resulta curiosa la falta de versiones congéneres en la poesía tradicional luctuosa de los dos núcleos judeo-españoles de extremos opuestos del Mediterráneo. Un precioso texto, que llega a nuestras manos gracias a la característica generosidad de don Ramón Menéndez Pidal, nos permite establecer un nuevo nexo entre las tradiciones del *planctus* en Marruecos y Oriente.

En el *Romancero hispánico* (Madrid, 1953), se describe el diminuto folleto *'Endečas de θiščāh bĕ-'Āb* (s.l.n.a.), impreso en Esmirna, probablemente hacia 1911: «Muy curiosas son dos hojas volantes que forman ocho pequeñas páginas, con el título *Endechas,* impresas en Esmirna, y contienen cuatro romances» (II, 331). La cuarta y última pieza comprendida en este librito la identifica don Ramón con el título de «*El Huerco*». Este poema, aunque denuncia, según veremos, múltiples contactos con el Romancero, no es en realidad un romance. Sus versos anisosilábicos exhiben unas rimas muy irregulares, que apuntan a un origen no romancístico. He aquí el texto:

> De prinsipyyo de sus males,
> navegó por la fortuna.
> Deśó 'el Dyyo de su ventura
> ke kayeron 'en despovlados.
> 5   Se les rompyeron las velas
> 'en 'el golfo dela mar.
> —Deśadme, la Mu'erte amarga,
> deśadme 'ir 'a mi kaza.
> Ke tengo mužer mučača,
> 10   'espera mi 'esperansa.
> —Kon ačakes de 'enganyyarme,
> no mires de fuyirte.
> Anke vayyas asta Roma,
> asta a'í 'iré 'a segyirte.—
> 15   Lyya se desparten del despoblado:
> 'el varón para 'el palasyyo;
> 'el Gu'erko [a] su mandado.

> —Mužer, seréś pu'ertas 'i ventanas
> 'i metáś portaleros.
> 20 Todo 'ombre ke 'es pasažero,
> no lo deśéś 'entrar adyentro.
> Se asentó 'en sí'a de 'oro,
> komo rey 'enkoronado.
> Todo loke le pasó 'en despoblado,
> 25 todo no fu'e 'olvidado.
> Por a'í pasó 'un pasažero,
> kerí'a 'entrar adyentro.
> —Si 'es koza de dinero,
> lyyo 'iré por 'el mi amo.
> 30 Si 'es koza de peligro,
> mandaré 'a mi amo.
> Por la lyyavedura dela pu'erta,
> 'entró 'el Gu'erko por su mandado.
> —Mužer, tra'e sí'a de 'oro,
> 35 por ver si so 'eskuzado.
> —'El Gu'erko no kere dingún dinero,
> si no ku'erpo malogrado.
> Levantó la mano 'el Gu'erko,
> le dyyo 'entre los 'ožos.
> 40 —Mužer, dame los antožos,
> ke no ve'o de los 'ožos.[1]

A primera vista, este curioso poema no parece ser más que una especie de centón de fórmulas y motivos romancísticos: Los vv. 1-6 forman parte de un prólogo tradicional migratorio que sirve de introducción a varios romances orientales —muchos de ellos de índole triste y melancólica: *La choza del desesperado, Encuentro del padre, El falso hortelano, La muerte del duque de Gandía*.[2] El vano esfuerzo de cerrar puertas y ventanas contra la Muerte (v. 18) se encuentra en el romance-endecha salonicense de *La moza y el Huerco*.[3] El

---

[1] *'Endečas de θišᶜāh bĕ-'Āb*, pp. 7-8. La primera palabra o las dos primeras palabras de los versos pares 2-16 y los impares 19-39 se repiten al final de los versos. La palabra *'ožos* se repite a continuación del v. 41. La voz *ku'erpo* en el v. 37 se escribe *kur'epo* en el original. Conste nuestro sincero agradecimiento al profesor Diego Catalán por habernos proporcionado fotografías de este librito. Una edición del librito entero, la publicamos en «The Judeo-Spanish Ballad Chapbook *'Endeǧas de θišᶜāh bĕ-'Āb*», *HR*, 38:5 (1970), 47-55, y en nuestra monografía, *Seis romancerillos de cordel sefardíes* (Madrid, 1981), cap. IV.

[2] Véase nuestro artículo «A New Sephardic *Romancero* from Salonika», *RPh*, XVI (1962-1963), 59-82: p. 68, núm. 33, y el libro *The Judeo-Spanish Ballad Chapbooks of Yakob Abraham Yoná* (Berkeley-Los Ángeles, 1971), núm. 21.

[3] M. Attias, *Romancero sefaradí* (Jerusalén, 1961), núm. 85, vv. 13 *ss.;* M. Molho, *Usos y costumbres de los sefardíes de Salónica* (Madrid-Barcelona, 1950), p. 268. No encontramos el motivo en la fuente griega de este romance (véase «A New Sephardic *Romancero*», pp. 75-76, núm. 66). Para la muerte que entra sin abrir puertas ni ventanas, compárese también algunas versiones peninsulares del romance del *Enamorado y la Muerte*: «—¿Por dónde has entrado, amor? / ¿Cómo has entrado, mi vida? // Las puertas están cerradas, / ventanas y celosías. // —No soy el amor, amante: / la Muerte

v. 20 recuerda un hemistiquio idéntico en el romance «endechesco» de *La choza del desesperado:* «Todo ombre ke es pasažero / i arientro ["adentro"] yo lo entraré» (inédito, Rodas). El v. 21 repite otro del romance de *Tarquino y Lucrecia:* «Ya le asentó en sía de oro, / onde él era asentado».[4] «Por a'í pasó...» (v. 26) es, sin duda, una de las fórmulas más repetidas del Romancero sefardí oriental (cf. Attias, núms. 6.11, 15.5, 17.21, 19.5, 20.9, etc.). V. 32: La Muerte, que pasa sigilosa e irresistible por el ojo de la cerradura, otra vez recuerda *La moza y el Huerco:* «El huerco que hue lijero, / s'entró por el cadenado ["candado"]»;[5] «El guerko k'es ližero, / s' entró por el burako» (inédito, Salónica). Pero pese a semejante incremento de fórmulas y *topoi* migratorios, otros versos de nuestro poemita declaran su relación genética con un venerable antepasado literario.

Unas *Coplas dela muerte como llama a vn poderoso Cauallero,* impresas hacia 1530 en cierto pliego suelto perteneciente ahora a la Biblioteca Nacional de Madrid,[6] tienen innegable parentesco con nuestra endecha judeo-española de Esmirna. Cuando la Muerte llama a la puerta del Caballero, un portero (cf. los «portaleros», del v. 19 de la endecha) da la siguiente respuesta:

Coplas:		*Endecha:*	
13	Si es cosa no forçosa	28	—Si 'es koza de dinero,
	yo la libraré con vos		Iyyo 'iré por 'el mi amo.
	y si es cosa premiosa		Si 'es koza de peligro,
16	yo le llamaré par dios.	31	mandaré 'a mi amo.

que Dios te envía» (versión facticia de R. Menéndez Pidal, *Flor nueva de romances viejos* [Madrid, 1943], p. 78; igual en textos catalanes: M. Milá y Fontanals, *Romancerillo catalán* [Barcelona, 1882], núm. 240; J. Serra i Vilaró, *El cançoner del Calic* [Barcelona, 1913], p. 55). Recuerda el mismo motivo cierto *tragoúdi* griego en el que Digenis Akritas construye un fuerte castillo en un vano esfuerzo de protegerse contra el ataque de Charos (la Muerte). Véase R. M. Dawkins, «Some Modern Greek Songs from Cappadocia», *American Journal of Archaeology* (Concord, N. H.), XXXVIII (1934), 112-122: pp. 113, 116, 117; también S. Baud-Bovy, *La chanson populaire grecque du Dodécanèse, I: Les Textes* (París, 1936), p. 132.

   [4]   Inédito, Rodas. Cfr. E. Adatto, *A Study of the Linguistic Characteristics of the Seattle Sefardí Folklore* (tesis de M. A., University of Washington, 1935), núm. 10; D. Romey, *A Study of Spanish Tradition in Isolation as Found in the Romances, Refranes, and Storied Folklore of the Seattle Sephardic Community* (tesis de M. A., University of Washington, 1950), núm. 20. Hay versos parecidos en los textos marroquíes: P. Bénichou, *Romancero judeo-español de Marruecos* (Madrid, 1968), p. 95; A. de Larrea Palacín, *Romances de Tetuán,* 2 tomos (Madrid, 1952), núm. 50.

   [5]   Attias, núm. 85, vv. 17 s.; Molho, *Usos,* p. 268.

   [6]   *Pliegos poéticos góticos de la Biblioteca Nacional,* II (Madrid, 1957), 73-77. Cfr. Rodríguez-Moñino, *Diccionario,* núms. 176, 386 (pp. 202, 286). Cfr. la transcripción de M. Alvar, *Endechas judeo-españolas* (Granada, 1953), pp. 103-113; 2.ª ed. (Madrid, 1969), 183-192. Para la fecha del pliego, véase la p. 103, núm. 9. Sobre las *Coplas de la Muerte como llama a vn poderoso Cauallero* en el contexto de la leyenda del convidado de piedra, véase D. E. Mackay, *The Double Invitation in the Legend of Don Juan* (Stanford, California, 1943), pp. 39-40.

Otros paralelismos entre los dos poemas son los siguientes:

Dize la muerte.

73 Sabed que soy mãdadero
    del rey mayor de justicia
    y que no tomo dinero   36 'El Gu'erko no kere dingún
76 ni lo tengo por cobdicia   [dinero,[7]
                                  37 si no ku'erpo malogrado.
    ....

Dize el cauallero.

81 Aposenta cauallero   34 Mužer, tra'e sí'a de 'oro,
    si quieres tomar del vino

[7] Para el *topos* de la imposibilidad de sobornar a la Muerte, véase *La danza de la Muerte:* «que non vos valdrá thesoros nin doblas / a la muerte que tiene sus lazos parados; / ...ca non es tienpo tal / que librar vos pueda imperio nin gente, / oro nin plata, nin otro metal» (ed. M. Morreale, sobretiro de *Annali del Corso di Lingue e Letterature Straniere presso l'Università di Bari,* VI [1963]: vv. 43-44, 114-116). El mismo motivo figura en versiones salonicenses de la *Muerte del príncipe don Juan:* «El huerco no quiere šohad [hebreo *šohad* "soborno"], / ni parás [turco *para* "moneda"] al muladare» (Attias, núm. 82, vv. 23 s.); «Estas palabras diziendo, / el güerco que allegara.// Se le metía de enfrente, / con despechos le avlara. // —No te mires, fijo de rey, / te vine a tomar el alma. // —Te daré todos mis bienes, / emprezéntame el alma. // —Malaña todos tus bienes / y también quien los quierría» (Molho, *Usos,* p. 270). Véase el importante comentario de P. Bénichou, *Creación poética en el Romancero tradicional* (Madrid 1968), p. 116. La intervención del Huerco es un añadido extraño al texto primitivo del romance. Los versos «Te daré...» y «Malaña...» los toma la versión de Molho del romance-endecha de *Los siete hijos de Haná.* Cfr. «A New Sephardic *Romancero»,* p. 67 (vv. 5-6). El lugar común medieval de la Muerte insobornable, figura también en baladas de otras tradiciones lingüísticas europeas. Una versión sueca de la balada escandinava, *El Alma del rico (Den rige Mands Sjael:* S. Grundtvig et al., *Danmarks gamle Folkeviser,* 12 tomos [Copenhague, 1966-1976], II, núm. 105) ofrece el siguiente ejemplo:

Döden han gick til then rika mans gård,   La Muerte se fue al solar del rico;
Han wille tå hafwa then rike ther   se le quería llevar al rico de allí.
                              ifrån.   —¡O Muerte, Muerte, déjame vivir!
O död, o död! tu lät mig få lefwa!   Mi oro rojo en don te daré.
Mitt röda guld wil jag tig gifwa.   —Tu oro rojo no me importa a mí;
Titt röda guld passar jag intet på: tú has de seguir a la muerte temporal.
Then timmeliga döden tu fölga
                              må.

Compárese también una canción inglesa (¿del siglo XVI?), *Death and the Lady* (R. Vaughan Williams y A. L. Lloyd, *The Penguin Book of English Folk Songs* [Londres, 1961], pp. 30, 112):

I'll give you gold and jewels rare,
I'll give you costly robes to wear,
I'll give you all my wealth in store,
If you'll let me live, if you'll let me live,
If you'll let me live a few years more.

Para varios ejemplos medievales, véase Alvar, *Endechas,* 2.ª ed., pp. 177-179.

<table>
<tr><td>84</td><td>o si quies ser medianero
de escusarme este camino</td><td>35</td><td>por ver si so 'eskuzado.</td></tr>
</table>

　　o si quies ser medianero
84　de escusarme este camino　　　　35　por ver si so 'eskuzado.

....　　　　.......................................

Dize el marido...

169　O mi bien muger señora
　　　perdonadme porq̃ os dexo
　　　antes de pequeña hora
　　　veredes vn gran aquexo
　　　ya no veo de mis ojos　　　　40　Mužer, dame los antožos,
　　　dolor de mi mancebia
　　　dadme aca vnos antojos　　　　41　ke no ve'o de los 'ožos.
176　si querra dios que veria.

Otro posible paralelo quizá se refleje en el acuerdo de los dos poemas respecto a la imposibilidad de engañar a la Muerte:

19　que yo soy la triste muerte　　　11　Kon ačakes de 'enganyyarme,
20　ala qual no hallan arte　　　　　12　no mires de fuyirte.

....　　　　.......................................

105　Mando vos sacar razones
106　ni excepciones fintosas.

....

153　O marido mi corona
154　ala muerte no ay mañas

Al publicar sus *Endechas judeo-españolas,* Manuel Alvar identificó las antiguas *Coplas* con dos versiones de una endecha tradicional recogidas por él en Tetuán y Larache. Una comparación de este derivado moderno de las *Coplas*[8] con nuestro poemita de Esmirna nos proporciona varias semejanzas adicionales:

Marruecos:[9]　　　　　　　　　　*Endecha:*

19　Si es cosa librosa,　　　　　　28　Si 'es koza de dinero,
　　yo la libraré por él.　　　　　　29　lyyo 'iré por 'el mi amo.

---

[8] Conocemos las siguientes versiones publicadas: Alvar, *Endechas,* núms. X*a*-X*b*; A. de Larrea Palacín, *Canciones rituales hispano-judías* (Madrid, 1954), núms. 76-78 (de Tetuán); R. Menéndez Pidal y J. Benoliel, «Endecha de los judíos españoles de Tánger», *RABM,* IX (1905), 128-133. Entre los materiales que recogimos en Marruecos, hay siete versiones inéditas. Los textos marroquíes suelen ir precedidos de cuatro versos de otro poema, que comienza «Muerte que a todos combidas», el cual figura en el mismo pliego antiguo que las *Coplas dela muerte como llama a vn poderoso Cauallero (Pliegos góticos,* II, 77; cfr. Alvar, *Endechas,* 1.ª ed., pp. 97-98). Para más versiones de este poema, véanse R. Foulché-Delbosc (ed.), *Cancionero castellano del siglo xv,* 2 tomos (Madrid, 1912-1915 = *NBAE,* tomos 19 y 22), I, 206-208; «Razonamiento que faze Johan de Mena con la Muerte», *RHi,* IX (1902), 252-254 (para una descripción del códice, véanse «Deux chansonniers du XVᵉ siècle», *RHi,* X [1903], 321-348: p. 322); F. Vendrell de Millás (ed.), *El cancionero de Palacio (Manuscrito núm. 594)* (Barcelona, 1945), pp. 239-243.

[9] En los vv. 19-22, 66-69, 84-87, y 114-121 citamos la versión Menéndez Pidal-Benoliel de Tánger; vv. 72-77 y 86-89 son del texto tetuaní de Alvar (núm. X*a*).

	Si es cosa temerosa,	30	Si 'es koza de peligro,
22	yo le llamaré a él.	31	mandaré 'a mi amo.

....

66	Aposante caballero,		
	si queréis beber del vino,		
	si queréis ser mensajero		
69	de escusarme este camino...	34	Mužer, tra'e sí'a de 'oro,
84	—Disme, madre, mi silleta,	35	por ver si so 'eskuzado.
	la que tengo de oro hecha.		
	Asentaré yo a este hombre,		
87	le haré la honra derecha.		

....

72	—Ni lo hago por dinero,	36	'El Gu'erko no kere dingún
	ni lo traigo yo en codicia,		[dinero,
	mensajero soy del cielo,	37	si no ku'erpo malogrado.
	del rey alto y de la altura;		
	si por dinero lo hago,		
77	me tendrán por gran traidor.		

....

86	sentaré en mi silleta,	22	Se asentó 'en sí'a de 'oro,
	la que tengo de oro hecha;		
	me pondré la mi corona,	23	komo rey 'enkoronado.
89	la que tengo en mi cabeza.		

....

114	Alzara la mano el huerco,	38	Levantó la mano 'el Gu'erko,
	firióle hermosos ojos.		
	Presto demandara el rey	39	le dyyo 'entre los 'ožos.
	a su madre los antojos.		
	—Disme, madre, mis antojos,	40	—Mužer, dame los antožos,
	mis antojos cristalinos.		
	Triste de mi mocedade,		
121	ya no veo con los ojos.	41	ke no ve'o de los 'ožos.

Notable es el hecho de que en la endecha oriental es a la mujer, como en las *Coplas,* y no a la madre, según los textos marroquíes, a quien el Caballero le pide los «antojos». Sin embargo, las dos versiones judeo-españolas coinciden en varios importantes detalles que faltan en las *Coplas* del siglo XVI: La corona del Caballero, símbolo quizá de la vanidad de su poder mundano (vv. 88/23), la silla de oro con que pretende la víctima halagar a la Muerte (vv. 84 *ss.*/34) y en la que se sienta luego (vv. 86 *s.*/22), y el golpe con que el Huerco ciega al moribundo (vv. 114 *ss.*/38 *ss.*). Dos de estos añadidos son *topoi* tradicionales: La silla dorada ofrecida a la Muerte por su huésped involuntario figura en *El galán y la calavera,* un romance cuyo episodio central es temáticamente idéntico al de los dos poemas que aquí estudiamos: «Pusiérale silla de oro, / su cuerpo sentara en ella».[10] La Muerte cegadora de sus víctimas —papel implícito, pero

---

[10] R. Menéndez Pidal, «Los romances tradicionales en América», *CE,* I (1906), 72-111: p. 97; cf. también J. M. de Cossío y T. Maza Solano, *Romancero popular de*

no especificado en las *Coplas*— se representa clara y dinámicamente en las dos variantes judeo-españolas. Del mismo modo se concibe el ataque del Huerco en *La danza de la Muerte,* donde el Abogado lamenta: «Çegóme la muerte, non puedo estudiar» (ed. Morreale, v. 332). Una escena del cantar de gesta prosificado de *La muerte del rey don Fernando* (siglo XIV) guarda una relación aun más estrecha con nuestras endechas: «E el rrey don Fernando en todo esto yazia muy cuytado, e el con gran cuyta començose [a razonar con la muerte]... e dezia: —Vete, muerte. ¿Por que me afincas tanto? Ca uno de los mis ojos me as ya quebrado; e yo quando era sano byen cuydava que a todos los del mundo daria batalla».[11]

Nuestro breve texto *izmirlí* y las amplias versiones de Marruecos han de haber brotado de una fuente común, cuyo origen habría sido las antiguas *Coplas,* ya enriquecidas con adiciones tradicionales típicas de la poesía hispánica de la muerte. El poemita de Esmirna nos viene a documentar la existencia de una comunidad temática entre las endechas de Oriente y Marruecos muy digna de ulteriores exploraciones.[12]

La Montaña, 2 tomos (Santander, 1933-1934), núm. 219; J. Vicuña Cifuentes, *Romances populares y vulgares* (Santiago de Chile, 1912), núm. 50. Varias versiones se reúnen en MacKay, *The Double Invitation,* pp. 121, 123, 136. Véase también R. Menéndez Pidal, «Sobre los orígenes de *El convidado de piedra», Estudios literarios,* 6.ª ed. (Buenos Aires-México: «Austral», 1946), pp. 87-113: 95-96.

[11] R. Menéndez Pidal, *Reliquias de la poesía épica española* (Madrid, 1951), p. 245. Fundimos los textos de la *Crónica de 1344* y la de *Veinte Reyes* (corchetes), modificando la puntuación.

[12] Para otras cinco versiones del *Huerco y el navegante* recogidas por M. Manrique de Lara de la tradición oral de Esmirna y Rodas, véase S. G. Armistead et al., *El romancero judeo-español en el Archivo Menéndez Pidal,* 3 tomos (Madrid, 1978), núm. V3 y tomo III, núm. 40 (de la «Antología de romances rarísimos»).

I.12

UNA CONTRAPARTE ANTIGUA DE *TAMAR Y AMNÓN*

A la memoria de
A. Rodríguez-Moñino

La ejemplar erudición de Antonio Rodríguez-Moñino, extinguida en tan mala hora para el hispanismo internacional, nos ha de seguir brindando en sus escritos póstumos múltiples descubrimientos esclarecedores para la historia del Romancero tradicional. En memoria del maestro, damos a conocer aquí una nótula sugerida por una publicación suya de fundamental importancia: *La Silva de romances de Barcelona,* 1561: *Contribución al estudio bibliográfico del Romancero español del siglo XVI* (Salamanca, 1969).

En un artículo reciente, Manuel Alvar ha estudiado de modo exhaustivo el romance tradicional de *Tamar y Amnón*.[1] El poema goza actualmente de una vasta difusión peninsular y ha pasado a Marruecos para prosperar también entre los judíos sefardíes. Como muestra mínima de las infinitas transformaciones tradicionales del romance, reproducimos a continuación dos de los muchos textos inéditos de que disponemos. La siguiente versión judeo-española, una de diecinueve recogidas por nosotros en Marruecos durante los veranos de 1962 y 1963,[2] nos la cantó en Tánger el señor Salomón Hazán, de 65 años, el 13 de septiembre de 1962. Nacido en Tánger, el señor Hazán aprendió su repertorio romancístico de una pariente suya procedente de Tetuán:

```
   Un hijo tien' el rey David,   que por nombre Amnón se yama.
 2 Namoróse de Tamar,   aunqu'era su propia 'rmana.
   Fuertes fueron los amores;   malo cayó y echado en cama.
 4 Y un día por la mañana,   su padre y a verle entrara:
   —¿Qué tienes y tú, Amnón,   hijo mío y de mi alma?
 6 —Malo estoy yo, el rey, mi padre,   malo estoy yo y non como
                                                       [nada.
   —¿Qué comerás tú, Amnón,   pechuguitas d'una pava?
```

---

[1] «El romance de Amnón y Tamar: Un tema erudito en la tradición oral», *CuH,* LXXX, núms. 238-240 (oct.-dic. 1969), 308-376. A continuación nos referiremos a la redacción refundida publicada en *El Romancero: Tradicionalidad y pervivencia* (Barcelona, 1970), pp. 163-219; 2.ª ed. (Barcelona, 1974), 165-224.
[2] Sobre la encuesta de 1962, véase el reportaje de Israel J. Katz, *Bulletin of the International Folk Music Council* (Londres), XXIII (abril, 1963), p. 15.

8 —Yo las comeré, el rey, mi padre,   si Tamar me las guisare.
   —Yo se lo diré a Tamar,   que te las guise y te las traiga.
10 —Si es cosa que viniere,   venga sola y sin compaña.
   Eyos en estas palabras,   Tamar por la puerta'ntrara:
12 —¿Qué tienes y tú, Amnón,   hermano mío y de mi alma?
   —De tus amores, Tamar,   me trajeron a esta cama.
14 —Si de mis amores'stás malo,   no te levantes d'esa cama.
   Tiró la man'al pecho   y a la cama l'arronžara.
16 Tres gritos diera Tamar,   siete sielos aburacara.
   Triste saliera Tamar,   triste saliera y malairada.
18 En mitad d'aquel camino,   con Absalóm se encontrara.
   —¿Qué tienes y tú, Tamar,   hermana mía y de mi alma?
20 —Umá Amnón, tu hermano,   me quitó mi honra y fama.
   —No s'te dé nada, Tamar,   no s'te dé nada, mi alma.
22 Antes qu'arraye el sol,   su sangre será derramada.[3]

Veamos ahora una breve versión extremeña recogida el 21 de julio de 1972 en Santibáñez el Alto (p. j. Hoyos; prov. Cáceres) según la cantó una mujer de unos 30 años, nacida en el pueblo:

   El rey moro tenía un hijo   más hermoso que la plata.
2 A la edad de quince años,   se enamoró de su hermana.
   De dolol de corazón,   cayó malito en la cama.
4 Sube su madre a verlo: —Hijo mío, ¿qué te pasa?
   —Tengo una calenturita,   que la vida se me acaba.
6 —Te mataremos un ave   d'éstos que vuelan por casa
   y una tacita de caldo   que la suba tu hermana.
8 —Si sube, que suba sola;   que no suba acompañada;
   porque, si acompañada sube,   soy capaz de devorarla.
10 Y al verla entral por la puerta,   se ha tirado de la cama
   y besándole la boca   y tapándole la cara.
12 —Y hermano, si eres mi hermano,   hermanito de mi alma
   y en unión de tus amigos   no digas que soy gozada.
14 Y eso de los nueve meses,   tuvo una niña encarnada,
   con un letrero que dice: «Viva mi papa y mi mama».[4]

En su extenso estudio, Alvar señala la curiosa falta de toda documentación antigua del romance tradicional. Como único antecedente arcaico, menciona un romance del siglo XVI, en asonancia *á-o*, descu-

---

[3] La palabra *umá* (v. 20) «en cuanto a, tocante a» deriva del árabe marroquí *u-amma, wa-amma* «quant à». Cfr. H. Mercier, *Dict. arabe-français* (Rabat, 1951), p. 4b, y J. Benoliel, «Dialecto judeo-hispano-marroquí o hakitía», *BRAE,* XXXIII (1952), 278 b.

[4] El v. 9 *b,* frecuente en la tradición oral, reemplaza indebidamente la variante «soy capaz de rechazarla». Cfr. el texto de Alcuéscar (Cáceres) que publica B. Gil, *Romances populares de Extremadura* (Badajoz, 1944), pp. 7-8; Id., *Cancionero popular de Extremadura,* I (Badajoz, 1961), 54; Alvar, *El Romancero: Tradicionalidad,* p. 312. El v. 15 *b* será una transformación insípida de un posible remate «con un letrero que dice: / "Hijo de hermano y hermana"». Cfr. Alvar, p. 211: «y de nombre le pusieron / hija de hermano y hermana».

bierto recientemente por P. Ontañón de Lope en un manuscrito de
la Hispanic Society de Nueva York.[5] Pero como el mismo Alvar
afirma, muy razonablemente, el poema antiguo no guarda relación
alguna con el romance tradicional, aparte de que los dos reflejan la
misma narración bíblica. El ingente estudio bibliográfico publicado
por Rodríguez-Moñino en 1969 en *La Silva de 1561* nos permite ahora dar a conocer otro romance sobre el mismo tema que, a primera
vista, parece constituir la fuente antigua del difundidísimo poema
moderno. Trátase de un romance publicado en los *Romances nveva-*
mente sacados de hystorias antiguas dela cronica de España por Lo-
renço de Sepulueda... (Anvers: Martín Nucio, s. a. [hacia 1550]) y
reproducido en la colección del mismo título impreso también en
Anvers, por Philippo Nucio, en 1566.[6] En las dos ediciones, el romance figura en los folios 255 r. a 257 r. Como su contraparte moderno, el poema está asonantado en *á-a* y empieza: «Vn hijo del rey
Dauid / namoro se de su hermana», verso que ineludiblemente recuerda el principio del romance tradicional, sobre todo en sus reali-
zaciones judeo-españoles. A continuación damos a conocer el texto
según las dos ediciones de Sepúlveda, tomando como base la que
carece de fecha (será de hacia 1550) y señalando en nota las pocas
variantes que incorpora la de 1566. A mano derecha apuntamos entre corchetes los versículos correspondientes en 2 Samuel 13 : 1-20,
22-29:

> VN hijo del rey Dauid
> namoro se de su hermana
> a el llamauan Amon
> y ella Thamar se llamaua [1]
> 5   mucho le aquexa esta pena
> muy grand tormento le daua
> anadie quiere dezirla
> consigo sela callaua
> porque le pone verguença
> 10   ver que ella era su hermana
> no huelga con sus amigos
> ninguno lo recreaua
> y con este pensamiento
> echo se malo en la cama [2]
> 15   vn su primo Ionadab
> que mucho a Amon amaua [3]

[5]   «Veintisiete romances del siglo xvi», *NRFH,* XV (1961), 180-192: núm. ·16 (p.
187). Cfr. el comentario de Alvar, pp. 165-166 (2.ª ed., pp. 169-170), donde también
menciona otro artificioso romance antiguo publicado por Durán (núm. 452).
   [6]   Nos incumbe agradecer a nuestro amigo Diego Catalán, quien a su vez también
había notado la semejanza entre los dos romances y, al saber de nuestro interés por el
tema, nos cedió con característica generosidad la oportunidad de redactar esta nota,
facilitándonos fotografías de las dos ediciones de Sepúlveda. Conste también nuestro
agradecimiento al Dr. Theodore S. Beardsley, Jr., de la Hispanic Society of America
por habernos concedido permiso para publicar los textos de Sepúlveda.

era varon muy prudente
de esta manera le habla:
Que mal has hijo del rey / 255 v.
20 que cada dia te adelgaza [4]
porque no me lo descubres
pues te amo de mi alma.
no es razon que estes penado
y que yo parte no aya
25 de tus passiones y enojos
que esta es la ley de quien ama.
Amon le conto su pena
que conosçe que lo amaua
dixo estoy enamorado
30 de Thamar donzella hermana
de mi hermano Absalon
esto es lo que me penaua.
Dixo el primohaz te enfermo
di que estas malo en la cama [5]
35 quando venga el rey a verte
de esta manera le habla:
Señor suplico a tu alteza
venga aca Thamar mi hermana
que me haga de comer
40 lo que yo mas desseaua
si me lo da por su mano
comere de buena gana.
Agrado aAmon el consejo
y fingio que enfermo estaua. [6]
45 Su padre quando lo supo
vinolo ver a su casa
preguntole por su mal
de esta manera le habla:
Señor enfermo me siento / 256 r.
50 de comer no tengo gana
por lo qual pido a tu alteza
vna merçed señalada
que me embie aca a Thamar
para que el comer me haga.
55 Su padre quando esto oyo
embio luego a llamalla [7]
la qual vino a ver a Amon
hallolo echado en su cama [8]
ante el tomo la harina
60 y quando estuuo mezclada
desliola ante sus ojos
el comer le aparejaua.
quando la tuuo cozida
que la coma selo daua. [9]
65 Amon no quiso comello
mando que todos se salgan
desque se vuieron salido
con Thamar assi hablaua [10]

mete me alla de comer
70   alla dentro en mi recamara
metio Thamar la comida
mas Amon de ella pegaua [11]
dizele duerme comigo
mas Thamar bien se escusaua [12]
75   no hagas tan gran maldad
mira bien que soy tu hermana
no sufrire tal deshonrra
porque sere profanada [13]
no hagas tan gran locura / 256 v.
80   que te sera mal contada
que en Ysrael no se sufre
vna maldad tan maluada
pide me al rey por muger
darte me ha de buena gana.
85   Amon no escucha razon
antes alli la forçaua [14]
y luego la aborrecio
mas de lo que antes la amaua [15]
mandole que se leuante
90   que luego de alli se vaya
dize ella mas mal es este
que la deshonrra passada, [16]
mas el le tiene tal odio
que nunca quiso escuchalla
95   llamando alli a vn su moço
que la eche le mandaua [17]
y que cierre bien la puerta
quando la tuuiere echada
echola el moço de alli
100   hizolo que el le mandaua [18]
ella se puso ceniza
sus vestiduras rasgaua [19]
sus manos enla cabeça
yua y grandes bozes daua
105   su hermano Absalon la encuentra
y muy bien la consolaua [20]
el que lo hizo es tu hermano
la deshonrra este callada
calla ninguno lo sepa / 257 r.
110   no afligas assi tu alma
quedo Tamar con su hermano
muy triste quedo en su casa
malquiere Absalon a Amon
mas consigo se lo calla [22]
115   consigo encubre su odio
nunca le hablo palabra
passados son ya dos años
sus ouejas trasquilaua [23]
a sus hermanos combida
120   al rey tambien suplicaua [24]

que quiera yr también alla
y que esta merced le haga.
Escusose de esto el rey
la su bendición le echaua. [25]
125 Dize el que pues no quiere yr
que Amon alomenos vaya [26]
el rey no quiere otorgallo
Absalon lo importunaua [27]
diole el rey al fin licencia
130 mandale que con el vaya.
Absalon quando lo tuuo
en su hato y su cabaña
mando lo matar alli
por vengar dela su hermana [28]
135 y assi fue muerto el Amon
136 y Thamar quedo vengada. [29]

Variantes de la ed. de 1566:

72 mas Amon de ella pagaua (256 r.)
94 que nunca quiso escucharla (256 v.)
122 y que esta merced le haga, (257 r.)
127 el rey no quiere otorgarlo (257 r.)

Ahora bien, a pesar del *incipit* sugerente y asonancia común, el acuerdo entre la versión antigua y las modernas es, según creemos, fortuito. A menos que el romance antiguo hubiera sufrido tan radical reelaboración como para convertirse casi en otro nuevo poema intermediario —desconocido para nosotros, desde luego—, no puede constituir la fuente del romance moderno. Entre éste y el romance de Sepúlveda no se encuentra ninguna semejanza verbal, ni de contenido, que no sea explicable como mera coincidencia o en términos de su común fuente bíblica. El romance antiguo merece sumarse, por lo tanto, a la documentación del citado estudio de Alvar, no como antecedente directo del poema por él estudiado, sino como otra manifestación más de la popularidad en el romancero del siglo XVI de la famosa historia bíblica de incesto fraternal.

I.13

UN TEXTO DE *DIEGO LEÓN*
DEL SIGLO XVII

A la memoria de
Edward M. Wilson

En un valioso artículo bibliográfico, publicado en la *NRFH,* XVIII (1965-1966), pp. 443-452, Edward M. Wilson ha dado a conocer un nuevo romancero tardío, *Xácaras y romances varios* (Málaga, 1668), cuyo primer poema (de un total de 258 versos) empieza:

> EN vna Villa pequeña,
> la qual llaman de la Algava,
> de la Ciudad de Seuilla
> està vna legua tassada...
> (p. 450)

El texto de esta *Xácara primera de Diego León* lo califica Wilson de «¿inédito?». Y, en efecto, en versión tan antigua creemos que lo es. Pero lo que nos da a conocer el profesor Wilson resulta ser el antecedente antiguo de un bien conocido romance que hoy día goza de tradicionalidad en varios rincones del mundo hispánico. Según Paul Bénichou, el romance de *Diego León* «era sin duda alguna el más conocido de cuantos se cantaban en Orán».[1] Lo mismo vale para toda la tradición sefardí del norte de Africa. En nuestra colección inédita constan unas veinte versiones procedentes de Tetuán, Larache, Alcazarquivir, Arcila, Tánger y Melilla. Casi no hay cantor de romances que no sepa el que empieza:

> En la cibdad de Toledo   y en la cibdad de Granada,
> allí se criara un mancebo   que Diego León se llama...
> (Bénichou, p. 269)

---

[1] *Romancero judeo-español de Marruecos* (Madrid, 1968), p. 271. Bénichou reúne una amplia bibliografía de versiones sefardíes publicadas. Añádase a éstas la del tratado ferozmente antisemita de Africano Fernández, *España en Africa y el peligro judío* (Santiago, 1918), pp. 315-317, y los once textos de Tánger, Tetuán, Larache, Casablanca, Orán y Marruecos (sin lugar) catalogados en S. G. Armistead et al., *El romancero judeo-español en el Archivo Menéndez Pidal,* 3 tomos (Madrid, 1978), núm. J5.

Ahora bien, aparte de la asonancia en *á-a* y el nombre del protagonista, el romance judeo-español parece guardar poca relación con la «xácara» antigua. El verso inicial de la versión sefardí reflejará la influencia de otro poema en lenguaje germanesco, «En la ciudad de Toledo, / donde flor de bailes son», que por otra parte sobrevive en Marruecos.[2] Tampoco facilitan la identificación las versiones de Tenerife y Asturias, donde también se ha tradicionalizado el romance de *Diego León:*

> En la ciudad de Sevilla,   la ciudad mejor de España,
> se pasea un caballero   que Diego León se llama...[3]

> N'esa villa de Madrid,   junto a los Caños del Agua
> se criaba un muchachuelo: Diego León se llamaba...[4]

Unos versos, al parecer de origen extremeño, publicados por María Goyri de Menéndez Pidal, proporcionan un *incipit* que incluye la singular alusión a la Algaba y nos permite relacionar con mayor seguridad la «xácara» del siglo XVII con sus derivados modernos:

> En una ciudad famosa   que la llaman de la Algaba
> había un bizarro mozo   que Diego León se llama...[5]

Aun más notable parecido con el texto del siglo XVII lo guarda una amplia versión de Santa Cruz de la Palma (Canarias):

> En una villa pequeña,   que de la Algaba se llama,
> pasea un bizarro moro,   que Diego de Lión se llama...[6]

---

[2] Cfr. A. Durán, *Romancero general,* II, núm. 1763; M. L. Ortega, *Los hebreos en Marruecos* (Madrid, 1919), p. 241; y A. de Larrea Palacín, *Romances de Tetuán,* 2 tomos (Madrid, 1952), II, núm. 268 (= CXLII); véase también Bénichou, p. 311. Para el texto antiguo, véanse J. M. Hill, *Poesías germanescas* (Bloomington, 1945), pp. 55 ss. (núm. XXIII); y R. Salillas, «Poesía rufianesca (Jácaras y bailes)», *RHi,* XIII (1905), 18-75. La versión publicada por Durán y luego por Hill es de los *Romances de germanía* de Juan Hidalgo (1.ª ed., Barcelona, 1609; cfr. Hill, p. 227), pero el romance tiene que ser anterior a 1539, pues consta en el *Abecedarium* de Fernando Colón; véase A. Rodríguez-Moñino, *Diccionario bibliográfico de pliegos sueltos poéticos (siglo XVI)* (Madrid, 1970), núm. 493; Id., *Los pliegos poéticos de la Biblioteca Colombina (Siglo XVI): Estudio bibliográfico* (Berkeley-Los Angeles, 1976), núm. 276. Sobre la forma moderna del romance en relación con las antiguas, véase nuestro detallado estudio en *Romances judeo-españoles de Tánger* (recogidos por Zarita Nahón) (Madrid, 1977), núm. 66.
[3] M. Morales y M. J. López de Vergara, *Romancerillo canario* (La Laguna, 1955), núm. 60; D. Catalán et al., *La flor de la marañuela,* 2 tomos (Madrid, 1969), I, núm. 58; cfr. núm. 57.
[4] J. Menéndez Pidal, *Colección de los viejos romances que se cantan por los asturianos...* (Madrid, 1885), pp. 202-203 (núm. LVI).
[5] «Romances que deben buscarse en la tradición oral», *RABM,* X (1906), pp. 374-386; y XI (1907), pp. 24-36: núm. 35.
[6] *La flor de la marañuela,* II, núm. 484.

Ya en su «Catálogo del romancero judío-español», Menéndez Pidal hacía remontar *Diego León* al siglo XVII.[7] A base sólo de su contenido, Jack Sage ha sugerido una mayor antigüedad para este romance,[8] que, según Bénichou, ha de haber «penetrado hace poco en Marruecos, probablemente en el transcurso del siglo pasado» (p. 309). Sea cuando fuere la incorporación de *Diego León* al romancero marroquí y a las otras ramas de la tradición, el texto descrito por el profesor Wilson nos proporciona un precioso documento para la historia del romancero oral moderno.

---

[7] *CE,* IV (1906), 1045-1077; V (1907), 161-199: p. 1055. En *El Romancero: teorías e investigaciones* (Madrid, [1928]), al hablar de los mismos romances, los califica «del siglo XVII y hasta de fines del siglo XVIII» (p. 120).

[8] *BHS,* XLVI (1969), 247. En cambio, según amablemente nos advierte Harold G. Jones, un picaresco romance del siglo XVI que empieza de manera similar, «En una pequeña villa / que El Alameda se llama...», no tiene nada que ver con *Diego León.* Véase H. G. Jones, «El cancionero español *(Cod. Reg. Lat.* 1635) de la Biblioteca Vaticana», *NRFH,* XXI (1972), 370-392: núm. 83.

I.14

«SIETE VUELTAS DIO AL CASTILLO...»

Para Wayland D. Hand

Un motivo frecuentísimo en los romances tradicionales es el de las múltiples vueltas que da el protagonista antes de entrar en algún edificio o de proseguir la acción del poema. El motivo sugiere un curioso nexo con el folklore europeo que, al parecer, no ha sido señalado hasta la fecha.

Las múltiples vueltas se encuentran en varios «romances viejos» del siglo XVI:

> Siete vueltas la rodea   al derredor de una jara...
> > *(Búcar sobre Valencia)*
> Tres vueltas da a su palacio   y otras tantas al castillo...
> > *(Gerineldo)*
> Siete vueltas la rodean   por ver si podrán entrar...
> > *(Venganza de Gaiferos)*
> Siete veces la rodea Gaiferos,   no halla por donde andar...
> > *(Gaiferos y Melisenda)*[1]

En la tradición moderna parece haber medrado el motivo y lo encontramos en muchos romances, temáticamente diversos, tanto en el ámbito lingüístico castellano como en Portugal y entre los judíos de Marruecos:

> Sete boltas deu ò monte   sim com naide s'incontrar...
> > *(Celinos y la adúltera)*[2]
> Siete vueltas dio al castillo,   con don Pedro vino a dar...
> > *(Conde Claros fraile)*[3]
> Siete vueltas dio al castillo,   sin hallar por donde entrar...
> > *(Conde Sol)*[4]

---

[1] F. J. Wolf y C. Hofmann, *Primavera y flor de romances*, 2 tomos (Berlín, 1856), núms. 55, 161*a*, 172, 173.

[2] J. Leite de Vasconcellos, *Romanceiro português*, 2 tomos (Coimbra, 1958-1960), II, núm. 1000.16.

[3] J. M. de Cossío y T. Maza Solano, *Romancero popular de la Montaña*, 2 tomos (Santander, 1933-1934), I, núm. 61.

[4] D. Catalán, *et al.*, *Romancero tradicional de las lenguas hispánicas*, IV (Madrid, 1970), 16 (núm. V. 1, v. 20); V (Madrid 1971-1972), 100 (núm. VII. 129, v. 65), entre otros muchos ejemplos.

Siete vueltas dio al castillo,   por una y por otra banda...
                                        (Diego León)[5]
Sete vezes deu a volta   da cèrca sem a pasar...
                                        (Gaiferos y Melisenda)[6]
Dio tres vueltas al palacio   y otras tres le dio al castillo...
                                        (Gerineldo)[7]
Dos vueltas le dio a la rede   y no pudo sacar nada...
                                        (Loba parda)[8]
Siete vueltas dio al palacio   sin ningún alma encontrar...
                                        (Mala suegra)[9]
Siete vueltas diera el Turco,   no encontró por donde entrar...
                                        (El Mostadí)[10]
Três voltas dei ao castelo,   sem achar por dond'antrar...
                                        (Muerte de don Beltrán)[11]
Dio tres vueltas a una peña,   llamada «La peña parda»...
                                        (Pastora y la Virgen)[12]
Como no entendía loh pasoh,   treh vueltah le dio a la sala...
                                        (Princesa y el segador)[13]
Sete salas dera em bolta,   com a menina não batia...
                                        (Soldados forzadores)[14]
Siete vueltas la dio   el galán a la niña...
                                        (Venganza de honor)[15]
Tres vueltas diera al palazio   para poderla conocer...
                                        (Vuelta del marido [é])[16]

Ahora bien, en todo esto podríamos ver un sencillo recurso para aplazar la acción, para crear tensión narrativa, y nada más. Claro está que, después de las tres o las siete vueltas, la acción tiene forzosamente que seguir o no hay romance. Además, no parece haber en ninguna de estas escenas el menor asomo de elementos mágicos o sobrenaturales. Sin embargo, en la mayoría de los casos, «al cabo de las ocho» se libra el protagonista de su maleficio giratorio, se echa a rodar otra vez el romance, como si de algún modo se rompiera un hechizo que pesara sobre la acción, y todo vuelve a su dinamismo

---

[5]   J. Menéndez Pidal, *Colección de los viejos romances que se cantan por los asturianos...* (Madrid, 1885), p. 203.
[6]   Th. Braga, *Romanceiro geral portuguez*, 2.ª ed., 3 tomos (Lisboa, 1906-1909), I, 218.
[7]   *Romancero tradicional*, IV, 81 (núm. VII.104, v. 8); Cossío-Maza, I, 65.
[8]   Cossío-Maza, II, 346.
[9]   Cossío-Maza, I, 135.
[10]   R. Menéndez Pidal, «Romancero judíoespañol», *Los romances de América* («Austral»), p. 137 (núm. 16).
[11]   Leite de Vasconcellos, I, núm. 17.
[12]   B. Gil, *Cancionero popular de Extremadura*, 2 tomos (Badajoz, 1956-1961), I, 120.
[13]   Gil, II, 118.
[14]   Leite de Vasconcellos, II, núm. 467.
[15]   Cossío-Maza, I, 180.
[16]   J. Martínez Ruiz, «Poesía sefardí de carácter tradicional (Alcázarquivir)», *AO*, XIII (1963), 79-215: núm. 68.18-19.

normal. En el caso de *tres* y de *siete,* se trata indudablemente de números de valor mágico[17] y, por otra parte, ciertos tópicos existentes en el folklore de otras tradiciones lingüísticas europeas aclaran, según creemos, el carácter originario del motivo de las vueltas múltiples en el Romancero.

En la balada anglo-escocesa *The Broomfield Hill,* la niña, siguiendo los consejos de una anciana versada en brujería («and auld witch-wife»), da nueve vueltas alrededor de la colina, hechizando así a un posible seductor para que quede sumido en el más profundo sueño, dejándola escapar:

> When she came to Broomfield Hills,
> She walked it nine times round,
> And down below yon burn bank,
> She found him sleeping sound.[18]

Así también, en ciertas *viser* escandinavas, los protagonistas sólo logran entrar en la colina donde vive el rey de los duendes después de dar tres o seis vueltas alrededor:

> Så gingo de berget sex gånger omkring.
> Så öppnades dörren, och de stego in.[19]

> («Así dieron seis vueltas a la montaña
> y se abrió la puerta y entraron».)

> Tre Gange de gik den Bjærg omkring,
> til sidst gik de ad Bjærgen ind.[20]

> («Tres vueltas le dieron a la montaña
> y a la última en la montaña entraron».)

---

[17]   Cfr. D. Devoto, «Entre las siete y las ocho», *Fil,* V (1959), 65-80.

[18]   F. J. Child, *The English and Scottish Popular Ballads,* 5 tomos (Nueva York, 1965), I, núm. 43C. Véase también L. C. Wimberly, *Folklore in the English and Scottish Ballads* (New York, 1959), pp. 300-301, 363-367.

[19]   E. G. Geijer y A. A. Afzelius, *Svenska folkvisor,* 4 tomos (Uppsala, 1957-1960), I, núm. 1A.18: *Den bergtagna* («Secuestrada en la montaña»). Véanse también las variantes que recogen A. I. Arwidsson, *Svenska fornsånger,* 3 tomos (Estocolmo, 1834-1842), II, 281-282 (vv. 5 y 20), y O. Andersson, *Finlands svenska folkdiktning,* V: *Folkvisor,* 1. *Den äldre folkvisan* (Helsinki, 1934), p. 48 (v. 18), y, para más sobre la balada, B. R. Jonsson, *Svenska medeltidsballader,* 2.ª ed. (Estocolmo, 1966), pp. 186-187, y *Svensk balladtradition,* I (Estocolmo, 1967), 721.

[20]   S. Grundtvig, et al., *Danmarks gamle Folkeviser,* 12 tomos (Copenhague 1966-1976), IV, 807-808 (núm. 38*I*.2 y 21): *Agnete og Havmanden* («Inés y el tritón»). Véase también el tomo II, 38C.3, así como lo que trae A. Prior, *Ancient Danish Ballads,* 3 tomos (Londres-Edimburgo, 1860), III, 49, 269, 271, 336. Abundan las referencias en las sagas nórdicas, donde, por lo general, las vueltas, en dirección contraria al movimiento del sol, forman parte de complejos rituales mágicos o de brujería. Sirva de ejemplo el siguiente pasaje de la *Vatnsdaela Saga:* «On their way the weather turned bad, and they guessed this must be the work of a wizard. A man

Los rodeos mágicos ejemplificados en estas baladas del norte de Europa resultan corresponder a prácticas aún vivas y vigentes en el folklore moderno en escala mundial. Sólo aduciremos un par de ejemplos de áreas anglo-hablantes. Así, en Escocia, «in the parish of Auchtergaven in Strathtay, a well was visited on Beltane morning (1st May). When the visitors had drunk of its water they walked around it «by the right» nine times and then walked around the standing stones beside it».[21] Más modernas y menos complejas, pero no menos significativas, son las siguientes prácticas de Carolina del Norte: «To cure chills, put a toad under a pot, and walk around the pot three times». O también: «If you're unlucky in playing cards, you must get up and walk around your chair three times».[22]

Siempre se ha insistido en el carácter «realista» del Romancero, pero sin destacar a la vez que varias prácticas mágicas y elementos sobrenaturales constituyen ingredientes básicos de la realidad de aquel mundo romancístico. Las múltiples vueltas —aunque ya reducidas a mera expresión formulística— son, con sus números ricamente simbólicos, una viva manifestación del realismo en parte mágico del Romancero hispánico.[23]

named Bard... had gone with them. They bade him fetch back the good weather, for he was a knowing sort of fellow. He told them to grip hands and make a ring; then he went thrice about it widdershins and spoke in Irish and bade them shout «Ay, ay!» and they did so. After that he shook a cloth towards the fell and the weather gave over» (Vatnsdaeler's Saga, trad. Gwyn Jones [Princeton, 1944], p. 124); otros ejemplos en la Grettissaga (The Saga of Grettir the Strong, trad. G. A. Hight [Londres-Nueva York, s.a.], p. 203) y Droplaugarsona Saga (Three Icelandic Sagas, trad. M. H. Scargill y M. Schlauch [Princeton, 1950], pp. 109 y 148, n. 18).

[21]   D. A. MacKenzie, Scottish Folk-Lore and Folk Life (Londres-Glasgow, 1935), p. 269; otro ejemplo: J. M. McPherson, Primitive Beliefs in the North-East of Scotland (Londres, 1929), p. 237.

[22]   W. D. Hand, Popular Beliefs and Superstitions from North Carolina, 2 tomos (Durham, N. C., 1961-1964), I, núms. 1052, 3649; cfr. también 1095, 1798, 3645, 3647. Para más ejemplos en el folklore europeo y mundial, véase J. Leite de Vasconcellos, «Dar tres voltas ao penedo», RL, VII (1902), 306; E. Westermarck, Ritual and Belief in Morocco, 2 tomos (New Hyde Park, N. Y., 1968), II, 573b; O. A. Erich y R. Beitl, Wörterbuch der deutschen Volkskunde, 2.ª ed. (Stuttgart, 1955), p. 775b, s. v. umkreisen; E. Hofmann-Krayer y H. Bächtold-Stäubli, Handwörterbuch des deutschen Aberglaubens, 10 tomos (Berlín-Leipzig, 1927-Berlín, 1942), VIII, 1328-1333 (s. v. umkreisen); M. Leach (ed.), Dictionary of Folklore, Mythology and Legend, 2 tomos (Nueva York, 1949-1950), I, 234b-235a (s. v. circumambulation); y el rico aparato bibliográfico de S. Thomson, Motif Index of Folk Literature, 2.ª ed., 6 tomos (Bloomington, Indiana, 1955-1958), D1791. Magic power of circumambulation, así como los varios motivos afines a los que allí se refieren. Compárense también los siguientes ejemplos de ámbitos árabes y africanos: W. S. Blackman, The Fellāhīn of Upper Egypt (Londres, 1968), pp. 67, 99, 105, 106, 109, 126, 220, 242; H. Miner, The Primitive City of Timbuctoo (Garden City, N. Y., 1965), pp. 131, 208; L. S. B. Leakey, By the Evidence (Nueva York, 1974), pp. 83-84.

[23]   Sobre el problema de los elementos mágicos y sobrenaturales en el Romancero, véase ahora el fino estudio de M. Díaz Roig, «Lo maravilloso y lo extraordinario en el romancero tradicional», Deslindes literarios (El Colegio de México, «Jornadas 82», 1977), pp. 46-63.

En el contexto del presente estudio, también conviene tener en cuenta la práctica ritual hebraica de las *hakāfôṯ* «circuitos» según la cual en distintas circunstancias, sobre todo en la Fiesta de los Tabernáculos *(Suḵôt),* los celebrantes realizan circuitos rituales por la sinagoga con el Sēfer Tôrāh. En la fiesta de *Hôšaᶜanā' Rabā'* se hacen, incluso, siete circuitos. En la práctica sefardí, se dan siete vueltas alrededor de un ataúd antes de realizarse el entierro. Para más sobre estos ritos, véanse *The Standard Jewish Encyclopedia,* ed. Cecil Roth (Garden City, N. Y., 1966), s.v.; *Encyclopaedia Judaica,* t. VII (Jerusalén-Nueva York, 1971), 1153-1154. Responden a la misma idea, claro está, los siete circuitos islámicos alrededor de la Kaᶜbah (en la Meca).

Otro notable ejemplo de las vueltas rituales llega a nuestra atención ya en últimas pruebas el presente libro: Geofredo de Monmouth, *Historia Regum Britanniae,* ed. Acton Griscom (Nueva York, 1929), p. 239 (I.xi); trad. Lewis Thorpe (Nueva York: «Penguin», 1966), p. 65.

La práctica sigue viva (o por lo menos seguía viva hasta hace poco) entre los hispanohablantes de la «Parroquia» de San Bernardo en la Luisiana: «There used to be down here too, when they were playing cards: cambiar la suerte. Cuando tenían mala suerte jugando las cartas, entonse desía: 'Yo voy a cambiarme la suerte'. Se levantaba y hasía un serco alderredor de la mesa; tenía siempre una mesa re'onda; y venía p'atrás senta'o» (informante: Sr. Irvan Pérez, Delacroix, Luisiana, recogido el texto por S. G. A., 27 diciembre 1980). Sobre esta comunidad, véanse S. G. Armistead, «Spanish Language and Folklore in Louisiana», *La Corónica,* 9:2 (1981), 187-189; Id., «Hispanic Folk Literature among the Isleños», *Perspectives on Ethnicity in New Orleans,* ed. John Cooke y Mackie J.-V. Blanton (Nueva Orleans, 1981), pp. 21-31.

POESÍA, AMOR Y AGRICULTURA: *VIVARDUEÑA*

Entre los abundantes materiales folk-literarios recogidos por nosotros en Marruecos en el verano de 1962,[1] figura la canción iterativa de *Vivardueña* en la que las cantantes imitan, al cantar, los distintos gestos de la siembra y cosecha del trigo y la preparación de la harina y el pan. He aquí una versión registrada por nosotros en Tánger, el 13 de septiembre de 1962, según nos la cantó la señora Alegría Bunán, de 49 años, originaria de Tetuán:

> 1 Vivardueña lo siembra'n su arenal
>   y así lo siembra Vivardueña.
> 2 Vivardueña lo corta'n su arenal
>   y así lo corta Vivardueña.
> 3 Vivardueña lo cría'n su arenal
>   y así lo cría Vivardueña.
> 4 Vivardueña lo monda'n su arenal
>   y así lo monda Vivardueña.
> 5 Vivardueña lo afrecha'n su arenal
>   y así l'afrecha Vivardueña.
> 6 Vivardueña lo muele'n su arenal
>   y así lo muele Vivardueña.
> 7 Vivardueña lo cuese en su arenal
>   y así lo cuese Vivardueña.
> 8 Vivardueña lo come'n su arenal
>   y así lo come Vivardueña.

Más complejo es otro texto, de Tánger, recogido en Los Ángeles (California), según lo cantó el señor David Bensimón, de unos 35 años, el 17 de diciembre de 1961. Esta versión incluye un estribillo (subrayado aquí), de largo alcance en la tradición, según veremos, que ha de repetirse tras cada uno de los segmentos del cantar:

> 1 ¡Ay! Vivardueña lo siembra'n su arenal
>   y así lo siembra Vivardueña.

[1] Sobre nuestras encuestas marroquíes, véase «El romancero judeo-español de Marruecos: Breve historia de las encuestas de campo», *Poesía: Reunión de Málaga de 1974*, ed. M. Alvar (Málaga, 1976), pp. 245-256.

Y así metiera sus pies en el mar
y así m'enseñaron a bailar.
2 Vivardueña lo corta'n su arenal
   y así lo corta Vivardueña.
3 Vivardueña lo cura en su arenal
   y así lo cura Vivardueña.
4 Vivardueña lo riega'n su arenal
   y así lo riega Vivardueña.

De las versiones publicadas, la más amplia de que tenemos noticia es la de Arcadio de Larrea Palacín. El texto prosigue, pasando lista de una larga serie de actividades: ahechar, aventar, recoger, cerner, mondar, moler, amasar, fermentar, cocer y, por fin, comer. Según apunta Larrea, «para este baile se ponen las muchachas por parejas frente a frente»; en una de sus versiones, las cantoras «imitan los movimientos que nombran»; en la otra, «adelantan y retrasan los pies alternativamente y, en su repetición, se toman de los brazos y dan dos vueltas, con que termina la estrofa. Las que no bailan acompañan con palmadas el canto».[2] Manuel Alvar describe así las acciones propias del cantar: «Se canta en el baile de la boda, mientras otros asistentes fingen cerner y ahechar con el *tabaque* («especie de azafate... [que] sirve para recoger la harina que cae del cedazo a medida que es cernida»...). Todo queda reducido a hacer por orden una pantomima, usando almohadas, en vez de *tabaques*».[3] En Alcazarquivir, según J. Martínez Ruiz, la canción «es simultáneamente entonada e interpretada por la recitadora con una serie de pasos de baile en los que representa escénicamente las distintas labores. La cantadora se ciñe un pañuelo de colores vivos a la cabeza, toma en ambas manos una almohada y con ella ejecuta las pantomimas... A la primera recitadora, sigue una segunda, y luego una tercera, y así sucesivamente las distintas mujeres de la reunión, que repiten el cantar y lo recrean constantemente en una gama variadísima de matices según el temperamento, edad y aspecto físico de la danzante».[4]

De la tradición sefardí oriental se ha recogido una versión procedente de Turquía, obviamente emparentada con los textos marroquíes, que incluso integra en su estribillo una alusión a la vuelta descrita por Larrea como una de las acciones propias del baile. Aquí también se ve la alusión al pie metido en el mar:

1 El buen viar, el buen viar.
   ¿Cómo se ensembra el buen viar?

<hr/>

[2] *Canciones rituales hispano-judías* (Madrid, 1954), núm. 56. Cfr. también «La canción popular en tiempo de los Reyes Católicos», *Curso de conferencias sobre la política africana de los Reyes Católicos*, IV (Madrid: Instituto de Estudios Africanos, 1952), 7-52: p. 45, donde se publica sólo un breve fragmento.
[3] *Cantos de boda judeo-españoles* (Madrid, 1971), p. 321.
[4] «Poesía sefardí de carácter tradicional (Alcazarquivir)», *AO*, XIII (1963), 79-215: pp. 204-205 (núm. 113).

> *¡Ansí se ensembra el buen viar!*
> *¡Ansí se mete el pie en la mar!*
> *¡Ansí se da la vueltezica!*
> 11   El buen viar, el buen viar.
>   ¿Cómo se come el buen viar?
>   ¡Ansí se come el buen viar!
>   ¡Ansí se enforma el buen viar!
>   ¡Ansí se fiñe el buen viar!
>   ¡Ansí se amasa el buen viar!
>   ¡Ansí se mole el buen viar!
>   ¡Ansí se cierne el buen viar!
>   ¡Ansí se acoge el buen viar!
>   ¡Ansí se corta el buen viar!
>   ¡Ansina crece el buen viar!
>   ¡Ansí se arrega el buen viar!
>   Ansí se ensembra el buen viar!
>   *¡Ansí se mete el pie en la mar!*
>   *¡Ansí se da la vueltezica!* [5]

La contraparte hispánica más cercana a las formas judeo-españolas se encuentra en la tradición arcaica y aislada de las Islas Canarias, en cuyo romancero también se han conservado varios temas en común con el de los judíos sefardíes. La siguiente canción de baile, que dramatiza una serie de faenas agrícolas, proviene de la isla de La Palma. Según nos describe el baile José Pérez Vidal: «Varias parejas se sitúan formando una doble hilera de hombres y mujeres frente a frente. A uno de los extremos de esta doble fila, el director del baile marca el ritmo con golpes de un recio bordón. Y en torno suyo, un pequeño coro de ambos sexos toca castañuelas y canta la estrofa inicial, que se repite cuando todos bailan. Los danzantes se van sucediendo para simular las distintas labores por que pasa el trigo». La canción reza:

> Tió Juan Periñal
> tiene un arenal;
> un grano de trigo
> lo quiere sembrar;
> lo siembra en la cumbre,
> lo coge en la mar.
> Ansina lo siembra
> tió Juan Periñal.
> Ansina ponía
> sus pies en la mar
> y ansina me enseña
> mi amor a danzar...[6]

---

[5]   A. Hemsi, *Coplas sefardíes (Chansons judéo-espagnoles),* 10 fascículos (Alejandría, 1932-Aubervilliers, 1973), núm. 36 (fasc. VI). Véase también J. Subirá, «Romances y refranes sefardíes», *Estudios dedicados a Menéndez Pidal,* V (Madrid, 1954), 319-333: pp. 324-325. Otras versiones: J. M. Estrugo, *Los Sefardíes* (La Habana, 1958), p. 136; A. Galante, *Cinquième recueil...* (Istanbul, 1955), pp. 48-49.
[6]   «El baile del trigo», *RDTP,* XI (1955), 145-154.

Nótese la alusión a los pies metidos en el mar y a la iniciación en el baile, igual que en los textos sefardíes.

En Santiago de Carbajo (Cáceres), Bonifacio Gil recogió una canción parecida, que forma parte de un juego infantil propio de niñas. La descripción del juego, en el que se baila, se da la vuelta y se pone un pie delante de otro, confirma la antigüedad de ciertas lecturas que ya hemos visto en los textos sefardíes: «Forman corro las niñas y cantan los dos primeros versos de cada estrofa dando vueltas. A continuación se paran y hacen (con la mano derecha) ademán de sembrar. Termina[n] la estrofa bailando sobre sí mismas dando una o dos vueltas cogiéndose las faldas para quedar paradas, no sin alargar la punta del pie y formar de nuevo el corro... A cada término van imitando —como mejor les parece— las diversas tareas que anuncian». Aquí trillar y guardar sobrevienen a escardar y segar:

> El gavilán
> ehcarda su trigo
> y así lo ehcarda
> el gavilán.
> El gavilán
> siega su trigo
> y así lo siega
> el gavilán...[7]

Aníbal Sánchez Fraile ha recogido una variante radicalmente diferente en la Provincia de Salamanca, en la que los cantantes «accionan imitando el sentido de las letras»:

> 1   ¿Quieren ver cómo el tío Tintaina
>   siembra el trigo y el maíz?
> 2   ¿Quieren ver cómo el trigo crece,
>   crece el trigo y el maíz?
> 3   ¿Quieren ver cómo él lo riega,
>   riega el trigo y el maíz?
> 4   ¿Quieren ver cómo él lo ata
>   ata el trigo y el maíz?
> 5   ¿Quieren ver cómo él lo lleva,
>   lleva el trigo y el maíz?
> 6   ¿Quieren ver cómo él almuerza
>   y después de trabajar?
> 7   ¿Quieren ver cómo se divierte
>   y después de trabajar?[8]

---

[7]   *Cancionero popular de Extremadura,* 2 tomos (Badajoz, 1931-1956), II, 98-99. Véase también B. Gil, «El canto de relación en el folklore infantil de Extremadura», *RCEE,* XVI (1942), 263-295: pp. 285-286.

[8]   *Nuevo cancionero salmantino* (Salamanca, 1943), núm. 137 (p. 226).

La canción española también ha pasado el Océano, pues en Méjico se canta:

> Avena, avena, avena
> nos trae la primavera;
> avena, avena, avena
> nos trae la primavera.
> Mi papacito la siembra así.
> Se descansa a vez así,
> a vez así.
> Suenen las manos,
> suenen los pies,
> demos la vuelta
> con rapidez.

Vicente T. Mendoza describe el juego: «Colocados en círculo todos los que participan..., los cuales han de ser en número impar, cantan la estrofa... cogidos de las manos, después van imitando sucesivamente lo que el verso indica.» Los cantores, a continuación, siegan, amarran y trillan la avena imaginaria.[9]

En Cataluña igualmente consta un *Ball de la civada,* del que han sido publicadas varias versiones. Joan Amades ofrece una lista de variantes publicadas y edita el texto siguiente:

> El ball de la civada,
> jo us el cantaré;

---

[9] *Lírica infantil de México* (México, 1951), núm. 129. Otro juego cantado, de la misma índole, pero de estructura más compleja, lo recoge Mendoza bajo el núm. 147. Cabe preguntar, sin embargo, si es que la versión mejicana (núm. 129) no refleja una adaptación de la francesa (n. 12 *infra*) a la que sigue con bastante exactitud. La influencia de *chansons populaires* francesas, aprendidas en las escuelas secundarias, ha sido tan fuerte (o más) en Hispanoamérica que en España. Para un ejemplo entre muchas: *La pastora y su gatito* (M. Fernández, «*Romances* from the Mexican Tradition of Southern California», *FA*, 26:2 [1966], 35-44: p. 40). Véase también nuestra nota, «Una *chanson populaire* en la tradición brasileña: *A Filha do Rei da Espanha*», *Ciência e Trópico* (Recife, Pernambuco), VI (1978), 322-336. Indudablemente el cantar de juego infantil, *Vamos passear na floresta*, recogido por Florestan Fernandes, «As "trocinhas" do Bom Retiro: Contribuição ao estudo folclórico e sociológico da cultura e dos grupos infantís», *Revista do Arquivo Municipal* (São Paulo), CXIII (1947), 9-124: p. 71, es traducción directa de la canción francesa, *Promenons nous dedans le bois*.
Emilia Romero del Valle también recoge una versión bastante parecida a la mejicana en el Perú. Véase «Juegos infantiles tradicionales en el Perú», *25 estudios de folklore (Homenaje a Vicente T. Mendoza y Virginia Rodríguez Rivera)* (México, 1971), 329-405: pp. 369-371. Otras versiones hispanoamericanas más afines a la tradición oral peninsular las recoge B. Gil en su *Cancionero infantil universal* (Madrid, 1964): «¿Quieres saber, quieres saber, / cómo se siembra el trigo y el maíz? / Mira, así, así se siembra / el trigo y el maíz» (de Cuba; p. 160, núm. 180); «¿Quieres saber cómo el cacharrero / siembra el trigo y el maíz? / Así, así, como él lo siembra, / siembra el trigo y el maíz» (de la Argentina; p. 179, núm. 212). Para datos sobre el origen de los textos, véanse las pp. 210, 212. Para otras canciones de juego hispanoamericanas que imitan las acciones de distintas faenas (zapatero, lavandera, costurera, planchadora), con los característicos estribillos, «Faz assim...», «Hacen así...», véase Fernandes, «As "trocinhas"», p. 70.

el pare quan la fangava
feia així, feia així,
se'n dava un truc al pit,
i se'n girava així:
treballem, treballem,
que la civada guanyarem.

Sembrar, labrar, segar, trillar, moler, amasar y comer figuran entre las acciones dramatizadas al cantar el poema, cuyo baile lo describe Amades en los términos siguientes: «Es ballava en rodona; en dir *es donava un truc al pit,* es deturaven, es picaven el pit, feien mig giravolt, ràpid i restaven de cara enfora i en posició oposada a quan voltaven; amb les mans imitaven l'acció de la feina que, segons deien, feia llur pare, i en acabat es tornaven a prendre per les mans i seguien el ball rodó fins a arribar el moment de tornar-se a picar el pit.» [10]

Costantino Nigra publica una canción italiana, en la que «il coro dei cantanti imita qui, col gesto, accompagnato da danze, l'atto del piantare e cosí in seguito l'atto del bagnare, del cavare, dello sgusciare, del mangiare»:

Pianta la fava la bella villana,   quando la pianta, la pianta così.
Bagna la fava la bella villana,   quando la bagna, la bagna così.
Gava la fava la bella villana,   quando la gava, la gava così.
Sgröja la fava la bella villana,   quando la sgröja, la sgröja così.
Mángia la fava la bella villana,   quando la mángia, la mángia così.[11]

En Francia también existe una canción dramatizada, *La ronde de l'avoine.* Su parecido con la canción catalana, así como con las demás formas hispánicas, resulta obvio. Aquí también se dramatizan una serie de faenas consecutivas:

Voulez-vous savoir comment, comment
    on sème l'aveine?
Mon père la semait ainsi,
puis se reposait un petit,
tapait du pied,
battait des mains,
un petit tour pour son voisin:
Aveine, aveine, aveine,
que le bon Dieu t'amène![12]

[10] *Folklore de Catalunya: Cançoner* (Barcelona, 1951), núm. 2453. Se publica un texto casi idéntico en R. Gual y J. Goze, *Chansons populaires catalanes (2me série): Catalunya-Cerdanya-Conflent-Roselló-Vallespir* (Montpellier: «Terra Nostra», 1973), pp. 50-51. El comentario remeda el de Amades. Para otra versión distinta, véase F. Maspons y Labrós, *Jochs de la infancia* (Barcelona, 1874), p. 102.
[11] *Canti popolari del Piemonte* (Turín, 1957), núm. 169b (pp. 691-692).
[12] H. Davenson, *Le livre des chansons*, 3.ª ed. (París, 1955), núm. 94; otras versiones: F. Arnaudin, *Chants populaires de la Grande-Lande*, I (París-Bordeaux,

Aunque conviene andar con pies de plomo al buscar restos de ritos antiguos en la canción folklórica moderna, la invocación final «que le bon Dieu t'amène», así como el carácter general de todas estas canciones, sugieren una íntima relación con ciertos bailes rituales agrícolas de venerable antigüedad descritos por Julio Caro Baroja.[13] En su función distintiva de cantar de boda en la tradición sefardí, el poemita se recarga, además, de interesantes implicaciones adicionales. La sugerente alusión a una iniciación, implícita en el estribillo, «Y así metiera los pies en el mar, / y así me enseñara a mí a bailar»,[14] subraya el papel del cantar como parte de un rito de paso obviamente cargado de potencialidades generativas. La alusión al mar, símbolo y fuente de vida y creación— ʿη θάλασσα– τῆς γενέσεως σύμβολον– refuerza notablemente las connotaciones sexuales de nuestro poema.[15] Teniendo en cuenta la patente correlación entre la sexualidad y la agricultura en el cancionero tradicional, las connotaciones eróticas del cantar sefardí no pueden ser más claras.[16]

A la vez, la canción de *Vivardueña* nos ofrece otra perspectiva, interesante por sus implicaciones histórico-sociales: Su popularidad en las dos ramas de la tradición sefardí parece proporcionarnos una confirmación moderna e inesperada de las muchas actividades agrícolas en las que seguramente participaban los judíos españoles de la Edad Media.[17] Aunque hoy día sean completamente urbanos los se-

[1911], 210-217; J. Bujeaud, *Chants et chansons populaires des provinces de l'ouest,* 2 tomos (Niort, 1895), I, 32; G. Guillaumie, *Chansons et danses de la Gascogne* (Bordeaux, 1945), pp. 96-97; C. Roy, *Trésor de la poésie populaire française* (París, 1954), pp. 207-208. Para un testimonio del Canadá francés, véase R.-L. Séguin, *Les divertissements en Nouvelle-France* (Ottawa, 1968), p. 42. Estudia en detalle la canción P. Coirault, *Formation de nos chansons folkloriques,* 4 tomos (París, 1953-1963), III, 471-478, aduciendo testimonios de los siglos XVIII y XIX, así como otros varios textos modernos. Para más contrapartes europeas, véase Nigra, p. 692 y n. 1.

[13]   *Los pueblos del norte de la Península Ibérica* (Madrid, 1943), pp. 118-122. Véase también E. Casas Gaspar, *Ritos agrarios: Folklore campesino español* (Madrid, 1950), pp. 133-134.

[14]   Larrea, *Canciones rituales,* p. 91; corregimos la lectura «me tira» a la vista de nuestra versión tangerina.

[15]   Véase C. G. Jung, *Psychology of the Unconscious* (New York, 1965), pp. 244-246.

[16]   Véase nuestro libro, *Tres calas en el romancero sefardí (Rodas, Jerusalén, Estados Unidos)* (Madrid, 1979), núm. B9; también Casas Gaspar, *Ritos agrarios,* pp. 158-169; abundantes ejemplos adicionales en R. Briffault, *The Mothers: A Study of the Origins of Sentiments and Institutions,* 3 tomos (Nueva York, 1927), III, 196-209; J. M. McPherson, *Primitive Beliefs of the North-East of Scotland* (Londres, 1929), p. 236.

[17]   Sobre las actividades agrícolas de los judíos en España durante la Edad Media, véanse I. Abrahams, *Jewish Life in the Middle Ages* (Filadelfia, 1897), p. 247; David A. D'Ancona, «An Answer to Anti-Semitism: San Francisco 1883», *Western States Jewish Historical Quarterly,* VIII (1975), 59-64: pp. 61-62; Y. Baer, *A History of the Jews in Christian Spain,* 2 tomos (Filadelfia, 1961-1966), I, 43, 45, 79, 197-198, 205, 311, 361, 426; II, 30, 247; F. Cantera Burgos, «La judería de San Martín de Valdeiglesias (Madrid)», *Sef.,* XXIX (1969), 217-312: pp. 228-229, *et passim;* J. R. Marcus, *The Jew in the Medieval World* (Nueva York, 1965), pp. 52, 54; A. A. Neuman, *The*

fardíes de Tetuán o de Istanbul, los versos de *Vivardueña*, abarcando medio milenio, nos evocan a viva voz una sociedad judeo-española agrícola y pueblerina, cuyos miembros cultivaban sus tierras, recogían sus mieses y cocían su pan, juntos con sus convecinos cristianos y musulmanes en las aldeas de la España medieval.

Jews in Spain, 2 tomos (Filadelfia, 1944), I, 164-166; F. Pérez Castro, «España y los judíos españoles», *The Sephardi Heritage,* I, ed. R. D. Barnett (Nueva York, 1971), I, 302-303, 307, 321; Justiniano Rodríguez Fernández, *La judería de la ciudad de León* (León, 1969), p. 131.

S. D. Goitein ha observado que «farmers... had a wretched time under Arab rule, and the remnants of the ancient agricultural peoples in the Middle East died out, that is, they lost their identity, in Islamic times. The Jewish people, too, so to say, died as an agricultural people during the seventh and eighth centuries, but, unlike other ancient populations, returned to life as a nation of merchants and artisans» *(Jews and Arabs* [Nueva York, 1964], p. 7). E. Rivkin también afirma que los árabes «effectively drove the Jews out of agriculture... By breaking the last tie to agriculture, the Moslems stamped the Jews permanently as an urban people» *(The Shaping of Jewish History* [Nueva York, 1971], p. 107). Sin embargo, hay documentación fidedigna de que numerosos judíos tenían que ver con la agricultura —«skilled farmers... Jewish landowners and peasants»— en España, aun después de 711, en zonas musulmanas y cristianas. Véase Salo W. Baron, Arcadius Kahan, et al., *Economic History of the Jews,* ed. Nachum Gross (Nueva York, 1975), pp. 108-109. Para abundante documentación sobre las actividades agrícolas de los judíos en la España musulmana, véase Eliyahu Ashtor, *The Jews of Moslem Spain,* 2 tomos (Filadelfia, 1973-1978), I, 264-271.

H. Beinart tiende a descontar la agricultura como actividad judía en la España medieval («Hispano-Jewish Society», *JWH,* XI [1968], 220-238: pp. 224-225). Resulta elocuente, sin embargo, el testimonio incluso de la toponimia actual. Un pueblecito como *Aliud* (p. j. Soria), del ár. *al-yihūd,* de 95 habitantes en 1978, está perdido en los campos de Soria, a muchos kilómetros de cualquier ciudad de población significativa. Véanse M. Asín Palacios, *Contribución a la toponimia árabe de España,* 2.ª ed. (Madrid-Granada, 1944), p. 64; *Nomenclátor estadístico de España,* 6.ª ed. (Madrid, 1978), p. 30. También es sugerente, aunque de significado inseguro en los casos específicos, según advierte J. Caro Baroja, el que se motejen de judíos a los habitantes de muchos pueblos pequeños en diversas partes de España. Véanse los interesantes datos y comentario en *Los judíos en la España moderna y contemporánea,* 3 tomos (Madrid, 1962), III, 215-219. Téngase en cuenta además lo que dice F. Cantera Burgos: «Otra de las ideas que asimismo tememos salga malparada en nuestro trabajo es la que asegura que los judíos eran hombres exclusivamente de la ciudad... Nos van a aparecer con harta frecuencia agrupaciones judaicas en los pueblecitos o aldeas más inverosímiles» («Las juderías medievales en el País Vasco», *Sef,* 31 [1971], 265-317: p. 266). Baer ya había notado que después de 1391 el centro de la vida judeo-española no se encontraba en las grandes ciudades sino en los pequeños pueblos *(A History of the Jews in Christian Spain,* II, 247). Véase también A. Carlos Merchán Fernández, *Los judíos de Valladolid* (Valladolid, 1976), pp. 35-36, 104-106. En el British Seminar on Judeo-Spanish Studies, celebrado en Leeds (3 y 4 de marzo 1978), el Dr. Angus MacKay leyó un estudio sobre «The Rural Jews in Fifteenth-Century Castile» en que hacía constar que a partir del siglo xv los judíos de Castilla llegaron a formar una suerte de *bourgeoisie rurale* y que, según la documentación de la época, había entre ellos ganaderos y labradores. También subraya las actividades agrícolas de los judíos L. Suárez Fernández, *Judíos españoles en la edad media* (Madrid, 1980), pp. 70, 72, 74, 76, *et passim.*

Para el judío que se dedica al cultivo de la tierra en el Nuevo Mundo, véanse Lucía García de Proodian, *Los judíos en América* (Madrid, 1966), pp. 82-83; Anita Novinsky, *Cristãos novos na Bahia* (São Paulo, 1972), pp. 25-26; Arnold Wiznitzer, *Jews in Colonial Brazil* (Nueva York, 1960), pp. 8-11, 180, nn. 34 y 37.

ETIMOLOGÍA Y DICCIÓN FORMULÍSTICA: J.-ESP.
ALAZARE «ALAZÁN»

Para Yakov Malkiel

Es una verdad consabida que el lenguaje del Romancero y de la épica medieval no corresponde a la actualidad lingüística de los textos conservados. En la *-e* paragógica del *Cantar de Mio Cid* (siglo XII) o de la *Nota Emilianense* (siglo XI) —y además de los romances andaluces y sefardíes del siglo XX— escuchamos una voz mucho más lejana, una voz que nos hace remontar a la alta Edad Media, más allá de los textos épicos conservados, para vislumbrar realidades lingüísticas del siglo X. Del mismo modo, el vocabulario de la poesía épico-lírica, refugio de vocablos de antaño, también nos ayuda a percibir lontananzas léxicas. Aquí daremos a conocer un ejemplo hasta ahora ignorado del gran conservatismo léxico del romancero sefardí.

En varios romances del siglo XVI, la montura del protagonista es designada, con expresión claramente formulística, como *caballo alazán* o *alazano,* según la asonancia:

> Ya cabalga Melisenda en un caballo alazán.
>   *(Gaiferos y Melisenda: Primav.* 173)
> Armas blancas son las suyas y el caballo es alazán.
>   *(Muerte de D. Beltrán: Primav.* 185-185a)
> Ya es salido del palacio en un caballo alazán.
>   *(Conde Claros y el emperador: Primav.* 192)
> Armado de todas armas, en un caballo alazano.
>   *(El obispo D. Gonzalo: Primav.* 82)
> Vieron tanta yegua overa tanto caballo alazano.
>   *(El obispo D. Gonzalo: Primav.* 82a)
> ... en caballos alazanes ricamente enjaezados.
> ... las divisas llevan verdes, los caballos alazanos.
>   *(Riberas de Duero arriba: Primav.* 41, 42a)[1]

---

[1] Sobre las cualidades del caballo *alazán* según el criterio medieval, véase *El libro de los caballos: Tratado de albeitaría del siglo XIII,* ed. G. Sachs (Madrid, 1936): «El cauallo alazan corre bien por qual quier logar por que a las unnas bonas e es de buen coraçon, salvo por la xara o por otra espessura, por que a el cuerpo delgado e a menester de aguar[*dar*]se de seer mulero, e si la alazanadura es clara es mejor cauallo que otro de mayor correr e de mayor affan» (p. 16; cfr. p. 22). La fama del alazán sigue viva en la paremiología: «Alazán tostado primero muerto que cansado» (F. M. Molera, «California Spanish Proverbs», *WF,* VI [1947], 65-67: núm. 2).

Al discutir el origen de la palabra *alazán* (< hisp.-ár. *'az^c ár* < ár. *'áz^c ar*),[2] J. Corominas aduce un hipotético intermediario: ant. esp. **alazar:* «El cambio de **alazar* en *alazano* o *alazán* es debido a influjo de la voz preexistente *ruano* o *ruán,* otro pelaje de caballo»[3]. La arcaizante tradición de los judíos sefardíes conserva la misma fórmula romancística consignada en los textos del siglo XVI, pero con una variación fonológica que presta nuevo y dramático apoyo a la hipótesis de Corominas.

En una versión salonicense del romance de *Gaiferos jugador,*

---

[2] Cfr. *REW₃*, núm. 315*a*.

[3] *DCELC*, I, p. 81*a*. Cfr. también *BDE*, p. 36*a*. Sin descartar el influjo de *ruán* en *alazán*, el paso *-r* > *-n* puede justificarse por razones fonológicas a la vista de la abundante documentación del intercambio de *-l, -n* y *-r*. Véase el magistral análisis de Anita Katz Levy en «Contrastive Development in Hispano-Romance of Borrowed Gallo-Romance Suffixes (I-II)», *RPh*, XVIII (1964-1965), 399-429; XX (1966-1967), 296-320: esp. pp. 306 y ss. y n. 20.

J. P. Machado *(Dicionário etimológico da língua portuguesa,* Lisboa, 1956-1959) propone para port. *alazão* la etimología ár. *ḥiṣân* «caballo de raza», que Corominas rechaza por razones semánticas. Ante nuestra nueva documentación judeo-española, cae por el suelo el argumento de Machado que «Não há em todos os restos românicos... um só vestígio da terminação *-ar* de *al-az'ar*» *(Influência arábica no vocabulário português* [Lisboa, 1958], pp. 106-107). En la 2.ª ed. del *Dicionário* (Lisboa, 1967), Machado califica *alazão* como de «etim. obscura, pois as propostas até agora oferecem algumas dificuldades» (p. 172*a*). En *A Grammatical Sketch of the Spanish Arabic Dialect Bundle* (Madrid, 1977), F. Corriente da por sentada la antigua etimología *al-ḥiṣân* (p. 27).

Conocemos la siguiente documentación para el étimo árabe de *alazán:* R. Dozy anota (s.v. *z-^c-r*) *'az^c ar* «blond, blond ardent, roux» *(Supplément aux dictionnaires arabes,* I:2 [Leiden-París, 1927], p. 592*b*); y A. de B. Kazimirski cita la misma forma como sinónimo de ár. *'ašqar* con el significado de 'qui a le poil *ou* les plumes clairsemés..., blond, alezan' *(Dict. arabe-français* [París, 1960], I, 990*a*). Las fuentes aducidas por Dozy sugieren que la atribución de tal significado a *'az^c ar* es de desarrollo posclásico o coloquial.

En los modernos dialectos norteafricanos encontramos la siguiente documentación: V. Benítez, *Vocab. español-árabe marroquí* (Tetuán, 1952): *zaar* «rubio» (p. 395); D. Ferré, *Lex. marocain-français* (s.l., s.a.): *z̧^c ǎr* 'blond (à visage rouge)' (p. 295*b*); J. Lerchundi, *Vocab. español-arábigo del dialecto de Marruecos* (Tánger, 1892): *zǎǎr* o *ázâar* «rubio» (pero *'ašqar* «en Marruecos se aplica al caballo alazán»; p. 707); H. Mercier, *Dict. arabe-français* (Rabat, 1951): *za^c ar* «rendre roux; teindre en roux», *z^c ar* «roux; blond»; R. S. Harrell et al., *A Dict. of Moroccan Arabic: Arabic-English* (Washington, D. C., 1966): *z^c ǎṛ* «blond»; N. Abdelkader, *Dict. français-arabe* [argelino], 4.ª ed. (Argel, 1954): *ez^c ar «blond»;* E. Griffini, *L'arabo parlato della Libia* (Milán, 1913): *áz^c ar* «biondo» (p. 31).

En la lengua literaria moderna *'az^c ar* continúa teniendo los que fueron sus primeros significados «de cabellos ralos» y «sin rabo» (H. Wehr y J. M. Cowan, *A Dict. of Modern Written Arabic* [Ithaca, N. Y., 1961], p. 377*a*); su uso como nombre de color parece implicar un desarrollo geográfico relativamente tardío, documentable sólo en Al-Andalus y Africa del Norte. Vid. W. Fischer, *Farb- und Formbezeichnungen in der Sprache der altarabischen Dichtung* (Wiesbaden, 1965), pp. 356-358. Cfr. también pp. 14, 201 y 355; más documentación norteafricana en pp. 11 (n. 2) y 356. El término árabe usual para «alazán» es *'ašqar* (pp. 343 y ss.). Sobre el fr. *alezan,* véase F. Nasser, *Emprunts lexicologiques du français à l'arabe des origines jusqu'à la fin du XIXe s.* (Beyrouth, 1966), pp. 367-368.

Carlomagno lanza la siguiente maldición a su sobrino Gaiferos por no haber rescatado a su amada Melisenda, cautiva de los moros:

> Maldición te echo, sobrino,   si no la vayas buscare:
> desnudo vayas por los soles   y descalço por los muladares,
> no topes árbol ni hoja   para tu cabayo *lasare*...[4]

En un texto de *La esposa de don García,* también de Salónica, regresa el héroe a su casa y encuentra que su esposa ha sido raptada. Exhorta a su fiel corcel a llevarlo en su persecución. Por el camino, recibe informaciones diferentes sobre la clase de caballo que montaba su esposa en su forzado viaje:

> —Kavayyo, 'el mi kavayyo   'i 'el mi *kavayyo lazare,*
> tanta sevada te ayy dado   'i mučo más te [en]tyend[o] dare.
> Kyero ke me yeves 'esta noče   ande la mi 'espoza royyale.
> Saltó 'el kavayyo 'i dišo,   kon sensyya ke 'el Dyez le ayy dado:
> —Yyo te yevaré 'esta noče   ande la tu 'espoza royyale...
> Por las ka'es ke ayy ğente,   kaminaréš de avagare.
> Por las ka'es ke no ayy ğente,   senteas azíaš saltare.
> —¿Si la veríaš a mi 'espoza   'i ala mi 'espoza royyale?
> —Por akí pasó 'esta noče,   dos 'oras al bel lunare.
> Blanko kalsa 'i blanco viste   'i blanko *kavayyo lazare.*
> Yya se 'esparte 'el kavayero,   yya se 'esparte 'i se va.
> Por 'en medyyo del kamino,   'enkontró kon 'un personale.
> —¿Si la viteš 'a mi 'espoza,   ala mi 'espoza royyale?
> Por akí pasó 'esta noče,   tres 'oras al bel lunar.
> Preto kalsa 'i preto viste   'i preto *kavayyo lazare.*[5]

---

[4] G. Díaz-Plaja, «Aportación», núm. 11. La traducción «fuerte» (p. 58, n. 1) es errónea. La palabra ocurre sólo en esta versión. Sobre el romance en cuestión, véase nuestra monografía, *Ballad Chapbooks of Yoná,* núm. 5.

[5] Y. A. Yoná, *Gu'erta de romansas antiguas de pasatyempo* (s.l., s.a. [¿ant. 1908?]), núm. 1 (pp. 1 y ss.). Editamos y estudiamos el texto en nuestra mencionada monografía (núm. 13).

Otras versiones de *La esposa de don García* tienden a sustituir *lazare* por lecturas un tanto incongruentes, lo que evidencia la debilitación semántica de la forma. El texto de Attias, estrechamente emparentado con el de Yoná, ofrece «alcazare» en los tres casos *(Romancero sefaradí,* núm. 4, vv. 16, 36, 46). A menos que refleje la influencia de alguna otra palabra (cfr. la n. 2 de Attias, p. 67), la *c* de *alcazare* podría ser explicada como pervivencia metatizada del ʿain de ár. '*azʿar;* pero dada la normal desaparición del ʿain medial en los arabismos hispanos (A. Steiger, *Contribución a la fonética del hispano-árabe...* [Madrid, 1932], pp. 286-288), tan singular desarrollo parece bastante improbable. La versión del mismo romance publicada por Menéndez Pidal («Catálogo», núm. 62) incluye otra variante: «Caballo, el mi caballo, / y el mi caballo aczán», que traduce por «cruel». El origen de esta forma queda enigmático. Otra variante, *lakzar,* de un texto inédito de Salónica recogido por nosotros en Nueva York, ofrece lo que podría ser una etapa intermedia entre *alcazare* y *aczán,* aunque en las formas *lakzar* y *aczán* seguramente ha influido el hebr. '*akzār* «cruel» (de ahí el significado que se le atribuye a *aczán* en el «Catálogo»). Otra versión inédita, recogida en California de una anciana informante de Salónica, reza «Kavayo, el mi kavayo, / i el mi kavayo rozales», que quizá apunte a la connotación rojiza de *lazare.*

Si se admite el carácter paragógico de la -*e* y una aféresis completamente normal de *a-*, la forma *lazare / lasare* de Yoná y Díaz-Plaja es claramente identificable como un congénere algo erosionado del **alazar* de Corominas. Ahora bien, dos magníficos textos inéditos, generosamente puestos a nuestra disposición por la llorada profesora Cynthia M. Crews, ofrecen lecturas aún más oportunas:

Por kayes ke no ay ǧente,   sinteyas aze saltare.
Por kayes k'avía ǧente,   kaminava avagare.
Por kayes de la su shuegra,   por aí hue a pasare:
—¿Si viríaš a la mi spoza,   a la mi spoza reale?
—Por akí pasó esta noche,   tres oras al bel lunare...
Preto viste i preto kalsa,   preto 'l *kavayo alazare.*
Por kayes de la su madre,   por aí hue a pasare:
—¿Si la viríeš a la mi spoza,   a la mi spoza reale?
—Por akí pasó esta noche,   tres oras al bel lunare.
Vedre viste i vedre kalsa,   vedre el *kavayo alazare...*[6]

Alavóse el konde Belyo   i en sus kortes s'alavó
ke no ay mosa ni kazada   kien s'enkuvra de amor.
—Si tú venses a la infalta,   siete sivdades te do.
Tomó *kavayo alazare*   ke bola a la raya del sol.
Kamino de kinze días   en siete los ayegó...[7]

En el mismo contexto, el fragmento de M. Molho anota «cavallo alazán» (*Lit. sef.,* p. 77, núm. 10, v. 7), forma que probablemente refleja la familiaridad del colector con el castellano normativo. *Conde Claros y el emperador* (Attias 31) menciona un «caballo alcastá» (¿ = *alazar/n* + *castaño?*).

La tradición portuguesa moderna, que perpetúa *La muerte de don Beltrán,* parece haber tenido con el epíteto la misma dificultad que la tradición sefardí. Varios adjetivos, algunos sin sentido, reemplazan *alazán:* «Brancas são as suas armas, / o cavallo tremedal» (T. Braga, *Romanceiro português,* 3 tomos [Lisboa, 1906-1907], I, 208; J. Leite de Vasconcellos, *Romanceiro português,* 2 tomos [Coimbra, 1958-1960], núms. 22, 32 y ss.); «... cabalo rial» (Vasconcellos, núm. 984); «...cavallo Iremedar» (J. de Castro Lopo, «Valdevinos», *RL,* II [1890-1892], 80 y ss.; cfr. Braga, I, 210). Aquí sin embargo el problema era con toda probabilidad más poético que léxico: el port. *alazão* habría roto la asonancia *á-e* del romance. El vocablo consta en *Dom Varão (La doncella guerrera):* «Vão buscar a minha espada /mais meu cavalo alazão!» (A. Lopes, *Presença do Romanceiro: Versões maranhenses* [Río de Janeiro, 1967], p. 28), romance que, en castellano, tiene asonancia en *-ó.*

[6] El texto de 35 versos, que comienza con *Gaiferos jugador,* pero continúa como *La esposa de don García,* fue recogido en Grecia (1935) por Cynthia Crews de labios de Merú Levy, anciana ciega de Salónica. Omitimos algunas distinciones no fonémicas de la excelente transcripción fonética de la señora Crews.

[7] Trátase de una versión del rarísimo romance de *La jactancia del conde Vélez* (cfr. Attias 34; Coello 10), recitada también por Merú Levy. La frase «a la raya del sol» significará «a la altura del sol».

A la generosidad de nuestro amigo el profesor Diego Catalán debemos la posibilidad de documentar *lazare / alazare* en la tradición de Izmir. Abundan las referencias en un texto inédito del *Rey envidioso de su sobrino* (MP 123) recogido por M. Manrique de Lara en 1911 y conservado actualmente en el Archivo Menéndez Pidal: «Antes de que tú te vayas, / toma el caballo *lazare...* // Alevanta caballo *alazare...* (verso defectuoso) // Sobrino mío, el mi querido, / ¿de quién es este caballo *lazare?...* // Ha-

Las frases «blanko *kavayyo lazare,* preto *kavayyo lazare,* vedre el *kavayo alazare»* parecen sugerir que la esposa no sólo calza y viste de blanco, negro o verde, según las distintas respuestas, sino que a su caballo alazán le han puesto arneses y adornos blancos, negros o verdes también.[8] Aunque el *kavayo lazare ~ alazare* parece retener algún mínimo valor cromático, da la sensación de haberse convertido en un *topos* formulístico, un epíteto adecuado, aunque ya desprovisto de sentido, que —completado con *-e* paragógica— puede ser aplicado a los caballos de cualquier romance que presente asonancia *á-(e)*. Al refugiarse en el giro formulístico, la palabra se asegura un

blaré con mi caballo, / con mi caballo *lazare...* // Caballo mío *lazare,* / amanece en puertas de mí madre... // A la puerta de la vieja / caballo *lazare* amanecía... // Espérate, caballo *alazare,* / iré a puertas de mi hermano...».

El tópico también figura en la poesía tradicional de inspiración local de varias regiones iberoamericanas. Así aparece en un contexto heroico y de manera formulística en el corrido mejicano:

> Heraclio Bernal decía,   en su caballo alazán,
> que había de ser el jefe   del puerto de Mazatlán...
>
> Heraclio Bernal gritaba,   en su caballo alazán:
> —No pierdo las esperanzas   de pasearme en Culiacán.

El primer texto es de V. T. Mendoza, *El romance español y el corrido mexicano* (México, 1939), p. 442; el segundo de *Lírica narrativa de México: El corrido* (México, 1964), p. 208. Ténganse en cuenta las observaciones de A. Paredes, *«With His Pistol in His Hand»: A Border Ballad and Its Hero* (Austin, 1971), pp. 115-116, 118, 141, 226-227, 229, 237; J. H. McDowell, «The Mexican *Corrido:* Formula and Theme in a Ballad Tradition», *JAF,* 85 (1972), 205-220.

Igualmente figura el motivo en el romance chileno del *Guaso Perquenco:*

> Ayá va el guaso Perquenco   en su cavayo alasán:
> ocho sorda'o' lo siguen   y no le pue'en arcansar.

Véase J. Vicuña Cifuentes, *Discurso leído en la Academia Chilena* (Santiago de Chile, 1916), p. 14; Id., *Romances populares y vulgares* (Santiago, 1912), p. 141; I. Dölz Blackburn, *Antología crítica de la poesía tradicional chilena* (México, 1979), p. 126.

También desempeña su papel el alazán en la poesía tradicional vaquera del Brasil, donde se documenta en una canción narrativa sobre *A Vaca do Burel:*

> Mais adeante encontrei   com o vaqueiro João
> no seu cavallo lazão,   ja vinha correndo em vão.

Veánse F. A. Pereira da Costa, «Folk-lore pernambucano», *RIHGB, LXX* (1907), 3-641: p. 413; S. Romero, *Cantos populares do Brasil,* 2 tomos (Río de Janeiro, 1954), I, 214; G. Vieira Melo, «O Romanceiro nordestino: Algumas Informações», *Brasil Açucareiro* (Rio de Janeiro), LXX:ii (agosto 1967), 27-37: p. 31. Sobre este tipo de poesía y su tradicionalidad, véanse B. do Nascimento, «O Ciclo do Boi na poesia popular», *Literatura popular em verso: Estudos,* I (Rio de Janeiro, 1973), 165-232; J. da Silva Lima, «O Boi no Romanceiro tradicional», *Revista Sergipana de Cultura* (Aracaju), II:ii (1978), 45-62.

[8]   Queremos dar las gracias a nuestro amigo el profesor Antonio Alatorre por habernos señalado el paralelo cromático entre la indumentaria de la esposa y los adornos del caballo.

poco más de vida. Queda consagrada en la fórmula y así sobrevive, a pesar de su desaparición del léxico del habla común.

Excepto por la paragoge, el *alazare* de Crews es idéntico a la reconstrucción de Corominas. Las formas salonicenses *lazare* y *alazare,* fósiles léxicos que parecen haber sobrevivido solamente en el lenguaje formulístico del romancero tradicional, proporcionan documentación hasta ahora inadvertida de una etapa intermedia crucialmente importante en la historia del cast. *alazán,* y subrayan a la vez el valor léxico-arqueológico del romancero judeo-español.

UN HISPANOARABISMO: J.-ESP. *ALGÜECA*
«TROMPETILLA, FLAUTA»

Para Laura Silverman

Nos ocupa una palabra que, a todas luces, ha de ser un *hapax legomenon*. Figura en una versión salonicense del romance del *Sueño de doña Alda,* impresa en letras hebreas en un librito de cordel publicado por Yacob A. Yoná en 1896-7:

> 'En París 'está Donyyalda,   la 'espozika de Rovdale.
> Trezyentas damas kon 'elyya,   todas son de alto linaže...
> Non penséś ke 'están debaldes,   ke todas 'ofisyyo azen:
> Las syento filavan perla   'i las syento 'oro brokale;
> las syento tanyen *algu'eka,*   para la donze'a velare...[1]

Se trata obviamente de algún instrumento de música. En un principio habíamos pensado en un derivado antiguo del fr. *hautbois* «oboe», documentado desde hacia 1500 en formas como *haulboys* y *haultbois*. Desde 1575 consta en inglés con variantes parecidas: *halboie, haultboie*. En fr. ant., *haut* «alto» alterna con las grafías *alt, halt* y *hault*. Naturalmente, nuestro préstamo hipotético habría pasado al español como seudo-arabismo en la forma **albué*. Y la palabra judeo-española reflejaría la vulgar alternancia *bw-* / *gw-* con la adición de un sufijo diminutivo.[2]

---

[1] Yacob Abraham Yoná y Yosef Leví, *Pizmônîm de bĕriṭ mîlāh* (Salónica, 5656), p. 21., Véase la descripción del librito y la edición de los romances que publicamos en *Seis romancerillos de cordel sefardíes* (Madrid, 1981), en cuya edición colabora nuestro amigo Iacob M. Hassán. A su erudición y característica generosidad debemos el conocimiento del librito en cuestión.

[2] Para la fecha de *hautbois,* véase F. Godefoy, *Dict. de l'ancienne langue française,* t. IX (París, 1898; Nueva York, 1961): 1528, 1547, 1553. El diccionario de A. Hatzfeld y A. Darmesteter, *Dict. général de la langue française,* 2 tomos (París, 1920), y la 1.ª ed. del de O. Bloch y W. von Wartburg, *Dict. étym. de la langue française,* 2 tomos (París, 1932), atribuyen la voz a los siglos xv a xvi; pero la 3.ª ed. de Bloch y von Wartburg (París, 1960) ya la posterga hasta hacia 1500. Cfr. A. Dauzat et al., *Nouveau dict. étym. et historique* (París, 1964), s. v., así como F. Brücker, *Die Blasinstrumente in der altfranzösischen Literatur (Giessener Beiträge zur Romanischen Philologie,* núm. 19; Giessen, 1926), p. 47, n. 1. La voz *hautbois* no figura en A. Tobler y E. Lommatzsch, *Altfranzösiches Wörterbuch,* IV (Wiesbaden, 1960), ni tam-

En efecto, esta etimología no presenta graves dificultades fonológicas ni semánticas (dado el contexto). Sin embargo, no se explica bien el género femenino de la forma judeoespañola; y además, la fecha relativamente tardía de *hautbois* en francés, así como la falta de todo testimonio contemporáneo en español, son factores que abogan en contra de esta supuesta etimología. El origen de *algüeca* habrá que buscarlo en otra parte.

La voz *būq*, pl. *abwāq*, «trompa» y otros derivados de la misma raíz, como *bawwāq* «trompeta, alboguero» y *bawwāqa* «trompeta de vueltas», están bien atestiguados en el hispanoárabe medieval.[3] De *būq* derivan el esp. *albogue* «flauta de dos cañas paralelas con agujeros», documentado desde el siglo XIII, así como la variante dialectal *alboque* y las formas *albogue* y *alboque* en el portugués antiguo.[4] El diminutivo de *būq* sería *buwayqa*, forma indocumentada, pero perfectamente regular, cuyo derivado español sería precisamente *albueca*.[5] El vulgarísimo paso de esta forma a *algüeca* sería del todo natural en la pronunciación popularizante del judeo-español oriental.

El sentido de nuestro verso romancístico ha de ser, por lo tanto: «otras cien damas tocan trompetillas (o quizá flautas, dado el sentido de *albogue*)[6] para tener en vela a la doncella». Estamos, pues, en presencia de otro más de los pocos arabismos de origen peninsular

poco en el *FEW* de von Wartburg. Sobre las formas arcaicas en inglés, véase *The Oxford English Dict.*, t. V (Oxford, 1933), s. v. *hautboy*. Esp. *oboe* refleja un préstamo bastante más reciente; cfr. Corominas, *DCELC*, I, s. v. *alto*.

[3]   Pedro de Alcalá, *Arte para ligeramente saber la lengua aráuiga* (Granada, 1505; Nueva York, 1928): *buq* «albogue o flauta», *baguāq* «alboguero, tañedor de trompeta, trompetero que tañe [la *baguāqua*]»; *baguāca, baguāqua* «trompa o trompeta derecha, trompeta de bueltas»; C. Schiaparelli, *Vocabulista in Arabico* (Florencia, 1871), s. vv. *bucina, buccinator, cornu*; R. Dozy, *Supplément aux dictionnaires arabes*, 2.ª ed., 2 tomos (Leide-París, 1927), pp. 128*b*-129*a*; J. Lerchundi y F. J. Simonet, *Crestomatía arábigo-española o colección de fragmentos... relativos a España* (Granada, 1881), p. 40.

[4]   Corominas, *DCELC*, I, s. v. *albogue*. Véanse también: R. Dozy y W. H. Engelmann, *Glossaire...* (Leide, 1869), p. 71; A. Steiger, *Contribución a la fonética del hispano-árabe...* (Madrid, 1932), pp. 216, 355; H. Brunswick, *Dicc. da antiga linguágem portugueza* (Lisboa, 1910), s. v. *alboque;* J. P. Machado, *Dic. etim. da língua portuguesa*, 2.ª ed., fasc. 3 (Lisboa, s.a.), s. vv. *albogue* y *alboque*. Sobre las formas del *albogue* y *albogón*, véanse R. Menéndez Pidal, *Poesía juglaresca...* (Madrid, 1924), p. 69; *Poesía juglaresca y orígenes...* (Madrid, 1957), pp. 49-50 y plancha entre las pp. 50 y 51. Nótese también el vasco *alboquea* «albogue» (M. de Larramendi, *Dicc. trilingüe castellano, bascuence y latín* [San Sebastián, 1853], s. v. *albogue*). El Prof. Paul M. Lloyd nos advierte acerca de la variante *alboca*.

[5]   Como en *albudeca, albufera, Alcolea*, etc. Véase Steiger, *Contribución*, pp. 233, 262, 286, 371; aunque también se dé esporádicamente la conservación del diptongo, como en *albojaira* (Almería), *jofaina* o *adofaina* (el último en un texto del siglo XVI; véase J. H. Silverman, «Some Aspects of Literature and Life in the Golden Age of Spain», *Estudios de literatura española ofrecidos a Marcos A. Morínigo* [Madrid, 1971], p. 165, n. 40).

[6]   Cfr. M. Lorinczi, «Consideraciones semánticas acerca de las palabras españolas de origen árabe», *RRL*, XIV (1969), 65-75: p. 72.

peculiares al habla de los judíos españoles,[7] así como de un testimonio adicional al notable impacto del árabe sobre la terminología de
los instrumentos musicales del Occidente medieval.[8]

[7] Cfr. M. L. Wagner, «Judenspanisch-Arabisches», *ZRPh,* XL (1920), 543-549;
C. Crews, «Some Arabic and Hebrew Words in Oriental Judaeo-Spanish», *VR,* XIV
(1955), 296-309; K. Levy, «Zu einigen arabischen Lehnwörtern im Judenspanischen»,
ZRPh, 51 (1931), 703-705.
[8] Véase Menéndez Pidal, *Poesía juglaresca* (1957), pp. 46-51. Cfr. también J.
Ribera y Tarragó, «Origen árabe de voces románicas relacionadas con la música»,
Disertaciones y Opúsculos, II (Madrid, 1928), 133-149; D. Devoto, «La enumeración
de instrumentos musicales en la poesía medieval castellana», *Miscelánea... H. Anglés,*
I (Barcelona, 1958-1961), 211-222.

EL SUBSTRATO CRISTIANO DEL ROMANCERO SEFARDÍ*

*A la memòria de
Américo Castro*

La descristianización, es decir, un esfuerzo consciente o inconsciente de eliminar o atenuar los elementos cristianos, es uno de los aspectos más fascinantes del romancero judeo-español. Los romances sefardíes constituyen una rama de la gran tradición baládica de los pueblos hispánicos en cuyo sistema de valores —fraguado durante siglos de simbiosis tri-religiosa— la religión y especialmente la fe cristiana, siempre ha desempeñado un papel preponderante. Cabe preguntarse, pues, hasta qué punto las ramificaciones sefarditas de aquel fenómeno pan-hispánico predominantemente cristiano que es el Romancero puede considerarse como esencialmente judaicas.

A pesar de su obvia importancia e intrínseco interés, se ha ocupado relativamente poco del problema de la descristianización en la poesía tradicional sefardí. En 1939, aquel explorador trascendente e infatigable de la tradición romancística pan-europea, William J. Entwistle, llamó la atención sobre la conservación de numerosos elementos cristianos en los romances hispano-judíos y se fijó en la ausencia de cualquier «systematic hebraizing of their [balladic] inheritance».[1]

Paul Bénichou, en una colección de romances marroquíes de Orán (1944) que sigue siendo un modelo para posteriores investigaciones, utiliza el vocablo *descristianización* y trata el fenómeno en gran detalle. Apoyándose en una masa de documentación rigurosamente escudriñada, llega a la conclusión de que:

> Resulta muy claramente que lo único que ha sido eliminado es lo que parecía implicar de parte del recitador una adhesión a las creencias o a la devoción cristiana; en cambio no estorbaba en ningún modo la alusión puramente objetiva a cosas y costumbres cristianas. No estamos, pues, en presencia de una influencia positiva del espíritu judío sobre el romancero, sino

---

* Este artículo preliminar resume las investigaciones de un extenso estudio, que incluirá información bibliográfica exhaustiva sobre las variantes de romances que se citan aquí sólo por sus títulos.

[1] *European Balladry* (Oxford, Inglaterra, 1939; 2.ª ed., 1951), p. 189.

de una intervención negativa, de una expurgación, reducida a lo indispensable e inspirada en los escrúpulos religiosos del recitador judío. Cuando el texto no daba lugar a semejantes escrúpulos se conservaron los elementos cristianos del romancero, sin otra alteración que la que podía producir la incomprensión creciente de las alusiones cristianas en el ambiente islámico de Marruecos... La tradición conservada entre los judíos españoles no ha sufrido refundiciones profundas, inspiradas por la diferencia de creencias y costumbres. Lo que nos transmiten los judíos del Mediterráneo es una tradición española.[2]

En 1947, la labor de Bénichou fue evaluada con su acostumbrada erudición y sensibilidad por María Rosa Lida de Malkiel,[3] quien subrayó la pervivencia de «numerosísimas menciones, no siempre objetivas, de instituciones, fiestas, ritos y santos cristianos» (p. 22), como índice del carácter profundamente hispánico de la vida sefardí.

A. de Larrea Palacín, en su copiosa aunque descuidada edición de romances de Tetuán (1952),[4] se refiere brevemente a la persistencia de algunos rasgos cristianos, principalmente como pretexto, al parecer, para lanzar un ataque infundado contra las conclusiones convincentes y ampliamente documentadas de Bénichou. Larrea promete reanudar el asunto «con mayor detenimiento si el favor de Dios nos permite realizar nuestro propósito...» (II, 6).

Manuel Alvar, en un estudio minucioso de «Los romances de *La bella en misa* y de *Virgilios* en Marruecos» (1954),[5] señala una cantidad de elementos descristianizados y analiza con certeza su efecto sobre el tono de *La bella en misa,* antes inocentemente irreverente y visto ahora desde una perspectiva esencialmente judaica. Alvar concluye: «Indudablemente hay una eliminación de elementos religiosos en los romances que he recogido; eliminación que, por otra parte, no tiene carácter sistemático» (pp. 271-272).

En un breve pero significativo estudio de un romance anticristiano, Diego Catalán se ocupa de la confrontación entre judaísmo y

[2]   «Romances judeo-españoles de Marruecos», *RFE,* VI (1944), 36-76, 105-138, 255-279, 313-381: pp. 367-368; igual en la 2.ª ed., pp. 288, 290. Nótese el importante comentario de S. G. Morley, «A New Jewish-Spanish *Romancero», RPh,* I (1947), 1-9: p. 4.

[3]   «Una colección de romances judeo-españoles», *Davar,* X (1947), 5-26. Sobre la descristianización y los rasgos cristianos, véanse pp. 21-22 y 25-26. El artículo se reproduce ahora en el hermoso libro, *Estudios sobre la literatura española del siglo xv* (Madrid, 1977), pp. 355-376.

[4]   A. de Larrea Palacín, *Romances de Tetuán,* 2 tomos (Madrid, 1952). Para comentarios sobre la descristianización, véanse tomos I, 31; II, 6. Véase también la réplica de Bénichou, pp. 227-230 del artículo-reseña citado más abajo (n. 8).

[5]   Separata de *AO,* IV (1954), 264-276. Vuelve a tratar el problema Alvar en *Poesía tradicional de los judíos españoles* (México, 1966), pp. xv-xvii, y en *El Romancero: Tradicionalidad y pervivencia* (Barcelona, 1970), pp. 269-273; 2.ª ed. (Barcelona, 1974), pp. 273-277.

cristiandad en la poesía sefardí tradicional y subraya el carácter singular del romance de *El idólatra de María,* por cuanto la tradición
sefardita «rara vez somete los romances a una profunda reelaboración judaizante» (p. 32).[6]

Moshe Attias *(Romancero sefaradí,* 1956) insiste en que se preste
más atención a los rasgos específicamente judaicos de la poesía folklórica sefardí y se refiere a «modificaciones intencionadas, en particular en aquellos casos en que se hizo necesario omitir o encubrir su
sello cristiano y darle en su lugar un matiz judío o universal. En
casos como éstos se eliminaron líneas y hasta estrofas enteras y en su
lugar quedaron espacios vacíos o se insertaron líneas y estrofas nuevas, no siempre acertadas desde el punto de vista poético».[7]

En una reseña fundamental que repasa el panorama general de la
investigación de dos décadas (1961),[8] Bénichou subraya la relación
directa entre la persistencia o eliminación de los elementos cristianos
en un determinado texto romancístico y su fecha de incorporación a
la tradición del norte de Africa:

> On peut, je crois, poser en principe —quitte à appliquer ce
> principe avec toute la prudence nécessaire— qu'un texte dont
> les éléments franchement chrétiens n'ont pas été usés, éliminés
> ou réduits à un résidu sans signification, est de date récente au
> Maroc et y a peu circulé (p. 230).

J. Martínez Ruiz, en una impresionante colección de poesía tradicional de Alcazarquivir (1963), ha descubierto numerosas sobrevi-
vencias cristianas, pero poca descristianización.[9]

---

[6] «La recolección romancística en Canarias», introducción a M. Morales y M. J.
López de Vergara, *Romancerillo canario* (La Laguna, 1955). Sobre *El idólatra de
María* en la tradición judía, véanse las pp. [30-32]; Id., *Por campos del Romancero*
(Madrid, 1970), pp. 270-280. Véanse, sin embargo, los reparos de Bénichou (2.ª ed.,
pp. 289-290, n. 3). Catalán vuelve a considerar el problema de la descristianización,
como un aspecto integrante de la originalidad distintiva de la tradición sefardí oriental, en «Memoria e invención en el romancero de tradición oral», *RPh,* XXIV (1970-
1971), 1-25, 441-463: pp. 9-11.

[7] *Romancero sefaradí: Romanzas y cantes populares en judeo-español* (Jerusalén,
1956; 2.ª ed., 1961). El texto citado corresponde a la p. 20 del prólogo hebreo de la
1.ª ed. Véase también nuestro comentario en «A New Sephardic *Romancero* from
Salonika», *RPh,* XVI (1962), 59-82: p. 60, y la comparación realizada por Attias de
las versiones peninsulares y sefardíes de *Don Bueso y su hermana:* «El que lea las dos
versiones [de Durán y Attias] se dará cuenta en seguida de que tienen una fuente en
común, aunque la versión de Durán mantiene el espiritu cristiano y los matices de su
patria, mientras que la versión de Salónica adquiere una forma más universalmente
humana» («Ha-romansa šel Don Bu'ezo», *Edoth,* I [1945-1946], 235-238: p. 235).

[8] «Nouvelles explorations du romancero judéo-espagnol marocain», *BHi,* LXIII
(1961), 217-248. Sobre la descristianización en particular, véanse las pp. 223, 227-230,
246-247. Se reproduce el estudio, muy refundido y ampliado, en la 2.ª ed. de su
Romancero judeo-español de Marruecos, pp. 307-359.

[9] «Poesía sefardí de carácter tradicional (Alcazarquivir)», *AO,* XIII (1963), 79-
215. Para «elementos cristianos», véase p. 95.

En suma: La investigación anterior ha revelado una serie de rasgos esenciales del proceso de descristianización: su carácter evidentemente esporádico y a veces superficial; el papel posible de simple falta de familiaridad con los conceptos cristianos (más que una omisión consciente); y la relación directa entre la abundancia y claridad de los rasgos cristianos y la fecha de incorporación de un romance a la tradición judaica. Los datos de Bénichou apuntan hacia el papel sorprendentemente limitado de criterios judaicos que, en general, tienden a eliminar sólo esos factores que impliquen una adherencia a la fe cristiana, mientras que al mismo tiempo se conservan otras referencias de carácter más objetivo. La mayoría de los eruditos que se han ocupado de la descristianización en el romancero sefardí —Bénichou, M. R. Lida de Malkiel, Alvar, Martínez Ruiz— han estudiado el problema principalmente a través de textos originarios de la tradición del norte de Africa. Los comentarios de Entwistle y Attias, basados en ejemplos no especificados de Oriente, son de índole general e intuitiva. El estudio de Catalán, breve aunque penetrante, se limita a un solo romance. Hasta la fecha, no existe ningún estudio comparativo sistemático del tratamiento de rasgos cristianos en las dos ramas de la tradición judeo-española, basado en un gran número de ejemplos sacados de todas las fuentes disponibles. Tal cotejo podrá servir para aclarar las conclusiones de los investigadores anteriores y posiblemente podrá revelar factores adicionales que acondicionen la conservación o eliminación de rasgos cristianos. [10]

Los temas específicamente judaicos no faltan en los romances sefardíes. Sin embargo, su carácter y su falta de frecuencia, comparados con los factores cristianos, no sugiere una preocupación desmesurada por la fe y por la historia religiosa de los judíos como tema romancístico. El número de romances dedicado a temas bíblicos es relativamente pequeño comparado con el inventario global de las narraciones romancísticas sefarditas. Sólo nueve romances auténticos dentro de la tradición actual derivan su argumento directamente de la Biblia. Y además, la mayoría de estos romances tienen sus equivalentes en la tradición peninsular. Tanto *El sacrificio de Isaac, David y Goliat* y *Tamar y Amnón,* cantados en Marruecos, como *El robo de Dina* y *El paso del Mar Rojo* de la tradición oriental, se remontan a versiones peninsulares arcaicas o modernas. [11] Por otra parte, no

---

[10]   Aunque seguramente aparecerán numerosos ejemplos adicionales en el futuro, mientras sigue la tarea de transcribir, editar y estudiar los más de 1.600 textos de nuestro romancero marroquí y oriental, creemos, sin embargo, que se pueden llegar a conclusiones válidas a base de la abundante materia disponible y ya publicada, suplementada además por la gran cantidad de textos inéditos que ya hemos transcrito, así como del vasto material inédito del Archivo Menéndez Pidal. Cfr. S. G. Armistead et al., *El romancero judeo-español en el Archivo Menéndez Pidal,* 3 tomos, Madrid, 1978 (abrev.: CMP).

[11]   Para los romances bíblicos en Marruecos, véase R. Menéndez Pidal, *Romancero hispánico,* 2 tomos (Madrid, 1953), II, 337. Cfr. también Entwistle, *European Bal-*

parece haber apenas relación común en lo que se refiere a los temas bíblicos entre las dos tradiciones romancísticas judaicas. Sólo un romance bíblico, *David llora a Absalón* (que procede de un pliego suelto del siglo XVI), es compartida por las dos ramas del romancero judeo-español.[12] Al parecer, incluso esos romances que se hallan más cerca de las tradiciones sagradas de Israel son, al igual que el resto del romancero sefardí, pan-hispánicos en su difusión y forman parte de una herencia cultural compartida en común por todos los pueblos que hablan las lenguas ibero-románicas, sean cuales sean sus creencias religiosas.

Aparece cierto número de alusiones específicamente judaicas en los romances sefardíes —con frecuencia, aunque no exclusivamente, en romances de tema bíblico, pero incluso en este caso tales referencias muchas veces son ajenas a la narración misma y toman la forma de invocaciones preliminares o versos de desenlace. *La muerte del*

---

ladry, p. 189. Que *El sacrificio de Isaac* ya había entrado en la tradición judía en el siglo XVII es atestiguado por la versión en una «miscelánea judaica» manuscrita descubierta por J. Leite de Vasconcellos («Dois romances peninsulares», *RFE,* IX [1922], 395-398; véanse ahora el estudio de D. Catalán, *Por campos,* pp. 56-75, y nuestro artículo, «El Romancero entre los sefardíes de Holanda», *Études... offertes à Jules Horrent* (Liège, 1980). Para una versión criptojudía moderna del *Sacrificio de Isaac,* véase Amílcar Paulo, «Os Marranos em Trás-os-Montes (Reminiscências Judio-Portuguesas)», *DL,* VII: v-vi, vii-viii (1956), 523-560, 627-660. Una contraparte antigua del *Robo de Dina* fue publicada por P. Ontañón de Lope, «Veintisiete romances del siglo XVI», *NRFH,* XV (1961), 180-192: núm. 15. *El paso del Mar Rojo* es, quizá, más exclusivamente judía que las otras narraciones, ya que los únicos testimonios de que disponemos lo sitúan solamente entre los judíos orientales y los *cristãos novos* de Portugal. Véase nuestro «Hispanic Balladry among the Sephardic Jews of the West Coast», *WF,* XIX (1960), 229-244: núm. 3. Sólo *La consagración de Moisés* (formas en *á-o* y *ó),* procedente de Marruecos, y *Los siete hijos de Haná,* de Oriente, parecen no tener lazos con la Península. Sobre los romances bíblicos y su origen cristiano, véase ahora D. Catalán, «Memoria e invención», p. 9, n. 26; también *Por campos del Romancero,* p. 64, n. 20.

Sobre una escasez parecida de asuntos bíblicos en la poesía tradicional de los ashkenazim, véase E. G. Mlotek, «International Motifs in the Yiddish Ballad», *Studies... for Max Weinreich* (La Haya, 1964), pp. 209-228: «Biblical sources are uncommon in the Yiddish ballads... There are a few allegorical ballads about the wedding between the Jews and the Torah, about Adam and Eve, but none like the Saga of David, as it appears, for example, in the *Shmuel-Bukh* or like the Purim plays. And even though Biblical themes existed in German ballads, these were not taken over by the Jews» (pp. 226-227). Sobre la «descristianización» en las baladas ashkenazíes, Mlotek observa que, «except for one or two cases, the Christian concepts were either omitted or replaced by Jewish equivalents» (p. 226).

[12] En *Romancero hispánico,* II, 337, Menéndez Pidal se refiere a una versión inédita de *David llora a Absalón* de Tetuán. (Véanse ahora CMP, núm. E18. y el núm. 12 de la «Antología de romances rarísimos».) Ésta es la única versión marroquí de que tenemos conocimiento. La difusión del romance en Oriente no es tan limitada como indica Menéndez Pidal. Attias (núm. 86) y M. Molho *(Literatura sefardita de Oriente* [Madrid-Barcelona, 1960], pp. 114-115) publican variantes probablemente de Salónica. El romance abunda en la tradición de Rodas, donde A. Galante («Quatorze romances judéo-espagnols», *RHi,* X [1903], 594-606: núm. 12) sin duda recogió su texto. Nuestro romancero inédito incluye ocho versiones de Rodas.

duque de Gandía, en la tradición de la Isla de Rodas, normalmente empieza con la invocación: «¡Dio del sielo, Dio del sielo, / i Dio de toda ğudería!».[13] Una versión inédita de *La consagración de Moisés (ó),* que recogimos en Tetuán en 1962, abre con un animado: «¡Los ángeles te alaben, / gran Dios de Israel!» El mismo romance normalmente termina con versos tomados de la liturgia hebrea y su paráfrasis española:

> ¡Hodu l-Adonay, ki tob,   ki le-ᶜolam ḥasdó!
> Alabado sea tu nombre   porque siempre bien nos dio
> y en los cielos y en la tierra   tu merced nunca faltó.[14]

La tormenta calmada celebra la intervención milagrosa del Dios de Israel en apaciguar una gran tempestad en el mar:

> Tenemos un Padre rahmán   ke munchas maravías aze.
> Molas aga de kontino   de prisa ke non de tadre.
> El kite la nave de golfo   komo la parida ke pare.
> Ansí aga kon los hazinos   de prisa ke non de tadre.
> Ke ningunos se dezesperen,   ni ke pyedran la esperansa,
> ke después de la fortuna,   El mos mande la bonansa.[15]

Versos parecidos sustituyen a un desenlace agresivamente cristiano en una versión oriental de *Las hermanas reina y cautiva:*

> Ya se abraçan las dos hermanas   todas las dos en una hora.
> Gracias munchas al Dio grande   que tantas maravillas haze;
> mo las haga agora i siempre,   presto, que no se detadre.[16]

El paso del Mar Rojo, como se canta en Mármara (Turquía), cierra con el consejo devotamente monoteísta:

> Ke miremos sus maravías,   ke mos aze el Dio de en alto.
> El es uno i non segundo;   El es Patrón de todo el mundo.[17]

---

[13] «Hispanic Balladry», núm. 2. Compare la fórmula menos concreta empleada en las versiones de Marruecos y Oriente de *La expulsión de los judíos de Portugal:* «¡Dios del sielo, Dios del sielo, / Dios del sielo estís conmigo!» (Martínez Ruiz 102); «¡Diez del cielo, Diez del cielo, / Diez del cielo, hacé conmigo!» (Attias 57); y en *La lavandera de San Juan:* «Dios del cielo, Dios del cielo, / que es padre de piedad» (Larrea 203).

[14] Larrea 44.27-31. El verso hebreo procede de Salmos 136:1. Hemos enmendado la transcripción de Larrea. La misma invocación aparece en *Las tablas de la Ley* (Martínez Ruiz 45) y *La Blancaniña (ó;* Larrea 116) y en una canción narrativa oriental de asunto bíblico (Attias 128.9, 39).

[15] Yacob A. Yoná, *Güerta de romansos importantes* (Salónica, s.f.), núm. 7 (editado en *Yoná,* núm. 10).

[16] Galante, núm. 7. Véase en Bénichou el importante comentario y comparación del texto judío con las variantes cristianas *(RFH,* VI, 121; 2.ª ed., p. 225).

[17] «Hispanic Balladry», núm. 3.

La figura del esposo depauperado que fervientemente repasa sus textos talmúdicos en *Vos labraré un pendón,* ofrece un notable estudio de la religiosidad judaica:

Tengo los ojos marchitos,   de meldar la ley de Dios.[18]

En una versión bosníaca de *La mujer engañada,* la protagonista acude al rabino para que la divorcie de su esposo infiel:

Amaniser amanisiría,   onde el haham iría.
Sultura le daría,   maz no lu kería.[19]

En un texto de *La novia abandonada (Bosnia* C8), la acción tiene lugar mientras un *mansevo* se dirige a la sinagoga para asistir a la oración del atardecer (h. *minḥāh):*

Una tarde de las tardes,   jéndomi para minhá,
eskontrí una mučača,   ermoza era en kantidat...

El quórum obligatorio de diez varones (*minyān*) y la ceremonia de casamiento específicamente hebraica (*kidûšîn*) se mencionan en varios romances orientales (*Disfrazado de mujer* [é-a]; *Rondador afortunado* [Attias 112]; *Princesa y el bozağí*). También aparecen apelaciones esporádicas al exclusivismo religioso. Dentro de una perspectiva singularmente judía, la virtuosa Lucrecia, en una versión inédita de la isla de Rodas, rechaza a Tarquinos, no precisamente por un sentido de fidelidad matrimonial, sino por temor a que se le acuse de tener un amante cristiano:

I más kero morir kon onra   i no vivir desfamada.
Ke no digan la mi ğente,   d'un kristiano fue namorada.

En *Los hermanos esclavos* (Attias, núm. 88, 19 y ss.), las desdichas de una esclava judía culminan en la siguiente situación lamentable:

Siendo hija de quien so,   me casaron con cristiano.
Yo era hija   del cohén gadol.[20]

---

[18]   A. Danon, «Recueil de romances judéo-espagnoles chantées en Turquie», *REJ,* XXXII (1896), 102-123, 263-275; XXXIII (1896), 122-139, 255-268: núm. 30. Léase «del Dio».

[19]   *Judeo-Spanish Ballads from Bosnia* (Filadelfia, 1971), núm. C11.

[20]   Attias 88.19 y ss. La anécdota que sirve de base para el poema sefardí tiene vetustas raíces en la tradición judía. Véanse U. Cassuto, «Un' antichissima elegia in dialetto giudeo-italiano», *Archivio Glottologico Italiano* (Turín), XXII-XXIII (1929), 349-408; G. Lazzeri, *Antologia dei primi secoli della letteratura italiana* (Milán, 1954), pp. 177-193; E. Monaci y F. Arese, *Crestomazia italiana dei primi secoli* (Roma-Nápoles-Città di Castello, 1955), pp. 33-36; G. Contini, *Poeti del duecento,* 2 tomos (Milán-Nápoles, 1960), I, 35-42; II, 796-797; G. Tagliavini, *Le origini delle lingue neolatine,* 4.ª ed. (Bolonia, 1964), p. 495; P. Dronke, *The Medieval Lyric* (Londres, 1968), p. 58; *La lírica de la Edad Media* (Barcelona, 1978), p. 71.

Sólo en casos muy raros, los romances sefardíes expresan sentimientos concretamente anticristianos: El idólatra, en un raro romance oriental, implora a la Virgen María que le salve de una tempestad en el mar. Cuando sus plegarias son rechazadas —en total contradicción a las normas del romancero cristiano— contesta con una repudiación abrupta y grosera de la eficacia milagrosa de la iconolatría católica:

> —¡Siñora, la mi Siñora,   escápame de estas ondas!
> Si d'estas ondas me escapas,   de oro te visto toda,
> si no me escapas d'estas ondas,   no creo más en la Siñora.—
> Esto sintieron las nubes, se sobrebiaron las ondas.
> —Vate, vate, puta María,   que sos falsa y mintirosa...
>
> (Attias, núm. 59.17-26)

De manera parecida, una versión del mismo romance, procedente de Rodas, ofrece la siguiente variante del primer verso:

> Fedyonda, la mi Fedyonda,   eskápame de estas olas...[21]

Los textos arcaicos peninsulares de *La sentencia de Carloto* (*Primav.* 167) comienzan con una devota invocación católica:

> En el nombre de Jesús,   que todo el mundo ha formado
> y de la Virgen su Madre,   que de niño lo ha criado...

En una versión procedente de la tradición marroquí moderna, el primer verso se torna graciosamente anti-cristiano: «En el nombre de Jesús / que todo el mundo ha *des*formado» subrayado nuestro), a la vez que se prescinde arbitrariamente de la alusión a la Virgen.[22] En un texto oriental del *Raptor pordiosero*, se sustituye la calificación normal (aun en los textos sefardíes) de «Roma santa» por otra que niega la eficacia de la peregrinación a la capital del cristianismo: «Me hize yo romero / de la Roma falsa» (Romey, núm. 5*a*).

A la relativa escasez de rasgos concretamente judaicos y anticristianos se pueden contrastar los abundantes elementos cristianos, que, en varios grados de conservación, absorción o disfraz, se perciben dispersos por todo el romancero sefardí. En total, se pueden documentar unos 40 componentes claramente cristianos en uno o más de los romances que hoy día forman parte de la tradición sefardí. Tales elementos incluyen las principales figuras religiosas veneradas por la fe cristiana, ciertos santos, dignatarios eclesiásticos, la misa y sus pertenencias, las importantes fiestas cristianas y otros mu-

---

[21] Núm. 2 de nuestro *Diez romances hispánicos en un manuscrito sefardí de la Isla de Rodas* (Pisa, 1962).

[22] Larrea, II, 167, vv. 927 y ss. Para comentarios, véase Bénichou, «Nouvelles explorations», p. 230.

chos conceptos cristianos. Concretamente: La Trinidad, Jesús, la Virgen María, varios santos y mártires; el Papa, obispos, sacerdotes, frailes y abades, confesores, monjas, peregrinos y peregrinaciones; conventos, iglesias, altares, crucifijos, misales, rosarios, campanas de la iglesia; misas, bautismo, confesión y absolución; prebendas; la carne de cerdo como comestible; Navidad, Nochebuena, la Pascua Florida, Pascua Mayor; el Diablo y el Infierno, todos están citados, bien en una forma inalterada o bien en un disfraz más o menos transparente, en alguna parte del romancero judeo-español. En numerosos casos, sobre todo en Marruecos, los protagonistas son designados específicamente como cristianos *(Cautiverio de Guarinos, Portocarrero, Don Bueso, Hermanas reina y cautiva, Cautivo del renegado, Leonisio de Salamanca, Calumnia, Pájaro verde).* La presencia de los citados elementos en ciertas variantes de los romances sefardíes muchas veces facilita la posibilidad de documentar su consciente eliminación, disfraz o atenuación en otras versiones judeo-españolas.

El tratamiento variado que se otorga a tales componentes cristianos puede categorizarse de la siguiente manera: **(1)** El elemento cristiano se conserva sin cambiar. **(2)** Se conserva, pero pierde su sentido original. **(3)** La forma hispano-cristiana es sustituida por su equivalente en italiano, griego o turco. **(4)** El elemento cristiano es sustituido por una voz o locución neutral o secular. **(5)** Es reemplazado por una forma sin sentido. **(6)** Es sustituido por un vocablo específicamente judaico. **(7)** Se omite el elemento cristiano.

1. Un gran número de referencias cristianas aparecen en forma inalterada en las dos ramas del romancero sefardí (O = Oriente; M = Marruecos; M-Pen = romances peninsulares recientemente importados a Marruecos; M−pliego = romances marroquíes derivados de pliegos sueltos). Entre los ejemplos más característicos figuran: «la Santa Trinidad» *(Conde Sol:* M-Pen), «un Cristo figurado» o «señalado» «una imagen de Cristo» *(Destierro del Cid; Garcilaso:* M), «el verbo» *(Vengadora de su novio:* M-pliego), «Jesucristo y su Madre» *(Mala suegra:* M-Pen), «Jesús» y «La Virgen Soberana» *(Leonisio de Salamanca:* M-pliego), «la Virgen Soberana» *(Delgadina:* M-Pen), «Sagrada Virgen María» *(Don Bueso:* M-Pen), «Virgen Santa», «Virgen pura» *(Parto en lejas tierras:* M-Pen), «Virgen Santa María» *(Marqués de Mantua:* M-pliego), «Virgen de la Estrella» *(Gerineldo:* M-Pen), «Santa Clara» y «Santa Inés» *(Vuelta del marido* [é]: M-Pen y O [de origen marroquí]), «San Pedro» y «San Juan» *(Testamento del rey Felipe:* M), «mañanita de San Juan» (varios romances: M), «el Padre Santo (en Roma)» *(Muerte del duque de Gandía; Silvana:* M), «el Papa de Roma» *(Misa de amor:* O), y «su Santidad [en Roma]» *(Vengadora de su novio:* M-pliego). El martirio de *Santa Catalina* y *Santa Irene,* así como el afán anti-moruno de la joven *Santa Teresa,* se recuerdan en romances marroquíes de reciente importación de la Península, donde los dos primeros temas han sufrido la misma secularización radical reflejada en los textos nora-fricanos. El *topos* romancístico del fraile lujurioso se ejemplifica como tema central en varios romances marroquíes de reciente origen peninsular, así como en los giros «hijo de un fraile» (*Mala suegra:* M) e «hija del obispo» (*Virgilios:* M). Otras supervivencias cristianas son: «abad y monjes» (*Victorioso vuelve el Cid:* M-pliego), «monja» (*Monja contra su gusto:* M-Pen; *Vuelta del marido* [é]: M-Pen y O [de origen marroquí]; *Buena hija:* M; entre otros romances marro-quíes), «fraile» (*Sancho y Urraca:* M; *Conde Claros fraile:* M), «con-fesor» o «confesador» (*Pájaro verde, Raquel lastimosa:* M; *Marqués de Mantua:* M-pliego); «absolución» (*Marqués de Mantua:* M-pliego), «romerita» o «peregrina» (*Conde Sol:* M), «romero de la Roma santa» (*Raptor pordiosero:* O), «pelegrino» (*Bernal Francés:* O), «iglesia» o «iglezia» (varios romances: M-Pen), «misa» *Cabezas de los infantes de Lara:* O; *Blancaflor y Filomena:* O; *Virgilios:* M y O; *Mujer de Arnaldo:* M y O; *Bella en misa:* M y O; otros muchos romances: O, M y M-Pen), «convento» (*Conde Sol:* M-Pen; *Venga-dora de su novio:* M-pliego), «cruces» (*Expulsión de los judíos de Portugal:* M; *Tarquino y Lucrecia:* M), «altar» (*Conde Niño:* M-Pen; *Conde Sol:* M-Pen), «altar mayor» (*Huérfana seducida:* M-Pen), «bautizar» (*Huérfana seducida:* M-Pen), «rosario» (*Conde Sol:* M-Pen), «campanas de iglesia» (*Muerte ocultada:* M-Pen y O; *Pájaro verde:* M; Conde Niño: M; *Parto en lejas tierras:* O; *Muerte del prín-cipe don Juan:* O), «rentación» = 'prebenda' (*Sancho y Urraca:* M), «Nochebuena» (*Nochebuena:* M-Pen), «noche de Navidade» (*Hijo vengador:* M), «Pascua Florida» (*Don Bueso:* M-Pen y M; *Rosaflori-da y Montesinos, Tarquino y Lucrecia, Veneno de Moriana, Herma-nas reina y cautiva; Espinelo;* y otros M), y «los enemigos» = demo-nios (*Infanticida:* M-Pen). La carne de jabalí («un puerco» o con odio intensificado desde un punto de vista judío, un ḥǎzîr») se cita como alimento en *Celinos y la adúltera* (O). A *Delgadina* se le da de comer «tocino» (M). «Pascua Real» y «Pascua Mayor» (*Canción del huérfano:* O) corresponderán a designaciones medievales de la Pas-cua de Resurrección (*DCELC*, III, 679a). «Pascua Real» se da tam-bién en *Moriana y Galván* (M; Larrea 81.30). Claro que en la tradi-ción judía han de ser equivalentes a *Pesaḥ Ri'šón.*

2.   Conocemos pocos casos en que la forma de la voz cristiana se conserva, mientras que su sentido original se ha perdido. En *La choza del desesperado,* la palabra «misa» se usa en sentido de «to-rre», «ermita» o «choza», a juzgar por el contexto («una misa fra-guaré») y las voces insertadas en otras versiones[23]. En otros lugares (*Conde Alemán y la reina*) parece significar «capilla» o algún otro tipo de edificio, quizá un convento (Attias 53.30). En *Los malos oficios* (M; Ortega, p. 215), la voz *fraile* sustituye a un *baile* («la-drón») germanesco original (Durán 1763), sin que haya indicación

---

[23]   Véase «Hispanic Balladry», núm. 6 (versión de Sérrai, Grecia).

alguna de que el protagonista sea un eclesiástico. Así también, en alguna versión del *Cautiverio de Guarinos* (M), los doce pares de Francia se convierten en «los doce frailes». En formas marroquíes de *Melisenda insomne,* el vocablo *monja* parece adquirir el sentido de «moza, soltera»: «Guardando a condes y duques / monja me hubi de quedare» (inéd., Larache). Así también, en un cantar de boda de Salónica, parece esfumarse la distinción entre *moza* y *monja:* «monja la quieren dejar / casadica quiere estar» (Attias 64.8-9). En *El cautivo del renegado* (M), el topónimo original, «Vélez de la Gomera» *(Primav.* 131), al perder su significado, genera una «romera», que en el contexto carece de significado alguno: «subiérame a vender / a los pies de una romera» (Larrea 64) u otras tonterías por el estilo. Téngase en cuenta el fino comentario de Bénichou (p. 206).

3. En unos pocos casos, algún vocablo originario de lenguas del mediterráneo oriental sustituye al término hispano-cristiano. En *La misa de amor* (O), la palabra «abad», «sacristán», etc., se convierte en «el papás» o «papaziko» (gr. *pappás)* y en *La expulsión de los judíos de Portugal* (O) «los gregos van a la klisa» (t. *kilise* «iglesia»).[24] En *El idólatra de María,* la forma «crocha» (it. *croce?)* ha de significar «cruz», aunque en la tradición cristiana la palabra correspondiente es «corona» (Catalán, *Por campos,* p. 271).

4. Aparte de la conservación de los términos sin alteración (1), el empleo de vocablos neutrales y seculares para sustituir a rasgos marcadamente cristianos es, con mucho, el fenómeno más frecuente: La invocación «En el nombre de Jesús / y la Virgen Soberana» > «En el nombre dilo tú / y su madre soberana» *(Leonisio de Salamanca:* M-pliego), «Santa Trinidad» > «Santa Eternidad» *(Conde Sol:* M-Pen), «No lo permita Dios Padre, / ni la Virgen Soberana» > «No lo permita Dios, padre; / ni tal quiera, ni tal haga», «... ni mi madre la honrada» *(Delgadina:* M y O), «ni la Virgen Santa Isabel» (en otra invocación semejante), «ni lo quiera yo también» *(Vuelta del marido* [é]: M) o «ni yo ke lo kiera azer» *(La dama y el pastor:* O), «Virgen de la Estrella» > «libro de la estreya» (entre otras soluciones; *Gerineldo:* M y M-Pen), «la mañana de San Juan» > «Mañanita era, mañana» *(Sanjuanada; Misa de amor:* M), «mañanica de Sanjiguale» > «un día de enverano» *(Falso hortelano:* O), «monja(s)» > «moza», «muchas», «viudas» *(Buena hija:* M), «monǧa» > «bivda» *(Vuelta del marido* [polias.]: O), «romería» > «cortesía» *(Hermanas reina y cautiva:* M), «que viene de romería» > «ke venía... de... beber las aguas frías» *(Hermanas reina y cautiva:* O, Ms del siglo XVIII), «pelegrino» > «mi mezquino» *(Bernal Francés:* O), «un día estando en la misa» > «...mesa» *(Blan-*

[24] Véase «Hispanic Balladry», p. 242, n. 38. Este hemistiquio corresponde a «los cristianos con sus cruces» en versiones marroquíes del mismo romance. Véanse R. Menéndez Pidal, «Catálogo del romancero judío-español», *CE,* IV (1906), 1045-1077; V (1907), 161-199: núm. 13; y la n. 32 abajo.

caflor y Filomena: O), «un día indo el rey a misa» > «...a cazar», «...a caza», «...al paseo», «...a la ventana» *(Virgilios:* M y O), «misa mayor» > «admiración» o «predicación» *(Misa de amor:* M), «libro misal» > «librito (de) rezar» *(Gerineldo; Robo de Elena; Conde Claros y la princesa:* M), «noche de Navidad» > «noches son de enamorar» o «...de alabar» *(Melisenda insomne:* O) o bien «...de la mocedad», «...de misa real», «...a escuridad» *(Hijo vengador:* M),[25] «las penas del infierno» > «las penas del enfermo» *(Silvana:* O, Ms del siglo XVIII),[26] y «puerco» > «flores de sená» 'flores de zarza' *(Celinos y la adúltera:* O).

5. La sustitución de elementos cristianos por formas sin sentido parece deberse, en la mayoría de los casos, al aislamiento cultural y religioso y a la pérdida consiguiente de familiaridad con los conceptos en cuestión, más que a un esfuerzo consciente y deliberado de descristianización. A continuación ofrecemos algunos casos característicos: «Virgen» > «Virgel» *(Nochebuena:* M-Pen), «San Juan» > «Sanjiguale», «Sanǧiguare», «Sanǧeruán» *(Gaiferos jugador, Falso hortelano:* O), «San Gil» > «Sanǧi(r)» *(Almerique de Narbona:* O), «Fray Pedro» > «Paipero» *(Paipero:* M-Pen), «mal romero de la Roma» > «maromero de la ruina» *(Raptor pordiosero:* O), «pelegrino» > «Perlinguito» *(Bernal Francés:* O), «misa» > «milsa» *(Gaiferos jugador; Bella en misa:* O), «libro misal» > «libro nisá», «...nisar», «...nisán» *(Conde Claros y la infanta; Robo de Elena; Gritando va el caballero:* M).

6. La sustitución de características o expresiones cristianas por una terminología específicamente judía ocurre con poca frecuencia. En el verso «No lo quere ni el Dio, ni la gente, / ni la ley santa y bendicha» *(Delgadina:* E), el segundo hemistiquio quizá haya reemplazado la famosa invocación «ni la Virgen Santa María». Quizá el «libro de la estreya», que sustituye a «la Virgen de la Estrella» en *Gerineldo* (M), sugiera una *Māgēn Dāwid.* En *La misa de amor* (O), los verbos *meldar* y *daršar,* tan típicamente hispano-judaicos, se refieren a las oraciones del *papás,* quien, en una versión por lo menos, se convierte en «el sabio» —traducción española, sin duda, de *ḥākām.* Una reverente evocación judaica sustituye, según hemos visto, a un desenlace militantemente cristiano por lo menos en una variante oriental de *Las hermanas reina y cautiva.* En *La buena hija* (M), las «cuentas negras» ('rosario') con que suele rezar el padre *(Primav.* 117) han sido «sustituidas con un libro de oraciones, más conforme a las costumbres de la piedad judía» (Bénichou, p. 182). En *La penitencia* (ó), pese a un léxico hebraizante y oriental, parece haber sobrevivido algún recuerdo de la confesión y absolución tan

---

[25] Bénichou, *Romancero judeo-español,* p. 201. Sobre el comienzo, «Nochebuena, Nochebuena, / la Noche de Navidad», en versiones peninsulares del *Conde Sol,* véase R. Menéndez Pidal et al., *Cómo vive un romance* (Madrid, 1954), pp. 240-241.
[26] Publicado en nuestro libro *Judeo-Spanish Ballads from Bosnia,* núm. A3.

importantes en las versiones peninsulares de *La huérfana seducida*.
He aquí el final de la versión de Attias (núm. 67.23-30):

Que s'espanda como muerto   para recivir su perdón;
que beba taza d'adefla,   que le queme el corazón.
Y en lugar de adeflarlo,   le adulzaron el garón;
le dieron taza de jarope   porque otorgó su havón.

7. En muchos casos, es difícil comprobar la omisión consciente
de materia cristiana. Elementos cristianos presentes en las versiones
marroquíes de algún romance muchas veces faltan en su complemen-
to oriental; pero también pueden estar ausentes en ciertas variantes
de la tradición peninsular. La pregunta obvia y muchas veces sin
respuesta es si los sefardíes orientales realmente se llevaron al exilio
una variante que contenía elementos cristianos. Los romances orientales casi invariablemente son más simplificados y, en general, más
incompletos que sus contrapartes del norte de Africa.[27] Muchas veces resulta imposible saber si lo que se perdió fue específicamente
cristiano, y en tal caso si su omisión fue debida a un intencionado
esfuerzo por descristianizarlo o simplemente se debía a la erosión
textual de largo alcance, tan característica de los romances orientales. Sin embargo, hay algunos casos relativamente seguros. La «romería» del Conde Flores en *Las hermanas reina y cautiva,* de la cual
hay vestigios descristianizados en los textos marroquíes y en una versión manuscrita del siglo XVIII procedente de Bosnia, parece faltar
por completo en la tradición oriental moderna. Un caso parecido es
la alusión al Infierno («las penas del infierno»), que ha perdurado en
las variantes marroquíes de *Silvana* y que se conserva ya descristianizada como «penas del enfermo» en otro MS bosnio del siglo XVIII,
pero parece haberse omitido en todas las versiones conocidas de la
tradición oriental moderna. Así también, el maravilloso bordado de
Vos labraré un pendón incluye, según la tradición cristiana del siglo
XVII reconstruida por Menéndez Pidal (*Romancero hispánico,* II,
179), representaciones de «Santa María» y «San Salvador», mientras
que en la tradición judía se sustituyen las alusiones cristianas por
algún verso laico e insulso: «encima de todo esto / la gracia del rey
mi señor» (M) o bien «entre medio las mis ansias / las que tengo en
mi corasón» (O). La intervención milagrosa de la Virgen, esencial al
romance de *La nodriza del infante* en la tradición catalana, queda
eliminada en las versiones marroquíes, dando lugar a un despropósi-
to: Ante la muerte del infante, la nodriza se tiene que suicidar aho-
gándose en el mar (Larrea 260-261). Como bien arguye Bénichou, la
supuesta promesa de Melisenda —insomne por amores del conde
Ayruelo— de «tener novenas / allá en San Juan de Letrán» *(Primav.*

---

[27]   Para una penetrante caracterización del romancero oriental, véase ahora Catalán, «Memoria e invención», pp. 5-14.

198) ha sido eliminada en la tradición sefardí «porque chocaba en el ambiente judío o porque no se entendía más» (p. 71). En versiones marroquíes de *La mala suegra,* la confesión de Carmela, característica de los textos peninsulares, «desapareció entre los judíos», ajenos a semejante práctica (Bénichou, p. 316). Una referencia al bautismo se convierte en «yo te aquistianaría» en una variante marroquí de *Las hermanas reina y cautiva;* la alusión falta en los demás textos norteafricanos y asimismo se omite de todas las versiones conocidas de la tradición oriental. Parece que se han eliminado de manera intencional las referencias a la Trinidad, la confesión y el demonio en algunas versiones marroquíes de *El conde Sol, La mala suegra* y *La infanticida.* Y los versos «¡Arriba, canes, arriba! / ¡que rrabia mala os mate!; // en jueves matáys el puerco / y en viernes coméys la carne» *(Primav.* 124) están reducidos a «Arriba, Canela, arriba, / arriba comerás carne» en una variante marroquí de *Moriana y Galván* (Larrea 79.15-16), para evitar de tal forma la alusión al cerdo como comida.

Es aparente que hay una relación estrecha entre los factores geográficos y cronológicos por una parte y el estado de conservación y la frecuencia de rasgos cristianos retenidos por otra. Las variantes peninsulares que han emigrado sólo recientemente a Marruecos —en versiones orales o bien en forma de pliegos sueltos— conservan en definitiva más elementos cristianos inalterados que ninguna otra clase de romances sefardíes. En este tipo de romance, encontramos referencias, y aun plegarias, a «la Santa Trinidad», «Jesucristo», «La Virgen» y varios santos, además del *topos* del fraile libertino, alusiones a la toma del hábito de monja, peregrinos, iglesias, rosarios, confesión, absolución, «Nochebuena» y demonios. Sin embargo, hasta en estos romances de reciente origen peninsular se advierte el proceso —consciente o involuntario— de descristianización: «Jesús» > «dilo tú», «Virgen» > «Virgel», «Fray Pedro» > «Paipero».

A lo largo de los siglos de exilio, las comunidades judías del norte de Africa debían haber mantenido lazos culturales con la Península mucho más estrechos que sus hermanos orientales, que vivían en el lejano destierro de los Balcanes, Anatolia y Palestina. Desde Tánger se divisa la costa de Andalucía y en cualquier circunstancia se tarda menos de una jornada en el viaje de Tetuán a Ceuta y el Estrecho de Gibraltar[28]. Como posible resultado de esta proximidad,

---

[28]   Cfr. Menéndez Pidal, *Romancero hispánico,* II, 335. Téngase en cuenta el siguiente testimonio dieciochesco: «... la ville de Tétuan, habitée par des Maures et par des Juifs, qui parlent presque tous espagnol, et que les relations commerciales, surtout avec Gibraltar, qui vient y prendre des refraichemens, ont rendus doux et polis» (M. de Chenier, *Recherches historiques sur les Maures* [París, 1788], según el resumen de G. Boucher de la Richarderie, *Bibliothèque universelle des voyages,* IV [París, 1808], 50).

incluso aquellos romances de larga vigencia en Marruecos aún conservan un número de elementos cristianos mucho mayor que los romances de tradición oriental. Algunos ejemplos de tales rasgos cristianos tan persistentes son el «Cristo figurado» (*Destierro del Cid* y
Garcilaso), la fórmula predilecta «mañanita de San Juan», «el Padre
Santo (en Roma)» (*Duque de Gandía* y *Silvana*), referencias ocasio-
nales al tema del fraile lujurioso, la toma del hábito de monja (*Buena hija*), el disfraz de peregrino (*Conde Sol*), la asistencia a la misa,
crucifijos, prebendas y la «Pascua Florida». La sustitución de voces
cristianas por términos seculares parece ser tan prevalente en Marruecos como Oriente; pero —una vez más de acuerdo con las mayo-
res oportunidades que tenían los judíos marroquíes para entablar relaciones culturales con la Península— se pueden documentar más casos del uso de formas sin sentido en la tradición oriental que en la
de Marruecos. Asimismo, el empleo de sustituciones específicamente
judaicas y la intencionada omisión de elementos cristianos también
parecen ser más característicos de los romances orientales.

La tradición oriental, sin embargo, todavía conserva algunos rasgos cristianos no alterados: «el papa de Roma» (*Misa de amor*), «romero de la Roma santa» (*Raptor pordiosero*), «el pelegrino» (para
denominar el marido en *Bernal Francés*), y los *topoi* de ir a misa
(*Virgilios, Mujer de Arnaldo, Bella en misa*) y las campanas de iglesia como portentos de la muerte (*Muerte ocultada, Muerte del príncipe don Juan, Parto en lejas tierras*). En otras ocasiones, la palabra
«misa» se conserva en su forma pero no en su sentido original. La
práctica esporádica de traducir voces hispano-cristianas al griego o al
turco es obviamente privativa de la tradición oriental (*cura* > *papás;
iglesia* > *klisa*). Vestigios secularizados que han sobrevivido en versiones dieciochescas de *Silvana* («Penas del enfermo» < «penas del
infierno») y de *Las hermanas reina y cautiva* («venía de beber las
aguas frías» < «venía de romería»), aunque faltan en todos los textos modernos de Oriente, ofrecen una prueba única e inestimable de
la progresiva descristianización que caracteriza la tradición oriental
como una rama distintiva del romancero sefardí.

Aparte de consideraciones geográficas y cronológicas, otro posible factor en la conservación de elementos cristianos es su relación
con la dicción formulística y los lugares comunes romancísticos. Como parte de tales componentes recurrentes, los elementos cristianos
sin duda tenían más posibilidad de sobrevivir. Parecen haberse conservado ciertas voces o alusiones en gran parte a causa de su empleo
frecuente como *topoi* narrativos. El «Cristo figurado», que tendría su
origen en algún romance del siglo XVI (*Primav.* 92-92a), ha sobrevivido en otras dos narraciones distintas procedentes de Marruecos: *El
destierro del Cid* y *Garcilaso*. Otros tópicos romancísticos cuyo uso
reiterado ha facilitado, sin duda, la conservación de sus componentes
cristianos son el fraile lujurioso (*Mala suegra* y quizá *Virgilios:* M),

la esposa fiel o hija constante que se retira a un convento *(Vuelta del marido:* M-Pen; *Buena hija:* M), el disfraz del protagonista como peregrino *(Conde Sol:* M; *Raptor pordiosero:* O; *Bernál Francés:* O) y las campanadas de la iglesia como portento de muerte *(Muerte ocultada:* M-Pen y O; *Parto en lejas tierras:* O; *Muerte del príncipe don Juan:* O). El tópico de desarrollar la acción de un romance mientras el protagonista oye misa o se dirige a la iglesia ejemplifica otro *topos* narrativo que, a fuerza de repetición, ha sobrevivido en abundancia en las dos ramas de la tradición judeo-española. Aún más corriente es el tema de la contemplación de la belleza femenina durante la misa, que no sólo ha pervivido, sino que en algún caso se ha incorporado a narraciones romancísticas donde, en la tradición peninsular, parece estar desconocido *(Delgadina:* O).[29] Los hemistiquios formulísticos como «mañanita de San Juan» y «día de Pascua Florida», como marco cronológico para la acción del romance, se dan en forma inalterada en varios romances marroquíes. La fórmula de San Juan también figura en los romances orientales, aunque en este caso el título y el nombre se han fundido: «Sanǧeruán», «Sanǧiguale», «Sanǧiguare». De todos modos, el uso formulístico no asegura la supervivencia de una referencia cristiana, como se puede ver en la persistente reinterpretación secular de las invocaciones formulísticas de la Virgen, la transformación de «Navidad» en «namorar» o «alabar» (en el *incipit*, «Nochebuena, nochebuena, / que es noche de Navidad»), y la erosión de «misal» a «Nisá(n)» o «nisar» en la fórmula «Juramento tengo hecho / y en un libro misal».

Nuestras pesquisas sirven, en el fondo, para confirmar las de investigadores anteriores al describir los rasgos esporádicos y tajantemente judaicos de los romances sefardíes como una capa importante, pero fundamentalmente extrínseca, en contraste con los elementos cristianos, mucho más abundantes y esenciales. Que la eliminación de tales elementos haya distado de ser sistemático en la tradición sefardí es, por supuesto, bastante obvio. Sin embargo, no bastaría calificar el carácter de esta descristianización como un fenómeno meramente esporádico sin pormenorizar los varios factores que entran en juego. El deseo intencionado de evitar expresiones que impliquen una adhesión positiva a la fe cristiana y una falta de familiaridad cada vez mayor con los conceptos cristianos son dos factores primordiales en la eliminación de los rasgos cristianos. Una descristianización consciente probablemente explicaría la mayoría de los casos de sustituciones seculares o concretamente judías; la mayoría de las sustituciones sin sentido respondería sin duda a una simple falta de familiaridad con los conceptos. Hay, además, un nexo muy directo entre la descristianización y la relativa distancia geográfica y cronoló-

---

[29] M. J. Benardete, *Los romances judeo-españoles en Nueva York* (tesis de M. A., Columbia University, Nueva York, 1923), núm. 28 o ahora nuestra ed., muy anotada, *Judeo-Spanish Ballads from New York* (Berkeley-Los Angeles, 1981), núm. 34.

gica de los varios subtipos del romancero judeo-español de la Península y de sus lazos culturales con ella. La descristianización se hace cada vez mayor en cuanto pasamos de los romances marroquíes de origen peninsular reciente a los de más vigencia en la tradición judía del norte de Africa, al igual que si vamos de los romances manuscritos del siglo XVIII procedentes de los Balcanes a los romances de las comunidades modernas de Oriente. Sin embargo, aun en la tradición oriental más intensamente descristianizada, los protagonistas romancísticos a menudo operan en un mundo esencialmente cristiano. La conservación de ciertos elementos cristianos depende, al parecer, de su uso en los *topoi* narrativos y la dicción formulística. Sin embargo, no se puede explicar la supervivencia relativamente abundante de tales rasgos, aun en la más lejana sub-tradición del romancero sefardí, en meros términos de la mecánica de la poesía tradicional. También deben haber desempeñado un papel decisivo ciertos factores históricos y valores culturales.

Los romances judeo-españoles de las dos sub-tradiciones reflejan todavía la estructura y los valores de la sociedad hispano-medieval en que se originaron; una sociedad en la que casi todos los aspectos de la realidad —lo político, económico, comunitario e individual— fueron acondicionados por consideraciones de índole religiosa.[30] Al final de la Edad Media, la vida española todavía consistía en una asociación dinámica de españoles que pertenecían a tres grandes religiones. Este enfrentamiento y colaboración multi-religiosos, inherente en el tejido de la vida hispánica, resuena aún en el romancero de los judíos sefardíes. El carácter tri-religioso de la sociedad española se refleja de manera conmovedora en el diálogo entre «El moro Galván» y su princesa cautiva Juliana —un diálogo que recuerda la disolución trágica de aquella sociedad y, a la vez, expresa una fracasada súplica a favor de la convivencia pacífica:

---

[30]   La costumbre de definir y organizar la realidad según tres categorías religiosas, otra faceta de la herencia hispana de los sefardíes, seguramente fue reforzada y confirmada por parecidas condiciones culturales y sociales encontradas por los judíos en el exilio, tanto en Marruecos como en Oriente. En su estudio sobre el judeo-español marroquí, José Benoliel ha señalado una curiosa y abundante triplicación lexicográfica basada en consideraciones religiosas:

No es por lujo de terminología, sino por escrúpulo y preocupación de precisión y exactitud de expresiones, que se recurre al árabe y al hebreo; así, el vocablo *Leer* sólo se aplica a la *lectura* de cosas profanas o de libros e idiomas europeos; leer una carta, una historia; leer francés, español, etc.; si se quiere hablar de textos hebreos, se empleará el verbo *meldar...*; si, finalmente, se quiere aludir a la lectura que los moros hacen en sus libros, entonces se dirá: *qarear,* y el sustantivo será *qráia.* Semejantemente, *rezar* es exclusivo de cristianos; *sallear,* de moros; *dizer tefillá,* de judíos... Así es que una misma cosa será designada por términos diversos, según se refiera, por ejemplo, a moros, judíos o cristianos. Estos tres últimos nombres son, en efecto, los que se usan exclusivamente para señalar en el masculino o en el femenino, cualquier persona que pertenezca o parezca pertenecer a tal o tal religión, sin que las palabras *hombre* o *mujer, caballero* o *señora,* por lo que tienen de indefinido, se empleen, a no

—¿Qué tienes y tú, Juliana,   u quién te ha hecho male?
Si te han hecho mal los moros,   los mandaré yo a matare;
si te han hecho mal cristianos,   los mandaré a cautivare;
si te han hecho mal judíos,   los mandaré a desterrare.
—Ni me han hecho mal los moros,   ni los mandes tú a matare;
ni me han hecho mal cristiano[s],   ni los mande[s] a cautivare;
ni me han hecho mal judíos,   gente son que mal no hace.[31]

En *La expulsión de los judíos de Portugal,* cristianos, moros y judíos rinden homenaje a una novia real, en un fragmento que refleja con fidelidad el uso medieval en que todos los habitantes de una ciudad se reunían para aclamar a los visitantes importantes con cánticos de bienvenida:

Ya me salen a recibir   tres leyes a maravilla:
los cristianos con sus creces,   los moros a la morisca,
los judíos con vihuelas   que la ciudad se estrujía.[32]

ser en casos especiales o en presencia de esas mismas personas. Daremos aquí algunos ejemplos:

un quistiano	un moro	un *judió*...
una criada	una morita	una dissipla
un maestro	un fqi	un rebbí
una maestra	una maàalmá	una rebbisa
una inglesia (iglesia)	un jamaà	una esnoga
la misa	la slá	la tefillá
la lectura	la qráia	el meldar
el bautismo	la thara	la sercusión
un casamiento	un èers	una boda
un entierro	una gnaza	una misvá
un simenterio (cementerio)	los emqabar	la meàará...

(«Dialecto judeo-hispano-marroquí o hakitía», *BRAE,* XIII [1926], 362 and 510).

[31] Larrea 81, vv. 37-50, corresponden a los siguientes versos en *Primavera* 121:

—¿Qué es esto, la mi señora?   ¿Quién vos ha fecho pesar?
Si os enojaron mis moros,   luego los faré matar,
o si las vuesas doncellas,   farélas bien castigar;
y si pesar los cristianos,   yo los iré conquistar...
—Non me enojaron los moros,   ni los mandedes matar,
ni menos las mis doncellas   por mí reciban pesar;
ni tampoco a los cristianos   vos cumple de conquistar.

El diálogo, tal como ocurre en las versiones marroquíes de *Juliana y Galván,* ha sido apropiado por otros dos romances de África del Norte: *La buena hija* y *El culebro raptor.* Sobre estos versos, su origen e implicaciones, véanse Bénichou, «Romances», pp. 114-115; 2.ª ed., pp. 182-183; M. R. Lida de Malkiel, *Davar,* p. 23; R. Gil, *Romancero judeo-español* (Madrid, 1911), pp. 71-72; y Martínez Ruiz, p. 169.

[32] Menéndez Pidal, «Catálogo», núm. 13. El romance es rarísimo. Otra variante de Marruecos forma parte de la magnífica y aún inédita colección de romances recogida por Américo Castro en Tetuán y Xáuen en 1923:

Ya salen a encontrarya   tres leyes a maravía:
los cristianos con sus cruzes,   los moros a la moría,
los žudiós con sus leyes   atan mal la paresía.

El mismo fragmento se conserva en alguna versión oriental, pero aquí la escena se ha trasladado de la España medieval a los Balcanes —probablemente a Salónica misma— donde los representântes del Islam y de la Cristiandad son turcos y griegos:

> Los turkos en las mexkitas,   los gregos van a la klisa;
> los ǧidiós a la Ley Santa,   la ke la sivdad mos guadra.[33]

Al final del siglo xv, las tres «leyes» —compañeras en una compleja herencia cultural y participantes en la nueva ola nacional de la poesía tradicional épico-lírica— sin duda cantaban romances. Sin embargo, el Romancero hispánico, a pesar de los que hayan elegido cultivarlo, tenía su origen en la poesía heroica medieval de los castellanos militantemente cristianos. Y son sus costumbres y preferencias, sus ideales y valores los que seguirán expresándose en los romances.[34] Y es de la casta dominante de los cristianos que los judíos españoles de la alta Edad Media habían de adquirir su romancero.[35] Los protagonistas patricios de los romances sefardíes

---

Véase nuestro artículo, «Un aspecto desatendido de la obra de Américo Castro», *Estudios sobre la obra de Américo Castro,* ed. P. Laín Entralgo (Madrid, 1971), pp. 181-190.

Sobre estos versos, sus paralelos en el uso medieval y otra variante del tercer verso, véase R. Menéndez Pidal, *Poesía juglaresca y orígenes de las literaturas románicas* (Madrid, 1957), p. 98, nn. 1 y 2; para sus implicaciones históricas, A. Castro, *La realidad histórica de España,* ed. renovada (México, 1962), p. 64. La misma costumbre medieval se refleja, sin duda, en la referencia culminante a los «cánticos» de bienvenida a Yosef ben Ferrusiel durante su visita a Guadalajara en la famosa *muwaššaḥ + ḥarǧa* de Yehudá Ha-Leví: «Derramad torrentes de bálsamos / sobre el Río de las piedras [Guadalajara], / con albricias para el varón fuerte / que cuida al pueblo de Dios con delicias. / —¡Viva el Príncipe!—; respondan: —¡Amén!— / y hacia la altura suban los cánticos: / *Deš cand meu Cidello venid / tan bona 'l-bišāra / Com rayo de sol éxid / en Wādi'l-Ḥiǧāra*» (K. Heger, *Die bisher veröffentlichten Ḥarǧas und ihre Deutungen* [Tübingen, 1960], pp. 61-64). El mismo ambiente multireligioso, pero ya en un contexto netamente marroquí, se refleja en el precioso romance de *La princesa rescatada* (inéd., Tetuán):

> Un barquito vino al puerto   y al puerto de Tetuán,
> yeno de almisque, alámbar,   asúcar y atartar.
> Ganaban judíos y moros;   los cristianos ganan más;
> ganaban los andaluses,   la gente de Tetuán...

[33] «Hispanic Balladry», p. 242, n. 38.

[34] Cfr. A. Castro, *De la edad conflictiva,* 2.ª ed. (Madrid, 1961), pp. 55 y ss.

[35] Bénichou cita un *responsum* rabínico que prohíbe la lectura de «los relatos de guerra escritos en francés» en sábado («Romances...», p. 366; 2.ª ed., p. 287), que sugiere una moda parecida de literatura narrativa heroica entre los judíos del norte de Francia durante los siglos xii y xiii. (Cfr. M. R. Lida de Malkiel, *Davar,* p. 24.) En la Francia medieval, «Les Juifs, comme les Chrétiens, se délectaient à la lecture des chansons de geste et des romans courtois» (M. Banitt, «Une langue fantôme: Le judéo-français», *RLR,* XXVII [1963], 245-294: p. 255). El MS de la Genizah del Cairo, publicado primero por L. Fuks, da testimonio de una popularidad análoga de la poesía secular heroica en judeo-alemán medieval. Véanse *The Oldest Known Literary Documents of Yiddish Literature (c. 1382),* 2 tomos, Leiden, 1957; P. F. Ganz, «Du-

—reyes, infantas, condes y duques— reflejan las peculiares preferencias aristocratizantes de los mismos sefardíes, pero, a pesar de todo, están concebidos como miembros de aquella nobleza cristiana que había logrado la supremacía política y cultural a finales del medioevo.[36] Es natural, por lo tanto, que los guerreros romancísticos

kus Horant —An Early Yiddish Poem from the Cairo Genizah», *JJS,* IX (1958), 47-62; J. Carles, «Un fragment judéo-allemand du cycle de Kudrun», *EG,* XIII (1958), 348-351; y para más bibliografía, E. Katz, *Six Germano-Judaic Poems from the Cairo Genizah* (Tesis doctoral, Universidad de California, Los Angeles, 1963), pp. 208-209. Para un caso extremado de descristianización en una narración caballeresca judía de procedencia italiana, véase Curt Leviant, *King Artus: A Hebrew Arthurian Romance of 1279* (Nueva York, 1969), sobre todo las pp. 61-72. Véanse ahora también Moses A. Shulvass, *The Jews in the World of the Renaissance,* trad. Elvin I. Kosi (Leiden, 1973), pp. 222-227, 230-233, y Barton Sholod, «The Fortunes of *Amadís* among the Spanish-Jewis Exiles», *Hispania Judaica,* II, ed. J. M. Sola-Solé, S. G. Armistead y J. H. Silverman (Barcelona, 1982), pp. 87-99.

[36] El aura aristocrática de los romances sefardíes responde a la misma actitud que llevó a rabí Mosé Arragel de Guadalajara a definir a los judíos españoles del siglo xv como la «corona e diadema de toda la hebrea trasmigración, en fijosdalgo, riqueza, ciencia e libertad» (A. Castro, «La Biblia de la casa de Alba», *El Sol,* 26 de enero de 1923). «Los españoles sefaraditas desterrados..., orgullosos, cultos e inflexibles, a pesar de su trágico destierro de 1492, establecieron y conservaron comunidades separadas y, según palabras de Graetz: "se apoderó de ellos una especie de exaltación..., se consideraban a sí mismos como una raza privilegiada, la flor de la nobleza, manteníanse a distancia de los demás y los miraban desde arriba con desdén"» (J. Tenenbaum, «Judíos del Renacimiento», *TI,* XII, núm. 138 [junio 1956], pp. 6-7: p. 7*b*). No es difícil encontrar ejemplos de esta misma convicción aun entre los sefardíes actuales. M. J. Benardete cita el párrafo siguiente de un artículo en judeo-español publicado en Nueva York: «Nosotros sefardim que nos glorificamos tanto de nuestros abuelos españoles por sus contribuciones a su pueblo y al mundo, nos creemos superiores en carácter a nuestros hermanos Esquenazim y percuramos a non asociarnos con ellos; nosotros sefardim que nos sentimos transportados encima de Olimpos (montaña onde los dioses de los viejos griegos vivían) cuando un hablador nombre los nombres ilustres de Ishac (sic) Halevi, Rambam, Ben Gabirol, y de otros sabios, no queremos ver que malgrado que nuestros padres eran ricos nosotros nos morimos a la hambre. Los bienes del pasado no pueden hartar nuestro estómago. La buena fama de ayer no puede conservar la pureza y la nobleza de nuestro nombre de hoy» *(Hispanic Culture and Character of the Sephardic Jews* [Nueva York, 1953], p. 145; o bien *Hispanismo de los sefardíes levantinos* [Madrid, 1963], p. 170). Para más sobre las actitudes aristocráticas de los judíos espanoles, véanse las pp. 43-45, 64-65 y 145 de Benardete (o pp. 54-57, 75-77 y 169 de la versión española) y H. J. Zimmels, *Ashkenazim and Sephardim* (Londres, 1958), p. 3 y sobre todo pp. 279-287; J. Caro Baroja, *Los judíos en la España moderna y contemporánea,* 3 vols. (Madrid, 1961), II, 297-301, y A. Hertzberg, *The French Enlightenment and the Jews* (Nueva York-Londres-Filadelfia, 1968), pp. 213-214. Caro Baroja ha señalado el problema fundamental que hasta ahora no se ha aclarado del todo: «¿Tenían este orgullo por judíos o lo tenían por españoles?» (p. 300).

El artículo de A. Castro sobre «La Biblia de la casa de Alba», se reproduce en la utilísima obra, *De la España que aún no conocía,* 3 tomos (México, 1972), pp. 217-224.

Entre las *Lettres de quelques juifs portugais, allemands et polonois à M. de Voltaire,* 3 vols. (París, 4 ed., 1776), reunidas por el abate Antoine Guénée, figuran unas reflexiones críticas de Isaac Pinto, economista judío portugués radicado en Holanda, que han de tenerse en cuenta en toda discusión de este espinoso tema:

«Le juif est un caméléon, qui prend par-tout les couleurs des différens climats qu'il habite, des différens peuples qu'il fréquente et des différentes formes de gouverne-

todavía porten el estandarte de Cristo al entrar en combate con los moros; que sus esposas e hijas se refugien en conventos; que sus aventuras muchas veces sucedan en la iglesia o camino a la misa y que las campanas de la iglesia anuncien su muerte; que la viuda del Conde Flores, cautiva en una tierra de infieles, desee el bautizo de su hijo recién nacido o que el capricho de una condesa adúltera en *Celinos* sea comer precisamente lo impensable —carne de jabalí asada. El substrato cristiano del romancero judeo-español pervive aún en las metas, las costumbres y las preferencias de sus protagonistas, quienes, a pesar de la notable descristianización de elementos individuales, han permanecido esencialmente cristianos hasta hoy día. Los

ment, sous lesquelles il vit... Si M. de Voltaire eut consulté, dans cette occasion, cette justesse de raisonnement, dont il fait profession, il auroit commencé par distinguer des autres juifs les espagnols et portugais, qui jamais ne se sont confondus ni incorporés avec la foule des autres enfans de Jacob. Il auroit dû faire sentir cette grande différence. Je sais qu'elle est peu connue en France, généralement parlant, et que cela a fait tort, dans plus d'une occasion, à la nation portugaise de Bordeaux. Mais M. de Voltaire ne peut ignorer la délicatesse scrupuleuse des juifs portugais et espagnols à ne point se mêler par mariage, alliance ou autrement, avec les juifs des autres nations. Il a été en Hollande, et fait que leurs synagogues sont séparées, et qu'avec la même religion et les mêmes articles de foi, leurs cérémonies ne se ressemblent souvent pas. Les moeurs des juifs portugais sont toutes différentes des autres juifs. Les premiers ne portent point de barbe, et n'affectent aucune singularité dans leur habillement; les aisés, parmi eux, poussent la recherche, l'élégance et le faste en ce genre, aussi loin que les autres nations de l'Europe, dont ils ne different que par le culte. Leur divorce avec leurs autres frères, est à tel point, que si un juif portugais, en Hollande et en Angleterre, épousoit une juive allemande, il perdroit aussi-tôt ses prérogatives; il ne seroit plus reconnu pour membre de leur synagogue; il seroit exclus de tous les bénéfices ecclésiastiques et civils; il seroit séparé entièrement du corps de la nation; il ne pourroit même être enterré parmi les portugais ses frères. L'idée, où ils sont assez généralement, d'être issus de la tribu de Juda, dont ils tiennent que les principales familles furent envoyées en Espagne du temps de la captivité de Babylone, ne peut que les porter à ces distinctions, et contribuer à cette élévation de sentimens qu'on remarque en eux, et que leurs frères mêmes des autres nations paroissent re-connoître. C'est par cette saine politique qu'ils ont conservé des moeurs pures et ont acquis une considération, qui, même aux yeux des nations chrétiennes, les ont fait distinguer des autres juifs... Les vices qu'on peut leur reprocher, sont d'une nature non seulement différente, mais toute opposée à ceux que M. de Voltaire leur impute. Le luxe, la prodigalité, la passion des femmes, la vanité, le mépris du travail et du commerce, que quelques-uns n'ont que trop négligé, ont été cause de leur décadence. Une certaine gravité orgueilleuse, et une fierté noble fait le caractère distinctif de cette nation... Leur origine espagnole et portugaise est devenue une pure discipline ecclésiastique, que la critique la plus sévère pourroit accuser d'orgueil et de vanité, mais nullement d'avarice ni de superstition» (I, 13, 16-18, 20-21).

A la vista de estas observaciones, en que a veces parecen intercambiables el sefardí y el cristiano peninsular, uno podría preguntar, parafraseando una conocida pregunta retórica de Menéndez Pelayo sobre Cervantes y la naturaleza: Entre el judío español y su compatriota cristiano, ¿quién ha imitado a quién? (Véase M. Menéndez Pelayo, «Cultura literaria de Miguel de Cervantes y elaboración del *Quijote*», en *San Isidoro, Cervantes y otros estudios* [Buenos Aires-México, 1942], p. 101). Véase también J. H. Silverman, «Sobre el arte de no renunciar a nada», *Papeles de Son Armadans* (Palma de Mallorca), CCXXI-CCXXII (1974), 129-142: pp. 135-136. En otra ocasión trataremos con mayor detalle este espinoso problema al que han aludido varios eruditos, mas sin suficiente precisión.

héroes y heroínas del romancero sefardí moderno todavía parecen casi tan cristianos como debían haber sido cuando los judíos españoles del siglo xv compartían con sus vecinos cristianos el idioma, la forma poética y las estructuras narrativas dentro de las cuales durante más de cinco siglos han seguido desempeñando sus papeles multiseculares.

En una de sus obras más bellas y fascinantes, don Américo Castro comenta que es natural, en una proyección poética como el romance, que un individuo haga referencia al mundo real que le rodea al igual que a su mundo particular, a su propio tiempo y espacio.[37] Como españoles, es precisamente lo que hicieron los judíos sefardíes. En el destierro, ante la angustiosa realidad de ser judíos y dejar de ser españoles, los sefardíes optaron por seguir siendo judíos y españoles a la vez y su magnífico repertorio de romances es un monumento duradero a esa decisión fecunda e hispánicamente quijotesca.

[37]   A. Castro, *Aspectos del vivir hispánico* (Santiago de Chile, 1949), p. 71; 2.ª ed. (Madrid, 1970), pp. 59, 155.

II

HUELLAS DE LA DIÁSPORA

II.1

BALADAS GRIEGAS EN EL ROMANCERO SEFARDÍ

Para Diego Catalán

Casi desde el primer momento en que lo descubre la filología moderna, el romancero judeo-español ha sido apreciado por su notable arcaísmo. Los romances sefardíes se vieron primordialmente como un precioso tesoro de narraciones medievales — narraciones que, de otro modo, quizá sólo las conoceríamos en sus modalidades antiguas, en pliegos sueltos y cancioneros del siglo XVI, habiéndose extinguido en la mayoría de los casos desde hace muchos siglos en las demás subtradiciones modernas del Romancero hispánico. En un estudio pionero, el «Catálogo del romancero judío-español» (1906-1907), don Ramón Menéndez Pidal encareció los romances sefardíes ante todo por su carácter arcaico y por la gran fidelidad de su tradición. Para don Ramón, la tradición judeo-española era «antigua y venerable más que la de cualquier región donde se habla nuestro idioma...» Incluso, las versiones judías denunciaban a veces «más vigor poético... que las viejas, representando así una tradición más arcaica... quizá que la recogida por la imprenta en el siglo XVI».[1] En una conferencia pronunciada en All Souls College, Oxford, en 1922, Menéndez Pidal volvió a evocar el gran valor de la tradición sefardí, en cuanto nos ofrece la oportunidad única de percibir preciosas e insospechadas resonancias de un remoto pasado medieval:

> Al escuchar las versiones de romances que nos dan los judíos de las ciudades marroquíes, tan semejantes a las versiones de los más antiguos pliegos sueltos y cancioneros, nos parece oír la voz misma de los españoles contemporáneos de los Reyes Católicos como si Tánger, Tetuán, Larache, Alcázar o Xauen fuese viejas ciudades de Castilla, sumidas por ensalmo en el fondo del mar, que nos dejasen oír la canción de sus antiguos pobladores allí encantados por las hadas de la tradición hace más de cuatro siglos.[2]

[1] R. Menéndez Pidal, «Catálogo del romancero judío-español», *CE*, IV (1906), 1045-1077; VI (1907), 161-199: pp. 1045 y 1048.
[2] «Poesía popular y poesía tradicional en la literatura española (1922)», reimpreso en R. Menéndez Pidal, *Estudios sobre el Romancero* (Madrid, 1973), pp. 325-356: 335-336.

Semejante evocación, por emotiva y elocuente que sea, está firmemente cimentada en los hechos documentales. Es indiscutible el valor de los testimonios sefardíes para la reconstrucción del romancero viejo. Sin embargo, tal manera de enfocar el fenómeno no debe aceptarse a ciegas y no se puede aplicar al azar a todo cuanto forma parte del repertorio de los judíos españoles. Queda patente además que el mismo Menéndez Pidal no quería que se aceptara este juicio suyo de un modo tan universal y tan poco crítico como después lo fueron a entender algunos aficionados de la poesía sefardí. A pesar de ello, el hecho es que la fina caracterización propuesta por don Ramón se había de convertir en una especie de lema y artículo de fe para quienes procuraban encuadrar —a menudo de manera bastante superficial— el romancero judeo-español en un contexto histórico. Así, por ejemplo, en una serie de fascículos publicados entre 1932 y 1971, Alberto Hemsi presenta su excelente colección de romances y canciones —de carácter y de origen de lo más diversificados— bajo la dramática y universal fechación de 1492.[3] El caso de Hemsi es, desde luego, extremado. Pero, en términos generales, cabe observar que resulta muy fácil dejarse engañar por el tono arcaizante de los romances sefardíes y dar por entendido, sin indagaciones ulteriores, que toda la poesía tradicional judeo-española ha de remontar a unos orígenes pre-exílicos y medievales. Claro está que ya en 1907 el propio Menéndez Pidal había señalado con absoluta seguridad la presencia de un importante incremento post-diaspórico en el romancero sefardí, al identificar algunos temas como el de *La muerte del príncipe don Juan,* fechado en 1497, así como otras varias composiciones aun más tardías conocidas en ambas ramas de la tradición judeo-española.[4] Desde otro punto de mira, en una reseña fundamentalmente importante de investigaciones romancísticas recientes publicada en 1970, Diego Catalán estudió el problema de la creatividad oral, llamando la atención sobre la gran originalidad —al lado de su famoso arcaísmo— de la tradición sefardí oriental, al reelaborar y recrear la materia poética heredada de generaciones anteriores.[5]

Hasta la fecha, la mayoría de los eruditos que se han preocupado por la poesía tradicional judeo-española han sido hispanistas. Sin duda el hecho ha tenido su efecto en nuestro modo de enfocar el problema. Se ha visto la tradición judeo-española mayormente como una clave preciosa y enormemente útil para la resolución de problemas pertinentes a las etapas tempranas del Romancero. Gracias a semejante enfoque historicista, se han identificado a su vez la mayo-

---

[3]   A. Hemsi, *Coplas sefardíes (Chansons judéo-espagnoles),* 10 fascículos, Alejandría, Egipto, 1932-1938; Aubervilliers, Francia, 1969-1973. Cada fascículo lleva una fechación fantaseada: p. ej., «España 1492-Rodi 1932» o «España 1492-Medio-Oriente 1928», etc.

[4]   Véase Menéndez Pidal, «Catálogo», pp. 1054-1055.

[5]   D. Catalán, «Memoria e invención en el Romancero de tradición oral», *RPh,* XXIV (1970-1971), 1-25, 441-463: pp. 13-14.

ría de las fuentes medievales de los romances sefardíes y se han aclarado importantes relaciones con las demás tradiciones modernas. No cabe duda acerca del valor de esta tarea. Sin embargo, otros factores igualmente significativos e interesantes han quedado totalmente a la sombra. Amén de nuestro bien justificado entusiasmo por el espléndido conservatismo medieval de la poesía tradicional sefardí, cabe la posibilidad de acercarnos a la materia desde una perspectiva radicalmente diferente y hasta el momento incógnita: Los sefardíes del Mediterráneo Oriental llevan casi 500 años viviendo entre una abigarrada variedad de etnías balcánicas: griegos, turcos, eslavos, rumanos, albaneses. ¿No habrá nada en la poesía tradicional hispano-judía que se pueda atribuir a tan largos siglos de simbiosis balcánica? Consta, desde luego, que la convivencia oriental legó al dialecto judeoespañol una multitud de vocablos turcos que hoy constituye una de las características más distintivas de su léxico. Bien podríamos preguntar si es que los contactos cotidianos con los pueblos de Oriente no hubieran podido ejercer también algún efecto sobre las tradiciones poéticas de los sefardíes. Por todos los territorios otomanos, dondequiera que fueran a arraigarse los judíos españoles, hubieron de entrar en contacto con los griegos, cuya tradición de poesía narrativa épico-lírica rivaliza en vigor y quizá sobrepasa en antigüedad la de los pueblos hispánicos. Los cantores de romances sefardíes recién llegados de España, bien hubieran podido admirar la espléndida poesía narrativa que oirían cantar a sus nuevos convecinos helénicos en la Salónica del siglo xvi, en Constantinopla, en Esmirna, en Rodas, o dondequiera que se encontraran con una población griega. Semejantes contactos hipotéticos de los sefardíes con la balada tradicional griega hubieron, en efecto, de producirse, según a continuación hemos de demostrar. Y que tales contactos no fueron efímeros lo denuncia la propia temática del romancero sefardí, pues, a base del repertorio baládico griego, el de los judíos establecidos en Oriente había de enriquecerse con un buen número de narraciones distintivas, ignoradas todas ellas en las demás ramas del Romancero hispánico.

El descubrimiento de la leyenda pan-balcánica del sacrificio de construcción incrustada en los versos iniciales de *La princesa y el bozağí* (véase II.2) nos animó a buscar otros posibles paralelismos entre los romances sefardíes y la poesía narrativa de los Balcanes. El antecedente griego de los versos sefardíes referentes al puente de Lárisa señalaba una pauta que había de resultar especialmente fructífera. Al emprender la búsqueda de congéneres baládicos europeos —pre-requisito de la edición y estudio de nuestra colección de romances sefardíes[6]— compulsamos más de 100 colecciones, grandes y

---

[6] Sobre nuestra colección, véanse S. G. Armistead y J. H. Silverman, «Hispanic Balladry among the Sephardic Jews of the West Coast», *WF*, XIX (1960), 229-244; «Para un gran romancero sefardí», *Actas del Primer Simposio de Estudios Sefardíes*,

menores, de baladas griegas. La tarea, fascinante y ardua a la vez, tuvo la recompensa de asegurarnos que la anécdota del puente distaba mucho de ser el único nexo sefardí con la tradición neo-helénica.

El primer paralelismo que descubrimos entre un romance sefardí y una balada griega se refiere a un poema que, desde un punto de vista estilístico, resulta imposible de distinguir de cualquier romance de origen peninsular. En su estilo, en su dicción formulística, en sus motivos tradicionales, *El pozo airón* aparenta ser un perfecto romance hispánico.[7] He aquí una versión facticia basada en varios textos de Salónica —única comunidad donde se conoce este romance que, de acuerdo con su tema trágico, desempeña la función de una endecha de Ṭišʿāh bě-'Āb:

> Ya se van los siete ermanos,   ya se van para Aragó.
> 2 Las kalores eran fuertes;   agua non se les topó.
> Por en medio del kamino,   toparon un poğo airó.
> 4 Echaron pares i nones;   a el chiko le kayó.
> Ya lo atan kon le kuedra;   ya lo echan al poğo airó.
> 6 Por en medio de akel poğo,   la kuedra se le rompió.
> La agua se les izo sangre,   las piedras kulevros son;
> 8 kulevros i alakranes,   ke le komen el korasón.
> —Si vos pregunta la mi madre,   la diréš: ¡atrás kedó!
> 10 Si vos pregunta el mi padre,   lo diréš: ¡al poğo airó!
> Si vos pregunta la mi mużer: ¡bivda mueva ya kedó!
> 12 Si vos preguntan los mis ižos: ¡guerfanikos muevos son![8]

De no conocerse la contraparte griega de este poema, sería muy fácil atribuirle un origen hispano-medieval a base de numerosos y típicos elementos estilísticos. Nótense, por ejemplo, el patrón iterati-

---

ed. I. M. Hassán, M. T. Rubiato y E. Romero (Madrid, 1970), pp. 281-294; I. J. Katz, *Bulletin of the International Folk Music Council* (Londres), XXIII (1963), 15; S. G. Armistead y J. H. Silverman, *The Judeo-Spanish Ballad Chapbooks of Yacob Abraham Yoná* (Berkeley-Los Angeles, 1971), pp. vii-viii; J. H. Silverman, «Hacia un gran romancero sefardí», *El Romancero en la tradición oral moderna*, ed. D. Catalán, S. G. Armistead y A. Sánchez Romeralo (Madrid, 1973), pp. 31-38. Actualmente preparamos el volumen sobre *Romances judeo-españoles de origen neo-helénico* para el *Romancero tradicional de las lenguas hispánicas* (editado por D. Catalán).

    [7] Compárese el comentario de Miguel Herrero («El Pozo Airón», *Estudios Geográficos* [Madrid], II [1941], 567-573) donde supone la existencia de una contraparte peninsular perdida. M. Molho da por entendido que el mismo romance y otros que publica «Rapportent des faits locaux d'époques diverses, difficiles à déterminer, qui se sont à coup sûr produits en Espagne» («Cinq élégies en judéo-espagnol», *BHi*, XLII [1940], 231-235).

    [8] Ofrecemos un texto sintético de la tradición salonicense basado en M. Attias, *Romancero sefaradí*, 2.ª ed. (Jerusalén, 1961), núm. 83, una versión nuestra inédita recogida en Nueva York en 1959 y otras pertenecientes al Archivo Menéndez Pidal. Para más versiones, véanse los citados artículos de Herrero y Molho; así como M. Molho, *Usos y costumbres de los sefardíes de Salónica* (Madrid-Barcelona, 1950), pp. 264-266, y *Literatura sefardita de Oriente* (Madrid-Barcelona, 1960), pp. 176-178; I. Levy, *Antología de liturgia judeo-española,* 9 tomos (Jerusalem, n. d.), IV, 325-327 (núms. 210-211).

vo del primer verso, «Ya se van los siete hermanos, / ya se van para
Aragón»; el tópico de los siete hermanos de trágico destino que nos
recuerda a los siete infantes de Lara y otras figuras del folklore español; la alusión a Aragón como una región remota, poéticamente
lejana, de resonancias vicentinas y tan frecuente, por otra parte, en
los romances de origen peninsular; la presencia de versos formulísticos de rancio abolengo como «por en medio del kamino» (v. 3a),
«por en medio de akel pogo» (v. 6a) y «echaron pares y nones» (v.
4a); la acumulación incremental de padres y parientes al final del
poema, tan característica de tantos romances hispánicos; así como el
motivo del pozo airón, bien conocido en el folklore y en la microto-
ponimia españoles.[9] Todo nos induciría a pensar en un antiguo romance peninsular conservado hoy, por azar, sólo entre los sefardíes.
Sin embargo, el *tragoúdi* griego del *Pozo endemoniado (Tò stoicheiōméno pēgádi)* representa sin duda alguna la fuente inmediata
del romance judío. He aquí una versión característica procedente de
la isla de Chalke:

Τὸ Στοιχειωμένο Πηγάδι.

Τέσσαρες καὶ πέντε ἦταν ἐννεά 'δελφοί.
2 Τὸν πόλεμον ἀκοῦσαν κὴ ἀρματωθήκασι.
   'Σ τὸν δρόμον ποῦ παγαίνουν, ἐδιψάσασι.
4 Βρίσκουν ἕνα πηγάδιν κὴ ἦτον πολλὰ βαθύ,
   Πενήντ' ὀργυιαὶς τὸ πλάτος κὴ ἑκατὸν βαθύ.
6 Παίζουσι τὸν λόττον ποιὸς νὰ καταιβῇ,
   Κὴ ἐξέπεσεν ὁ λόττος 'σ τὸν μικρὸν Κωσταντή(ν).
8 »Δέσετέ μ', ἀδέλφια, κὴ ἐγὼ θὰ καταιβῶ.«
   Δένουν τον τἀδέλφια καὶ καταιβάζουν τον.
10 Πᾶν νά τον ἀναιβάσουν, δέν τον ἐδύναντο.
   Ξαναδευτερόνουν, κόβηκε τὸ σχοινίν.
12 »Σύρτε, ἀδέλφια, σύρτε 'σ τὴν μάννα(ν) τὴν καλήν.
   »Κὴ ἄν σᾶς 'ρωτήσῃ ἡ μάννα, ἴντ' ἐγίνηκα,
14 »Μὴν πᾶτε νὰ της 'πῆτε, πῶς ἐπνίγηκα.
   »Μοναχὰ νὰ της εἰπῆτε, πῶς 'πανδρεύθηκα.
16 »Κὴ 'επῆρα μάγου κόρην καὶ μάγισσας παιδίν.
   »Τά ῥοῦχα 'ποῦ μου κάμνει, ἆς πᾶ νὰ τα πουλῆ,
18 »Κὴ ἀῤῥαβωνιαστικήν μου νὰ την 'πανδρολογᾷ.«[10]

---

[9] Todos estos factores se estudiarán en detalle en un trabajo monográfico sobre
El pozo airón que actualmente tenemos en preparación.
[10] L. Ross, *Reisen auf den griechischen Inseln des ägäischen Meeres* (Stuttgart-
Tübingen, 1845), p. 186. Hemos podido consultar unos 30 textos griegos en total.
Para una bibliografía selecta, véanse «A New Sephardic *Romancero*», p. 75, n. 65, y
Baud-Bovy, *La Chanson populaire grecque du Dodécanèse, I: Les Textes* (París,
1936), pp. 284-288; también G. K. Spyridakis, «Perí tò dēmōdes âsma tōn ennéa
adelfōn eis tò stoicheiōménon pēgádi», *Annuaire des Archives de Folklore (de l'Acadé-
mie d'Athènes)*, XV-XVI (1962-1963), 3-13; G. K. Spiridakis y S. D. Peristeris, *Hellēnikà dēmotikà tragoúdia*, tomo III: *Mousikè ekloge* (Atenas, 1968), pp. 22-24; K.

> *Cuatro y cinco eran, nueve hermanos.*
> 2 *Oyeron [contar] de la guerra y se armaron.*
> *Por el camino donde iban, tuvieron sed.*
> 4 *Encuentran un pozo y era muy profundo;*
> *cincuenta brazas de ancho y cien de hondo.*
> 6 *Echan suertes a ver quién baja*
> *y la suerte le cae al pequeño Constantino:*
> 8 *—Atadme, hermanos, y yo bajaré—.*
> *Lo atan los hermanos y lo bajan.*
> 10 *Procuran sacarlo; no podían.*
> *Otra vez procuran; se rompió la cuerda.*
> 12 *—Idos, mis hermanos, idos a nuestra buena madre.*
> *Y si nuestra madre os pregunta qué ha sido de mi,*
> 14 *no le vayáis a decir que me ahogué.*
> *Sólo decidle que me casé*
> 16 *y que tomé a la hija de un brujo, la niña de una hechizera.*
> *La ropa que me está haciendo, que la venda*
> 18 *y que procure casar a mi prometida.*

Estamos ante la mismísima historia contada por nuestro romance sefardí —historia que, por otra parte, falta por completo en las demás ramas de la tradición hispánica. Ahora bien, faltan en nuestro romance, claro está, todos aquellos elementos estilísticos que caracterizan el poema sefardí como un romance hispánico. En los textos griegos encontramos, como *incipit,* un verso matemático, típico de muchas baladas neo-helénicas: «Cuatro y cinco eran, nueve hermanos» y son nueve hermanos, en vez de siete, siendo nueve el número formulístico por excelencia en la tradición griega; estos hermanos van camino a *Barbaría* o a *Armenía* (las contrapartes de «Aragón» en la poética popular griega). ¿Qué ha pasado al convertirse la canción griega en un romance sefardí? No cabe duda que la balada neo-helénica ha sido fielmente traducida al judeo-español. Pero esa traducción no se ha realizado a un nivel verbal, palabra por palabra, como habría pasado si el baladista sefardí hubiera hecho una traducción literal, a base de una fuente escrita. No. Más bien el poema griego se ha traducido fórmula por fórmula y tópico por tópico— y por quién manejaba las dos lenguas y las dos tradiciones poéticas a la perfección y sin necesidad de utilizar pluma y papel. El *tragoúdi* griego del *Pozo endemoniado* y su derivado sefardí, *El pozo airón,* nos proporcionan un espléndido ejemplo de cómo emigran las baladas de una tradición lingüística a otra, por vía puramente oral. El caso nos permite observar, a la vez, el proceso de composición for-

Tsaggálas, «'Akritikà tragoúdia stè θessalía», *Laog.,* XXX (1975), 161-231: pp. 216-217.

Téngase en cuenta que el romance del *Pozo airón,* de origen oriental, se ha pasado a Marruecos, donde de él se conserva un exiguo resto asociado a otro tema: el de la *Gentil porquera.* Véase S. G. Armistead et al., *El romancero judeo-español en el Archivo Menéndez Pidal (Catálogo-Índice de romances y canciones),* 3 tomos (Madrid, 1978), núms. L5 y X13; tomo III, núm. 28*B* (de la «Antología»).

mulística —analizado por Parry y Lord— por lo menos en la creación inicial de un romance hispánico si no en su presentación
ulterior.[11]

Estudiemos ahora el origen de otra canción sefardí difundidísima
tanto en la tradición oriental como en Marruecos. Constan en el
«Catálogo» publicado en 1907 por Menéndez Pidal ciertos poemas
de origen inexplicado, cuyo «hispanismo» hasta ahora se ha tomado
por entendido. Uno de estos casos es el romancillo del *Sueño de la
hija*.[12] He aquí una versión que recogimos en Los Angeles (California) de una informante de 75 años originaria de la isla de Rodas:

> La reina di Fransia   tres ižas tenía.
> 2 La una lavrava,   la otra kozía,
> la más chika d'eyas   bastidor azía. ¡Ay!
> 4 Lavrando i lavrando,   eshueño la venía:
> —Eshueño soñí, madri,   bien i alegría.
> 6 M'apar'a la puerta,   vide venir la luna yena;
> aldaridor di eya,   todas las istreyas.
> 8 —I la luna'n yena   es la tu kusuegra.
> Todas las istreyas   son tus parienteras...[13]

El tópico inicial de las tres hermanas ocupadas en tres tipos de
labor, es de vasta difusión en la poesía tradicional. Se encuentran los
paralelismos más sugestivos en ciertos ensalmos tradicionales de Galicia:

> Santa Lucía
> tres hijas tenía:
> una bordaba,
> otra cosía,
> y otra quitaba belillas
> d'ollos a quien las tenía...[14]

El resto del poema sefardí no se parece en lo más remoto a nada
que se pueda rastrear en la tradición hispana. Es notable, por otra

[11]   Cfr. A. B. Lord, *The Singer of Tales,* Cambridge, Mass., 1964; E. R. Haymes,
A Bibliography of Studies Relating to Parry's and Lord's Oral Theory, Cambridge,
Mass., 1973; también *MLN,* XC (1975), 296-299.

[12]   «Catálogo», núms. 68 y 129.

[13]   Cantada por la señora Perla Galante, Los Angeles (California), 18 de enero
1958. Para la bibliografía de versiones publicadas, véanse Attias, *Romancero,* núm.
60; S. G. Armistead y J. H. Silverman, «A New Sephardic *Romancero*» y nuestro
Judeo-Spanish Ballads from Bosnia (Philadelphia, 1971), núm. B19 (p. 100); también
«A New Collection of Judeo-Spanish Ballads», *JFI,* III (1966), 133-153: pp. 138-139
(núm. 7).

[14]   V. Lis Quibén, *La medicina popular en Galicia* (Pontevedra, 1949), p. 189;
también pp. 187-195. El tópico de las tres hermanas que hacen tres tareas diferentes
—cosen, bordan, etc.— es, desde luego, frecuentísimo en la poesía narrativa hispánica
y pan-europea. Para más datos, véanse nuestros *Romances judeo-españoles de Tánger*
(recogidos por Zarita Nahón) (Madrid, 1977), pp. 194-195.

parte, su acuerdo esencial con una balada griega, *El sueño de la moza:*

Τὸ ὄνειρον τῆς κόρης

Μέσ’ ’ς τὴν ‘αγία’ Παρασκευὴ’
2 Κόρη κοιμᾶται μοναχή.
   Κοιμᾶται κι’ ὀνειριάζεται,
4 Βλέπει ’π’ ἀῤῥαβωνιάζεται.
   ’Σ(ὲ) περιβόλι ἔμβαινε,
6 ’Ψηλὸν πύργον ἀνέβαινε.
   Κ’ ἔτρεχαν δύο ποταμοί, κ’ ἔ(σ)κυψε νὰ πίῃ νερό’.

8 «’Εγώ, μάνα μ’, ’νειριάστηκα,
   Εἶδα ’π’ ἀῤῥαβωνιάστηκα,
10 ’Σ(ὲ) περιβόλι ἔμβαινα,
   ’Ψηλὸν πύργον ἀνέβαινα,
12 Κ’ ἔτρεχαν δύο ποταμοί, κ’ ἔ(σ)κυψα νὰ πίω νερό’.»

   “Κόρη μ’, τὸ περιβόλ’ ὁ θάνατος,
14 Κι’ ὁ πύργος εἶν’ τὸ μνῆμά σον.
   Τὰ δύο ποτάμια, τὸ νερό’,
16 Τὰ δάκρυα ’ποὺ θὰ χύσω ’γώ.»

   «Μάνα μ’, κακὰ τὸ ’ξήγησες,
18 Μάνα μ’, κακὰ τὸ διάλυσες.
   Τὸ περιβόλ’ ὁ γάμος μου,
20 Κι’ ὁ πύργος εἶν’ ὁ ἄνδρας μου.
   Τὰ δύο ποτάμια, τὸ νερό’,
22 ‘Ο γάμος ’ποὺ θὰ κάνω ’γώ.»[15]

En la iglesia de San Paraskeve,
2 *una niña duerme sola.*
  Duerme y sueña;
4 *ve que está desposada.*
  Entraba en un jardín;
6 *subía a una torre alta;*
  pasaban dos ríos y se bajó a beber.

---

[15] G. F. Abbott, *Songs of Modern Greece* (Cambridge, Inglaterra, 1900), p. 112. No se especifica el origen de texto. Idéntica es la versión que traducen G. Georgeakis y L. Pineau, *Le folk-lore de Lesbos* (París, 1894), pp. 188-189. Para más textos, véanse E. Frye, *The Marble Threshing Floor: A Collection of Greek Folksongs* (Austin, 1973), pp. 138-139; Th. Kind, *Anthologie neugriechischer Volkslieder* (Leipzig, 1861), pp. 72-75; H. Lübke, *Neugriechische Volks- und Liebeslieder* (Berlín, 1895), p. 78; H. Lüdeke, *Im Paradies der Volksdichtung* (Berlín, 1948), pp. 182-183; H. Lüdeke y G. A. Megas, *Neugriechische Volkslieder* (Atenas, 1964), núm. 209; G. D. Pachtikos, *260 dēmṓdē hellēnikà ásmata*, tomo I (Atenas, 1905), 138-139, 167-168; A. Passow, *Tragoúdia rōmaïkà: Popularia Carmina Graeciae Recentioris* (Atenas, 1860), núm. 412 (p. 293); Spyridakis-Peristeris, *Hellēnikà dēmotikà tragoúdia*, tomo III, 250-254. La balada existe también en búlgaro: A. Strausz, *Bulgarische Volksdichtungen* (Viena-Leipzig, 1895), pp. 171-172 (núm. 33: *Das Mädchen träumt von zwei Tauben*).

8   —*Yo, madre mía, soñé;*
    vi que estuve desposada.
10   *Entraba en un jardín;*
    subía a una torre alta;
12   *pasaban dos ríos y me bajé a beber.*
    —*Hija mía, el jardín es la muerte*
14   *y la torre es tu tumba;*
    los dos ríos, el agua,
16   *son las lágrimas que lloraré.*
    —*Madre mía, mal lo explicaste;*
18   *madre mía, mal lo interpretaste:*
    El jardín es mi boda
20   *y la torre es mi marido;*
    los dos ríos, el agua,
22   *el casamiento que haré.*

En los dos poemas se predice el futuro de una joven a base de una serie de objetos simbólicos, que se interpretan como augurio de su matrimonio cercano. No obstante, hay una diferencia crucial: En el poema griego, madre e hija se encuentran en desacuerdo radical. La madre predice la muerte de su hija, mientras ésta la contradice al evocar una feliz vida matrimonial. En la canción sefardí, al contrario, es la propia madre quien predice el feliz matrimonio de la niña y no se alude en absoluto a la ominosa interpretación alternativa. ¿Deriva el poema sefardí del griego? En tal caso, ¿por qué ha sufrido tan radical reorganización? Las normas del romancero judeo-español nos dictan la contestación: A menos que fuera endecha —y no lo es— sería punto menos que imposible que, en la adaptación sefardí, la predicción fatal de la canción griega se mantuviera intacta. Una de las normas más características del romancero judeo-español, y de la cultura popular sefardí en general, es la de evitar a toda costa cualquier alusión a la muerte u otras manifestaciones nefastas.[16] Una vez tomado en cuenta el hecho, se explica perfectamente el cambio de papel por parte de la madre y se aclara el acuerdo esencial entre los dos poemas. Estamos, pues, en presencia de otra balada griega que se ha pasado al repertorio sefardí.

Otro aspecto importante del *Sueño de la hija* es que, en este caso, el poema está muy difundido, no sólo en Oriente, sino en Marruecos también.[17] Y ante el origen balcánico de esta canción, el hecho comprueba de modo infalible la continuidad de los contactos entre las dos ramas de la tradición sefardí.

[16]   Sobre la tendencia a atenuar los aspectos tristes, brutales y salaces de los romances en la tradición sefardí, véanse *Judeo-Spanish Chapbooks,* pp. 110-112, 124-125, 187-188; «Hispanic Balladry», p. 237, n. 24.

[17]   Para versiones marroquíes, véanse el «Catálogo», núm. 129; A. de Larrea Palacín, *Romances de Tetuán,* 2 tomos (Madrid, 1952), II, núm. 197; J. Martínez Ruiz, «Poesía sefardí de carácter tradicional (Alcazarquivir)», *AO,* XIII (1963), 79-215: núm. 52.

La espléndida colección romancística del Archivo Menéndez Pidal abriga tesoros que sólo hoy empiezan a darse a conocer.[18] Del vasto acopio de más de 2.000 poemas tradicionales judeo-españoles reunido por don Ramón procede una narración hasta la fecha totalmente desconocida, que hemos titulado *El esclavo que llora por su mujer*. La mejor versión, entre cuatro que constan en las carpetas del Archivo, fue recogida por don Manuel Manrique de Lara en Esmirna en 1911:

　　—¿De ké yoras, pobre esklavo?　　¿De ké yoras? ¿Ké te kešas?
2　¿U no komes u no beves,　　u t'asotan kuando duermes?
　　—Yo ya bien bevo, ya bien komo;　　ni m'asotan kuando duermo.
4　Yoro yo por una amiga,　　una amiga bien kerida;
　　madre es de los mis ižos,　　mužer mía la primera.
6　—Tú no yores, prove esklavo,　　ni yores kuando te kešas.
　　Si es por la tuya amiga muy kerida,　　yo te la trašera a tus manos.
8　Toma tú las mis palabras　　i vate a tus buenos estados.[19]

El romance se basa indudablemente en la canción neo-helénica del *Galeote recién casado:*

　　　　　　　'Ο νιόπαντρος σκλάβος.

　　Σαράντα κάτεργα εἴμαστε κ' ἑξῆντα δυὸ φεργάδες
2　ἀρμενίζαμ' καὶ 'πηγαίναμ' Μαΐστρο τραμουντάνα
　　ἀπὸ τὸν Μπονέντι'φύγαμε καὶ 'ς τὸ Λεβάντι πᾶμε,
4　εἴχαμ' καὶ σκλάβους ἀπείρους, σκλάβους ἀνδρειωμένους.
　　'Σ τὸν δρόμον ὅπου πήγαιναμ' 'ς τὴν στράταν ποῦ διαβαίναμ'
6　κι' ὁ σκλάβος ἀνεστέναξε καὶ στάθην ἡ φεργάδα
　　κι' ὁ Μπέης μας μᾶς ἐρωτᾷ κὶ ὁ Μπέης μας μαξ λέγει·
8　—Ποιὸς ποῦ ἀναστέναξε καὶ στάθην ἡ φεργάδα;
　　—Ἐ γώ 'μουν 'παναστέναξα καὶ στάθην ἡ φεργάδα.
10　—Σκλάβε, πεινᾷς, σκλάβε, διψᾷς, σκλάβε, ροῦχα δὲν ἔσεις;
　　—Μηδὲ πεινῶ, μηδὲ διψῶ, μηδὲ καὶ ροῦχα θέλω.
12　Τριῶν μερῶν γαμπρός ἤμουν, δώδεκα χρόνια σκλάβος,
　　Μὰ σήμερ' ἔλαβα γραφὴν ἀπὸ τὰ γονικά μου,
14　Σήμερα σπίτια μὲ πουλοῦν, τ' ἀμπέλια μὲ κλαδεύουν,
　　Σήμερα τὴν γυναῖκά μου μ' ἄλλο τήνε παντρεύουν·
16　Καὶ τ' ὀρφανά μου τὰ παιδιὰ ἄλλο κυρὶ γνωρίζουν.
　　_'Αμέ, σκλαβέ μου, 'ς τὸ καλὸ τσαὶ 'ς τὴν καλὴν τὴν ὥρα,
18　τσαὶ νὰ γεμῶν' ἡ στράτα σου τριαντάφυλλα παὶ ρόδα.[20]

---

[18]　Véanse S. G. Armistead, «Los romances judeo-españoles del Archivo Menéndez Pidal», *El Romancero en la tradición oral moderna,* ed. D. Catalán et al. (Madrid, 1972), pp. 23-30, y el *Catálogo-Índice,* I, 56-61.

[19]　*Catálogo-Índice,* III, núm. 19 (p. 28; «Antología de romances rarísimos»). Hemos conformado el sistema de transcripción al que se emplea para los demás textos aquí publicados. Para las otras versiones, véase el *Catálogo-Índice,* núm. H20.

[20]　Ofrecemos un texto sintético basado en Pachtikos, pp. 48-50, núm. 37 (de Kerasountos, Mar Negro [= Giresun, Turquía]); Passow, núm. 449 (no localizado); y

   Cuarenta galeras éramos y sesenta y dos fragatas.
2 *Íbamos navegando con el viento del noroeste.*
   Huimos del poniente y vamos al levante.
4 *También teníamos muchos esclavos, esclavos valientes.*
   Por el camino donde íbamos, por la vía donde pasábamos,
6 *el esclavo echó un suspiro y detuvo la fragata.*
   Y nuestro Bey nos pregunta, nuestro Bey nos dice:
8 *—¿Quién echó un suspiro e hizo parar la fragata?*
   —Soy yo quien eché el suspiro e hice parar la fragata.
10 *—¿Esclavo, pasas hambre; esclavo, pasas sed; esclavo, te falta ropa?*
   —Ni paso hambre, ni sed, ni quiero ropa.
12 *Tres días estuve casado, por doce años esclavo.*
   Pero hoy llegó una carta de mis padres:
14 *Hoy venden mis casas; hoy podan mis viñas;*
   hoy casan a mi mujer con otro,
16 *y mis niños huérfanos conocerán otro señor.*
   —Vete, mi esclavo, con lo bueno y en buena hora
18 *y que tu camino esté lleno de capullos y rosas...*

Igual que *El pozo airón*, el romance de *La moza y el Huerco* sirvió de endecha en la comunidad de Salónica para conmemorar la fiesta luctuosa de *Ṭiš^cah bĕ-'Āb:*

   ¡Ay! Una mosa y una mosa   ke no s'espanta de la Muerte,
2 porke tiene padre i madre   i sus doǧe ermanos kazados;
   i kaza de tres tabakades   i un kurtiǧo enladriyado.
4 Adientro de akel kurtizo,   siete grutas ay fraguado.
   En kada gruta i gruta,   ay echado un cadenado
6 i en la trasera gruta,   ay echado tres i cuatro.
   El Güerko se izo un pašariko;   s'entró por el kadenado.
8 Ya vino la madre negra,   descalsa i deskaveñada:
   —¿Ké tal pasateš, mi iža,   ké tal pasateš la nochada?
10 Si negra le fue de prima,   más pior de madrugada.
   Ken a esta iža piedre   ya merese apedreada.[21]

R. M. Dawkins, «Tragoúdia tōn Dōdekanésōn», *Laog,* XIII (1950), 33-99: núm. 25 (pp. 70-72; de la isla de Kos). Los versos tienen las siguientes correspondencias: Vv. 1-9 = Pachtikos, vv. 1-8, 13; vv. 10-12 = Dawkins, vv. 15-17; vv. 13-16 = Passow, vv. 15-18; vv. 17-18 = Dawkins, vv. 25-26. Para la bibliografía de otros textos griegos, véanse nuestro *Judeo-Spanish Chapbooks,* pp. 317-318, y Baud-Bovy, pp. 160-161; también Tsaggálas, «'Akritikà tragoúdia», pp. 211-216; Tommaseo, III, 151-155. La balada griega incorpora, en sus distintas versiones, varios motivos tradicionales que no trascienden al romance judeo-español: los efectos sobrenaturales producidos por el lamento (v. 6); el esclavo o cautivo que gana su libertad mediante una canción taumatúrgica (Baud-Bovy, p. 161); y el motivo de la boda estorbada introducido en el v. 15. Sobre los dos primeros factores, véase *Judeo-Spanish Chapbooks,* pp. 360, n. 12, and 361-362; también Tommaseo, III, 49-165.

[21] Nuestro texto se basa en Attias, *Romancero,* núm. 85; Molho, «Cinq élégies», p. 233; y otras cuatro versiones inéditas de Salónica y Sofía (Bulgaria) en el Archivo Menéndez Pidal. Véase también nuestro «New Sephardic *Romancero*», pp. 75-76; *Catálogo-Índice,* núm. V5.

No nos engañe aquí, sin embargo, la presencia de un *Huerco* hispano-medieval (derivado del *Orcus* de la mitología latina),[22] pues en este caso el vocablo judeo-español disfraza otro antecedente de la antigüedad clásica: el Caronte, barquero del Estige, cuyo recuerdo, bajo el nombre de *Cháros,* personificación de la Muerte, se ha conservado en el folklore neo-helénico hasta nuestros días.[23] El romance sefardí resulta ser una adaptación bastante exacta de la balada griega que se conoce con el título de *La Muerte y la moza:*

'Ο Χάρος καὶ 'η κόρη·

Μιὰ κόρη ἐκαυχήθηκε· τὸν Χάρον δὲν φοβᾶται,
2　Γιατ' ἔχ' ἐννέα ἀδελφούς, τὸν Κωσταντῖνο γι' ἄνδρα,
　　Πὄχει τὰ σπίτια τὰ πολλὰ, τὰ τέσσαρα παλάτια.
4　Κι ὁ Χάρος ἔγινε πουλὶ σὰν μαῦρο χελιδόνι.
　　Κ' ἐπῆγε καὶ σαΐτεψε τὴν κόρη ἀρρ' βωνιασμένη.
6　Κ' ἡ μάννα της τὴν ἔκλαιε, κ' ἡ μάννα της τῆς λέγει.
　　»Χάρε, κακό, ποῦ μόκαμες στὴν μιάν μου θυγατέρα,
8　Στὴν μιάν μου καὶ τὴν μοναχὴν καὶ τὴν καλήν μου κόρη.«...[24]

---

[22]　Véase nuestro «New Sephardic *Romancero*», p. 76, n. 67; Royce W. Miller, «Family Tree of the *Guerco,* Stock Character in Judeo-Spanish Ballads», *The Sephardic Scholar* [Nueva York], III (1977-1978), 107-110; para más indicaciones: E. Asensio, *Poética y realidad en el cancionero peninsular de la Edad Media,* 2.ª ed. (Madrid, 1970), pp. 241-242; C. Cabal, «La significación de una palabra : Huerco», *RDTP,* III (1946), 183-195; W. von Wartburg, *Französisches Etymologisches Wörterbuch,* VII (Basel, 1955), s. v. *Orcus;* Rhys Carpenter, *Folk Tale, Fiction and Saga in the Homeric Epics* (Berkeley-Los Angeles, 1958), pp. 134-135.

[23]　Véanse D. C. Hesseling, *Charos: Ein Beitrag zur Kenntnis des neugriechischen Volksglaubens* (Leiden-Leipzig, 1897); J. C. Lawson, *Modern Greek Folklore and Ancient Greek Religion: A Study in Survivals (*New Hyde Park, N. Y, 1964), pp. 98-117; G. Moravcsik, «Il Caronte bizantino», *Studi Bizantini e Neoellenici* (Roma), III (1931), 45-68; B. Schmidt, *Das Volksleben der Neugriechen und das hellenische Altertum* (Leipzig, 1871), pp. 222-251.

[24]　W. von Haxthausen, *Neugriechische Volkslieder* (Münster, 1935), pp. 76-79 (sin localizar); reproducido en A. Theros, *Tà tragoúdia tōn hellḗnōn,* 2 tomos (Atenas, 1951-1952), I, núm. 329. Para más versiones, véanse P. Arabantinos, *Sullogḗ dēmodōn asmátōn tēs Epeírou* (Atenas, 1880), núm. 472; Ph. P. Argenti y H. J. Rose, *The Folk-lore of Chios,* 2 tomos (Cambridge, Inglaterra, 1949), II, 722-723; K. Dieterich, *Sprache und Volksüberlieferungen der südlichen Sporaden* (Viena, 1908), pp. 350-351 (núm. 27); J. M. Fermenich-Richartz, *Tragoúdia rōmaïkà: Neugriechische Volksgesänge* (Berlín, 1840), pp. 57-60; Georgeakis-Pineau, pp. 223-224; K. P. Kasimatis, «Laografikà súllekta ex Iou», *Laog,* II (1910), 591-637: pp. 597-598; Kind, pp. 110-113; Lüdeke-Megas, núms. 145, 147, 148; Pachtikos, pp. 141-143; Passow, núm. 413 (pp. 293-294); H. Pernot, *Etudes de linguistique néo-hellénique,* III: *Textes et lexicologie des parlers de Chio* (París, 1946), pp. 115-116; N. G. Politis, *Eklogài apò tà tragoúdia toū hellēnikoū laoū,* 4.ª ed. (Atenas, 1958), núm. 217; A. A. Sakellarios, *Tà kupriaká,* tomo II (Atenas, 1891), núm. 58 (pp. 173 f.); G. K. Spyridakis, G. A. Megas, y D. A. Petropoulos, *Hellēnikà dēmotikà tragoúdia (Eklogḗ),* tomo I (Atenas, 1962), 423-426; Theros, I, 285-287 (núms. 328-329). Para bibliografía adicional, véanse Dieterich, Kasimatis y Pernot. Véase también J. Meier et al., *Deutsche Volkieder mit ihren Melodien,* II (Berlín, 1939), 231 (núm. 49).

Una moza se jactó que no le temía a Cháros,
2 *pues tiene a sus nueve hermanos y de marido a Constantino,*
   quien tiene muchas casas, los cuatro palacios.
4 *Y Cháros se hizo pájaro, como una golondrina negra*
   y fue y atravesó a la novia con su flecha.
6 *Y su madre la lloraba y su madre le dice:*
   —Cháros, qué daño has hecho a mi única hija,
8 *a mi única, señera, buena niña...*

Ciertas versiones sefardíes concuerdan aún más de cerca con esta fuente griega de lo que se echa de ver en nuestro texto sintético, mientras que otras variantes griegas también ofrecen coincidencias adicionales. El «curtižo» judeo-español consta en algunos textos helénicos, donde se afirma que la chica posee «patios y jardines» (m'aulaīs kaì peribólia).[25] En un texto algo aberrante procedente de Sofía, pero seguramente de origen salonicense, se dice que la moza «se alababa» de no temer al Huerco —el verbo corresponde al *ekauchéthēke* del griego— y la protagonista se describe como «una novia», a quien, igual que en el poema griego, el Huerco mata de un flechazo: «La arronžó la flecha airada».[26] Por otra parte, la descripción de la madre como «deskalsa y deskaveñada» es sin duda de origen hispano e independiente de la tradición helénica. Proviene de otro romance de endechar, *La muerte del príncipe don Juan*,[27] de donde también se habrá tomado el contraste entre el anochecer y la madrugada (v. 10). Compárese, en una versión del *Príncipe* originaria de Esmirna: «El buen rey [murió] de prima noche, / el doctor de madrugada».[28] *La moza y el Huerco* denuncia, por lo tanto, la presencia en una sola composición de elementos poéticos de origen griego e hispánico —tendencia que se ejemplifica de un modo aún más complejo en el próximo poema que hemos de estudiar.

El romance de *La vuelta del hijo maldecido* nos sugiere un problema en las relaciones baládicas greco-hispanas que aún no hemos abordado. ¿Cuándo se produjeron semejantes injertos helénicos en el romancero sefardí? Veamos primero un texto facticio del romance basado en las versiones de tres informantes de la Isla de Rodas:

   —¿Dé ké yoras, Blankailinda?   ¿De ké yoras, Blancaiflor?
2 —Yoro por vos, kavayero,   ke vos vaš i me dešáš.
   Me dešáš linda i chiketa,   chikua de poka idad.

---

[25] Kind, p. 110, v. 4. La idea de una casa, castillo o palacio que se construye como protección contra la Muerte se encuentra en otras varias baladas griegas. Véanse A. Theros, I, núm. 74; Baud-Bovy, pp. 132, 137; R. M. Dawkins, «Some Modern Greek Songs from Cappadocia», *AJA*, XXXVIII (1934), 112-122: pp. 113-114, 116-117; Lüdeke, *Im Paradies*, pp. 168-169.

[26] Véase *Catálogo-Índice*, núm. V5.2.

[27] Véase P. Bénichou, *Creación poética en el romancero tradicional* (Madrid, 1968), pp. 115-117.

[28] Véase *Catálogo-Índice*, núm. C14.8.

4   Me dešáš lindos chiketos,   yoran i dimandan pan.
   Mitió la mano en su pecho   i una bolsa le fue a dar.
6   —¿Esto par'ónde me abasta   para el vino o para el pan?
   —Si eso no vos abasta,   ya tenéš por onde aboltar.
8   Vendiréš viñas i kampos   i media parte de sivdad.—
   I estu ke sintió su madri,   maldisión li fue a'char.
10 —Todas las navis dil puerto   vaigan i tornin in pas.
   I la navi del me ižu   vaiga i no torni más—.
12 Pasó tiempo i vino tiempo,   il eskariño li fue a dar.
   S'aparó a la vintana   i la ki va para la mar.
14 Vido venir un barko d'enfrenti,   navigando en la mar:
   —I así vivaš, marinero,   si me digaš la verdad.
16 ¿Si lo viteš al me ižo,   al me ižo karonal?
   —Ya lu vidi al su ižo   echado en l'arinal;
18 la piedra pur kavisera   i l'arenar por koviertal;
   i un burako en la su tripa,   k'entra i sal'el gavilán—.
20 Estu ke sintió su madre,   se tomó para matar.
   —No vus matéš, la mi madre,   ke yo so vuestro ižu karonal.[29]

La vuelta del hijo maldecido está basado esencialmente en una balada griega, *La mala madre (Hē kakè mána).* Compárese el siguiente texto procedente de la Isla de Chios:

   Μιὰ μάννα, μιὰ κακόμαννα τοῦ γυιοῦ της καταριέται.
2   «Άντε γυιέ μου στὸ δαίμονα, ἄντε μὲ τὰ καράβια,
   ὅλοι νὰ πᾶν καὶ ν' ἀρθοῦνε καὶ σὺ νὰ μὴ γυρίσης.»
4   «Διώχτεις με μάννα διώχτεις με μάννα θὰ φύγω, θέλω.
   Μάννα θ' ἀρθῆ τοῦ Ἁγιοῦ Γιωργιοῦ ἡ πρώτη γιορτὴ τοῦ κόσμου,
6   μάννα θὰ πᾶς στὴν ἐκκλησιὰ νὰ κάμης τὸ σταυρό σου,
   θὰ 'δῆς τοὺς νηούς, θὰ 'δῆς τὶς νῆές, θὰ 'δῆς τὰ παλληκάρια,
8   θὰ 'δῆς τὸν τόπον ἀδειανόν, θὰ θυμηθῆς νὰ κλάψης.
   θὰ κατεβῆς καὶ στὸ γυαλὸ τοὺς ναύτες νὰ 'ρωτήσης:
10 ‹Ναύτες μου καλοναύτες μου δὲν εἴδατε τὸ γυιό μου;›
   ‹Γιὰ 'πές μας τὰ σημάδια του καὶ ἴσως καὶ τὸν ἐξεύρω.›
12 ‹Ἑληά 'χενε στὸ μάγουλα κι' ἐληὰ στὴν ἀμασχάλη
   κι' ἀφ' τὴ δεξιά του τὴν μεριὰ εἶχε περίσσια χάρη.›
14 Μάννα, οἱ ναύτες θὰ σοῦ 'ποῦν κι' οἱ μοῦτσοι θὰ λαλήσουν.
   ‹Ἐχτὲς προχτὲς τὸν εἴδαμε στὴν ἄμμο ξαπλωμένο,
16 εἶχε τὸ κυμα πάπλωμα, τὴν θάλασσα σεντόνι,
   καὶ τὰ βωλάκια τοῦ γυαλοῦ τά 'χενε προσκεφάλι,
18 μαῦρα πουλιὰ τὸν τρώγανε κι' ἄσπρα τὸν τριγυρίζαν...[30]

[29]   Los vv. 1-8 los cantaron Regina Hanan y Rachel Bega-Ghedit, el 17 de junio 1958; los vv. 9 y ss. fueron cantados por Rachel Tarica, de 73 años, el 3 de abril 1958. Para más versiones, véanse *Judeo-Spanish Chapbooks,* pp. 314-315, y *Romancero tradicional de las lenguas hispánicas,* tomo III, ed. D. Catalán et al. (Madrid, 1969), 97-142.
[30]   Argenti-Rose, II, 736-737. Para bibliografía adicional, véase *Judeo-Spanish Chapbooks,* p. 318; también Tommaseo, III, 208-214, 319-320. Nótese que el motivo esencial, la maldición de la madre, se encuentra ampliamente difundida en la poesía tradicional balcánica, mientras es mucho menos frecuente en el *Romancero.* Véanse

Una madre, una mala madre, maldice a su hijo:
2 *—Vete, hijo mío, al demonio, vete con los barcos;*
que vayan y vuelvan todos y que no vuelvas tú.
4 *—Ahuyéntame, madre, ahuyéntame; me iré, quiero [irme].*
Madre, vendrá la fiesta de San Jorge, la mayor del mundo.
6 *Madre, irás a la iglesia para santiguarte;*
verás a los jóvenes, verás a las chicas, verás a los palikares;
8 *verás mi lugar vacío, te acordarás y llorarás.*
Y bajarás a la orilla del mar para preguntar a los marineros:
10 *"Marineros, buenos marineros, ¿no habéis visto a mi hijo?"*
"Dame sus señales y puede ser que lo conozca."
12 *"Tenía un lunar en la mejilla y otro en el sobaco*
y desde el lado derecho se veía extremadamente hermoso."
14 *Madre, los marineros te dirán y los grumetes hablarán:*
"Ayer, anteayer, lo vimos acostado en la arena;
16 *tenía la ola por manta y el mar por sábana.*
Y los guijarros de la orilla los tenía de almohada.
18 *Pájaros negros lo comían y [pájaros] blancos giraban a su alrededor..."*

La parte central del romance sefardí sigue con bastante exactitud las líneas generales del *tragoúdi* griego, pero un estudio detenido revela que se trata en realidad de una tupida mescolanza en la que ciertos incrementos de origen hispánico no dejan de ser en alto grado significativos: Los versos iniciales (hasta el v. 8) representan un derivado oral del antiguo *Conde Dirlos,* impreso por primera vez en Zaragoza en un pliego suelto de hacia 1510.[31] Además, según han demostrado Diego Catalán y Alvaro Galmés, las versiones orales de *Dirlos* han sido influidas por otro romance, el del *Navegante,*[32] de donde proceden sin duda el ambiente marítimo y la intervención de la madre. Tales elementos, en alguna versión sefardí de *Dirlos* (antecedentes de nuestros· vv. 1-8), habrían facilitado la combinación de *Dirlos* con la balada helénica, donde, de modo idéntico al *Navegante,* la madre y el trasfondo marítimo constituyen elementos esenciales.[33] Los versos finales de *La vuelta del hijo maldecido* denuncian la intervención de otro venerable romance medieval en la variadísima genealogía de este notable poema: La representación del héroe muerto como «echado en el arenal» ya figuraba en la balada griega («Ayer o anteayer, lo vimos acostado en la arena)[34], pero se

Judeo-Spanish Chapbooks, pp. 306-307, n. 3; F. M. Rechnitz, *Hispano-Romanian Ballad Relationships: A Comparative Study with an Annotated Translation of Al. I. Amzulescu's Index of Romanian Ballads,* tesis doctoral, University of Pennsylvania (Filadelfia, 1978), pp. 30-34.
   [31] Véase *Romancero tradicional,* III, 67-89.
   [32] D. Catalán y A. Galmés de Fuentes, «El tema de la boda estorbada: Proceso de tradicionalización de un romance juglaresco», *VR,* XIII (1953), 66-98: pp. 76-79.
   [33] Véase *Judeo-Spanish Chapbooks,* pp. 312-314.
   [34] El que en la canción griega y el romance sefardí el protagonista tenga una piedra de almohada y la arena de colchón refleja un tópico de la poesía tradicional

trata a la vez de un tópico con que en el Romancero se describe el
lugar de muerte de un paladín. Así, el marqués de Mantua encuentra a Valdovinos «en medio de un arenal» *(Primav.* 165). El príncipe
de Portugal también muere «en un arenal».[35] En el romance de *Los
dos rivales,* la muerte de don Jorge se indica con la frase: «tiene el
arenal por cama».[36] En una de las versiones de *La vuelta del marido*
(é-a), el marido finge ser otro al ofrecer la noticia de su propia
muerte en el campo de batalla: «la boca llena de sangre / los puños
llenos de arena».[37] En el caso específico de *La vuelta del hijo maldecido,* el poema sefardí está influido por el romance carolingio de *La
muerte de don Beltrán.*[38] Aquí también el héroe muerto tiene «las
piernas... en el agua / y el cuerpo en el arenal» *(Primav.* 185a). Pero
otro factor, presente tanto en la balada griega como en el romance
de *Don Beltrán,* habrá facilitado la asociación de las dos narraciones.
En la canción neohelénica, pájaros negros y blancos devoran el ca-
dáver del héroe. En las versiones antiguas de *Don Beltrán* no figura
nada semejante, pero las formas en que el mismo romance sobrevive
en las modernas tradiciones de Portugal y Marruecos incluyen la notable imagen de un gavilán que entra y sale por las heridas mortales
del protagonista:

Cavaleiro de armas brancas   morto está no areal;
Tem o corpo na areia,   e a cabeça no juncal;
Três feridas tem no corpo,   todas de homem mortal:
Por uma entra o sol,   por outra entra o luar,
Pela mais pequena delas,   um gavião a voar,
Com as asas abertas,   sem as ensanguentar.[39]

Yo le vi, la mi señora,   echado en l'arenare;
tres puñaladitas tenía   alrededor del collare;
por una le entra el sol,   por otra el sol y lunare,
por la más chiquita de ellas   entra y sale un gavilane,
[con sus alas abiertas],   no le haze ningún male.[40]

balcánica. Véanse K. Dieterich, «Die Volksdichtung der Balkanländer in ihren gemeinsamen Elementen», *ZVVK,* XII (1902), 145-155, 272-291, 403-415: p. 405; Tommaseo, III, 43, 334.

[35] M. Menéndez Pelayo, *Tratado de los romances viejos,* 2 tomos, «Edición Nacional», tomos XXII-XXIII (Santander, 1944), II, 202; P. Bénichou, «El romance de
La muerte del príncipe de Portugal en la tradición moderna», *NRFH,* XXIV (1975),
113-124: p. 120.

[36] N. Alonso Cortés, *Romances populares de Castilla* (Valladolid, 1906), p. 91.

[37] J. M. de Cossío y T. Maza Solano, *Romancero popular de La Montaña,*
2 tomos (Santander, 1933-1934), núm. 109.

[38] *Primavera* 185, 185a; «A New Collection», pp. 145-146.

[39] J. Leite de Vasconcellos, *Romanceiro português,* 2 tomos (Coimbra, 1958-
1960), I, núm. 24. Véanse también los textos 17-33 y la bibliografía (p. 42).

[40] Larrea, núm. 24.43-51. Se dan estos versos como desenlace de una versión del
Sueño de doña Alda. Corregimos la lectura «la arenare» (hemistiquio 44) y enmenda-
mos el defectuoso verso final a la vista del material intercalado en Larrea, núm. 71
(v. 11). Versos análogos se dan como contaminaciones en *¿Por qué no cantáis la*

La presencia de los dos motivos —el héroe muerto en el arenal y el gavilán que pasa por sus heridas— en alguna versión sefardí oriental de *La muerte de don Beltrán* sin duda habrá motivado la asociación del romance carolingio con *La vuelta del hijo maldecido*, en cuyo modelo griego figuraban detalles casi idénticos.

El episodio final del romance sefardí, la reunión de madre e hijo, no se da en la balada griega de *La mala madre*. En el romance, el hijo se identifica, impidiendo que la madre, frenética de congoja, se suicide tirándose al mar:

> —No vos echéis, la mi madre,   ni vos quijérais echar,
> yo so el vuestro hijo,   el vuestro hijo caronal.

(Attias 24.47-50)

Aquí el romance sefardí vuelve a aprovecharse de versos procedentes del antiguo *Dirlos:*

> —¡No fuyades, la condesa,   ni os queráis espantar,
> que yo soy el conde Dirlos,   vuestro marido caronal![41]

Así, la tradición judeo-española, al apropiarse la balada griega de la maldición materna, ha traído a colación otros varios motivos propios de su repertorio peninsular para así elaborar una nueva narración, bastante original y sui generis, en la que se entretejen estrechamente una variedad de elementos griegos e hispano-medievales.

Hoy en día *La vuelta del hijo maldecido* se conoce en todas las comunidades orientales, de donde ha emigrado al Norte de Africa, para hacerse popular también en la tradición judeo-marroquí. Semejante difusión, junto a la incorporación de elementos hispánicos y diaspóricos, sugiere la posibilidad de que la adaptación de la balada

---

bella? (Larrea, núms. 71-73). Cfr. el comentario de Bénichou, pp. 58-59, 171-172. La misma descripción se encuentra en versiones canarias del *Conde Niño:*

> tres jeridas le jacieron,   todas tres a lo mortal,
> por una se viya el sol,   por otra la claridad,
> por la más chiquita de ellas   entra y sale un gavilán,
> con las alitas abiertas   sin el corazón tocar.

Véanse M. Morales y M. J. López de Vergara, *Romancerillo canario* (La Laguna, 1955), núm. 10; Diego Catalán et al., *La flor de la marañuela*, 2 tomos (Madrid, 1969), núms. 439, 582.

Se da la misma metáfora en la epopeya medieval irlandesa *Táin Bó Cuailnge:* «If ever birds in flight could pass through men's bodies they could have passed through those bodies that day and brought bits of blood and meat with them out into the thickening air through the wounds and gashes» *(The Tain,* trad. Thomas Kinsella [Oxford, Inglaterra, 1970], p. 189; el mismo pasaje en la versión más elaborada del «Book of Leinster»: *Cuchulain of Muirthemne,* trad. Augusta Gregory [New York, 1970], p. 181). Si cabe, la variante hispánica es aún más exagerada, pues las alas abiertas del gavilán no tocan siquiera la herida.

[41] *Primavera* 164, p. 343, vv. 14-15; «A New Collection», p. 146.

griega pudiera haberse realizado ya hace mucho. Y en efecto, en un códice de finales del siglo XVIII, procedente de Sarajevo, ya consta el romance en una forma esencialmente idéntica a las versiones modernas.[42] Por su parte, la balada griega se documenta fragmentariamente en un manuscrito del siglo XVI perteneciente al monasterio del Monte Athos.[43] No cabe duda que la adaptación del poema griego había de realizarse a lo más tarde a mediados del siglo XVIII y hubiera podido producirse muchos años —incluso siglos— antes, a raíz misma de la llegada de los sefardíes exilados a Oriente. Lejos de ser superficial y efímera, la incorporación de baladas griegas al repertorio sefardí se nos revela, por lo tanto, como un fenómeno de gran alcance que llevará largos años produciéndose en el Romancero hispánico transplantado a Oriente.[44]

Esperamos haber demostrado la presencia de un incremento significativo de materia narrativa griega en el romancero judeo-oriental. Junto con otros fenómenos que a continuación estudiaremos (préstamos líricos, exclamaciones e imágenes turcas, estribillos turcos y árabes), así como el repertorio musical profundamente orientalizado —según lo demuestra nuestro colega Israel J. Katz— el fenómeno de las adaptaciones baládicas griegas arroja nueva luz sobre la historia del romancero sefardí y nos permite caracterizarlo en términos radicalmente diferentes de los que hasta ahora se le han ido aplicando. La tradición romancística de los sefardíes se nos presenta ahora, no sólo como un precioso acopio de supervivencias medievales, sino más bien como una rica síntesis de elementos hispánicos y balcánicos, judíos y cristianos —y, por lo tanto, como un índice fidedigno de la riqueza y el pluralismo de la cultura sefardí.

---

[42] Véanse M. Attias, «Çĕrôr romansôt bĕ-kt"y šel Sarayevo», *Shevet va'Am*, II (VII) (1973), 295-370: núm. 11 (pp. 333-336); S. G. Armistead, I. M. Hassán y J. H. Silverman, «Un nuevo testimonio del romancero sefardí en el siglo XVIII», *ESef*, I (1978), 197-212: p. 207.

[43] Véase B. Bouvier, *Dēmotikà tragoúdia apò cheirógrafo tēs Monēs tōn Ibērōn* (Atenas, 1960), núm. 11.

[44] Hace poco, Rina Benmayor ha descubierto una notable informante sefardí de Mármara (Turquía) con un repertorio bilingüe. Véase «A Greek *Tragoúdi* in the Repertoire of a Judeo-Spanish Ballad Singer», *HR*, XLVI (1978), 475-479. Para otra versión de la misma balada, véase E. I. Stamatiades, *'Ikariaká* (Samos, 1893), pp. 145-147 *(Tò tragoũdi tēs Soúsas)*.

II.2

LA BALADA DEL *PUENTE DE ARTA:* UN TEMA
PAN-BALCÁNICO

Una de las más famosas narraciones baládicas del complejo folklore multilingüe y a la vez notablemente homogéneo de la Península Balcánica se refiere a cierta antigua costumbre de emparedar a un
ser humano en los cimientos de un edificio o puente, como sacrificio
de construcción propiciatorio a un espíritu sobrenatural.[1] Bajo diver-

---

[1] Véase Stith Thompson, *Motif-Index of Folk-Literature,* 2.ª ed. (Bloomington,
Ind., 1955-1958), motivo S261: «Foundation sacrifice. A human being buried alive at
base of the foundation of a building or bridge»; E. Hoffmann-Krayer y H. Bächtold-
Stäubli, *Handwörterbuch des Deutschen Aberglaubens* (Berlín-Leipzig, 1927-1942), I,
962-964; III, 1561; IV, 1400 y ss.; VII, 1514 y ss.; J. G. Frazer, *The Golden Bough,*
II: *Taboo and the Perils of the Soul* (Nueva York, 1935), pp. 89-92; *Encyclopaedia of
Religion and Ethics,* ed. J. Hastings (Nueva York-Edimburgo, 1926), II, 848*a*-857*a*;
VI, 109*b*-115*b*; *Lexicon für Theologie und Kirche,* ed. M. Buchberger et al. (Freiburg,
1958), s. v. *Bauopfer;* también I. y P. Opie, *The Oxford Dictionary of Nursery Rhy-
mes* (Oxford, 1952), pp. 270-276 (núm. 306: «London Bridge is broken down»); R.
M. Dorson, *Folk Legends of Japan* (Tokio-Rutland, Vt., 1962), pp. 211-220; W.
Eberhard, «Chinese Building Magic», *Studies in Chinese Folklore and Related Essays*
(Bloomington, Indiana, 1970), pp. 49-65; H. C. Coote, «A Building Superstition»,
FLJ, I (1883), 23-24; H. Gaidoz, «Les rites de la construction», *Mélusine,* IV (1888-
1889), 14-18, 453-454, *et alibi;* M. J. Walhouse, «Immuring Alive», *Folk-lore* (Lon-
dres), IV (1893), 259-262; M. Höfler, «Das Hausbauopfer im Isarwinkel», *ZVVk,*
XVI (1906), 165-167; P. Sébillot et al., «Les ponts: 1-Les rites de la construction»,
RTP, VI (1891), 129-139, 172-173, 288-289; Seán Ó Súilleabháin, «Foundation Sacrifi-
ces», *The Journal of the Royal Society of Antiquaries of Ireland* (Dublin, 1945), pp.
45-52; H. Hubert y M. Mauss, *Sacrifice: Its Nature and Function* (Chicago, 1967),
núm. 376; Ion Taloş, «Bausagen in Rumänien», *Fabula,* X (1969), 196-211; V. Rusu,
«Un chapitre de la mitologie roumaine: Le serpente de maison, d'après des données
dialectales et ethnographiques», *RLR,* 82 (1977), 257-267: pp. 261-262.

La leyenda de Merlín, según la presenta Geofredo de Monmouth, ofrece un hermoso ejemplo medieval del sacrificio de cimentación: «The stonemasons... came to-
gether and began to lay the foundations [of the tower], but whatsoever they wrought
one day was all swallowed up by the soil the next, in such sort as they knew not
whither their work had vanished... [His wizards told Vortigern] that he must go
search for a lad that had never a father and... should slay him and sprinkle his blood
over the mortar and the stones, for this, they said, would be good for making the
foundation of the tower hold firm» (Geoffrey of Monmouth, *History of the Kings of
Britain,* trad. Sebastian Evans [Nueva York, 1958], pp. 132-133 [VI. 17]). El mismo

169

sos títulos, y naturalmente con numerosas modificaciones y atribuciones locales, el tema goza de amplísima difusión en la poesía tradicional de los pueblos balcánicos.[2] Baladas de estructura narrativa semejante, que desarrollan el citado tema del sacrificio humano de cimentación, se han recogido en casi todas las lenguas balcánicas: en griego: El puente de Arta, de Hellada, de Antimachia, entre otros;[3]

motivo lo recoge El baladro del sabio Merlín (ed. A. Bonilla y San Martín, Libros de Caballerías, I [= NBAE, IV, Madrid, 1907], 12b-13b).

El cantar de gesta francés, Le moniage Guillaume, integra lo que parece ser una reinterpretación cristiana del tópico de la construcción de un puente que se derrumba todas las noches. El héroe quiere construir un puente por donde pasarán los peregrinos de San Gil, Rocamador y otros lugares, pero todas las noches el demonio destruye el trabajo, hasta que Guillaume logra sorprenderle y arrojarle al fondo del río; luego termina de construir el puente. Véase la ed. de W. Cloetta, Les deux rédactions en vers du Moniage Guillaume, 2 vols. (París: SATF, 1906-1909), I, 364-368 (vv. 6555-6621).

[2]   Una amplia iniciación bibliográfica puede hallarse en los siguientes estudios fundamentales sobre esta balada pan-balcánica y sus implicaciones folklóricas: R. Köhler, «Eingemauerte Menschen», en Aufsätze über Märchen und Volkslieder (Berlín, 1894), pp. 36-47; L. Sainéan, «Les rites de la construction d'après la poésie populaire de l'Europe Orientale», RHR, XLV (1902), 359-396; S. Stefanović, «Die Legende vom Bau der Burg Skutari: Ein Beitrag zur interbalkanischen und vergleichenden Sagenforschung», Revue Internationale des Études Balkaniques (Belgrado), I (1934), 188-210; G. Cocchiara, «Il Ponte di Arta e i sacrifici di costruzione», AMP, I (1950), 38-81 (reimpreso en Il paese di Cuccagna [Turín, 1956], pp. 84 y ss.); Mircea Eliade, «L'orizzonte mitico della ballata di Mastro Manole», AMP, XIV-XV (1963-1964), 80-98; Ion Taloş, Meşterul Manole: Contribuţii la studiul unei teme de folclor european, Bucharest, 1973; G. A. Megas, «Tò tragoŭdi toŭ gefurioŭ tês 'Ártas: Sugkritikĕ melétē», Laog, XXVII (1971), 25-212; Id., Die Ballade von der Arta-Brücke: Eine vergleichende Untersuchung, Salónica, 1976. Véanse también K. Dieterich, «Die Voksdichtung der Balkanländer», ZVVk, IV (1902), 150-152; D. Subotić, Yugoslav Popular Ballads: Their Origin and Development (Cambridge, Ingl., 1932), pp. 39-47; W. R. Halliday, Indo-European Folk-Tales and Greek Legends (Cambridge, Ingl., 1933), pp. 16-17; W. J. Entwistle, European Balladry (Oxford, 1939), pp. 87, 309, 315, n. 1, 316, 326, 330, 350, 352; S. Skendi, Albanian and South Slavic Oral Epic Poetry (Filadelfia, 1954), pp. 50-56; H. Lüdeke, «Griechische Volksdichtung», ALV, I (1949), 196-254: pp. 225-227 y 254; V. Schirmunski, Vergleichende Epenforschung, I (Berlín, 1961), 109 (núm. 13) y 112 (B); ahora también R. Beaton, Folk Poetry of Modern Greece (Londres, 1980), pp. 120-124, 127-128, 206-207.

Huelga decir que la creencia, aplicada a un puente específicamente, trasciende el ámbito balcánico. No podemos por menos de citar el siguiente ejemplo chino: «There is a legend that during the building of the stone bridge situated near the small eastern gate of Shanghai... some difficulty was found in laying the foundations. The builder thereupon vowed to Heaven the lives of two thousand children if the stones could be placed properly» (N. B. Dennys, The Folklore of China [London-Hongkong, 1870], p. 70). Por sorprendente que sea, la misma leyenda sigue encontrándose en el folklore norteamericano. Véanse Linda Dégh, «The Negro in the Concrete», Indiana Folklore (Bloomington), I:1 (1968), 61-67; Vicki L. O'Dell, «The Haunted Bridge», Indiana History Bulletin (Indianapolis), 41:4 (abril 1965), 54. Del gran ingeniero Joseph Strauss, constructor del Golden Gate Bridge, se dijo que él sabía tan bien como cualquier ingeniero de mucha experiencia, la verdad del viejo adagio, «The bridge demands its life». Véase Richard Dillon, «The Day the Net Fell», California Living Magazine, 27 de abril de 1980, 55-60, p. 55.

[3]   Véase la n. 23 infra.

en macedo-rumano: *El puente de Narta;*[4] en albanés: *El puente de Artos* o de *Dibra* y *La fortaleza de Škodra* (Escútari);[5] en serbio y en macedonio: *La edificación de Skadar* y *El puente del río Drina;*[6] en búlgaro: *La fortaleza de Salónica,* de *Smilen* y otros;[7] en daco-rumano: *El monasterio de Argeş;*[8] y en húngaro: *El castillo de Deva.*[9] El mismo tema forma parte de las tradiciones folklóricas de los gitanos errantes de los Balcanes.[10] También se conocía la balada —como *El puente de Adana*— entre las arcaicas comunidades griegas de Trebisonda y Anatolia central, donde bien pudo haberse originado.[11] Más al oriente, una narración baládica análoga en ara-

[4] T. Papahagi, *Antologie aromănească* (Bucarest, 1922), pp. 67-73; G. Weigand, *Die Aromunen,* 2 tomos (Leipzig, 1895 y 1894), II, 164-173; A. Fochi, «Contributions aux recherches concernant la chanson populaire des Balkans», *Bulletin of the International Association of South East European Studies* (Bucarest, 1971), pp. 81-100: 88-89.

[5] *Le pont du Renard à Dibra* (A. Dozon, *Contes albanais* [París, 1881], pp. 255-257) es un cuento en prosa, pero un resto de diálogo rimado atestigua su origen baládico *(op. cit.,* p. 256, n. 1). En *RTP,* VI (1891), 138, Sébillot et al. dan la traducción de un texto rimado. Véase también D. Samojlov, *Starinnye albanskie skazanija* (Moscú, 1958), pp. 217-220.

[6] Véanse A. Dozon, *Poésies populaires serbes* (París, 1859), pp. 189-195; Schirmunski, p. 109; y los trabajos de Stefanović y Subotić citados en la n. 2. La balada sirve de tema para un capítulo de la famosa novela de Ivo Andrić *(The Bridge on the Drina* [*Na Drina ćuprija*], trad. Lovett F. Roberts, New York, 1960).

[7] A. Strausz, *Bulgarische Volksdichtungen* (Viena-Leipzig, 1895), pp. 407-408.

[8] V. Alexandri, *Poezii populare ale Românilor* (Bucarest, 1966), pp. 171-177; Id., *Balade* (Kichinev, 1969: edición en letras cirílicas), pp. 99-106; Id., *Ballades et chants populaires de la Roumanie* (París, 1855), pp. 143-158; M. Beza, «Balkan Peasant Poetry», *The Balkan Review* (Londres), I (1919), 279-296; pp. 283-285; E. Comişel, «The Rumanian Popular Ballad», *Studia Memoriae Belae Bartók Sacra,* 3.ª ed. (Londres, 1959), pp. 31-54: 39-40; L. L. Cortés, *Antología de la poesía popular rumana* (Salamanca, 1955), pp. 44-45, 220-231; G. Habenicht, «Fenomenul reelaborării unui text folcloric epic», *Revista de Folclor* (Bucarest), VIII (1963), 74-93; L. Renzi, *Canti narrativi tradizionali romeni* (Florencia, 1969), pp. 75-86; nutrida bibliografía de versiones de A. I. Amzulescu, *Balade populare romîneşti,* 3 tomos (Bucarest, 1964), I, 184-185 (núm. 210); textos: III, núms. 163-166. Cfr. también los detallados estudios comparativos de G. Vrabie, *Balada populară română* (Bucarest, 1966), pp. 69-107, y F. M. Rechnitz, *Hispano-Romanian Ballad Relationships,* tesis de Ph. D. (University of Pennsylvania, Filadelfia, 1978), pp. 355-362, 607-610. Véase además la n. 2 *supra.*

[9] N. A. M. Leader, *Hungarian Classical Ballads and their Folklore* (Cambridge, Inglaterra, 1967), pp. 19-43, 348-349; L. Vargyas, «Die Herkunft der ungarischen Ballade von der eingemauerten Frau», *Acta Ethnographica* (Budapest), IX (1960), 1-88; Id., *Researches into the Medieval History of Folk Ballad* (Budapest, 1967), pp. 173-233; P. Járdány et al., *Ungarische Volksliedtypen,* 2 tomos (Mainz, 1964), I, 89-92; L. Aigner, *Ungarische Volksdichtungen,* 2.ª ed. (Budapest, [1872]), pp. 82-85, 161-162.

[10] Sainéan, p. 368; A. G. Paspati, *Études sur les tchinghianés ou bohémiens de l'Empire Ottoman* (Constantinopla, 1870), pp. 620-623; F. Miklosich, *Uber die Mundarten und die Wanderungen der Zigeuner Europa's* (Viena, 1873), pp. 12-13; F. H. Groome, *Gypsy Folk-Tales* (Londres, 1899), pp. 12-13: «Story of the Bridge». W. Starkie resume otra versión recogida de gitanos balcánicos en el norte de Marruecos (*Don Gypsy* [Nueva York, 1937], pp. 118-119); sus informantes no estuvieron de acuerdo en si el edificio en cuestión era una iglesia o un puente.

[11] Véase Entwistle, *European Balladry,* p. 87; y para los textos, P. de Lagarde, *Neugriechisches aus Kleinasien* (Gotinga, 1886), pp. 39-40 (núms. 42-43). Cfr. las referencias de R. M. Dawkins en *Modern Greek in Asia Minor* (Cambridge, Inglaterra,

meo moderno se ha descubierto hace poco entre los judíos curdos del Iraq.[12]

Como los griegos y demás pueblos balcánicos, los judíos salonicenses aún en el siglo XX practicaban una forma atenuada del sacrificio de cimentación. En *Usos y costumbres de los sefardíes de Salónica* (Madrid-Barcelona, 1950), escribe M. Molho: «Cuando se ponen los cimientos de una construcción se sepulta en ellos la cabeza y las patas de una gallina degollada al efecto. Tras la construcción se llama a los rabinos para que la cubran con sus bendiciones.»[13] El erudito rumano, L. Sainéan observa entre los cristianos griegos una colaboración aun más estrecha de la religión ortodoxa con el antiguo rito pagano: «La croyance qu'il faut immoler une victime dans les fondations de n'importe quelle construction, est partout familière en Grèce. Le prêtre bénit le terrain, on égorge une poule, un coq, un bélier ou un agneau, et de son sang l'on arrose la pierre fondamentale de l'édifice».[14] El estudioso inglés, R. Rodd ofrece una descripción detallada de la ceremonia:

> After the ground has been cleared for the foundations of a new house, the future owner, his family, and the workmen attend together with the *Pappas* in full canonicals, accompanied by incense, holy water, and all due accessories. A prayer is said, and those present are aspersed, and the site is sprinkled with the consecrated water. Then a fowl or a lamb, which you will have noticed lying near with the feet tied together, is taken by one of the workmen, killed and decapitated, the *Pappas* standing by all the while, and even giving directions; the blood is then smeared on the foundation stone, in fulfillment of the popular adage that "there must be blood in the foundations".[15]

1916), pp. 6, n. 4, y 37. L. M. J. Garnett traduce una variante de Capadocia: *Greek Folk Poesy,* 2 tomos (Londres, 1896), I, 71-73.

   [12] Véase Donna Shai, «A Kurdish Jewish Variant of the Ballad of *The Bridge of Arta*», *AJSR,* I (1976), 303-310.

   [13] p. 291. Hace unos quince años, en Los Angeles, nos contaron algunos informantes sefardíes como un amigo suyo, al trasladarse a una casa nueva, hizo sacrificar cinco gallinas —una para cada miembro de la familia—. Cinco señales se hicieron con la sangre sobre una de las piedras cimentales. Asistió uno de los rabinos de la comunidad. La costumbre se denominaba con la palabra *kapará* (hebreo ḳapārāh «expiación»). Véase Molho, *Usos,* p. 296. Molho aduce importantes paralelismos en las prácticas de pueblos antiguos del Próximo Oriente: «Se supone que un cráneo de camello encontrado en Taanak fue empleado para proteger la casa, en las ruinas de la cual fue descubierto. Asimismo, las excavaciones hechas últimamente en los alrededores de Megiddó han descubierto esqueletos de niños pequeños enterrados vivos en urnas, bajo los cimientos de ciertas construcciones. Según los arqueólogos, datan de la época de los cananeos» (*Usos,* pp. 291-292, n. 2).

   [14] «Les rites de construction», p. 361.

   [15] *The Customs and Lore of Modern Greece* (Londres, 1892), pp. 148-149. En su admirable monografía sobre la convivencia cristiano-islámica en Anatolia, Spiros Vryonis documenta la misma práctica —aunque, en este caso, sin intervención eclesiástica— en el siglo XVII: «When they [Greeks] lay the Foundation of a new Building, the Priest comes and blesses the Work and Workmen with Prayer, for which they have an Office in the Liturgy, which is very laudable and becoming Christians. But

Dada, pues, la familiaridad de los judíos griegos con los sacrificios de construcción practicados en los países balcánicos en una forma moderna y atenuada, parece bastante probable que en su romancero también se hubiera adoptado la dramática interpretación del mismo tema existente en la poesía tradicional de sus vecinos.

En 1950 publicó Moshe Attias su colección de romances y canciones populares recogidos de la tradición oral de los sefardíes hispanohablantes de Salónica y Lárissa. El romance núm. 62 de esta colección comienza con los siguientes versos:

> Debajo el kiuprí de Lárisa   hay una moza zarif.
> El su padre la guadraba   por un lindo chelebbí.
> La moza, por ser honrada,   s'amonstró d'un buzají...[16]

En 1957 y 1959, pudimos recoger, de boca de ancianas salonicenses en Los Angeles y Nueva York, otras dos versiones de este curioso romance:

> Debašo el kioprí de Larso   avía'na mosa zarif.
> El su padre l'ay guardado   para lindo čelebí.
> La mosa, komo era mala,   se fu'a vežitá'l vezir.
> Por en medio del kamino,   kontró kon un bozaǧí...[17]

[16] when the Priest is departed, the Workmen have another piece of their own Devotion to perform, which they do by killing a Cock, or a Sheep, the blood of which they bury under the first stone they lay: It is not always, but very frequently practised, in which they imagine that there is some lucky Magick or some spell to attract good fortune to the Threshold; they call it, θυσία, or Sacrifice, and therefore I believe that this is a piece of ancient Heathenism» (P. Rycant, *The Present State of the Greek and Armenian Churches Anno Christi 1678* [Londres, 1679], pp. 371-372; *apud* S. Vryonis, *The Decline of Medieval Hellenism in Asia Minor and the Process of Islamization from the Eleventh through the Fifteenth Century* [Berkeley-Los Angeles, 1971], p. 490).

Téngase en cuenta el siguiente testimonio de Egipto: «Before people take up residence in a newly built house, or complete a well for a waterwheel, or use new machinery for irrigation or grinding corn, an ox or a sheep, or, if the people are poor, a fowl, must be killed on the threshold of the house, or close to the engine, or inside the well before the water level is reached. This is done in case these spots may be haunted by ᶜ*afārīt* [supernatural underground beings], who will trouble the owners if not appeased by the blood of a sacrifice» (W. S. Blackman, *The Fellāhīn of Upper Egypt* [London, 1968], p. 236). Para los sacrificios de cimentación en Marruecos, véanse los abundantes y detallados testimonios de E. Westermarck, *Ritual and Belief in Morocco,* 2 vols. (New Hyde Park, New York, 1968), I, 315-319.

[16] Hemos modificado la presentación y puntuación del texto de Attias (p. 161). Ocurren en él abundantes turquismos: *kiuprí*: t. *köprü* «puente»; *zarif*: t. *zarif* «elegante, graciosa»; *chelebbí*: t. *çelebi* «señor» (título que en turco moderno se aplica particularmente a no musulmanes); *buzají*: t. *bozacı* «vendedor de *boza*» (especie de bebida fermentada hecha de mijo). Sobre *boza* y quienes la venden, véanse W. R. Halliday, «The Gypsies of Turkey», *Folklore Studies: Ancient and Modern* (Londres, 1924), pp. 43-44, ns. 3-4; E. W. Lane, *An Account of the Manners and Customs of the Modern Egyptians* (New York, 1973), pp. 94, 335. La «respetabilidad» de la moza (v. *3a*) sin duda ha de entenderse irónicamente. Cf. Attias, p. 161, n. 1, y 315.

[17] Cantada por la señora Esther Varsano Hassid, de 65 años, en Van Nuys (California), el 21 de agosto de 1957. El texto completo figura en nuestro artículo, «Hispanic Balladry among the Sephardic Jews of the West Coast», *WF,* XIX (1960), 229-244: texto núm. 7; véase ahora nuestro libro *Tres calas en el romancero sefardí (Rodas, Jerusalén, Estados Unidos)* (Madrid, 1979), núm. C10.

> Debašo del kioprí de Larsa   ay una iža en karsél.
> El su padre la guadrava   para lindo čelebí.
> La iža, komo era mala,   se hue a vižitar el vizir.
> Por en medio del kamino,   encontró un bozaǧí...[18]

Otra versión más, también de Salónica, la recogió en Nueva York Susan Bassán en su tesis de M. A. (Columbia University, 1947, núm. 129):

> Debaxo el kuprí del Arcio   hay una mosa zarí.
> El su padre la ha guardado   para el luzio chilibí.
> La mosa, como era negra,   se fue a visitar el Vizir.
> Por el medio del camino,   encontró con un bozají...[19]

El resto del romance sefardí cuenta cómo la andariega moza de Lárissa, quien un tanto incongruentemente resulta ser hija del rey de Francia, declara su amor al humilde y paupérrimo vendedor de *bozá,* para luego comenzar a importunarle con una larga serie de demandas completamente irrazonables.

El romance abunda en préstamos léxicos del turco y del griego, y alguno del hebreo; pero pese a este exótico vocabulario, parte del poema —las desmedidas demandas de la muchacha— puede quizá guardar alguna relación, en último término, con un romance peninsular: *La pedigüeña,* recogido en varias partes del mundo hispánico.[20] Sea como fuere, la circunstancia enigmática de la muchacha que se encuentra *debajo* del puente o *encarcelada* bajo el puente, tal como se nos manifiesta en los primeros versos del romance sefardí, queda sin explicación y parece no tener ninguna relación con el resto del poema. De hecho, en una versión recogida en Jerusalén, falta el inexplicable verso y su comienzo es, sencillamente:

> La 'iža del rey de Fransyya   se fu'e 'a vižitar al vezir.
> 'En medyyo del kamino,   'enkontró kon 'un bozaǧí...[21]

Este texto, en el que no se menciona ni Lárissa ni cl puente, constituye seguramente un ejemplo de la forma «pura» del romance de la princesa pedigüeña; mientras que el irrelevante verso de las versiones de Grecia parece reflejar una contaminación proveniente

---

[18]   Recitada por la señora Sarah Nehamá, de 84 años, en Brooklyn (Nueva York), el 20 de agosto de 1959.
[19]   S. Bassán, *Judeo-Spanish Folk Poetry,* tesis de M. A. (Columbia University, Nueva York, 1947), p. 107 (núm. 129).
[20]   Véanse E. Garrido, *Versiones dominicanas de romances españoles* (Santo Domingo, 1946), p. 102, y nuestros comentarios en *Tres calas,* núm. C10, n. 38.
[21]   Versión manuscrita por Salomón Israel Cherezlí, en Jerusalén, hacia 1910; el manuscrito, en letras hebreas, fue obtenido en Jerusalén por nuestro colega el profesor Israel J. Katz. Publicamos el texto completo en «Judeo-Spanish Ballads in a MS by Salomon Israel Cherezlí», *Studies in Honor of M. J. Benardete* (Nueva York, 1965), pp. 367-387: núm. 8; véase ahora *Tres calas,* núm. B8.

de alguna otra fuente. Los informantes de Attias se daban cuenta, por lo visto, del carácter problemático de ese verso añadido, con su alusión al puente de Lárissa; y para aclararlo, le contaron una curiosa anécdota que Attias reproduce en su comentario al romance. Sin tratar de identificar la posible relación de su texto con otras ramas del folklore balcánico, Attias hace constar que: «En relación con este romance, oí de boca de ancianos de Lárissa la siguiente leyenda»:

La ciudad de Lárissa está cruzada por el río Piniós [Pēneiós]. Hace mucho tiempo quisieron construir un puente que uniera las dos orillas del río, y de este modo, las dos partes de la ciudad. Pero todos los intentos fracasaron, y cada puente que se edificaba era destruido en diciembre, cuando se desbordaba el río. Todos entendieron que la causa de ello era que el puente no se asentaba sobre una base firme. Esto continuó hasta que llegó un ingeniero que tenía una hija muy hermosa; la sacrificó y la puso como cimiento del puente; y desde entonces éste ha quedado en pie sin haberse de nuevo derrocado.[22]

Los informantes de Attias sin duda asociaron el verso inicial de su romance con la tradición pan-balcánica del sacrificio humano de cimentación. La fuente inmediata de la anécdota sefardí será alguna variante local de la balada griega del *Puente de Arta* (*Tēs Ártas tò gefúri*). He aquí los diez primeros versos de un texto característico de la isla de Corfú, seguidos de su traducción:

   Σαράντα πέντε μάστοροι κ' ἑξῆντα μαθητάδες
2 Τρεῖς χρόνους ἐδουλεύανε τῆς Ἄρτας τὸ γιοφῦρι·
   Ὁλημερῆς ἐχτίζανε κι' ἀπὸ 'βραδὺ γκρεμιέται.
4 Μυριολογοῦν οἱ μάστορες καὶ κλαῖν' οἱ μαθητάδες·
   „Ἀλλοίμονο ςτοὺς κόπους μας, κρίμα ςταῖς δούλεψαῖς μας,
6 Ὁλημερῆς νὰ χτίζωμε, τὸ βράδυ νὰ γκρεμιέται."—
   Καὶ τὸ στοιχειὸ ποκρίθηκεν ἀπ' τὴ δεξιὰ καμάρα.
8 „Ἄν δὲ στοιχειώσετ' ἄνθρωπο, τεῖχος δὲ θεμελιώνει·
   Καὶ μὴ στοιχειώσετ' ὀρφανό, μὴ ξένο, μὴ διαβάτη,
10 Παρὰ τοῦ πρωτομάστορα τὴν ὥρια τὴ γυναῖκα...[23]

[22] Traducimos del texto hebreo de Attias (p. 162). Desconocemos la versión original de la anécdota, seguramente en judeo-español.
[23] El original griego se encuentra en A. Passow, *Tragoúdia romaïka: Popularia Carmina Graeciae recentioris* (Leipzig, 1860), pp. 388-390. Hay traducciones completas de esta versión en Köhler, pp. 45-46; Sainéan, pp. 362-363; H. Lübke, *Neugriechische Volks-und Liebeslieder...* (Berlín, 1895), pp. 265-267; J. C. Lawson, *Modern Greek Folklore and Ancient Greek Religion* (Cambridge, Inglaterra, 1910; nueva ed. fotográfica: New Hyde Park, N. Y. 1964), p. 263. Para otras variantes, véanse Passow, pp. 390-391; M. Lelékos, *Epidórpion* (Atenas, 1888), pp. 216-218; K. Dieterich, *Sprache und Volksüberlieferungen der südlichen Sporaden* (Viena, 1908), pp. 291-293; N. G. Politis, *Eklogaì apò tà tragoúdia toû hellēnikoû laoû* (Atenas, 1932), pp. 131-133; A. Théros, *Tà tragoúdia tōn hellēnōn*, 2 tomos (Atenas, 1951-1952), I, núms. 330-336; G. K. Spyridakis y S. D. Peristeris, *Hellēnikà dēmotikà tragoúdia*, tomo III: *Mousikē eklogé* (Atenas, 1968), pp. 108-113; traducciones: Garnett, *Greek Folk Poe-*

    Cuarenta y cinco alarifes y sesenta aprendices
2   *por tres años trabajaban en el puente de Arta.*
    Todo el día lo construían; por la noche se derrumba[24].
4   *Lamentan los alarifes y lloran los aprendices:*
    «¡Ay de nuestro trabajo, nuestra labor ha sido en vano!
6   *Que construyéramos el día entero para que se derrumbe por la noche».*
    Y el espíritu les contestó desde el arco de la derecha:
8   *«A menos que dediquéis*[25] *un ser humano, la pared no se tendrá firme.*
    Y que no sacrifiquéis ni huérfano, ni forastero, ni caminante,
10   *sino que sea la mujer del primer arquitecto, esa hermosa mujer...*

Al oír semejante funesto augurio, el arquitecto intenta avisar a su mujer que no se acerque al puente; pero un ruiseñor, que le sirve de mensajero, confunde el recado, y en lugar de advertirle del peligro, insta a la mujer a que acuda a toda prisa al puente. Una vez allí, pregunta a los presentes el motivo de la evidente aflicción de su esposo, y le dicen que se le ha caído el anillo dentro del primer arco del puente.[26] La esposa, que nada ha de sospechar, baja a recoger el anillo; y cuando se encuentra en el lugar adecuado, los artífices cierran sobre ella la pared del arco y así se propicia al espíritu del río.

La tradición local griega atribuye la acción de esta balada y su

sy, I, 70-73; W. H. D. Rouse, «Folklore from the Southern Sporades», *Folk-lore* (Londres), X (1899), 182-185; R. Rodd, *The Customs and Lore of Modern Greece*, p. 278; H. Lüdeke y G. A. Megas, *Neugriechische Volkslieder* (Atenas, 1964), núms. 110-114; N. Tommaseo, *Canti popolari toscani, corsi, illirici, greci*, tomo III (Bologna, 1972), 176-187; bibliografía adicional: S. Baud-Bovy, *La chanson populaire grecque du Dodécanèse*, I: *Les textes* (París, 1936), 168-174; H. Pernot, *Études de linguistique néo-hellénique*, III (París, 1946), 65 (núm. 3). Véase también n. 2 *supra*. Sobre la creencia en los espíritus locales y fluviales y los sacrificios que se les siguen ofreciendo, véanse Lawson, pp. 255-291; B. Schmidt, *Das Volksleben der Neugriechen und das hellenische Altertum* (Leipzig, 1871), pp. 179-199; G. Georgeakis y L. Pineau, *Le Folk-lore de Lesbos* (París, 1894), pp. 346-347; Ph. P. Argenti y H. J. Rose, *The Folk-lore of Chios*, 2 tomos (Cambridge, Ingl., 1949), I, 224-236; y sobre todo los abundantes ejemplos, en N. G. Politis, *Melétai perí toũ bíou kaì tẽs glóssẽs toũ hellē-nikoũ laoũ: Parádoseis*, 2 tomos (Atenas, 1904), I, 250-271 (núms. 447-489: «Stoicheiá kaì stoicheiōménoi tópoi»), así como las notas correspondientes en el t. II; también W. Gregor, «Guardian Spirits of Wells and Lochs», *Folk-lore* (Londres), III (1892), 67-73: p. 71.

[24]   Thompson, *Motif-Index*, D2192. «Work of day magically overthrown at night»; C931. «Building falls because of breaking of tabu».

[25]   El verbo *stoicheiónō*, que traducimos como «dedicar» o «sacrificar», quiere decir literalmente «convertir [a alguien o a algo] en un *stoicheĩon* (espíritu local o elemental)». Sobre el verbo y su traducción, véanse Lawson, pp. 267-268, y Sainéan, p. 361.

[26]   La misma artimaña se da en otra balada griega; en ella un espíritu que emerge de un pozo y se transforma en hermosa doncella, so pretexto de que se le ha caído un anillo en un pozo, consigue que un joven acceda a dejarse llevar a la perdición. Para un inventario de las variantes, véanse N. G. Politis, «Cola pesce in Grecia», *Archivio per lo Studio delle Tradizioni Popolari* (Palermo), XXII (1903), 212-217; también Sainéan, p. 367, n. 4; Cocchiara, p. 39, n. 6; Lawson, p. 276; Lüdeke-Megas, núm. 115; Rechnitz, *Hispano-Romanian Ballad Relationships*, pp. 337-343, 471-472 *(Scorpia*, Amzulescu, núm. 8).

origen a numerosos puentes en distintas regiones de Grecia.[27] Sabemos de, al menos, una variante griega en la que la acción se localiza precisamente en Lárissa, igual que en nuestro enigmático verso sefardí. El texto en cuestión no ha sido recogido en la provincia de Tesalia, a la que pertenece Lárissa, sino bastante más al norte, en Nigrita, situada en la Macedonia griega;[28] ello parece indicar que la atribución de la balada al puente de Lárissa alcanzó un cierto éxito y difusión en la tradición oral. En una variante de tal tipo de la balada griega hubo de basarse la leyenda citada por Attias.

La anécdota sefardí es tan escueta que sólo podemos percibir los rasgos más destacados de la narración; faltan casi por completo detalles distintivos que puedan facilitar su comparación e identificación con algún subtipo particular de la balada helénica. Sin embargo, podemos observar que la viñeta sefardí difiere significativamente de la balada griega en dos detalles importantes. En contraste con la intervención efectiva del espíritu fluvial *(stoicheīon)* en tantas versiones del *Puente de Arta,*[29] en el texto judío se evita de manera notable y quizá intencionada todo elemento sobrenatural: aquí la destrucción del puente no es obra de la malevolencia de un espíritu, sino mera consecuencia de las crecidas invernales y, recalcando lo que es obvio, de la imperfección de los cimientos. Por otra parte, en el texto sefardí, la *mujer* del arquitecto griego se ha convertido en la *hija* del ingeniero,[30] sin duda bajo la influencia del motivo de la hija del rey, quien en el romance —como en tantas otras narraciones folklóricas— es celosamente guardada para futuras nupcias con un hermoso y noble galán.[31]

La alusión a la muchacha bajo el puente de Lárissa es, sin duda, extraña al romance sefardí de *La princesa y el bozağí.* El verso bien pudiera explicarse como contaminación de alguna otra fuente poéti-

---

[27] Para otros puentes relacionados con la balada, véanse Sainéan, p. 367; Lawson, p. 262; Politis, *Eklogaì,* p. 131.

[28] I. A. Sioula, «Dēmṓdē ásmata Nigrítēs tēs Makedonías», *Laog,* V (1916), 577-584, núm. 1: *Tēs Lársas tò gkifúri.* Para su comparación con la anécdota sefardí, la narración no ofrece diferencias significativas con la versión arriba citada de Corfú. La referencia a Lárissa ocurre en el último verso: «Tres hermanitas éramos y las tres fuimos [usadas] como cimientos: una sostiene Toúrnabos; otra, Belgrado; [y] la tercera, la más pequeña, [sostiene] el puente de Lárissa». *Toúrnabos* o *Túrnabos* es un pueblo a unos kms. de Lárissa.

[29] En algunos textos griegos, se atenúa la intervención del espíritu fluvial haciendo que pájaros, un sueño o incluso un arcángel del cielo transmitan el fatal mensaje del necesario sacrificio de la mujer del arquitecto. Cfr., por ejemplo, Garnett, p. 70; Rodd, pp. 278-279; Politis, *Eklogaì,* p. 131; Cocchiara, p. 39. En otras versiones, la necesidad de llevar a cabo un sacrificio humano parece darse por supuesta y la víctima se elige echando suertes (Rouse, p. 183; Dieterich, p. 291).

[30] Sobre variedades en la relación entre la persona sacrificada y los otros personajes del poema, véase Stefanović, pp. 192, 198-199 (motivos 3 y 4).

[31] Cfr. Thompson, *Motif-Index,* T50.1. «Girl carefully guarded from suitors»; T50.1.2. «Girl carefully guarded by father»; T381. «Imprisoned virgin to prevent knowledge of men»; T381.0.1. «Girl intended for marriage with king cloistered».

ca; y con el apoyo de la anécdota aducida por los informantes de Attias, no parece demasiado atrevido conjeturar que también entre los judíos españoles de Grecia hubiera existido como romance una adaptación de la balada griega del *Puente de Arta* (o *de Lárissa)*, que presenta paralelos en las lenguas de casi todos los demás pueblos balcánicos. De este —¿existente?— romance sefardí hemos podido encontrar sólo un verso: impresionante y hasta ahora enigmático injerto en el romance de *La princesa y el bozaği;* piedra preciosa que este pequeño estudio de arqueología romancística ha podido restituir a su engaste original.

UN DÍSTICO NEO-HELÉNICO Y SU TRADUCCIÓN
JUDEO-ESPAÑOLA

Para Margit Frenk Alatorre

Las coplas líricas, que tanto abundan en la tradición oral de los pueblos hispanos, desempeñan un papel igualmente importante, pero hasta la fecha poco estudiado, en la poesía tradicional de los sefardíes del Mediterráneo oriental. La relación entre la lírica popular judeo-española y la de la Península Ibérica apenas se ha empezado a estudiar, pues hasta hace poco han sido escasos los ejemplos publicados del cancionero lírico sefardí.[1] Ahora bien, a juzgar por los abundantes testimonios de estrecha relación entre el romancero peninsular y su contraparte sefardí, parecería del todo probable a primera vista que una notable porción de la lírica tradicional judeo-española también fuera de origen medieval, remontándose a la época en que los judíos se vieron obligados a abandonar la Península Ibérica.[2] Sin

---

[1] Para colecciones e investigaciones realizadas hasta la fecha en lo que se refiere a la lírica tradicional judeo-española, véanse M. Alvar, «Cantos de muerte judeo-españoles», *Clav,* III, núm. 16 (1952), 29-36; *Endechas judeo-españolas* (Granada, 1953), sobre todo las pp. 9-12; 2.ª ed. (Madrid, 1969), pp. 3-6; «Cantos de boda judeo-españoles de Marruecos», *Clav,* VI, núm. 36 (1955), 12-23; «El paralelismo en los cantares de boda judeo-españoles», *ALM,* IV (1964), 109-159; *Cantos de boda judeo-españoles* (Madrid, 1971); S. G. Armistead y J. H. Silverman, «El cancionero judeo-español de Marruecos en el siglo XVIII: *Incipits* de los Ben Çûr», *NRFH,* XXII (1973), 280-290; «A New Collection of Judeo-Spanish Wedding Songs», *JVF,* XIX (1974), 154-166; M. Attias, *Cancionero judeo-español* (Jerusalén, 1972); P. Bénichou, «El cancionero lírico judeo-español de Marruecos», *NRFH,* XIV (1960), 97-102; I. Kanchev, «Poesía lírica tradicional judeo-española de la tierra de Orfeo», *Poesía: Reunión de Málaga de 1974* (Málaga, [1976]), pp. 257-275; I. Levy, *Chants judéo-espagnols,* 4 tomos (Londres, [1959]-Jerusalén, 1973); M. Molho, *Literatura sefardita de Oriente* (Madrid-Barcelona, 1960), pp. 92-106. Téngase en cuenta también la amplia colección de poesía tradicional inédita catalogada en S. G. Armistead et al., *El romancero judeo-español en el Archivo Menéndez Pidal (Catálogo-Índice de romances y canciones),* 3 tomos (Madrid, 1978), núms. AA1-104.

[2] Para algunos ejemplos notables, véase el magistral artículo de M. Frenk Alatorre, «Supervivencias de la antigua lírica popular», *Homenaje a Dámaso Alonso,* 3 tomos (Madrid, 1960-1963), I, 51-78; en particular, los núms. 2, 5, 16, 24, 30, 33, 36, 42, 44, 48, 57 y 58, que provienen de la tradición judeo-española. Véanse además nuestra reseña de M. Alvar, *Poesía tradicional de los judíos españoles* (Méjico, 1966), en *RPh,* XXII (1968-1969), 235-242: p. 239 (núm. 161) y otros dos artículos fundamentales de M. Frenk Alatorre: «La autenticidad folklórica de la antigua lírica

embargo, sería erróneo tomar por entendido que todo el repertorio
de la poesía popular sefardí sea de origen hispánico. En publicaciones recientes hemos ido descubriendo buen número de poesías narrativas en judeo-español y en metro romancístico que no tienen
contraparte alguna en la tradición hispana, pero que resultan derivar
de la poesía tradicional de los pueblos balcánicos, entre los que los
judíos españoles han vivido desde hace casi 500 años. Sobre todo se
han adoptado temas narrativos de la rica tradición baládica de Grecia. Que los sefardíes también tomarán materia lírica del muy abundante repertorio tradicional de dísticos neo-helénicos se demuestra
de modo convincente mediante los versos siguientes que figuran en
una serie de *komplas* que nos cantaron unas sefarditas de la Isla de
Rodas emigradas a Los Angeles (California):

> Echa agua en la tu puerta;
> pasaré, me kaeré.
> Toparé una chika kavza, ¡amán!
> Entraré i te avlaré.[3]

Al repasar lo que se ha publicado del cancionero lírico sefardí,
hemos podido dar con otras variaciones de esta misma poesía, que
ha alcanzado amplia difusión en las distintas comunidades. La nutrida colección de Moshe Attias *(Cancionero judeo-español)* nos aporta
otros dos ejemplos, originarios probablemente de Salónica:

> Echa agua a la tu puerta;
> passaré, me caeré.
> Asubir quero a tu casa
> y a tu ğente conocer.
>   (núm. 47)

> Echa agua en la tu puerta;
> passaré, me caeré.

"popular"», *ALM,* VII (1968-1969), 149-169, e «Historia de una forma poética popular», *Actas del Tercer Congreso Internacional de Hispanistas* (Méjico, 1970), pp. 371-
377. Los tres artículos de M. Frenk Alatorre se reproducen ahora en el fino libro,
Estudios sobre lírica antigua (Madrid, 1978).
    [3] Versión cantada por la señora Rebecca Piha, 23 de julio de 1958. Versiones
esencialmente idénticas fueron cantadas por la señora Victoria Hazán Kassner, 27 de
octubre 1957, y por las señoras Regina Hanán y Rachel Bega Ghedit, 17 de junio
1958.
    La palabra *amán* (t. *aman* «perdón, misericordia, ¡ay de mí!») se encuentra a
menudo como estribillo o exclamación en las canciones tradicionales sefardíes y en la
poesía popular balcánica en general. Aunque a veces puede ser poco más o menos
una muletilla verbal desprovista de significado, aquí *amán* sirve para eludir estratégi-
camente la presencia embarazosa de la madre en los textos griegos y para expresar el
anhelo del amante que desea besar a la amada. Mediante la exclamación *amán*, la
calidad literal y explícita de los textos griegos ha sido reemplazada en nuestra versión
sefardí por una intensidad ambigua, pero cargada de fuerza emotiva. Para más sobre
la exclamación *amán* y otras exclamaciones turcas, véase el cap. II.10 *infra*.

Toparé cabsante en el agua;
entraré, te hablaré.
(núm. 117)

En la colección de Iván Kanchev, recogida en Bulgaria, igualmente se lee:

Vierte aguas por las tus puertas,
pasaré, me cayeré,
y salgan las tus djentes,
me daré a conoser.
(núm. 2)

En sus *Chants judéo-espagnols,* Isaac Levy publica otra variante más, sin indicación de origen geográfico:

Echa agua en la tu puerta,
pasaré y me caeré,
para que salgan los tus parientes,
me daré a conocer.
(I, núm. 88)

La colección musicológica de A. Z. Idelsohn incluye también un texto mal comprendido de la misma copla:

Echa da *(sic)* en la tu puerta
pasaré, mi cayiré,
para que salgan la tu gente
mi daré a comoser *(sic)*.[4]

Esta copla judeo-española tan ampliamente difundida resulta ser traducción casi literal de un dístico tradicional griego recogido por Ph. P. Argenti y H. J. Rose en la Isla de Jío en el Mar Egeo:

Ρίξε νερὸ στὴν πόρτα σου, περνῶντας νὰ γλυστρήσω,
νὰ βρῶ ἀφορμὴ τῆς μάννας σου νὰ μπῶ νὰ σοῦ ʼμιλήσω.

(«*Echa agua en tu puerta, para que al pasar me resbale,
para que encuentre una excusa ante tu mamá para entrar a
hablarte*».)[5]

Entre los varios textos sefardíes, el nuestro de Rodas y el núm. 117 de Attias, con el motivo del «pretexto», han permanecido más conformes al texto original griego; los demás, con su alusión a la *ǧente* o parientes de la chica, se apartan, aunque no radicalmente, de aquella fuente.

_____

[4] *Hebräisch-orientalischer Melodienschatz,* IV (Jerusalén-Berlín-Viena, 1923), núm. 488 (p. 277).
[5] *The Folk-lore of Chios,* 2 tomos (Cambridge, Inglaterra, 1949), II, 706-707.

Como no se conoce ninguna versión antigua de la copla judeo-española, no se puede saber cuándo los sefardíes la adoptaron de sus vecinos griegos. La traducción podría haberse hecho en cualquier momento de la simbiosis multisecular de los dos pueblos. Por su parte, los versos griegos distan mucho de ser modernos, pues, según H. F. Tozer, ya eran y siguen siendo tradicionales en el diminuto islote lingüístico griego de Cargese, en la isla de Córcega, comunidad que ha tenido poco contacto con el mundo helénico desde el año 1675, en que los cargesanos emigraron de Laconia:

ρίξε νερὸ στὴν πόρτα σου νὰ πέσω νὰ γλυστρήσω,
νὰ βρῶ ἀφορμὴ τῆς μάνας σου ν' ἀμβῶ νὰ σὲ φιλήσω.

(«*Echa agua en tu puerta, para que me caiga y resbale,*
para que pueda encontrar una excusa ante tu mamá para entrar a
darte un beso.»)[6]

Resulta patente, pues, que los judíos no se contentaron con el repertorio de romances y canciones líricas que desde España llevaron consigo al exilio. Al contrario, continuaron creando su propia poesía folklórica, a menudo calcada sobre las tradiciones poéticas de las tierras donde hubieron de radicar. La copla del amante ansioso que busca cualquier pretexto para hablar con su amada nos viene a suplir otro eslabón más en la cadena de correlaciones que van descubriéndose entre la poesía popular de los sefardíes de Oriente y la de sus convecinos de lengua griega.

---

[6]   H. F. Tozer, «Modern Greek Ballads from Corsica», *JPh,* VI (1876), 196-205: p. 204, texto 5. Los versos recogidos por Tozer los volvió a encontrar en época reciente G. [H.] Blanken *(Les grecs de Cargèse [Corse]: Recherches sur leur langue et sur leur histoire,* I [Leiden, 1951], 299: núm. 7), quien los edita, haciendo notar ciertas diferencias lingüísticas frente a la transcripción de Tozer:

Ρίξε νερό στὴ bόρτα σου νὰ πέσω νὰ γλ΄ιστρήσω,
νὰ 'βρό ἀφορμὴ τῆς μάνας σου νά bό να σὲ φιλ΄ήσω.

Blanken corrige la traducción de Tozer para leer «entrar» y no «subir». Para más sobre los griegos de Cargese y su historia, véanse Blanken, pp. 3-14 y 22-23, y su monografía anterior, *Introduction à une étude du dialecte grec de Cargèse (Corse)* (Leiden, 1947), pp. 14-24 y 32-33. La publicación por Tozer del dístico que aquí nos ocupa precede por una década un esfuerzo abortivo de introducir el griego «académico» en el colegio de Cargese mediante unos «recueils de chansons» como vehículos de instrucción. Véanse Blanken, *Les grecs,* pp. 29-30; *Introduction,* pp. 39-40.

II.4

UNA CANCIÓN ACUMULATIVA Y SU CONGÉNERE GRIEGO

Para Antonio Sánchez Romeralo

En un buen número de publicaciones, hemos llamado la atención hacia el carácter ecléctico de la poesía tradicional judeo-española de Oriente. La tradición sefardí podemos decir que no solamente englobaba un cúmulo de preciosas supervivencias de la Edad Media española, como tantas veces se ha señalado a propósito de su espléndido corpus romancístico, sino que también ha incorporado numerosos e importantes temas narrativos, motivos y rasgos estilísticos adoptados de los pueblos balcánicos y orientales entre quienes se asentaron los judíos españoles exilados y donde han vivido durante casi quinientos años desde su éxodo en 1492.[1] Uno de los componentes más importantes del conjunto de préstamos baládicos adquiridos por los sefardíes de la poesía popular de los Balcanes lo constituye una serie de temas adaptados en traducción judeo-española del cancionero popular griego de tipo tradicional. De este tipo de préstamos, recientemente hemos tenido ocasión de observar una manifestación adicional.

Entre los 2.381 poemas judeo-españoles tradicionales existentes en la vasta colección del Archivo Menéndez Pidal de Madrid, se encuentran seis textos y fragmentos de una canción acumulativa de Sarajevo que comienza: «Teníamos, teníamos, teníamos un buen viejo / que arrodea las viñas...».[2] La única versión publicada que conocemos es la incluida en la *Antología de liturgia judeo-española* de Isaac Levy,[3] cuyo texto reza así:

> 1 Tenía yo, tenía yo un viejo
> que cavava viñas,
> viñas tan hermozas
> henchidas de rozas.

---

[1] Véanse aquí los demás capítulos del apartado II.
[2] Véase S. G. Armistead et al., *El Romancero judeo-español en el Archivo Menéndez Pidal (Catálogo-Índice de romances y canciones),* 3 tomos (Madrid, 1977), II, núm. Y3.
[3] Publicados hasta la fecha 9 tomos (el primero de hacia 1964).

2 Tenía yo, tenía yo un azno
   que llevava'l viejo
   que cavava viñas,
   viñas tan hermozas
   henchidas de rozas.

      ....

8 Tenía yo, tenía yo malákh-hamavet
   que degolló al xohét
   que degolló al buey
   que bevía l'agua
   que matava'l fuego
   que quemava'l palo
   que kharvava'l azno
   que llevava'l viejo
   que cavava viñas,
   viñas tan hermozas
   henchidas de rozas.[4]

La tradición judeo-española conoce otras dos canciones acumulativas relacionadas en última instancia con *El buen viejo*. Una es la pan-hispánica *Mora y la mosca*, citada por primera vez por el maestro Gonzalo Correas a principios del siglo XVII[5] y que puede documentarse en la tradición oral actual de Castilla, Hispanoamérica, Galicia, Portugal, Brasil, Cataluña y el País Vasco.[6] Ofrecemos una

---

[4] (Jerusalén, [1968]), III, núm. 329 (pp. 396-398). Citamos solamente las estrofas 1, 2 y 8. En el v. 8*a*, *malákh-hamavet* es el hebreo *mal'aḵ ha-māweṯ* «ángel de la muerte»; en el v. 8*b*, *xohet* representa el hebreo *šōḥēṯ* «degollador de animales (según las prescripciones rituales)».

[5] Gonzalo Correas, *Vocabulario de refranes y frases proverbiales (1627)*, ed. L. Combet (Burdeos, 1967), p. 452*a;* ed. M. Mir (Madrid, 1924), p. 144*b*. Véanse también J. Cejador y Frauca, *La verdadera poesía castellana*, I (Madrid, 1921), núm. 432; M. Frenk Alatorre, «Supervivencias de la antigua lírica popular», *Homenaje a Dámaso Alonso*, I (Madrid, 1960), 51-78: p. 71 (núm. 53); reimpreso ahora en *Estudios sobre lírica antigua* (Madrid, 1978), pp. 81-112.

[6] Para textos en **castellano,** véanse K. Schindler, *Folk Music and Poetry of Spain and Portugal* (Nueva York, 1941), núm. 736 (sección musical); B. Gil, *Cancionero popular de Extremadura,* II (Badajoz, 1956), 79-80; también del mismo autor, «El canto de relación en el folklore infantil de Estremadura», *RCEE,* XVI (1942), 263-295: pp. 290-293; además *RDTP,* II (1946), 302-305; A. de Llano Roza de Ampudia, *Cuentos asturianos* (Madrid, 1925), núm. 179. Para **Hispanoamérica:** V. T. Mendoza, *El romance español y el corrido mexicano* (México, 1939), pp. 734-737; Id., *Lírica infantil de México* (México, 1951), núms. 191-193; también J. A. Carrizo, *Cancionero popular de la Rioja,* II (Buenos Aires-México, s.a.), núm. 36 (pp. 28-29); A. M. Espinosa, «Folklore infantil de Nuevo México», *RDTP,* X (1954), 499-547: pp. 540-542 (núm. 86); E. Hague, *Spanish American Folk-Songs* (Nueva York, 1917), núm. 76. Para **Galicia:** *Biblioteca de Tradiciones Populares Españolas,* ed. A. Machado y Álvarez, 11 tomos (Sevilla-Madrid, 1883-1886), IV, 123-126; XI, 181-183; *Folk-lore Andaluz* (Sevilla, 1882-1883), pp. 208-210; M. Prieto, «Notas folklóricas de la Sierra Seca (La Gudiña-Orense)», *DL,* III-IV (1951), 129-158: pp. 142-143. Para **Portugal:** A. C. de Barros Basto, *H'ad Gadyah: Influências hebraicas no folclore português* (Oporto, 1928), pp. 22-27 (separata de *Revista de Estudos Históricos,* III: 1-3). Para

versión sefardí hasta ahora inédita, que recogimos de una informante originaria de la isla de Rodas:

   1   S'estávase la mora
       en su bel estar.
       Venía la moška
       por azerle mal.
       La moška a la mora,
       meskina la mora
       ke en sus kampos moros.

       ....

  12   S'estávase'l šoḥet
       en su bel estar.
       Venía el malaḥ amave
       por azerle mal.
       El malaḥ amave al šoḥet,
       el šoḥet al buey,
       el buey al agua,
       el agua al fuego,
       el fuego al palo,
       el palo al perro,
       el perro al gato,

Brasil: F. A. Pereira da Costa, «Folk-lore pernambucano», *RIHGB,* LXX (1907), 522-527; S. Romero, *Cantos populares do Brasil,* I (Rio de Janeiro, 1954), 167-175. Véase también Adelino Brandão, «Influências Árabes na Cultura Popular e Folclore do Brasil», *RBF,* XI (1971), 65-84: pp. 82-83. Para **Cataluña:** J. Amades, *Folklore de Catalunya: Cançoner* (Barcelona, 1951), núms. 408, 2350; Id., *Cançons populars històriques i de costums* (Tárrega, 1936), pp. 74-77; R. Ginard Bauçà, *El cançoner popular de Mallorca* (Palma de Mallorca, 1960), p. 123; Id. *Cançoner popular de Mallorca,* 4 tomos (Palma de Mallorca, 1966-1975), IV, 43-44. Con la serie *mora: araña: ratón: gato: perro,* etc., la canción se conoce también en **provenzal.** Véase L. Lambert, *Chants et chansons populaires du Languedoc,* I (París-Leipzig, 1906), 135-138. Para las versiones **vascas,** véase R. M. de Azkue, *Euskalerriaren yakintza,* IV (Madrid, 1947), 350-351, 357-358. Canciones parecidas gozan de amplia difusión por Europa; señalamos aquí sólo una bibliografía sumaria: **Francia:** F. Arnaudin, *Chants populaires de la Grande-Lande,* I (París-Burdeos, 1911), 146-147; C. Beauquier, *Chansons populaires recueillies en Franche-Comté* (París, 1894), pp. 117-119; J. Bujeaud, *Chants et chansons populaires des provinces de l'ouest...,* I (Niort, 1895), 46-47; H. Davenson, *Le livre des chansons,* 3.ª ed. (Neuchâtel-París, 1955), núm. 87; J. Daymard, *Vieux chants populaires recueillis en Quercy* (Cahors, 1889), pp. 21-23. **Italia:** C. Nigra, *Canti popolari del Piemonte* (Turín, 1957), núm. 167. **Alemania:** L. Erk y F. M. Böhme, *Deutscher Liederhort,* 3 tomos (Hildesheim-Wiesbaden, 1963), III, núms. 1743-1745. **Bulgaria:** A. Dozon, *Chansons populaires bulgares inédites* (París, 1875), pp. 312-313. **Yiddish:** F. M. Kaufmann, *Die schönsten Lieder der Ostjuden* (Berlín, 1920), pp. 40-43 (núm. 20). **Latvia:** A. Bērzkalne, *Typenverzeichnis lettischer Volksromanzen* (Helsinki, 1938), p. 52 (núm. 860). **Lituania:** E. Seemann, «Deutsch-litauische Volksliedbeziehungen», *JVF,* VII (1941), 142-211: pp. 161-162 (núms. 42-43), con copiosas notas sobre otras analogías europeas. Para más ejemplos de estas últimas, véase *RTP,* VII (1891), 102-107, 371-375, 501-502.

Para otro texto hispánico, proveniente de la Luisiana, véase ahora S. G. Armistead, «Hispanic Folk Literature among the *Isleños», Perspectives on Ethnicity in New Orleans* (University ot New Orleans, 1981), pp. 21-31.

el gato al ratón,
el ratón a la rana,
la rana a l'abezba,
l'abezba a la moška,
la moška a la mora,
meskina la mora
ke en sus kampos moros.[7]

La otra manifestación sefardí de una serie acumulativa semejante le resultará sin duda inmediatamente familiar a cualquier persona de origen o formación judía. Se trata de la adaptación judeo-española de la famosa canción de Pascua *Ḥad gadyā'*, que suele cantarse en arameo en toda la tradición judía de la Europa oriental. He aquí una versión inédita de *El kavretiko* procedente de Çanakkale (Turquía):

1   Un kavretiko
     ke me lo merkó mi padre
     por dos aspros,
     por dos levanim.

2   Vino el gato
     i morió el kavretiko
     ke me lo merkó mi padre
     por dos aspros,
     por dos levanim.
     ....

9   Vino el malaḥ
     i akuzó al šoḥet
     porke degoyó a la vaka
     porke bevió a la agua
     porke amató al ḥuego
     porke kemó al palo
     porke aḥarvó al perro
     porke morió al gato
     porke morió al kavretiko
     ke me lo merkó mi padre
     por dos aspros,
     por dos levanim.[8]

[7]   Cantada por la señora Leah Huniu, de 67 años, recogida por S. G. A. y J. H. S., en Los Angeles, California, el 31 de julio de 1958. Para otra versión incompleta, también de Rodas, véase A. Hemsi, *Coplas sefardíes (Chansons judéo-espagnoles)* (Alejandría, 1932-1937), serie II, núm. 12. Según parece, no se conoce esta canción en Marruecos.

[8]   Recitada por el señor Isaac Zacuto, ca. 60 años, recogida por S. G. A., en Los Angeles, California, en la primavera de 1958. La palabra *aspro* proviene del griego *'áspron* «dinero, moneda; un ochavo» (de *'áspros* «blanco»); *levanim* no es más que el equivalente hebreo: *lĕbānîm*, plural de *lābān* «blanco, moneda(s) de plata»; en el v. 9a, *malaḥ* parece ser abreviación del «ángel de la muerte» (véase la n. 4 *supra*) más

La canción sefardí de Bosnia, *El buen viejo,* podría entenderse como mera reelaboración aberrante de la serie similar —o incluso idéntica— que se manifiesta en *La mora y la mosca* y en *El kavretiko.* Las etapas finales referentes al ángel de la muerte y al degollador ritual habrían sido en tal caso influidas seguramente por *La mora* o por *El kavretiko.*[9] Sin embargo, la conclusión de que *El buen viejo* es una fiel adaptación de una forma neohelénica del tema paneuropeo —representado en última instancia, desde luego, también por *La mora* y por *El kavretiko*— se impone si comparamos el poema bosnio con una canción acumulativa griega de Salónica, metrópoli sefardí en donde sin duda se originó la adaptación judeoespañola. He aquí el texto y su traducción:

que el resultado de su sustitución por un «ángel» (hebreo *mal'āk̲*) indiferenciado; ténganse en cuenta también en el v. *9e, amató* «apagó», y en los vv. *9h-i, morió* «mordió». Más frecuente que iniciar con «porque» los versos seriados de la última estrofa es su inicio con «que». Para otras versiones de *El kavretiko,* véanse L. Algaze, *Chants séphardis* (Londres, 1958), núms. 25-27; J. M. Estrugo, *Los sefardíes* (La Habana, 1958), pp. 142-143; Hemsi 48; A. de Larrea Palacín, *Canciones rituales hispanojudías* (Madrid, 1954), núm. 104; I. J. Levy, *Sephardic Ballads and Songs in the United States: New Variants and Additions,* tesis de M. A. (Universidad de Iowa, Iowa City, 1959), núm. 124; M. Molho, *Literatura sefardita de Oriente* (Madrid-Barcelona, 1960), pp. 166-169; Id., *Usos y costumbres de los sefardíes de Salónica* (Madrid-Barcelona, 1950), p. 253; A. Quilis, «Canciones religiosas, de pascua y romanzas judeoespañolas», *Homenajes: Estudios de filología española,* II (Madrid, 1965), 39-68: pp. 42-45; también H. Léon, «Les juifs espagnols de Saint-Esprit: Chansons et prières», *BHi,* IX (1907), 277-285: pp. 283-285. Sobre la forma aramea de la canción tal como se canta en la tradición ashkenazí y sus relaciones con la literatura popular europea, véanse: K. Kohler, «Sage und Sang im Spiegel jüdischen Lebens», *ZGJD,* III (1889), 234-242; G. A. Kohut, «Le Ḥad Gadya et les chansons similaires», *REJ,* XXXI (1895), 240-246; Ch. Szemeruk, «The Early Aramaic and Yiddish Version of the Song of the Kid (Khad Gadya)», *The Field of Yiddish,* ed. U. Weinreich, I (Nueva York, 1954); R. Rubin, «Some Aspects of Comparative Jewish Folksong», en *Studies in Biblical and Jewish Folklore,* eds. R. Patai, F. L. Utley, y D. Noy (Bloomington, Indiana, 1960), pp. 233-252: 238-240; W. W. Newell, «The Passover Song of the Kid and an Equivalent from New England», *JAF,* XVIII (1908), 33-48. Véase también C. Claudel y J. Chartois, «A French Cumulative Tale», *JAF,* LXII (1949), 42-47. La canción de *Ḥad gadyā'* no se incorporó al rito sefardí de la Pascua hasta una fecha relativamente tardía. Se trata sin duda de una adaptación ashkenazí de alguna variante de la canción pan-europea, basada quizá en un modelo alemán como fuente inmediata. (Compárense los textos de *Der Bauer schickt den Jockel aus* de la colección de Erk-Böhme ya citada, aunque la semejanza entre los dos poemas no es lo suficiente exacta como para que podamos prescindir de otros modelos como posibles fuentes. Su incorporación al rito judío de la Pascua probablemente no se remonta a más allá del siglo xv. Véanse *Encyclopaedia Judaica,* tomo VII (Jerusalén-Nueva York, 1971), 1048-1049; E. D. Goldschmidt, *The Passover Haggadah: Its Sources and History* (Jerusalén, 1960), p. 98; *The Passover Haggadah,* eds. E. D. Goldschmidt y N. N. Glatzer (Nueva York, 1969), p. 107; J. Freedman, *Polychrome Historical Haggadah for Passover* (Springfield, Massachusetts, 1974), pp. 124-127. La teoría de Barros Basto sobre las supuestas influencias judaicas en el folklore portugués (véase la n. 5 *supra)* carece, por supuesto, de todo fundamento.

[9] Nótese, sin embargo, que el buey, el carnicero (o el pastor) y la peste (en lugar de la Muerte) están presentes en muchas versiones de la canción griega. Véanse, por ejemplo, las publicaciones de Abbott, Marcellus, Sanders (pp. 58-59) y Tozer (= Passow, núm. 274) citadas en la nota siguiente.

1 Νἄχαμε, τί νἄχαμε;   *Podríamos tener, ¿qué podríamos tener?*
   Νἄχαμ' ἕνα γέροντα,   *Podríamos tener un viejo*
   Νὰ μᾶς φυλάη τὸν κῆπον   *que nos cultive nuestro jardín*
   Μὲ τὰ τριαντάφυλλα.   *con las rosas.*

2 Νἄχαμε, τί νἄχαμε;   *Podríamos tener, ¿qué podríamos tener?*
   Νἄχαμ' ἕνα γάιδαρο,   *Podríamos tener un burro*
   Νὰ καβαλκεύ' ὁ γέρος,   *para que monte el viejo*
   Ποῦ μᾶς φυλάη τὸν κῆπον   *que nos cultive nuestro jardín*
   Μὲ τὰ τριαντάφυλλα.   *con las rosas.*

   ....

9 Νἄχαμ' ἕνα ποταμὸν,   *Podríamos tener un río*
   Νἄσβενε τὸν φοῦρνο,   *para apagar el horno*
   Ποὔκαψε τὸ ξύλον,   *que quemó el palo*
   Ποὔδειρε τὸν σκύλον,   *que pegó al perro*
   Ποὔφαγε τὸν ἄλπαρον   *que comió al zorro*
   Κι' ὁ ἄλπαρος τὸν πετεινὸν   *y el zorro al gallo*
   Κι' ὁ πετεινὸς τὸν τάβανον,   *y el gallo a la mosca*
   Ποῦ τσίμβησε τὸν γάιδαρον,   *que picó al burro*
   Ποῦ κρήμνισε τὸν γέροντα.   *que echó al viejo*
   Ποῦ μᾶς φυλάη τὸν κῆπον   *que nos cultive el jardín*
   Μὲ τὰ τριαντάφυλλα.[10]   *con las rosas.*

La coexistencia en la tradición sefardí de estas tres canciones, esencialmente semejantes en su contenido y, sin embargo, básicamente independientes en sus orígenes, tiene una importancia que trasciende el simple interés filológico de identificar las fuentes inmediatas de los poemas. El hecho de que la pan-hispánica *Mora,* el judaico *Kavretiko* y el neohelénico *Buen viejo* hayan llegado los tres a ser tradicionales entre los sefardíes del Oriente mediterráneo nos proporciona un perfecto paradigma de la historia y el desarrollo de toda la tradición del cancionero popular judeo-español: una tradición en la que a lo largo de los siglos se han fundido los elementos hispánicos, hebraicos y balcánicos para formar una amalgama poética multicultural singularmente rica.

---

[10] A. Passow, *Tragoúdia rōmaïkà: Popularia Carmina Graeciae Recentioris* (Atenas, 1958), núm. 275. Compárense también los núms. 273-274, al igual que la traducción de L. M. J. Garnett en *Greek Folk Poesy,* I (Londres, 1896), 176-177. Para otras formas de la canción griega, véanse G. F. Abbott, *Macedonian Folklore* (Cambridge, Inglaterra, 1903), pp. 324-325; Ph. P. Argenti y H. J. Rose, *The Folk-Lore of Chios,* 2 tomos (Cambridge, Inglaterra, 1949), II, 687; M. de Marcellus, *Chants du peuple en Grèce,* 2 tomos (París, 1851), II, 344-347; H. Pernot, *Anthologie populaire de la Grèce moderne* (París, 1910), pp. 180-181; D. H. Sanders, *Das Volksleben der Neugriechen...* (Mannheim, 1844), pp. 56-59, 94-95; H. F. Tozer, *Researches in the Highlands of Turkey,* 2 tomos (Londres, 1869), II, 260.
   Para cuentos folklóricos últimamente relacionados con las canciones que aquí nos ocupan, véase el cap. I.8 *supra.*

LAS *COMPLAS DE LAS FLORES* Y LA POESÍA POPULAR DE LOS BALCANES*

A propósito de la fiesta de Ṭ"û bi-šĕḇāṭ —fiesta de la tierra, de frutos y flores— M. Molho, en su precioso libro *Usos y costumbres de los sefardíes de Salónica,* alude a la práctica de entonar ciertas «canciones de circunstancia», en las que «las flores poníanse... a ensalzar su belleza y su encanto». Cita los siguientes versos:

> Ya se agiuntan las flores,
> ya se agiuntan todas en una,
> que las crió tan donozas,
> lindas sin tara ninguna.
>
> Saltó la alhavaca y dixo:
> «Como mí non hay tal,
> que so vedre y menudica,
> en mí non hay fealdad».
>
> Saltó la ruda y dixo:
> «Grandes son las mis famas,
> yo so roza de paridas,
> me meten en las sus camas».[1]

En su antología de literatura sefardí, publica Molho una extensa versión de estas *Complas de las flores,* atribuyéndola al poeta salonicense Yĕhûdā̂ʰ bar Lē'ôn Kalʿî (1780).[2] Conócense buen número de

---

* Agradecemos a nuestro amigo Iacob M. Hassán su erudita e indispensable colaboración bibliográfica.

[1] *Usos y costumbres de los sefardíes de Salónica* (Madrid-Barcelona, 1950), pp. 237-241.

[2] *Literatura sefardita de Oriente* (Madrid-Barcelona, 1960), pp. 179-182; véase también p. 154. Cfr. *Usos,* p. 238. Aparte de unas ligeras variantes, Molho reproduce un texto del siglo XIX publicado por B. Uziel («Ha-*komplas* ba-šîrā hā῾ămāmîṭ ha-sĕfāradîṭ», *Yeda῾-῾Ăm,* IV [1956], pp. 66-78 y p. iii; «Las complas de las flores», *JS,* núm. 18 [1959], pp. 796-799. Véase también I. Levy, *Antología de liturgia judeo-española,* IV (Jerusalén, s. a.), núm. 24 (pp. 35-39). Acaba de editar y estudiar a fondo el poema E. Romero, «Coplas de Tu-bišbat», *Poesía: Reunión de Málaga de 1974,* ed. M. Alvar (Málaga, [1976]), pp. 277-311.

variantes de estas *Complas,* las cuales, reforzadas por la repetición anual en la fiesta de Ṭ"û bi-šĕḇāṭ, habían de alcanzar una existencia semi-tradicional por lo menos. En el *Sēfer rĕnānôṯ* de Binyamín B. Yoseṯ ([Jerusalén], 5668 [=1908]) se publica, bajo el título *Kantigas de las rozas,* una versión aun más extensa y bastante distinta de la de Molho; este texto del *Sēfer rĕnānôṯ* lo reproduce, omitiendo alguna estrofa, en su *Bukyeto de romansas* (Istanbul, 5686 [= 1926]).[3] El MS de Yakov Hazán, procedente de la isla de Rodas, incluye, en escritura de fines del siglo xviii, otro texto más, que también difiere sensiblemente del que se lee en *Literatura sefardita.*[4] El poema se difundió a Marruecos también, donde en fecha reciente recogen versiones manuscritas y orales A. de Larrea Palacín[5] y J. Martínez Ruiz.[6]

Ahora bien, la tradicionalidad de este famoso poema no se limita a su amplia difusión geográfica entre los judíos sefardíes. Las *Complas de las flores* son, según veremos, tradicionales en su mismo origen, y éste se ha de buscar en la compleja convivencia multicultural de la Salónica de antaño.

En dos poblaciones griegas de Macedonia —Nigríta y Melenik[7]—, el folklorista inglés G. F. Abbott recogió a principios de este siglo las siguientes versiones fragmentarias de una canción tradicional neohelénica:

Ὁ ᾽δυόσμος κῆ ὁ βασιλικὸς καὶ τὸ μακεδονῆσι
Τὰ δυὸ τὰ τρία μάλωναν καὶ πήγαιναν ᾽ς τὴ κρίσι.
Γυρίζει ὁ βασιλικὸς καὶ λέει ᾽ς τὰ λουλούδια·
"Σωπᾶτε, βρωμολούλουδα, καὶ μὴν πολυπαινέστε!
Ἐγῶμαι ὁ βασιλικὸς ὁ μοσχομυρισμένος,
Ἐγὼ μυρίζω πράσινος καθὼς καὶ στεγνωμένος,
Ἐγὼ μπαίνω ᾽ς τοὺς ἁγιασμοὺς κ᾽ εἰς τοῦ παπᾶ τὰ χέρια,
Ἐγὼ φιλῶ τῆς ἔμορφαις καὶ τῆς μαυρομματούσαις.
....
Βασιλικέ μου τρίκλωνε, μὴν πολυπρασινίζῃς.
Ἐγῶμαι τὸ γαρόνφυλλο, τὸ πρῶτο τὸ λουλούδι,
Ποῦ το φοροῦν ἡ ἔμορφαις κῆ ὅλαις ἡ μαυρομμάτης,
Ποῦ το φορεῖ ἀγάπη μου ἀνάμεσα ᾽ς τὰ στήθεα.[8]

[3] *Sēfer rĕnānôṯ,* pp. 2-6; *'El bukyeto de romansas,* pp. 5-8. Sobre estos libritos, véase nuestra monografía (con I. M. Hassán), *Seis romancerillos de cordel sefardíes* (Madrid, 1981), cap. V.

[4] Véanse nuestros libros, *Diez romances hispánicos en un manuscrito sefardí de la Isla de Rodas* (Pisa, 1962), p. 18, y *Tres calas en el romancero sefardí (Rodas, Jerusalén, Estados Unidos)* (Madrid, 1979), p. 18 (núm. 53).

[5] *Canciones rituales hispano-judías* (Madrid, 1954), núms. 89-91.

[6] «Poesía sefardí de carácter tradicional (Alcazarquivir)», separata de *AO,* XIII (1963), pp. 79-215: núm. 122.

[7] Hoy, Melnik, en el extremo sudoeste de Bulgaria.

[8] *Macedonian Folklore* (Cambridge: Inglaterra, 1903), p. 94.

La menta, la albahaca, y el perejil,
los dos, los tres reñían e iban a juicio.
Se vuelve la albahaca y a las [otras] flores les habla:
«¡Callaos, flores despreciables, y no os jactéis demasiado!
Yo soy la albahaca, la que huele a almizcle.
Yo huelo bien, así verde como seca.
Yo figuro en las aspersiones sagradas
    y aun entro en manos del propio cura.
Yo beso a las hermosas y a las ojinegras.»

....

«Albahaca mía, la de las tres ramas,
    no florezcas tan verde y abundante.
Yo soy la clavellina, primera entre las flores,
la que llevan las hermosas y todas las ojinegras,
la que lleva mi amada entre los pechos.»

Aunque las *Complas* sefardíes carezcan del marcado erotismo de
estos versos griegos, son obvias las semejanzas entre las dos canciones. Representan una situación idéntica, en la que las mismas flores
—albahaca y clavellina *(alḥavaka* y *graviína,* entre otras muchas en
la canción judeo-española)— rivalizan en ensalzar sus propios méri-
tos. En otras variantes griegas publicadas por Th. Kind,[9] H.
Lübke,[10] y la *Gran Enciclopedia Griega*[11] figuran la rosa y la mejo-
rana, flores que también contienden en los textos sefardíes. En los
dos poemas, una u otra de las flores se jacta de su participación en
aspersiones rituales. En la canción griega es la albahaca; en el poema sefardí, la *konǧá* («rosa») defiende su primacía alegando que «la
Ley se arrega con mí», alusión a la aspersión de los rollos de la Ley
con agua rosada el día de Śimḥaṭ Tôrā[h12]. Hay incluso una misma
actitud agresiva por parte de las flores concursantes:

        Saltó la congiá [«rosa»] y dixo:
        «Todas quedéx a un lado...»
                            (Molho)

        Saltó el yasimín i dišo:
        «Kedávos todas kayadas...»
                            (MS de Hazán)

        Se vuelve la albahaca y... dice:
        «¡Callaos, flores despreciables...!»
                            (Abbott)

---

[9] *Anthologie neugriechischer Volkslieder* (Leipzig, 1861), pp. 138-139 (núm. VIII:
contaminado con otro tema).
    [10] *Neugriechische Volks- und Liebeslieder...* (Berlín, 1895), p. 77.
    [11] *Megálē hellēnikē Egkuklopaideía,* tomo VI (Atenas, s. a.), s. v. *basilikós* (pp.
795-796).
    [12] Según explican Uziel, «Ha-*komplas*», p. 78, n. 28; Molho, *Literatura,* p. 180,
n. 26.

En suma, las semejanzas entre las versiones griegas y el poema sefardí no nos parecen casuales. Debe ser genética la relación entre estas dos canciones.

El topos poético del *Concurso de las flores,* lejano brote de los debates rimados de la Edad Media,[13] no se ejemplifica sólo en los textos griegos arriba aludidos. También forma parte del repertorio tradicional de otros varios pueblos de los Balcanes. Se conocen canciones análogas en servocroata, búlgaro, macedo-rumano[14] y

---

[13]   En el siglo IX, Sedulius Scottus escribe su égloga, *Rosae Liliique Certamen,* de resonancias virgilianas. Véanse J. H. Hanford, «Classical Eclogue and Mediaeval Debate», *RR,* 2 (1911), 16-31, 129-143; F. J. E. Raby, *A History of Secular Latin Poetry in the Middle Ages,* 2 tomos (Oxford, Inglaterra, 1934), I, 247. Un *Debate entre la rosa y la violeta* consta tanto en latín como en italiano medieval.

Véanse R. Arias y Arias, *La poesía de los goliardos* (Madrid, 1970), núm. 100. Véanse también C. Segre, «Le forme e le tradizioni didattiche», *GRLMA,* VI:1 (1968), 58-145: pp. 73-81 (apartado *ej:* «Contrasto dei fiori»); VI:2 (1970), núms. 2496, 2536. Para los debates medievales en Occidente (y debates de flores concretamente), es fundamental la obra de H. Walther, *Das Streitgedicht in der lateinischen Literatur des Mittelalters* (Munich, 1920), pp. 53-55. Nótese ahora también la tesis doctoral de Helen McFie, *The Medieval Debate between Wine and Water in the Romance Languages: Tradition and Transformation* (University of Pennsylvania, Filadelfia, 1981).

Para los debates en la tradición moderna española e hispanoamericana, véanse J. Marco, *Literatura popular en España en los siglos XVIII y XIX,* 2 tomos (Madrid, 1977), I, 219-226 *(El Agua y el Vino; El Trigo y el Dinero);* G. de Granda, *Estudios sobre un área dialectal hispanoamericana de población negra* (Bogotá, 1977), pp. 300-301 *(Debate de los colores);* J. Vicuña Cifuentes, *Romances populares y vulgares* (Santiago de Chile, 1912), núms. 135-136 *(El Trigo y el Dinero; El Alma y el Cuerpo).*

Para la supervivencia de poemas semejantes en la tradición alemana, véanse L. Röhrich y R. W. Brednich, *Deutsche Volkslieder: Texte und Melodien,* 2 tomos (Düsseldorf, 1965-1967), núms. 66-67; L. Erk y F. M. Böhme, *Deutscher Liederhort,* 3 tomos (Hildesheim-Wiesbaden, 1963), núms. 1066-1081. Trátase de los temas *Buchsbaum und Felbinger, Leib und Seel, Wasser und Wein, Sommer und Winter, Ritter und Bauer, Bürger und Bauer* y otros. Véase también John Meier, *Balladen,* 2 tomos (Darmstadt, 1964), II, núm. 63 (pp. 117-120).

Sobre los debates en las tradiciones poéticas persa, árabe y arábigo-andaluza (y debates florales específicamente), véanse H. Ethé, «Neupersische Littertur», *Grundriss der Iranischen Philologie,* ed. W. Geiger y E. Kuhn, II (Strassburg, 1896-1904), 226-229; M. Steinschneider, «Rangstreit-Literatur: Ein Beitrag zur vergleichenden Literatur- und Kulturgeschichte», *Sitzungsberichte der Philosophisch-Historischen Klasse der Kais. Ak. der Wissenchaften* (Viena, 1908), p. 25 (núm. 10: *Blumen Streit);* O. Rescher, «Zu Moritz Steinschneiders Rangstreits-literatur», *Der Islam* (Berlin-Leipzig), XIV (1925), 397-401 (núm. 10); H. Pérès, *La poesie andalouse en arabe classique au XIe siècle* (París, 1953), pp. 183-185; H. Massé, «Du genre littéraire «Débat» en arabe et en persan», *CCM,* IV (1961), 137-147.

[14]   Véase B. Bartók y A. B. Lord, *Serbo-Croatian Folk Songs* (Nueva York, 1951), pp. 308-309 (núm. 15 y n. 2):

> Falijo se žuti limun kraj mora:
> «Ima l' danas iko ljevši od mene?»
> Sva gospoda šerbe pije [od] mene...»
> Progovara šarenika jabuka:
> «Ja sam danas više ljevše od tebe.»

húngaro.[15] Sería, desde luego, insostenible argüir que el poema judeo-español hubiera alcanzado semejante difusión multilingüe. Más bien hemos de pensar en lo inverso: al escribir sus *Complas,* el anónimo poeta sefardí tomó como modelo una canción tradicional preexistente en el fondo común poético de los pueblos del sudeste de Europa. Sería del todo verosímil que el poeta sefardí se inspirara en alguna variante griega de esta canción pan-balcánica, procedente de la misma ciudad de Salónica.

Alabóse el limonero amarillo a orillas del mar:
«¿Es que hay alguien hoy día más hermoso que yo?
Todos los señores beben sorbete [hecho de] mí...».
Contestó el manzano pintado:
«Hoy yo soy más hermoso que tú...».

Véanse también K. Dieterich, «Die Volksdichtung der Balkanländer in ihren gemeinsamen Elementen», *ZVVk,* XII (1902), pp. 145-155, 272-291, 403-415: pp. 276-277; Kind, *Anthologie,* p. 217. Cfr. D. Čiževskij, *Aus zwei Welten: Beiträge zur Geschichte der slavisch-westlichen literarischen Beziehungen* (La Haya, 1956), p. 324. Nótese que son frutas o árboles frutales los que concursan en los textos eslavos. Es digno de notar que Yĕhûdā[h] Kal'î, posible autor de las *Complas de las flores,* escribió unas *Complas de las frutas* (reedición, Salónica, 5671 [= 1911]), también para Ṭ"û bi-šĕbāṭ, inspirándose con toda probabilidad en alguna fuente balcánica. Véase también el texto publicado por Uziel, «Ha-komplas», pp. 71-75, y reproducido bajo el título «Complas de Tu-Bishvat de Yehuda Cali», *JS,* núm. 16 (1958), pp. 708-712. Cfr. Molho, *Usos,* pp. 239-240; *Yedaᶜ-ᶜÂm,* III (1955), pp. 160 y 190. Para la música de estas *Complas* véase *Yedaᶜ-ᶜÂm,* III (1955), p. 156. Sobre Kal'î véase el libro *Salonique: Ville-Mère en Israël* (Jerusalén-Tel Aviv, 1967), pp. 100a y 148a.

[15] P. Járdányi et al., *Ungarische Volksliedtypen,* 2 tomos (Mainz, 1964), I, 174.

Ya en últimas pruebas el presente libro, llega a nuestra atención otro texto de la canción griega del *Debate de las flores:* M. S. Lelekos, *Dēmotikὲ 'anθología* (Atenas, 1868), p. 121.

II.6

UNA METÁFORA ORIENTAL: *SELVÍ*

El picante tema de *La gentil dama y el rústico pastor* pervive entre los judíos de Oriente en dos redacciones tradicionales: una es el antiguo romance con asonancia en *é;*[1] la otra, una refundición —también antigua— en forma de villancico, a la que se suele llamar *El villano vil.*[2] Un detalle de esta versión estrófica ha sido hasta la

[1] Véase R. Menéndez Pidal, *Romancero hispánico,* 2 tomos (Madrid, 1953): I, 339-343.

[2] Para una extensa bibliografía de ambos poemas, véase nuestro libro *The Judeo-Spanish Ballad Chapbooks of Yacob Abraham Yoná* (Berkeley-Los Angeles, 1971), núm. 26. Del *Villano vil* conocemos los siguientes textos judeo-españoles de Oriente: M. Alvar, *Poesía tradicional de los judíos españoles* (México, 1966): núm. 141 (= Danon); M. Attias, *Romancero sefaradí: romanzas y cantes populares en judeo-español,* 2.ª ed. (Jerusalén, 1961): núm. 15; A. Danon, «Recueil de romances judéo-espagnoles chantées en Turquie», *REJ,* XXXII (1896), 102-123, 263-275; XXXIII (1896), 122-139, 255-268: núm. 25; G. Díaz-Plaja, «Aportación al cancionero judeo español del Mediterráneo oriental», *BBMP,* XVI (1934), 44-61: núm. 6; D. Elnecavé, «Folklore de los sefardíes de Turquía», separata de *Sef,* XXIII (1963): romance núm. 3 (de la Sección III); R. Gil, *Romancero judeo-español* (Madrid, 1911): núm. 42 (= MP, Menéndez Pelayo); M. Granell, «Rodas, la isla encantada», en C. A. Del Real, J. Marías y M. Granell, *Juventud en el mundo antiguo: Crucero universitario por el Mediterráneo* (Madrid, 1934), pp. 288-292: p. 290; A. Hemsi, «Évocation de la France dans le folklore séphardi», *JS,* 24 (julio 1962), 1055-1057, 1059; 25 (dic. 1962), 1091-1093: p. 1056b; A. Z. Idelsohn, *Hebräisch-Orientalischer Melodienschatz. Band IV: Gesänge der orientalischen Sefardim* (Jerusalén-Berlín-Viena, 1923): núm. 500; I. J. Levy, *Sephardic Ballads and Songs in the United States: New Variants and Additions,* tesis de M. A. (Universidad de Iowa, Iowa City, 1959): núms. 69-70; R. R. MacCurdy y D. D. Stanley, «Judaeo-Spanish Ballads from Atlanta, Georgia», *SFQ,* XV (1951), 221-238: texto D; M. Menéndez Pelayo, «Romances castellanos tradicionales entre los judíos de Levante», *Antología de poetas líricos castellanos,* IX, «Ed. Nac.», XXV (Santander, 1945), 387-439: núm. 36 (= Danon); R. Menéndez Pidal, «Catálogo del romancero judío-español» (abrev. MP), *CE,* I (1906), 1045-1077; V (1907), 161-199: núm. 139 (= Danon); M. Molho, *Literatura sefardita de Oriente* (Madrid-Barcelona, 1960): pp. 79-81. En nuestro libro, editamos dos versiones más, publicadas originalmente en varios libritos de cordel por Y. A. Yoná. Nuestro romancero inédito recogido de la tradición oral incluye textos de la isla de Rodas, de Mármara (Turquía) y de Plóvdiv (Bulgaria). Para un testimonio antiguo de la existencia del villancico en Oriente, véanse H. Avenary, «Études sur le cancionero judéo-espagnol (XVIe et XVIIe siècles)», *Sef,* XX (1960), 377-394: núm. 25; y M. Frenk Alatorre, «El antiguo cancionero sefardí», *NRFH,* XIV (1960), 312-318: pp. 314-315.

El villancico también vive tradicionalmente entre los sefardíes de Marruecos, en el dominio lingüístico castellano de la Península, en Cataluña, Canarias e Hispano-

fecha problemático para quienes se han interesado por la poesía tradicional judeo-española.[3] A lo largo del poema, el rústico protagonista es designado en los estribillos con un extraño sobriquete: el *Selví.* El texto de Attias reza:

> A la cibdad de Marsilia
> había una linda dama.
> Se tocaba y se afeitaba
> y se asentaba a la ventana.
> D'ahí pasó un mancebico
> vistido todo de malla.
> —¡De besar me dabais gana!
> Le dijo el *selví:*
> —Yo con mi galana
> me quiero ir...[4]

El enigmático apodo *Selví* implica una confluencia de factores poéticos y lingüísticos que no carecerá de interés para la historia del Romancero hispánico en Oriente.

En las versiones antiguas del villancico, al esquivo protagonista se le llama sencillamente «el vil», pero tal designación se encuentra amplificada en ciertos textos modernos: «el villano vil»,[5] «el grande vil»,[6] «el infame vil».[7] Ahora, en muchas versiones, sobre todo en la

América. Véanse las nn. 5-8 *infra.* Todas las versiones conocidas hasta la fecha del romance y del villancico se reúnen en *Romancero tradicional de las lenguas hispánicas,* X-XI: *La dama y el pastor: Romance, villancico, glosas,* ed. D. Catalán et al. (Madrid, 1977-1978).

[3] En «El romance florentino de Jaume de Olesa», *RFE,* XIV (1927), 134-160, Ezio Levi arguye que «no es difícil reconocer en el extraño nombre de este personaje de Marsella, *el vil* innominado del villancico de Burgos *(el vil* = S-el-ví)» (p. 146). En el artículo citado en nuestra n. 2, Elnecavé sugiere (p. 123 n. 64) alguna relación con *Silvana,* la protagonista del incestuoso romance del mismo título.

[4] *Romancero sefaradí,* núm. 15. Modificamos la puntuación y la división de los versos del estribillo.

[5] Véanse, por ejemplo, P. Echevarría Bravo, *Cancionero musical popular manchego* (Madrid, 1951): pp. 420-421; B. Gil, *Romances populares de Extremadura recogidos de la tradición oral* (Badajoz, 1944): pp. 93-94; J. Martínez Ruiz, «Romancero de Güéjar Sierra (Granada)», *RDTP,* XII (1956), 360-386, 495-543: núm. 23; M. Menéndez Pelayo, «Apéndices y suplemento a la *Primavera y flor de romances* de Wolf y Hoffmann», *Ant. poetas líricos,* IX: pp. 290 n. 1, 301; P. Pérez Clotet y G. Álvarez Beigbeder, *Romances de la Sierra de Cádiz* (Larache, 1940): núm. 4; y las versiones americanas de A. L. Campa, *Spanish Folk-Poetry in New Mexico* (Albuquerque, 1946): p. 44; A. M. Espinosa, «Romancero nuevomejicano», sobretiro de *RHi,* XXXIII (New York-París, 1915): núms. 10-12; Id., «Los romances tradicionales en California», *HMP,* I (1925), 299-313: núms. 10-12; Id., *Romancero de Nuevo Méjico* (Madrid, 1953): núms. 20-23. La versión de R. Olivares Figueroa *(Folklore venezolano* [Caracas, 1948], pp. 71-72) inventa un nombre propio: «Villanovil».

[6] Cfr. A. M. Espinosa, «Traditional Spanish Ballads in New Mexico», *H,* XV (1932), 89-102: p. 97; Id., «Romancero nuevomejicano»: núm. 13; Id. *Romancero de Nuevo Méjico:* núm. 19.

[7] Cfr. B. Gil, *Cancionero popular de Extremadura,* 2 tomos (Badajoz, 1961 y 1956): II, 114-115.

tradición judeo-española, se altera radicalmente la forma del estribillo. Así, en un texto marroquí fragmentario, se pierde de vista al
famoso «vil» y se convierte el estribillo en un insulso «Digo yo
ansí».[8] En varias versiones de la isla de Rodas, recogidas por nosotros entre emigrados sefardíes en los Estados Unidos, hay indicios
aun más claros de que la tradición ha encontrado dificultad en tras-
mitir el apodo del protagonista. En estas versiones, el estribillo
adopta formas torpemente refundidas e incluso poco inteligibles: «le
izo dezir», «le (o se) deśó dezir», o bien «se deśó sentir». Refleja la
misma tendencia la torpísima muletilla de la versión recogida por
MacCurdy de una *rodeslía* en Atlanta (Georgia): «Le dijo, le dijo».
El obvio problema semántico implícito en el estribillo da lugar también a la creación de nuestro enigmático *Selví* o *el selví*. Es sin duda
la solución más popular. Se encuentra no sólo en los textos impresos
de Attias (Salónica), Danon (Edirne), Díaz Plaja (Rodas?), Elnecavé (Turquía?), Granell (Rodas), Idelsohn (?) y Yoná (Salónica), sino también en muchas versiones nuestras inéditas de Rodas. El apodo se basa al parecer en alguna variante antigua en que «el vil» se
designaba «el ser vil». Confirman esta suposición las lecturas *Serví*
(inéd., Rodas), *Selvir* (con metátesis; Levy e inéd., Rodas), o bien,
sin alterarse, *Servil* (inéd., Plóvdiv; alternando con *Selvir* en un texto
inéd. de Mármara).

Por otra parte, las formas *Servil-Serví-Selví* parecen haber perdido por completo su sentido peyorativo original. Al verter al hebreo
el texto por él publicado, M. Attias traduce *el selví*, sencillamente
hā-ᶜelem («el joven»).[9] ¿Qué ha sido, pues, del infame «vil» de las
versiones del siglo xvi? Obviamente el abstracto sustantivo verbal *ser*
y el semi-culto *vil*[10] —sobre todo en combinación— deben de haberse vaciado de sentido en el habla dialectal de los judíos de Marruecos y Oriente. En efecto, la palabra *ser,* en combinación con villano,
sufre una transformación parecida en versiones marroquíes de *La
mujer engañada,* donde «Este ser villano»[11] alterna con «Es(t)e
sevillano».[12] Sin embargo, entre los sefardíes orientales, otro factor,
que depende de una semejanza fonética casual con el vocabulario
poético de un pueblo vecino, influyó sobre el apodo *Servil* para qui-
tarle toda connotación desagradable y, a la vez, para dotarle de un
nuevo sentido metafórico.

---

[8] A. de Larrea Palacín, *Canciones rituales hispano-judías* (Madrid, 1954):
núm. 28.
[9] *Romancero sefaradí,* pp. 86-87.
[10] Cfr. *DCELC,* s. v. *vil.*
[11] A. de Larrea Palacín, *Romances de Tetuán,* 2 tomos (Madrid, 1952): números
104-105; M. L. Ortega, *Los hebreos en Marruecos,* 4.ª ed. (Madrid, 1934): p. 221.
[12] P. Bénichou, «Romances judeo-españoles de Marruecos». *RFH,* VI (1944),
36-76, 105-138, 255-279, 313-381: núm. 7; 2.ª ed. (Madrid, 1968), pp. 129-133; Larrea,
núm. 103; E. M. Torner, *Lírica hispánica* (Madrid, 1966): núm. 145; MP 74. Véase lo
que dice Bénichou (pp. 70-71; 2.ª ed., p. 130).

En la poesía clásica turca, una de las metáforas que con más frecuencia se emplea para representar el talle esbelto de una doncella o de un joven es la del ciprés.[13] En turco, al ciprés se le llama *selvi*. Esta misma imagen, aunque parece tener su origen en la poesía culta, se encuentra a veces en canciones turcas populares. He aquí un par de ejemplos:

Istanbuldan aldık gelin,
Boyu selvi dala benzer.
(De Istanbul trajimos una novia,
su talle es un ciprés, parece un ramito.)

Hüseyinim der ki ne bir zalimsin,
Canımın içinde selvi dalımsın.
Kerem et yanıma, sor bazı bazı!
(Mi Hüseyin dice: «Eres tirana.
Dentro de mi corazón eres mi ramo de ciprés.
Hazme un favor, [acércate] a mí, pregunta por
        mí de vez en cuando.)[14]

[13] «There are in Ottoman poetry a number of what may be called stock metaphors and similes; thus, a fair woman is always a moon; a graceful figure, a cypress; the hair, musk... The cypress is an emblem of the slender figure of a beautiful woman or youth, whose graceful movements are likened to the waving of that tree. The pine, the juniper, the box-tree, the palm, and the *ban,* or Oriental willow, are all used with the same sense, but much less frequently. With some of these it is rather a twig than the whole tree that is alluded to» (E. J. W. Gibb, *Ottoman Literature: The Poets and Poetry of Turkey* [Nueva York-Londres, 1901], pp. 24 y 254 n. 32). Véanse los siguientes ejemplos en las traducciones de Gibb: pp. 46, 80, 89, 91, 99, 110, 113-115, 119, 153, 166, 169-170, 174, 175, 187, 189-190, 232.
     Trátase de una de las comparaciones predilectas de la poesía árabe: «La rama de su talle se curva sobre el montón de arena de su cadera» (E. García Gómez, *Poemas arábigoandaluces,* 3.ª ed. [Buenos Aires-México, 1946]: p. 71); «Boughs of *bān* swaying over sandhills / turned away from me...»; «A myrtle bough she is, dressed in scarlet leaves»; «Like a sandhill her hips, like a bough her stature» (A. R. Nykl, *Hispano-Arabic Poetry and its Relations with the Old Provençal Troubadours* [Baltimore, 1946]: pp. 20, 31, 133; más ejemplos: pp. 61, 112, 120, etc.); «Cypresses like singing-girls...; / One looks like a gentle maiden playing with her companions...» (G. E. von Grunebaum, «Growth and Structure of Arabic Poetry, A. D. 500-1.000», *The Arab Heritage* [Princeton, 1946], pp. 121-141: p. 140); «un ser esbelto y grácil, / igual que un lánguido ramo...»; «Un sol es su rostro; / su talle, palmera...»; «Luna es, y su talle / rama es entre dunas, / al balancearse» (E. García Gómez, *Las jarchas romances de la serie árabe en su marco* [Madrid, 1965; 2.ª ed., Barcelona, 1975]: pp. 47, 249, 371); «How many a slender branch shaking on a sandhill the quivering drawn blades of the Indian [swords] attained!»; «[The beloved is] just like the bough of the hillock bending pliantly» (A. J. Arberry, *Arabic Poetry* [Cambridge, Inglaterra, 1965]: pp. 60, 118). Cfr. también H. Pérès, *La poésie andalouse en arabe classique au XIe siècle,* 2.ª ed. (París, 1953): p. 401.
[14] U. Reinhard, *Vor seinen Häusern eine Weide...: Volksliedtexte aus der Süd-Türkei* (Berlín, 1965): pp. 56 y 192. Para otro ejemplo, véase p. 402. (El texto parece defectuoso.) A la amabilidad y erudición del profesor Andreas Tietze debemos la revisión de las traducciones publicadas por Reinhard.
     La comparación *ciprés* = talle esbelto es abundantísima en las canciones populares griegas; hay también ejemplos macedo-rumanos, albaneses y de otros pueblos de los

Nuestro villancico sefardí absorbe la metáfora turca por etimología popular. Así el difamatorio *ser vil,* al vaciarse de sentido y quedarse fosilizado en el habla dialectal, se ha convertido en el gracioso *selví* oriental.

Un texto de *La bella en misa* publicado por A. Danon (núm. 29) confirma el sentido metafórico de *selví* en judeo-español. En el momento de entrar en la iglesia, la esbelta protagonista del romance es comparada —en un verso casi más turco que español— con un ciprés:

> Su bel, muy delgado,   y su boy, selvi boy.
> *(Su cintura, muy delgada, y su talle, el del ciprés.)*

El villano vil y *La bella en misa* nos proporcionan los dos únicos ejemplos que por ahora conocemos del uso metafórico de *selví* en el Romancero judeo-español.[15] Por lo demás, ayudan a iluminar una

Balcanes. Véanse S. Baud-Bovy, *La chanson populaire grecque du Dodécanèse* (París, 1936): pp. 331 n. 3, 345 n. 6; L. M. J. Garnett, *Greek Folk Poesy,* 2 tomos (Londres, 1896): I, 400-401 n. 24; D. Petropoulos, *La comparaison dans la chanson populaire grecque* (Atenas, 1954): pp. 33-35; T. Papahagi, *Antologie aromănească* (Bucarest, 1922): p. 63 (v. 11: «Eara fidane, chipariş»: "Era un mozo valiente, un ciprés"); G. Weigand, *Die Aromunen,* 2 tomos (Leipzig, 1895 y 1894): II, núm. 45 («truplu a nou tsol di silvíu»: «mi cuerpo, el del ciprés»), también núm. 32; D. De Grazia, *Canti popolari albanesi tradizionali nel mezzogiorno d'Italia* (Noto, 1889): pp. 105, 261; K. Dieterich, «Die Volksdichtung der Balkanländer in ihren gemeinsamen Elementen: Ein Beitrag zur vergleichenden Volkskunde», *ZVVk,* XII (1902), 145-155, 272-291, 403-415: p. 406.
La misma metáfora no es del todo desconocida en la poesía popular hispánica. En algunas versiones de *La vuelta del marido (é)* se dice que el protagonista es «blanco y rubio, / alto como un aciprés» (I. Levy, *Chants judéo-espagnols* [Londres, 1959?]: núm. 15 = texto de origen marroquí); «...alto como un asifrés»; «... un arciprés» (Larrea, núms. 75-77); «Es un rubio, guapo, curro / y alto como los ciprés» (J. Massot Muntaner, «El Romancero tradicional español en Mallorca», *RDTP,* XVII [1961], 157-173: núm. 5). En versiones portuguesas del *Conde Olinos,* uno de los enamorados se convierte en «cipreste» o «acipreste» (J. Leite de Vasconcellos, *Romanceiro português,* 2 tomos [Coimbra, 1958-1960]: I, núms. 235-237, 240). Unos cantares de boda castellanos representan a la novia «como el ciprés, / que al cielo llega la copa» (G. M. Vergara, *Cantares populares recogidos en diferentes regiones de Castilla la Vieja y particularmente en Segovia y su tierra* [Madrid, 1912]: p. 124).
[15] *Selví* no parece ser de uso muy frecuente en el habla coloquial. A. Galante, *Türkçenin Ispanyolca üzerine teesiri* (Istanbul, 1948), no lo menciona, ni tampoco A. Danon, «Essai sur les vocables turcs dans le judéo-espagnol», *Keleti-Szemle* (Budapest), IV (1903), 215-229; V (1904), 111-126. Sin embargo, el riquísimo léxico inédito de turquismos del judeo-español compilado por el llorado rabino Michael Molho (MS perteneciente al Instituto de Estudios Sefardíes [Madrid]) trae el siguiente artículo: «*Selví* (turco) Ciprés. Fig. Persona de estatura alta y derecha.» También documenta el préstamo el amplísimo *Dictionnaire du judéo-espagnol* de J. Nehama (con la colaboración de J. Cantera) (Madrid, 1977): «*selví* (turc.)-S. m. = 1. "cyprès". 2. "un beau jeune homme, de taille elevée, très droite, très elegante, semblable au cyprès"» (p. 504). Derivados del t. *selvi* existen como préstamos en varios idiomas de los Balcanes. Véase F. Miklosich, «Die türkischen Elemente in den südost- und osteuropäischen Sprachen», *Denkschriften der Kaiserlichen Akademie der Wissenschaften: Philosophisch-Historische Classe* (Viena), 34 (1884), 239-338; 35 (1885), 105-192: s. v. *sélvi.*

faceta importante, pero desatendida, del Cancionero sefardí oriental: es decir, sus múltiples contactos con las tradiciones poéticas de los pueblos vecinos en la Península Balcánica.

La palabra turca deriva, a su vez, del vocablo persa *sarv* «ciprés» (E. H. Palmer, *A Concise Dictionary of the Persian Language* [Londres, 1944], p. 352; D. C. Phillott, *Colloquial English-Persian Dictionary* [Calcutta, 1914], p. 72).

II.7

CALCOS SEMÁNTICOS: J.-ESP. *REINADO* «BIENES MATERIALES»

Para Iacob M. Hassán

Durante nuestras encuestas romancísticas en Marruecos en los veranos de 1962 y 1963,[1] una de nuestras mejores cantoras de romances resultó ser también una impresionante narradora de *consežas* o cuentos tradicionales. Entre los setenta y cinco cuentos y leyendas que nos proporcionó en Tetuán la señora Luna Elaluf Farache, figura la curiosa historia de dos hermanos, uno rico y el otro pobre. El hermano pobre, gracias a una intervención sobrenatural, se enriquece repentinamente, se compra una casa y la provee de todas las comodidades necesarias. He aquí el episodio pertinente para lo que ahora nos interesa:

Va a la casa. Entra al dormitorio: camas de bronse por todos lados para todas las hijas y para él y para la mujer. Los armarios llenos de ropa y de sapatos; las despensas llenas de vino, de aseite, de patatas, todo lo que se necesitaba... «¿Qué es esto, mi bueno? Este reinado... ¿Ánde le vino esto de este reinado?» La metió a la despensa. Mira esto de bueno. Mira los armarios llenos de ropa, de alhajas, de sapatos, de... ¡bueno! «¿Ánde le vino esta guezerá...?»[2]

---

[1]   Sobre estas encuestas, véanse I. J. Katz, *Bulletin of the International Folk Music Council* (Londres) XXIII:7 (1963), 15; S. G. Armistead y J. H. Silverman, «El Romancero judeo-español de Marruecos: Breve historia de las encuestas de campo», *Poesía: Reunión de Málaga de 1974,* ed. M. Alvar (Málaga, 1976), pp. 245-256.

[2]   Informante: Luna Elaluf Farache, de 75 años, Tetuán, 22 de septiembre 1962. La forma *guezerá* «abundancia» se basa en el ár. *gazāra, gazīra,* según lo demuestran J. M. Fórneas y F. Marcos, *«Guezerá:* Precisiones sobre el origen de este vocablo judeoespañol», *BRAE,* LIV (1974), 153-156. No encontramos esta narración en A. Aarne y S. Thompson, *The Types of the Folktale,* 2.ª ed. (Helsinki, 1961). Para la tipología del cuento judeo-español, véase R. Haboucha, *Classification of Judeo-Spanish Folktales,* tesis de Ph. D. (Johns Hopkins University, Baltimore, Maryland, 1973), pp. 121-123 (núm. **504). La lamentable edición de A. de Larrea Palacín, *Cuentos populares de los judíos del norte de Africa,* 2 tomos (Tetuán, 1952-1953), contiene una versión radicalmente abreviada de la misma historia (I, 47-49: núm. 13 [léase 12]) también narrada probablemente por Luna Farache. Los textos de Larrea, basados en una transcripción taquigráfica (!!!), pese a la defensa de su «más absoluta fidelidad» (I, iv), se reducen a menudo a resúmenes en español moderno y normativo y son del todo inútiles para estudios estilísticos y

El sentido que aquí se atribuye a la palabra *reinado* no concuerda con ninguna documentación medieval o moderna que hemos podido consultar, ni se puede atribuir tampoco, según creemos, a ningún término correspondiente en otra lengua románica. En nuestra *conseža*, de ninguno ,de los personajes se dice que es un rey y de todas formas el sentido «bienes materiales, propiedad» resulta claro e indudable a base del contexto. ¿Qué podría ser el origen de esta peculiar amplificación semántica?

La «etimología» seudo-mórfica del j-esp. marr. *reinado* ha de relacionarse seguramente con la raíz árabe M-L-K, cuya área semántica abarca precisamente los dos conceptos «condición regia» y «posesión», representados, por ejemplo, por *malik* «rey», *memlaka* «reinado», *molk* «dignidad real», *mlek* «poseer, dominar, conquistar», *melkiya* «escritura (de propiedad), propiedad, título».[3] El modelo inmediato del nuevo campo semántico de *reinado* ha de ser sin duda el ár. marr. *melk* «propiedad, lo que es poseído».[4]

Nuestra forma judeo-española, producto de la *mellaḥ* bilingüe de Tetuán, es pues, una contraparte moderna exacta de calcos semánticos medievales tales como esp. ant. *poridad* «secreto» *(ár.* Ḥ-L-Ṣ «pureza, lealtad, fidelidad»), *correr* «saquear, almogavarear» (ár. Ġ-W-R «correr, galopar, hacer una correría o incursión»), o *aceros* «energía, fuerza» (ár. Ð-K-R «hierro, fuerza, vehemencia»).[5] Como he-

lingüísticos. Huelga decir que, en el texto de Larrea, falta la palabra que nos interesa. Para una contraparte árabe de nuestra *conseža,* véase J. Scelles-Millie, *Contes arabes du Maghreb* (París, 1970), pp. 190-197 *(Le frère riche et le frère pauvre).*

Nuestro amigo Iacob M. Hassán, del Instituto Arias Montano, nos confirma el uso de *reinado* en el j.-esp. marroquí (p. ej., *este reinado de casa),* aunque falta en el amplio glosario de J. Benoliel *(BRAE,* 1926-28, 1952). La historia semántica de la palabra se complica, sin embargo, a causa de sus ramificaciones en las comunidades del Mediterráneo Oriental, cuya documentación no ha sido hasta ahora accesible. Las expresiones *tener reynaḏo* «posséder tout ce qu'il faut pour jouir du bonheur» y *tener reynaḏo detrás de la pwerta* «avoir un bel avenir en perspective» figuran en J. Nehama, *Dictionnaire du judéo-espagnol* (Madrid, 1977), p. 479.

[3] Véase R. S. Harrell et al., *A Dictionary of Moroccan Arabic: Arabic--English* (Washington, D.C., 1966), s. vv.

[4] Véase Harrell, s. v.; para significados adicionales («fonds, biens, fortune-immobilière, domaine, immeuble»), H. Mercier, *Dictionnaire arabe-français* (Rabat, 1951), y D. Ferré, *Lexique marocain-français* (s. l. ni a.), s. v.

[5] Véanse A. Castro, *España en su historia* (Buenos Aires, 1948), pp. 63-78, 88 y s.; *Ensayo de historiología: Analogías y diferencias entre hispanos y musulmanes* (Los Angeles-Nueva York, 1950), pp. 20 y s.; *The Structure of Spanish History* (Princeton, 1954), pp. 100, 111 y s., 233-235; *La realidad histórica de España* (México 1954), pp. 106-112, 120-122, 230-232; 2.ª y 3.ª eds. (1962, 1966), pp. 215-223, 233-235; R. Lapesa, *Historia de la lengua española* 7.ª ed. (Madrid, 1968), pp. 108-110; para algunos reparos y una evaluación cabal de la bibliografía anterior, véase E. Coseriu, «¿Arabismos o romanismos?», *NRFH,* XV (1961), 4-22; para bibliografía adicional, véase K. Baldinger, *La formación de los dominios lingüísticos en la Península Ibérica* (Madrid, 1963), pp. 69-70 y nn. 49-50; para la influencia semántica del turco y de las lenguas balcánicas en el j.-esp. oriental, M. L. Wagner, «Calcos lingüísticos en el habla de los sefarditas de Levante», *Homenaje a F. Krüger,* II (Mendoza, Argentina, 1954), 269-281; sobre calcos semánticos en el dialecto morisco, A. Galmés de Fuen-

mos dicho en otro lugar,[6] la cultura, la lengua y la vida de los sefardíes de Marruecos, aún en el siglo xx, nos ofrecen en muchos aspectos un paralelismo moderno de la situación cultural de la España del
Medioevo. El caso de *reinado*[7] nos proporciona un importante testimonio que ayuda a confirmar el tipo de seudomorfosis hispano-árabe
que caracterizaba las etapas medievales del español en su desarrollo
semántico.

tes, *Historia de los amores de París y Viana* (Madrid, 1970), pp. 235-236; R. Kontzi,
Aljamiado Texte, 2 tomos (Wiesbaden, 1974), I, 82-89; Id., «Die Bedeutungen von
altspan. *poridad* neuspan. *puridad* als Ergebnis der arabisch-romanischen Zweisprach-
igkeit», *ZRPh,* XCII (1976), 469-472; Id. «Aspectos del estudio de textos aljamia-
dos», *BICC,* XXV (1970), 17-20; L. P. Harvey, «Castilian *Mancebo* as a Calque of
Arabic *'Abd,* or How El Mancebo de Arévalo Got His Name», *MPh,* LXV (1967),
130-132; H. L. A. van Wijk, «El calco árabe semántico en esp. *adelantado,* port.
adiantado», Neoph, XXXV (1951), 91-94.
    Para una discusión de los calcos lingüísticos en varias lenguas europeas, véase U.
Weinreich, *Languages in Contact: Findings and Problems* (ed. original, Nueva York,
1953; 6.ª ed., La Haya-París, 1968), pp. 48-50: «If two languages have semantemes, or
units of content, which are partly similar, the interference consists in the identification
and adjustment of the semantemes to fuller congruence» (p. 48). Véase la bibliografía
citada en la n. 18.
    [6] Véanse nuestros artículos, «Christian Elements and De-Christianization in the
Sephardic *Romancero», Collected Studies in Honour of Américo Castro's Eightieth
Year* (Oxford, Inglaterra, 1965), pp. 21-38: 34-35, n. 26 (reproducido aquí I.18 *supra*)
y «Un aspecto desatendido de la obra de A. C.», *Estudios sobre la obra de Américo
Castro,* ed. P. Laín Entralgo (Madrid, 1971), pp. 181-190.
    [7] El j.-esp. marroquí abrigará otros muchos calcos hispano-árabes, según se ha
de ver a raíz de un estudio exhaustivo de textos dialectales rigurosamente editados.
[Véase el capítulo siguiente.]

II.8

CALCOS SEMÁNTICOS: J.-ESP. *LIBRE* «VIRGEN»

En otro lugar hemos llamado la atención sobre los calcos semánticos arábigo-españoles como un aspecto desatendido del dialecto de
los sefardíes de Marruecos.[1] He aquí ahora otro ejemplo más del
mismo fenómeno. Trátase del peculiar sentido que adquieren las voces *libre* y *libertade* en dos romances muy conocidos en las comunidades del norte de Africa.

En *La infanta parida*, a raíz del descubrimiento de los amores de
la protagonista con el conde Verjico, se entabla el siguiente diálogo
entre la infanta y su madre, la reina:

—En buena hora estés, la ifanta.   —Bien vengades, madre mía.
—¡Ay! hija, si tú estás *libre*,   reina serás de Castilla.
¡Ay! hija, si no estás *libre*,   en mal fuego estés ardida.
—Tan *libre* estoy yo, mi madre,   como a vuestros pies nacida.[2]

---

[1] «A New Semantic Calque in Judeo-Spanish: *reinado* "Belongings, Property"».
RPh, XXVI (1972-73), pp. 55-57 (véase el capítulo anterior). Al final de este artículo
observamos que el judeo-español marroquí «probably conceals many more Sp.-Ar.
calques, as the close study of rigorously edited texts in *hakitía* may well show».
[2] P. Bénichou, *Romancero judeo-español de Marruecos* (Madrid, 1968), p. 77, vs.
6-9. A la cabal bibliografía reunida por Bénichou (p. 78) añádase ahora nuestro *Judeo-Spanish Ballads from Bosnia* (Filadelfia, 1971), núm. A4. El romance, raro en
Oriente, es conocidísimo en Marruecos: no hay comunidad donde no se cante. En
nuestra colección inédita hay catorce versiones de Tetuán, Tánger, Arcila, Larache y
Alcazarquivir.
Las variantes de los versos 7*a* y 8*a* de *La infanta parida:* «¡Ay! hija, si fuesses
libre..., ¡Ay! hija, si no lo fuesses» (Bénichou, p. 78) sugieren que *libre* pudo haber
tenido un valor sustantivo más que adjetival para quien cantaba esa versión.
Cabe pensar en otras maneras de puntuar el verso inicial del romance. Bénichou
da «¿Qué se pensaba la reina? / que honrada hija tenía». También podría ser una
pregunta que lleva implícita una contestación negativa: «¿Qué se pensaba la reina, /
que honrada hija tenía?» Otra posibilidad sería dejar el *Que* sin acento: «Que se
pensaba la reina /que honrada hija tenía». En tal caso, el verso representaría un recurso muy propio de la poesía tradicional: el *que* inicial de los villancicos. Compárese
la genial variante introducida por Lope en un inolvidable cantar tradicional:

> *Que* de noche le mataron
> al Caballero,
> la gala de Medina,
> la flor de Olmedo.

203

En *El sueño de doña Alda,* tras la horrenda visión de una garza destrozada por un gavilán, que viene herida y sangrienta a refugiarse bajo su brial, Alda ruega a sus damas que le aclaren el sentido de tan peregrino portento. Recibe la siguiente interpretación optimista, mientras el verdadero sentido del sueño se manifiesta acto seguido en el trágico desenlace del poema:

> —Las plumas, la mi señora,   aves que vais a matare;
> la sangre, la mi señora,   ésa es vuestra *libertade:*
> vendrá Rondal de la guerra,   grandes fiestas que le hagades.[3]

Con su infalible olfato para los valores folklóricos, Lope cambió el primer verso, que rezaba: «*Esta* noche le mataron». Es posible que *La infanta parida* también comenzara con este mismo tipo de *que* elíptico, tras el cual latía un *dicen* tradicionalizante. Sobre este recurso, véase el importante estudio de A. Sánchez Romeralo, *El villancico* (Madrid, 1969), pp. 190-200.

[3]   A. de Larrea Palacín, *Romances de Tetuán,* 2 tomos (Madrid, 1952), núm. 25, vv. 30-35. Para la bibliografía de otras versiones, véanse Bénichou, p. 58, y nuestro libro, *The Judeo-Spanish Ballad Chapbooks of Y. A. Yoná* (Berkeley-Los Angeles, 1971), p. 73. Otras dos versiones —las dos de Tetuán— traen la lectura «libertade»: M. Alvar, *Textos hispánicos dialectales,* 2 tomos (Madrid, 1960), II, pp. 763-764, y una nuestra inédita; la de Bénichou reza «vuestro caronale», y otra nuestra inédita, también de Tetuán, «mosidade». Otras, como Larrea núms. 24 y 65, dan interpretaciones distintas a todo el pasaje.

De éste se desprende que las damas, despavoridas por las amenazas de Alda, ofrecen una interpretación que parece a primera vista arbitraria y poco coherente, por lo optimista; pero en cuanto ven implicaciones sexuales en la lucha entre el gavilán y la garza, queda la primera solución del sueño en completa harmonía con la poesía tradicional. Véase lo que decimos en *Judeo-Spanish Chapbooks,* pp. 249-250. Añádanse a los ejemplos allí aducidos los vv. 3-4 de la *ḫarǧa* núm. 27 (K. Heger, *Die bisher veröffentlichten Ḫarǧas und ihre Deutungen* [Tübingen, 1960], pp. 127-128), según la lectura de J. Corominas («Para la interpretación de las jarŷas recién halladas», *AlAn,* XVIII [1953], 140-148: p. 142):

> ¿Ké farey, yā 'ummī?
> ¡Faneq [me] bad levar!

O sea: «¿Qué haré, madre? / ¡El alfaneque se me va a llevar!» A la coplilla portuguesa citada como analogía por Corominas («Minha mãe, casar, casar, / que o gavião me quer levar»), añádase su versión castellana (Juan de Mal Lara, *Filosofía vulgar,* ed. A. Vilanova, 4 tomos [Barcelona, 1958-59], II, p. 154):

> Madre, casar, casar,
> que çarapico me quiere llevar.

Compárense también los siguientes versos tradicionales recogidos por Gil Vicente (*apud* M. Frenk Alatorre, *Lírica hispánica de tipo popular* [México, 1966], núm. 188):

> A mi seguem os dous açores,
> um deles morirá d'amores

así como su villancico castellano con glosa, «La caza de amor / es de altanería» (*Poesías de Gil Vicente,* ed. D. Alonso [México, 1940], p. 12):

> Halcón que se atreve
> con garza guerrera,
> peligros espera.

Al comentar *La infanta parida,* Bénichou, con su acostumbrada sensibilidad, llama la atención sobre el sentido indudablemente eufemístico de la voz *libre,* «empleada aquí por decoro en lugar de virgen; la versión antigua *(Primavera,* 159) trae *virgo»* (p. 78). Y en efecto, podríamos en principio pensar en una definición académica: *libre* «innocente, y sin culpa ni sospecha».[4] Ahora bien, tan sencilla solución nos deja insatisfechos frente al peculiarísimo sentido de *libertade* en *El sueño de doña Alda,* donde, según muy bien observa

Y sin duda también el villancico de Juan del Encina (J. M. Alín, *El cancionero español de tipo tradicional* [Madrid, 1968], núm. 27):

> Montesina era la garça
> y de muy alto volar,
> no hay quien la pueda tomar.

Compárese la glosa: D. Alonso, *Poesías de la edad media y poesía de tipo tradicional* (Buenos Aires, 1942), núm. 66. Para más sobre el tema véanse D. Alonso, «La caza de amor es de altanería», *De los siglos oscuros al de oro* (Madrid, 1958), pp. 254-275; J. M. Aguirre, «Ensayo para un estudio del tema amoroso en la primitiva lírica castellana», *Universidad* (Universidad de Zaragoza), 1965, pp. 7-34; y F. Yndurain, «Variaciones en torno a una imagen poética, *la garza»*, *Relección de clásicos* (Madrid, 1969), pp: 257-279 y 334.

Huelga decir que el tema consta también en la lírica erudita (véase Hernando del Castillo, *Cancionero general: Antología temática del amor cortés,* ed. J. M. Aguirre [Madrid, 1971], pp. 77-78) y en el teatro del siglo de oro (p. ej., Lope de Vega, *La pobreza estimada,* BAAEE, t. 52, pp. 143b-c, 147b; Tirso de Molina, *La ninfa del cielo, Obras dramáticas completas,* ed. B. de los Ríos [Madrid, 1946], I, 795a-b).

Para el tópico en la tradición castellana moderna, nótense estos versos recogidos por A. Marazuela Albornós *(Cancionero segoviano* [Segovia, 1964], pp. 292-293):

> Los azores van volando, ...
> los azores van a Sevilla
> buscando a la blanca niña.

En los cantares de boda neo-helénicos, novio y novia suelen representarse como águila y paloma: «sémera stefanónetai 'aitòs kaì peristéra», o sea: "aujourd'hui l'aigle épouse la colombe" (D. Pétropoulos, *La comparaison dans la chanson populaire grecque* [Atenas, 1954], p. 56).

Recordará la misma metáfora el romance de *Las quejas de Jimena,* donde figura Rodrigo como

> caballero en su caballo   y en su mano un gavilane.
> Comióme mis palomitas,   cuantas en mi palomare;
> las gordas él se las come,   las flacas su gavilane.

(Citamos de Bénichou, p. 32.) Cfr. *Primavera* 30, 30a, 30b. Desarrolla el tema de las palomas la rarísima versión recogida por Th. Braga, *Romanceiro geral portuguez,* II (Lisboa, 1907), p. 249.

Para abundante bibliografía adicional sobre el motivo de «la caza de amor», véanse los finos artículos de D. Seidenspinner de Núñez, «The Poet as Badger: Notes on Juan Ruiz's Adaptation of the *Pamphilus»*, *RPh*, XXX (1976-1977), 123-134, y M. van Antwerp, *«Razón de amor* and the Popular Tradition», *RPh*, XXXII (1978-1979) 1-17: pp. 15-16.

[4] *Dicc. Aut.,* II, 399a; *Dicc. Acad.,* 19.ª ed., s. v.

Bénichou, «el romance... logra un grado sorprendente de fuerza poética, sobre todo por el extraño y violento sueño, con su significado ambiguo de defloración de Alda y muerte de Roldán» (p. 58).

Esta peculiaridad semántica de *libre* y *libertade* en nuestros romances queda perfectamente aclarada a la vista de una palabra árabe usada en el habla de los judíos de Tetuán y, por otra parte, tampoco desconocida para otros hispanohablantes. Trátase de là forma *ḥorr,* que en el judeoespañol marroquí se usa con los significados «libre, puro, sin mezcla, sin adulteración»[5] y que, en su primera acepción, es reconocible en los arabismos *horro* y *ahorrar* del castellano peninsular. En el árabe vulgar marroquí, *ḥorr,* fem. *ḥorra,* tiene los significados «libre, dégagé, pur, véritable, vierge (cire, denrée), vertueuse (femme), chaste, de bonne tenue».[6]

Bastaría semejante campo semántico para aclarar, sin más, la transformación de significado sufrida por *libre* y *libertade* en un dialecto que ha vivido durante siglos en estrecho contacto con el árabe marroquí; pero, a mayor abundamiento, el hispano-árabe granadino de finales de la edad media nos viene a proporcionar un importante testimonio adicional. Mientras *ḥorriya* se limita hoy en el dialecto marroquí, como en otras formas del árabe, al significado «libertad»[7], en el *Arte para ligeramente saber la lengua aráuiga* de fray Pedro de

---

[5]   J. Benoliel, «Dialecto judeo-hispano-marroquí o hakitía», *BRAE,* XV (1928), 205*a.*

[6]   Véanse D. Ferré, *Lexique marocain français* (s. l. ni a.), p. 69*a;* H. Mercier, *Dict. arabe-français* (Rabat, 1951), p. 60*b;* L. Brunot, *Textes arabes de Rabat,* II: *Glossaire* (París, 1952), p. 141; R. S. Harrell et al., *A Dict. of Moroccan Arabic: Arabic-English* (Washington, D. C., 1966), p. 247*a.*

[7]   Véanse Ferré, Mercier, Harrell, *loc. cit.* El arabismo, con el sentido de «libertad», se usaba en el español arcaico, tanto entre cristianos como entre judíos. Véanse L. de Eguilaz y Yanguas, *Glosario etimológico de las palabras españolas de origen oriental* (Granada, 1886), s. v. *alforría;* A. Steiger, *Contribución a la fonética del hispanoárabe...* (Madrid, 1932), pp. 254-255; *Índice y extractos de los Protocolos del Archivo de Notarías de México,* ed. A. Millares Carlo y J. I. Mantecón, 2 tomos (México, 1945), II *(1536-1538 y 1551-1553), apud* P. Boyd-Bowman, *Léxico hispanoamericano del siglo XVI* (Londres, 1971), s. vv. *alhorría y libertar:* «esta carta de alhorría e libertad»; «alhorría e libertad, yo fuese obligado a os ahorrar e libertar».

Para el ladino, véase L. Wiener, «The Ferrara Bible», *MLN* X (1895), cols. 81-85; XI (1896), cols. 24-42, 84-105: s. v. *alforría.* También se documenta, como traducción del heb. *ḥerut* «libertad, liberación», en innumerables ediciones ladinas de la *Haggadá,* desde las antiguas aljamiadas *(alforí'a)* hasta las más recientes en grafía latina; así en la de Nisim Behar: «nos sako de sirvimiento a *alforiya*» *(La Agada de Pesah, en ebreo karakteres latinos i tradüksyon cudeo-espanyol...* [Estambul, 1962], p. 28); o en la primorosa edición de Baruch Schiby: «nos kitô de servicio a *alforría*» *(Séder Hagadat lel Pésah* [Salónica, 1970], p. 96; en la misma página se reproduce el texto aljamiado del pasaje).

Alforí'a «liberté» la trae aún el *Nouveau petit dict. judéo-espagnol français* de S. I. Cherezli (Jerusalén, 1898-99), p. 43; véase el comentario de M. L. Wagner, «Judenspanisch-Arabisches», *ZRPh,* XL (1920), pp. 543-549: p. 544.

Mediante el turco *(hürriyet* «libertad»), el arabismo pasa de nuevo al j.-esp. oriental como *horiét,* con el significado de «democracia», según un informante nuestro de Esmirna.

Alcalá, publicado en Granada en 1505, se apuntan las siguientes definiciones para las palabras que nos interesan *horr* «libre hecho de siervo, libre nascido en libertad»; *hórra* «casta muger, muger casta e onrrada»; *hurria* «libertad, castidad, castidad de la muger, virginidad».[8]

La coincidencia semántica con nuestras formas judeoespañolas no puede ser más exacta, y confirma, si falta hiciera, su transformación seudomórfica gracias a una convivencia multisecular con el árabe magrebí.

---

[8] Pedro de Alcalá, *Arte para ligeramente saber la lengua aráuiga (Vocabulista de romance en aráuigo)* (Granada, 1505; ed. facsímil, Nueva York, 1928), bajo las distintas definiciones citadas. Cfr. también R. Dozy, *Supplément aux dictionnaires arabes,* 2.ª ed., 2 tomos (Leide-París, 1927), p. 263a-b, s. vv. *hurra* y *hurrīya;* J. Lerchundi y F. J. Simonet, *Crestomatía arábigo-española o colección de fragmentos... relativos a España...* (Granada, 1881), p. 73: *hurra* «honesta, honrada».

Tanto el árabe clásico como los varios dialectos modernos ofrecen significados que concuerdan, en parte por lo menos, con los que se documentan en el Magreb: *hurra* «libera, pura, ingenua, nobilis» (G. W. Freytag. *Lexicon Arabico-Latinum,* I [Halle, 1830], p. 360b); *hurra* «virgin, modest» (E. W. Lane, *An Arabic-English Lexicon* [Londres, 1865; reimpr. Beirut, 1968], I:ii, p. 538b-c); *hurra* «libre, vertueuse, honnête, franche, pure, intacte, vierge (se dit de diverses choses)»; *laylatu hurra*[*tin*] «nuit de vierge, celle où la mariée a conservé encore sa virginité» (A. de Biberstein Kazimirski, *Dict. arabe-français,* 2 tomos [París, 1960], I, p. 401a); *hurr* «pure, unadulterated, free» (H. Wehr y M. Cowan, *A Dict. of Modern Written Arabic* [Ithaca, N. Y., 1961], p. 165a); en el habla coloquial de Egipto: *hurr* "free, frank, honest, genuine"; *mara hurra* "respectable woman" (S. Spiro Bey, *Arabic-English Dict.,* 2.ª ed. [El Cairo, 1923], p. 132b; D. A. Cameron, *An Arabic-English Vocabulary* [Londres, 1892], p. 55b]; *horra* «libre, chaste» (C. Denizeau, *Dict. des parlers arabes de Syrie, Liban et Palestine* [París, 1960], p. 103). Dice un refrán maltés: *ahjar tifla mqatta' u horra jew ghanja u morra* «better a poor but honourable girl than otherwise and wealthy» (E. D. Busuttil, *Kalepin* [*Dizjunarju*] *malti-ingliz* [La Valeta, 1949], pp. 105-106).

En una carta fechada en París el 23 de abril de 1979, el profesor Paul Bénichou nos escribió sobre el presente trabajo, según se publicó en *ESef,* I (1978):

«No me dudaba de que *libre* por *virgen* fuera más que una precaución púdica disimulada debajo un asonante revelador, ni que el árabe usara *horr* en el mismo sentido. Los judíos españoles de Orán no ignoraban el español *horro* o *forro* «libre»; por lo menos lo usaban en las versiones de la Haggadá de Pascua (Pesah), traduciendo literalmente *bĕnê hôrîn* por «hijos forros». No sé si en el momento en que se leían ese pasaje, harían la correspondencia con el *horr* árabe, que seguramente conocían; pero es muy posible que el uso de *libre* = «virgen» se diera en el habla común como calco del árabe, y no sólo en el Romancero».

II.9

ESTRIBILLOS ÁRABES EN UN ROMANCE SEFARDÍ

Para Mishael Caspi

En otras dos publicaciones nuestras[1] hemos dado a conocer sendas versiones, copiadas en letras hebreas, del romance oriental del *Forzador,*[2] en las que encontramos dos enigmáticos estribillos a los que acabamos por atribuir un origen árabe. En la versión del manuscrito rodeslí de Yakov Hazán, en una letra de los últimos años del siglo XVIII, el estribillo reza:

Ala dusya lali ala dusya lali gwantimru ala dusya lali.

El texto copiado en Jerusalén por Salomón Israel Cherezlí a principios del siglo XX y adquirido en 1961 por nuestro amigo Israel J. Katz trae la lectura siguiente:

Yya la dusyya lali amán yya lalali [yya lalali].

Estos estribillos dieron lugar a la elaboración de una serie de hipótesis que hoy creemos superadas.[3] Un espléndido texto del mismo romance, recogido de la tradición oral en Jerusalén por Israel J. Katz, nos ayuda a aclarar la interpretación de los estribillos de las versiones manuscritas, mientras que otro testimonio de la lírica popular árabe, que hasta la fecha habíamos pasado por alto, ilumina, según veremos, lo que quedaba por entenderse. El texto de Katz, grabado el 30 de mayo de 1961, lo cantó la señora Rivka Cabeli, de 75 años, nativa de Jerusalén. He aquí el texto:

---

[1] *Diez romances hispánicos en un manuscrito sefardí de la Isla de Rodas* (Pisa, 1962), p. 34; «Judeo-Spanish Ballads in a MS by Salomon Israel Cherezli», *Studies in Honor of M. J. Benardete* (Nueva York, 1965), pp. 367-387: núm. 2.

[2] Sobre este romance oriental y sus congéneres pan-hispánicos, consúltense nuestros libros *Diez romances,* pp. 34-47, y *The Judeo-Spanish Ballad Chapbooks of Yacob Abraham Yoná* (Berkeley-Los Angeles, 1971), núm. 19.

[3] Véanse, además de *Diez romances* y «Judeo-Spanish Ballads... Cherezli», nuestro artículo, «Arabic Refrains in a Judeo-Spanish "Romance"», *Iberoromania,* 2 (1970), 91-95, y la reseña de *Diez romances* por J. M. Sola-Solé, *HR,* XXXIV (1966), 380-381.

En mis uertas kresen flores,   en mis saksís klaveyinas.
2 En el puerpo de la mi spoza,   kresen limones i sidras.

    ¡Yála, dús, ya láli, kamán, yála, láli!
    ¡Yála, dús, ya láli, kamán, yála, láli!
    ¡W-énti tískar u-ána beġáni!

S'aparan damas i donzeyas,   por ver esta maravía.
4 Por aí pasó un kavayeru,   kargado d'oro i perla fina.
Del relumbror de las donzeyas,   el kavayo no le kamina.
6 El k'echó sus ožos en lešos,   por ver lo ke ayí avía.
Eskužó a la más chiketika,   la flor ke d'eyas avía.

    ¡Yála, dús, ya láli, kamán, yála, láli, ála láli!
    ¡Yála, dús, ya láli, kamán, yála, láli!
    ¡W-énti tú'orus w-ána baġáni!

8 L'aprometió todos sus bienes,   pur ver si a él lo kería.
—¡Amalaña talos bienes   i atamién a ken los kería!
10 Por el saray del rey mi padre,   por embašo arastarían.

    ¡Yála, dús, ya láli, kamán, yála, láli, ála láli!
    ¡Yála, dús, ya láli, kamán, yála, láli!
    ¡W-énti tú'orus w-ána baġáni!

El kavayeru, pur ser mansevu,   a la buškidá se'ría.
12 I topó las puertas siradas   i vintanas ke no s'avrían.
I kon palavras de enkantamiento,   d'en par en par se le avrirían.
14 I topó a la niña durmiendo   entre konġás i klaveyinas.

    ¡Yála, dús, ya láli, kamán, yála, láli!
    ¡Yála, dús, ya láli, kamán, yála, láli!
    ¡W-énti tú'orus w-ána baġáni!

I metióle'l puño'n su pecho,   por ver si eya se konsentía.
16 La niña, primer esḥueño,   nada eya konsentiría.
El kavayeru, pur ser mansevu,   al ombro él se la'charía.

    ¡Yála, dús, ya láli, kamán, yála, láli!
    ¡Yála, dús, ya láli, kamán, yála, láli!
    ¡W-énti tú'orus w-ána baġáni![4]

El estribillo del romance —o mejor, las dos formas del estribillo— encierran dos frases árabes fácilmente interpretables, construidas con los verbos *sakira* «beber o estar bebido», *raqaṣa* «bailar» y

---

[4] El texto contiene varios turquismos que requieren traducción: *saksís* (v. 1) = t. *saksı* «maceta», *saray* (v. 10) = t. *saray* «palacio»; *konġás* (v. 14) = t. *konca* «pimpollo». Sobre la popularidad de las canciones árabes entre los sefardíes de Jerusalén, véase I. J. Katz, *Judeo-Spanish Traditional Ballads from Jerusalem*, tomo I (Brooklyn, Nueva York, 1972), p. 10.

ġannā «cantar». En ninguno de los casos, el significado tiene que ver con el contenido de la narración. En la primera forma del estribillo (entre los vv. 2 y 3), el último verso se podría traducir así:

«¡Tú estás bebiendo y yo estoy cantando!»

Los otros cuatro casos reflejan la pronunciación árabe coloquial de *raqaṣa* (con metátesis de la oclusión glotal que representa la *qaf*). Así:

«¡Y tú estás bailando mientras yo estoy cantando!»

Una canción popular egipcia editada en la famosa monografía de Edward William Lane, *The Manners and Customs of the Modern Egyptians,* nos viene a aclarar la primera parte de este pequeño injerto árabe en el romancero sefardí. Lane recoge un extenso poema lírico que empieza con el siguiente estribillo que se repite a continuación de cada una de las estrofas subsiguientes:

Doos yá lellee.   Doos yá lellee.   (This line is sung three times.)
'Eshķĕ maḥboobee fetennee.

Tread! O my joy! Tread! O my joy! Tread! O my joy!
Ardent desire of my beloved hath involved me in trouble.[5]

O sea: *Dūs, ya lelī, ᶜišqᵃ maḥbūbī fatan-nī.* Lane nos explica que *doos* se puede traducir también como «pace» o «strut»,[6] y que «"Yá lellee", which is thus translated, is a common ejaculation indicative of joy, said to be synonymous with "yá farḥatee". It is difficult to render this and other cant terms.»[7]

---

[5] E. W. Lane, *The Manners and Customs of the Modern Egyptians* (Londres-Toronto, 1923), p. 375.
[6] Véanse H. Wehr, *A Dictionary of Modern Written Arabic,* ed. J. M. Cowan (Ithaca, New York, 1961), p. 301: *dāsa* «to tread, step (on), to tread (s. th.); to tread down, trample down, underfoot, to tread with disdain»; *daus* «treading, trampling, tread, step»; S. Spiro Bey, *Arabic-English Dictionary of the Modern Arabic of Egipt* (Cairo, 1923), p. 180: *dôs* «act of treading on, walking on».
No podemos por menos de recordar el famoso villancico áureo:

Pisá, amigo, el polvillo,
tan menudillo;
pisá, amigo, el polvó,
tan menudó.

Véase, para este texto y otras abundantes variaciones, José M. Alín, *El cancionero español de tipo tradicional* (Madrid, 1968), núm. 835.
[7] Lane, p. 376. Resulta dudoso si *ya lelī* se ha de conectar con *lailī* «mi noche» o no. Remitimos a las siguientes autoridades: *«Imlālā':* So nennt man eine der Gegend von Jerusalem eigene Gesangsweise, welche die Frauen in den Weingärten anwenden. Die Silben *lelē* oder *lelō* werden an beliebigen Stellen in die Worte eines Liedchens eingeflochten, auch hängt man *jarwēlelō* als Refrain an die Zeilen an. Die melodisch

En el texto de Rivka Cabeli, las palabras *yala* (= ár. *yallāh* «¡venga!») y *kamán (=* ár. *kamān* «otra vez, también, más»)[8] no ofrecen problema. El uso de la partícula *ba-,* para el imperfecto

klingende Singweise ist stets Gesang einer einzelnen Person, wenn auch die Imlālā oft gleichzeitig von allen Gärten her im Wettstreit ertönt.» (G. H. Dalman, *Palästinischer Diwan: Als Beitrag zur Volkskunde Palästinas* [Leipzig, 1901], p. xx). «Tout d'abord, les instruments donnent la note fondamentale du mode choisi, qu'ils répètent lentement et feront entendre sans arrêt jusqu'à la fin. Là-dessus, le chanteur entame presque aussitôt un prélude vocalique pour préparer sa voix et se mettre dans le ton; ce prélude n'est pas toutefois une pure vocalise puisqu'on y prononce obligatoirement une sorte de formule consacrée: *Yâ lîlî...!* Est-ce une invocation à la nuit, ainsi que semble le faire croire le mot *lili (laïli* = ma nuit)? J'inclinerais plutôt à penser que ces syllabes n'ont rien à exprimer et qu'elles servent tout simplement à faciliter la pose de la voix, tout comme les *ya la lân* et les *tiri tar* dont les chansons *çan'â* s'agrémentent...» (A. Chottin, *Tableau de la musique marocaine* [París, s.f., después de 1938], p. 135). Nuestro colega el profesor Mishael Caspi, israelí de origen yemenita, ha leído amablemente el manuscrito de este artículo. Basándose en su propia experiencia en el Yemen y en Israel, observa que el estribillo *Ah, yā lēl, yā lēl, yā lēlī,* aun careciendo de un contenido semántico específico con derivación etimológica, proyecta sin embargo un sentido de excitación, alegría y alborozo. En las fiestas nupciales de los beduinos, por ejemplo, ha presenciado el canto repetido del estribillo para expresar una desbordante emoción amorosa, un extático sentido de comunión. Ha observado asimismo que los jóvenes pastores cantan la frase una y otra vez, no ,como un mero ejercicio vocal, como un puente hacia más significativos aspectos de la canción, sino como un medio de expresar sensaciones inefables despertadas por la visión de la belleza o la evocación de amores y pasiones.

Téngase en cuenta también los siguientes ejemplos —árabe y turco—, donde se trata realmente de vehículos rítmico-aliterativos, desprovistos de sentido, para la improvisación melismática:

Ah ya la lal-li ya lal-li ah ya lal-li ya lale
Ah ya dala^c ya dal-la^c ḥilwa fi-l-dala^c ya zane

Ya le le lel le lel le lel le li
ten tere lel lel lel le lel le lel le
le le lel li yalayala yel lel lel lel li beli yar-ı men

El primer ejemplo es de B. Sidqī Rašīd, *Egyptian Folk Songs* (New York, 1964), pp. 50-51. El editor «traduce» el estribillo como «Tra la la la». El segundo verso, oscuro, quizá pueda traducirse por «¡Oh [mi] pequeño, dulzura de [mi] pequeño, oh belleza!» El segundo ejemplo proviene de *Seçilmis şarki güfteleri,* I (Istanbul, 1948), p. 15. Las tres últimas palabras, mezcla de turco y persa, significan «en verdad, mi amado».

Compárese también lo que dice B. Dutton, «*Lelia doura, edoy lelia doura:* An Arabic Refrain in a Thirteenth-Century Poem», *BHS,* XLI (1964), 1-9: p. 6, y M. Alvar *(Cantos de boda judeo-españoles* [Madrid, 1971], p. 249). J. Benoliel documenta el uso de *Ya láili, láili* en el cancionero judío de Marruecos («Hakitía», *BRAE,* XIV, pp. 371-372).

Se trata, en fin de cuentas, de un recurso aliterativo semejante —o en algunos casos idéntico— a los que se encuentran en la poesía oral de varios pueblos románicos. Para numerosos ejemplos, véase J. Amades, «Termes sense significat», *Homenaje a Fritz Krüger,* I (Mendoza, 1952), 137-173.

[8] Véanse Spiro Bey, *Arabic-English Dictionary of... Egypt,* p. 381a; K. Stowasser y M. Ani, *A Dictionary of Syrian Arabic (Dialect of Damascus): English-Arabic* (Washington, D. C., 1964), p. 5a; M. Löhr, *Der vulgärarabische Dialekt von Jerusalem* (Gieszen, 1905), p. 126a.

(presente) en *baġani* (léase *baġannī),* indica claramente, si es que
hacía falta, que nuestro estribillo tiene su origen en el árabe coloquial moderno del Mediterráneo oriental.[9] Así el estribillo de la versión de Jerusalén ha de leerse:

> Yallāh, dús, ya lelī, kamān, yallāh, lelī!
> W-enti tiskar w-ana baġānnī!
> (W-enti tu'orus w-ana baġánnī!).

O sea:

> «¡Venga, pisa, oh mi alegría, otra vez, venga, mi alegría!
> ¡Y tú estas bebiendo, mientras yo estoy cantando!
> (¡Y tú estas bailando, mientras yo estoy cantando!)»

El texto de Rivka Cabeli nos ayuda, a su vez, a aclarar nuestras
dos versiones manuscritas. El estribillo del manuscrito dieciochesco
rodeslí de Yakov Hazán, «Ala dusya lạli ạla dusya lạli gwantimru ạla
dusya lạli», aún exige un par de comentarios léxicos. La palabra *ala,*
idéntica a la exclamación española, ha de corresponder al ár. *alā,*
halā «O!, up, come».[10] La forma *gwantimru* sigue resultando enigmática. Tentativamente preferimos interpretarla como *w-enti ᶜamr-*
uh o mejor *ᶜamrī)* «y tú eres su (o mi) vida o alma». De ser así,
el estribillo se tendría que puntuar: «¡Ala, dus, ya lali, ala, dus, ya
lali, gw-anti [a]mr[i], ala, dus, ya lali!»; y significaría: «¡Hala, pisa, o
mi alegría! ¡Y tú eres mi alma!».
El estribillo del texto manuscrito de Cherezlí tendría que leerse:
«¡Yyala, dus, yya lali, amán, yyala, lali! («¡Venga, pisa, o mi alegría!
¡Ay de mí! ¡Venga, mi alegría!»).[11]
En último término, los textos recogidos por Hazán, Cherezlí y
Katz nos dan un ejemplo moderno de aquella mutua atracción —esporádica quizá, pero fuerte y milenaria— entre las tradiciones poéticas árabe y románica. Sin nombrar múltiples influencias genéricas,
temáticas y formales —y la enorme y polémica bibliografía que alrededor de ellas se concentra— valga de una parte el ejemplo de las
ḥarǧas mozárabes[12] y de palabras y frases romances en los *zéjeles* de

---

[9] Véanse De Lacy O'Leary, *Colloquial Arabic: With Notes on the Vernacular
Speech of Egypt, Syria, and Mesopotamia...* (Londres, 1958), pp. 106-107; T. F. Mitchell, *Colloquial Arabic: The Living Language of Egypt* (Londres, 1967), pp. 81-82;
M. W. Cowell, *A Reference Grammar of Syrian Arabic* (Washington, D. C., 1964),
pp. 177-180; Löhr, *Der vulgärarabische Dialekt von Jerusalem,* pp. 16 y ss.
[10] Véase W. Wright, *A Grammar of the Arabic Language,* 3.ª ed. (Cambridge,
Inglaterra, 1967), I, 294, sección *c.*
[11] Sobre el uso y significado de la exclamación turco-árabe *amán* «misericordia,
piedad, ¡ay de mí!» en el romancero sefardí oriental, véase el cap. II.9 *infra.*
[12] Véase J. M. Sola-Solé, *Corpus de poesía mozárabe* (Barcelona, 1973).

Ibn Quzmān[13] y de la otra el estribillo árabigo-galaico-portugués interpretado por Brian Dutton,[14] la picaresca imprecación atribuida a Guillaume d'Aquitaine,[15] y un hermoso poemilla arábigo-castellano recién descifrado por J. M. Sola-Solé.[16] Pese a tan vetustos antecedentes, los estribillos de nuestros romances sefardíes han de ser de origen relativamente moderno. Representan una de tantas otras influencias de las tradiciones poéticas del Mediterráneo oriental sobre el romancero judeo-español.

---

[13] Véanse E. García Gómez, «Ła jarŷa en Ibn Quzmān», AlAn, XXVIII (1963), 1-60: pp. 9-10; Id., «Divertidos intríngulis de Ben Quzmān», ROcc, Año VI, 2.ª ép., núm. 64 (julio 1968), pp. 52-77; Id., Todo Ben Quzmān, 3 tomos (Madrid, 1972). Muy poco convincentes, entre otras cosas por no tomar en cuenta algunos hechos fundamentales de la fonología mozárabe, son las interpretaciones que propuso O. J. Tuulio, «Sur les passages en espagnol d'Ibn Quzmān, Hispano-Arabe du XIIᵉ siècle», NPhM, XXXIX (1938), 261-268, e Ibn Quzmān: Poète hispano-arabe bilingue (Helsinki, 1941 = Studia Orientalia, IX:2).

[14] B. Dutton, «Lelia doura...», BHS, XLI (1964), 1-9.

[15] A. Jeanroy, Les chansons de Guillaume IX Duc d'Aquitaine (1071-1127), 2.ª ed. (París, 1927), p. 35a, vv. 10-12; E. Lévi-Provençal, «Les vers arabes de la chanson V de Guillaume IX d'Aquitaine», Arab., I (1954), 208-211; K. Heger, Die bisher veröffentlichten Ḫarǧas und ihre Deutungen (Tübingen, 1960), pp. 197-198; para un juicio contrario: I. Frank, «Babariel-Babarian dans Guillaume IX (Notes de philologie pour l'étude des origines lyriques, I.)», Ro, LXXIII (1952), 227-234.

[16] «Una composición bilingüe hispano-árabe en un cancionero catalán del siglo XV», HR, XL (1972), 386-389. Téngase en cuenta también el sugestivo estudio de J. Martínez Ruiz, «Un cantar de boda paralelístico bilingüe en la tradición sefardí de Alcazarquivir (Marruecos)», RFE, LI (1968), 169-181.

II.10

EXCLAMACIONES TURCAS Y OTROS RASGOS
ORIENTALES

Para Andreas Tietze

El profesor J. M. Solá-Solé, a cuyos conocimientos de las lenguas semíticas y fina sensibilidad crítica debe el hispanismo admirables estudios,[1] ha publicado hace poco una elogiosa reseña de nuestro librito *Diez romances hispánicos en un manuscrito sefardí de la Isla de Rodas* (Pisa, 1962).[2] Entre otros aportes a los problemas lingüísticos sugeridos por nuestros romances,[3] el profesor S.-S. recomienda:

---

[1] Véanse, p. ej., entre otros muchos estudios, «En torno al romance de la morilla burlada», *HR*, XXXIII (1965), pp. 136-146; «El rabí y el alfaquí en la *Dança general de la Muerte*», *RPh*, XVIII (1964-1965), pp. 272-283; «El artículo *-al-* en los arabismos del iberorrománico», *RPh*, XXI (1968), pp. 275-285; «En torno a la *Dança general de la Muerte*», *HR*, XXXVI (1968), pp. 303-327; «Dos notas sobre la génesis del tema de Don Juan», *Revista de Estudios Hispánicos* (Universidad de Alabama), II (1968), pp. 131-141.

[2] *HR*, XXXIV (1966), pp. 380-381.

[3] A propósito de la forma *kolasyón (Diez romances,* núm. 1, v. 3), basada en el *tornasol* del romance de *La bella en misa,* el profesor S.-S. se pregunta si «no habría un cruce con el ár. *qalīs,* de manera que 'un gibón de kolasyón' podría significar algo así como un gibón para ir a misa» (p. 381). Por lo visto, S.-S. piensa en una forma *al-qalīs,* de dudosa lectura (pues, según Dozy, puede interpretarse también como diminutivo: *al-qulays* o bien *al-qullays),* incluida por A. de B. Kazimirski en su *Dictionnaire arabe-français* (París, 1960), con el significado «église» (I, p. 801b). Ahora bien, según advierte Dozy, *al-qalīs* (o lo que sea), es «peut être *ekklēsía,* mais ce n'est pas *église* en général; c'était le nom de la grande église à Çan'â [en el Yemen]» *(Supplément aux dictionnaires arabes,* 2.ª ed., 2 tomos [París, 1927], II, p. 395a; cfr. también *The Encyclopaedia of Islām,* 4 tomos [Leyde-Londres, 1913-1934], IV, p. 144b). El problemático *al-qalīs* parece ser, pues, más bien un nombre propio usado con referencia a cierto templo cristiano específico. ¿Cómo habían de tener noticia de este *Qalīs* de Ṣanʿâ' las cantoras analfabetas de romances sefardíes en la isla de Rodas? *Kolasyón* es, según creemos, una de tantas formas carentes de significado en que se disuelve el antiguo *tornasol* de *Primavera* núm. 143, al vaciarse de sentido este vocablo en el habla cotidiana de los judíos. Según la multiplicidad de soluciones ante el problema presentes en la tradición romancística (cfr. *Diez romances,* pp. 27-28), *kolasyón* ha de ser una formación relativamente reciente. Aunque *qalīs* gozara de uso corriente en el árabe —lo cual no es el caso—, nos parece dificilísimo que se pudiera producir semejante contaminación en el habla de unas gentes como los judíos de Rodas, quienes, por regla general, carecían en tiempos modernos de contacto directo con el árabe como lengua de uso cotidiano. Lo mismo vale para la tradición de Edirne (Turquía), donde también se encuentra la lectura «colación» (cfr. *Diez romances,* p. 28). En todo

«... no creemos que sea necesario recurrir al turco *aman* para explicar el *Amán de mí* del romance de *La bella en misa* y del romance
núm. 10b, cuando ya en las *ḥarǧas* mozárabes aparece un *'mn* (léase
probablemente *'amān)* con el sentido de «misericordia» (<ár.
'amān)» (pp. 380-381).

La sugerencia del profesor S.-S. suscita problemas de mayor alcance que la simple cuestión del origen inmediato del arabismo j.-
esp. *amán.* A saber: ¿hasta qué punto perviven entre los sefardíes la

caso, habrá una asociación fonética, pero del todo asemántica, con cast. *colación* o it.
colazione.

Acerca de la dudosa lectura *bruha* en nuestro romance núm. 5 *(Una mantika de
ruda),* el profesor S.-S. arguye que «no es necesario recurrir a *barriga,* sino que bastaría un hebreo *barū'a* (no *beriá),* derivado de un *bārā'* que puede significar «engordar», «cebar» (al. «fett machen», «mästen»)» (p. 381). No es que recurramos a la
forma *barriga.* Consta esta palabra, no sólo en la fuente antigua de los versos sefardíes *(Tiempo es el caballero),* sino también en una variante judeo-española oriunda de
Viena (véase *Diez romances,* pp. 52-53 y nota 45). Por lo tanto, sea cual sea su
asociación secundaria con algún vocablo hebreo, parece seguro que *bruha* tiene su origen como deformación —quizá eufemística— de *barriga. Barū'a* es, efectivamente,
más cercano a *bruha* que *beriá,* pero no es nada seguro que corresponda a la extraña
lectura del MS.

En cuanto a la forma *ǧuma (Diez romances,* núm. 4, v. 1), S.-S. arguye que «sería
preferible interpretarlo a base del ár. *ǧāmi^c* con un pasaje *a > o > u»* (p. 381). Pero
¿cómo fundamentar semejante extraño desarrollo fonológico ante la existencia, en el
habla de los judíos, de un derivado verdadero del ár. *ǧāmi^c?:* o sea, j.-esp. *ǧamí*
«mezquita», forma que entra en el dialecto de los sefardíes por mediación del t. *cami.*
(Véase C. Crews, *Recherches sur le judéo-espagnol dans les pays balkaniques* [París,
1935], núm. 1302; incluso, en el estilo coloquial, al nombrar una mezquita, se dice a
veces *ǧamí turco,* especificando así el ámbito religioso-cultural a que se refiere.) Por
otra parte, el j.-esp. *ǧuma,* basado en último término en el ár. *ǧum^ca,* no significa la
ǧāmi^c misma, sino «la asamblea general de los que asisten a la *salāt* del viernes», según ya notamos en «Dos romances fronterizos en la tradición sefardí oriental»,
NRFH, XIII (1959), 88-98: p. 92 (véase I.4 *supra).* Cfr. *Diez romances,* p. 89, y
nuestro artículo-reseña del libro de Attias, «A New Sephardic *Romancero* from Salonika», *RPh,* XVI (1962-1963), 59-82: p. 80. Ahora bien, muy probablemente, el j.-
esp. *ǧuma* no proviene directamente del ár. *ǧum^ca,* sino del arabismo turco *cuma,* de
sentido casi idéntico: «The midday service of worship on Fridays» (J. W. Redhouse,
A Turkish and English Lexicon [Constantinopla, 1921], p. 677a).

En fin, S.-S. hace el siguiente comentario sobre nuestro tratamiento de las letras
hebraicas: «Ya en la introducción nos extraña la fluctuación en el género que aplican
[los autores] en castellano a los signos hebraicos (¿Por qué hablar de *el 'aleph* y, en
cambio, de *la reš*? ¿Por qué no hacerlos masculinos, como es norma general entre los
orientalistas españoles?)» (p. 380). En primer lugar, los procedimientos de los orientalistas españoles distan bastante de ser normativos en este caso: para algunos, las letras
hebraicas son, en efecto, masculinas; para otros, en cambio, son femeninas. Al repasar los tomos XVIII a XXIII de *Sefarad,* encontramos, incluso, una decidida preferen-
cia por el género femenino. Ante esta vacilación, decidimos hacerlas femeninas, puesto que se trataba de letras. Por lo tanto, se dirá *el aleph* y *la reš* por la mismísima
razón que se dice *el agua* y *la casa.* No creemos que tal procedimiento —ni tampoco
los demás problemas aquí discutidos— puedan interpretarse como reflejos de «cierta
inseguridad en las interpretaciones filológicas» (p. 380).

Para las interesantes sugerencias del profesor S.-S. acerca del estribillo árabe del
romance núm. 3, véase nuestro artículo «Arabic Refrains in a Judeo-Spanish
"Romance"», *Iberoromania,* II (1970), pp. 91-95. Cfr. el cap. II. 9 *supra.*

cultura, la lengua y la literatura mixtas hispano-árabes de la Edad Media? Y por otra parte, durante más de cuatro siglos de estancia en el sureste de Europa, ¿cuánto absorberían los judíos españoles del ámbito cultural cristiano-musulmán de sus convecinos balcánicos?

El profesor S.-S. sugiere que el j.-esp. *amán* sea un reflejo tardío de una forma *amānu* que se documenta en dos *muwaššaḥāt* + *ḫarǧas* árabes: una de Abū-l-ʿAbbās al-Aʿmà at-Tuṭīlī (m. 1126); la otra anónima. Las *ḫarǧas* rezan:

> ¡Amānu, amānu!
>   Yā l-malīḥ, gāre:
> ¿Por ké tú [mē] qéreš,
>   yā-llāh, matāre?

> *(¡Merced, merced!*
>   *Oh hermoso, di:*
> *¿Por qué tú me quieres,*
>   *ay Dios, matar?)*

> ¡Amānu, yā ḥabībī!
>   Al-waḥš me no faráš.
> Ben, bēža mā bokēlla:
>   io šé ke te no iráš.

> *(¡Merced, amigo mío!*
>   *No me dejarás sola.*
> *Ven, besa mi boquita:*
>   *yo sé que no te irás.)*[4]

La fuerza probatoria de este *amānu*, como testimonio seguro siquiera del habla popular románica de los mozárabes, cuanto menos de una futura lengua judeo-española inexistente en el siglo XII, es poco más que nula. Aunque estén escritas en parte en una lengua hispano-románica y aunque nos proporcionen testimonios preciosos y dramáticos —pero siempre indirectos— de una hipotética lírica popular mozárabe, las *ḫarǧas,* como *ḫarǧas* («remates, desenlaces»), sólo tienen existencia y función literario-estética como segmentos de una creación literaria más amplia, es decir, del complejo literario *muwaššaḥa* +*ḫarǧa,* fenómeno completamente semítico (y no hispano-románico) desde un punto de vista tanto lingüístico como literario. Los muchos arabismos que aparecen en las *ḫarǧas* —o sea en los estribillos románicos que rematan las *muwaššaḥāt* árabes y hebreas (estas últimas calcadas sobre el género árabe)— bien podrían haber

---

[4]   E. García Gómez, *Las jarchas romances de la serie árabe en su marco* (Madrid, 1965), *muwaššaḥāt* núms. V (p. 81) y XXIII (p. 229). Reúne las varias lecturas de las *ḫarǧas* K. Heger, *Die bisher veröffentlichten Ḫarǧas und ihre Deutungen* (Tübingen, 1960), núms. 26 y 39.

formado parte del dialecto románico fuertemente arabizado de los cristianos, judíos y muladíes de al-Andalus; pero, por otra parte, es del todo posible, si no del todo probable, que muchas de esas palabras e incluso frases árabes no sean más que reflejos del contexto lingüístico-literario árabe del que forman las *ḫarǧas* una parte esencial y en último término inseparable. Aunque tal no fuera el caso, en los ejemplos citados la invocación *amānu* que introduce las dos *ḫarǧas* podría compartir la realidad lingüística de la *muwaššaḥa* á r a b e inmediatamente precedente tanto o más que la de la siguiente *ḫarǧa* románica. En efecto, el cambio lingüístico no siempre se realiza en coincidencia exacta con la transición del último *ǧuṣn* a la *ḫarǧa*. En algún poema se introducen palabras romances ya al final de la última estrofa de la *muwaššaḥa* (cfr. García Gómez, *Las jarchas romances,* núm. XI [p. 124]). En el caso inverso, se podría argüir que el arabismo lingüístico de la última estrofa se refleja en las primeras palabras de las dos *ḫarǧas* citadas. A decir verdad, resulta difícil saber si este *amānu* es siquiera un auténtico vocablo mozárabe.

Aparte de algunos *topoi* comunes a la poesía lírica (por ejemplo, la sanjuanada o la madre consejera de la niña enamoradiza), el nexo entre las *ḫarǧas* y los romances es de lo más tenue. En cuanto al giro *amānu* en particular, no se conoce el menor indicio de su supervivencia en la poesía hispano-románica. Que sepamos, no consta en absoluto en las demás ramas geográficas del Romancero. Falta por completo en los romances de Marruecos (pese al notable impacto del árabe vulgar sobre la lengua hablada —si no la cantada— por los hebreos hispano-marroquíes). En todo el mundo hispánico, *amán,* como entidad léxica y como recurso poético, aparece sólo entre los sefardíes de Oriente. Por tradicionalistas que seamos, sería, pues, harto improbable que aquel *amānu,* documentable para el siglo XII en dos poemas árabes eruditos en último término, pudiera sobrevivir, en un supuesto estado latente de más de seis siglos, hasta poder florecer como rasgo estilístico en alto grado popular y tradicional en la poesía popular judeo-española oriental de los siglo XVIII a XX; y esto sin haber dado y sin dar la menor señaı de vida en los demás romanceros regionales. Hay, pues, sin duda alguna, completa solución de continuidad entre el *amānu* de las *ḫarǧas* arábigo-mozárabes y el *amán* de los romances de Oriente.

Muchos de los judíos españoles, exilados de España a finales del siglo XV, se establecieron en lo que entonces fue el Imperio otomano. En aquel destierro, su vigorosa cultura hispánica —como tal una cultura mixta cristiano-hebraico-musulmana— no vivió en aislamiento respecto a la cultura de los pueblos balcánicos vecinos. Pese a su carácter esencialmente hispánico, a su magnífico arcaísmo y a las dramáticas supervivencias medievales que a veces nos proporcionan. la lengua y la cultura de los sefardíes orientales de hoy día no son. por supuesto, réplicas exactas de las de sus antepasados españoles del siglo xv. En cuanto al léxico, el turco facilita a los dialectos judeo-españoles un caudal de préstamos importantísimo, como pasa igualmente en el caso de las lenguas de todos los demás pueblos balcánicos: «Entre los elementos alienígenos del judeo-español, el turco ocupa el primer lugar en todos los dialectos de los Balcanes.»[5] Por otra parte, el incremento árabe de las hablas judeo-españolas arquetípicas de los actuales dialectos orientales no sería, al parecer, mucho mayor que el de cualquier otra variedad dialectal hispano-románica. De los pocos arabismos de origen peninsular hoy documentables como distintivamente judeo-españoles, algunos lo son por razones muy particulares: alḥad «domingo», por ejemplo. El crecido número de «arabismos» presentes en el habla actual de los judíos de Oriente se le provienen por mediación del turco.[6] Al tratarse de los arabismos, sobre todo de los arabismos privativos del judeo-español oriental, no es que se tenga que «recurrir» en última instancia al turco; más bien, en lo primero que se ha de pensar es en el turco, pues ofrece, en la gran mayoría de los casos, la fuente más obvia y más inmediata de tales «arabismos». Y, en efecto, tal es el caso de nuestra palabra amán, cuyo lejano origen árabe significa menos en el presente contexto vital que su origen inmediato turco. Del turco la reciben no solamente los sefardíes de Oriente,[7] sino griegos,[8]

---

[5] M. L. Wagner, *Caracteres generales del judeo-español de Oriente* (Madrid, 1930), p. 40. Cfr. también las importantes observaciones de M. Sala, «Elementos balcánicos en el judeoespañol», resumidas en *Sef.* XXV (1965), pp. 470-471.

[6] Véanse M. L. Wagner, «Judenspanisch-Arabisches», *ZRPh*, XL (1920), 543-549; Id., *Caracteres generales*, pp. 30, 32-33; C. Crews, «Some Arabic and Hebrew Words in Oriental Judaeo-Spanish», *VR*, 14 (1955), 296-309; S. Marcus, «A-t-il existé en Espagne un dialecte judéo-espagnol?», *Sef*, XXII (1962), 129-149: pp. 146-148. Marcus insiste en el marcado arabismo del vocabulario judeo-español, pero la escasez de ejemplos aducidos no apoya tal conclusión. M. Molho observa: «Ciertos investigadores atribuyen la existencia de voces árabes en el español de Oriente al contacto estrecho de los sefardíes con los árabes en Andalucía. Esta afirmación sería exacta sólo para un número reducido de términos. La inmensa mayoría de ellos se infiltraron en el judeo-español por vía del idioma turco, que entraña, particularmente antes de las reformas lingüísticas emprendidas por el régimen kemalista, un vocabulario árabe muy rico» («Penetración de extranjerismos en el español de Oriente», *Presente y futuro de la lengua española,* I [Madrid, 1964], pp. 325-334: p. 330). Cfr. *Sef*, XXIII (1963), 336: «contra la tendencia general a considerar... [los arabismos del judeo-español] debidos al contacto de judíos y árabes en la España medieval, [M. Molho] sostiene que en gran parte han sido introducidos a través del turco, tan cargado de voces de origen árabe». Véanse los capítulos I.16 y I.17 *supra*.

[7] Para *amán* en el j.-esp., véanse Crews, *Recherches*, núm. 837: «amán, siñor rrey, ke mi la mostre» (p. 97); «*amán* "je vous prie, plût à Dieu, grâce!" = Turc aman» (p. 240); M. A. Luria, *A Study of the Monastir Dialect of Judeo-Spanish Based on Oral Material Collected in Monastir, Yugo-Slavia* (Nueva York, 1930): «—¿Queris vinir in caze? dizi il Satán. —¡Amán, bré!» (p. 32); «*amán* "please" < [Turkish] *aman* (From Arabic)» (p. 228 y n). El extenso diccionario inédito de turquismos judeo-españoles compilado por el llorado rabino M. Molho, especifica: «¡*Amán!* — interj. (turco). Expresa la idea de piedad y misericordia. ¡Por favor!, ¡te ruego!... Palabra muy común en las canciones turcas.»

[8] Véanse N. P. Andriotis, *Etumologikò lexikò tēs koinēs Neoellēnikēs* (Atenas,

albaneses,[9] macedo-rumanos,[10] macedonios,[11] servo-croatas,[12] búlgaros[13] y rumanos.[14] No sólo entra en la lengua hablada de estos pueblos, sino que también forma parte, según en breve veremos, del vocabulario especializado de la poesía tradicional de muchos de ellos.

El lenguaje y el folklore constituyen dos *continua* tradicionales de vida temporal y geográfica muy semejante. Inevitablemente la cultura material y espiritual, así como el lenguaje, de los sefardíes orientales había de recibir importantes contribuciones de parte de sus convecinos. Algunas creencias y costumbres vigentes entre los judíos de Oriente (como, por ejemplo, los sacrificios de construcción)[15] han

---

1951): «amàn epifṓn., tourk. *aman*»; y Akadēmía Aθḗnōn, *Lexikòn tēs Hellēnikēs glṓssēs: Historikòn lexikòn tēs néas Hellēnikēs*, I (Atenas, 1933): *amàn* (derivado del árabo-turco *aman*), donde se documenta la palabra en multitud de proverbios y frases populares neo-helénicos. También se usa, claro está, entre los griegos de Anatolia. Véase R. M. Dawkins, *Modern Greek in Asia Minor* (Cambridge, 1916), p. 583: *amán* (interj.).

[9] F. Cordignano, *Dizionario albanese-italiano e italiano-albanese* (Milán, 1934): *amàn* «per pietà, per carità»; A. Leotti, *Dizionario albanese-italiano* (Roma, 1937): *amán* «compassione, misericordia, pietà, perdono» (cita varias expresiones coloquiales en que figura); G. Meyer, *Etymologisches Wörterbuch der albanesischen Sprache* (Estrasburgo, 1891): *amán, hamán* «Mitleid» (< t. *aman* «Schutz, Gnade»). Cfr. también M. Lambertz, *Die Volksepik der Albaner* (Halle, 1958): *Aman* «Bitte um Verzeihen» (p. 180).

[10] T. Papahagi, *Dicţionarul dialectului aromîn* (Bucarest, 1963): *amán* «grâce» (< t. *aman*); G. Weigand, *Die Aromunen*, 2 tomos (Leipzig, 1894-1895), II, 292; *amàn* «Gnade! Erbarmen!».

[11] *Rečnik na makedonskiot jazik,* ed. B. Koneski *et al.* (Skoplje, 1961), p. 10a: *aman* «aman, milost, pošteda».

[12] Abdulah Škaljić, *Turcizmi u srpskohrvatskom jaziku* (Sarajevo, 1965): *àmān* «pobogu, ... milost». Según A. Knežević, *Die Turzismen in der Sprache der Kroaten und Serben* (Meisenheim am Glan, 1962), p. 31, del turco «aman "Gnade" (< ár. *amān)*» deriva «Serb. Croat. *àmān* interj. «Pardon, Gnade!» Ausruf in melancholischer Stimmung (als Refrain)».

[13] S. Mladenov', *Etimologičeski i pravopisen' rečnik' na b'lgarskiya knižoven' ezik'* (Sofía, 1941): *amán'* (exclam. turco-árabe); *B'lgarsko-angliĭski rečnik* (Sofía, 1961): *amàn* «mercy!, oh!».

Amán también se extiende al ucraniano y a ciertas hablas regionales de Rusia. Véase M. Vasmer, *Russisches etymologisches Wörterbuch,* 3 tomos (Heidelberg, 1953-1955-1958), I, 15-16.

[14] Academia Republicii Populare Romîne, *Dicţionarul limbii romîne literare contemporane,* tomo I (Bucarest, 1955), y *Dicţionarul limbii romîne moderne* (Bucarest, 1958): *aman* «indurare! iertare!» (< t. *aman); Akademija Nauk Moldavskoj SSR, *Moldavsko-russkij slovar'* (Moscú, 1961): *aman!* interj. arcaísmo «poščadite» («tened piedad [de mí]»); también W. Rudow, «Neue Belege zu türkischen-Lehnwörtern im Rumänischen», *ZRPh,* XVII (1893), pp. 368-418: *aman* «Gnade!... Ach!».

Para más documentación del turquismo *aman* en varias lenguas, véase F. Miklosich, «Die türkischen Elemente in den südost- und osteuropäischen Sprachen», *Denkschriften der Kaiserlichen Akademie der Wissenschaften: Philosophisch-Historische Classe* (Viena), 34 (1884), 239-338; 35 (1885), 105-192; 37 (1889), 1-88; 38 (1890), 1-94: s. v. *aman*; K. Lokotsch, *Etym. Wörterbuch der europäischen Wörter orientalischen Ursprungs* (Heidelberg, 1927), núm. 66.

[15] Véase nuestro «A Judeo-Spanish Derivative of the Ballad of *The Bridge of Arta*», *JAF,* 76 (1963), 16-20: pp. 19-20, nota 13 (reimpreso: II.2 *supra*).

de ser de origen balcánico; otras, como la costumbre de endechar a los muertos, son seguramente de ascendencia hispana, pero habían de ser reforzadas ante prácticas idénticas existentes entre los pueblos de los Balcanes: o sea, en este caso, los *moirológia* griegos y *ağıtlar* turcos. La terminología judeo-española salonicense referente a los seres subterráneos sobrenaturales documenta y ejemplifica en resumidas cuentas el encuentro de dos tradiciones populares de extremos opuestos del Mediterráneo: *la buena ğente* corresponde a *la buena xente* de la fantasmología asturiana, mientras *los mižores de mozotros* traduce verbalmente la designación turca: *bizden iyileri.*[16]

El repertorio romancístico de los sefardíes de Oriente también ha recibido su incremento de préstamos balcánicos. Constan en la tradición judeo-española oriental varios temas narrativos de los que no se encuentran testimonio alguno en las demás ramas geográficas del Romancero. Tal falta de documentación no refleja omisión alguna por parte de los coleccionistas peninsulares. Responde más bien a que dichos romances nunca formaron parte de la tradición peninsular. Indudablemente constituyen un añadido de la post-diáspora, pues traducen o adaptan temas de la rica tradición narrativo-poética de los convecinos griegos de los sefardíes orientales. Así el hermoso y aparentemente hispanísimo romance de *Los siete hermanos y el pozo airón* («Ya se van los siete hermanos, / ya se van para Aragón...»), cantado tradicionalmente como endecha en Salónica, traduce, casi verso por verso, la balada griega *Tò stoicheiōméno pēgádi (El pozo endemoniado).*[17] Asimismo, la versión oriental de *Conde Dirlos* se transforma de acuerdo con la balada neo-helénica *Hē kakē mána (La mala madre),* al hacer que la madre del conde, viendo que éste se propone abandonar a su joven esposa, le colme de maldiciones y que luego el conde, al volver de incógnito a su casa, proporcione noticias falsas de su propia muerte para así vengarse de la maldición materna.[18] Bajo la influencia de la balada griega del *Puente de Arta (Hē géfura tēs Ártas),* el romance judeo-español de *La princesa y el bozağí* absorbe en sus versos iniciales el tema panbalcánico del maestro albañil que sacrifica a su mujer para asegurar un puente contra los maleficios de un espíritu fluvial.[19] El romance *selaniklí* de *La moza y el Huerco* traduce en sus primeros versos la

---

[16]   Sobre los seres menudos subterráneos, véase ahora nuestro artículo-reseña, «A New Collection of Judeo-Spanish Ballads» (sobre M. Molho, *Literatura sefardita de Oriente* [Madrid-Barcelona, 1960]), *JFI,* III (1966), 133-153: pp. 135-136, nn. 5-6. Al profesor A. Tietze debemos la indicación de la correspondencia con el turco.

[17]   Véase «A New Sephardic *Romancero*», p. 75 (= Attias, núm. 83). Véase II.1 *supra.*

[18]   Véase «A New Collection», pp. 142-146, y nuestro libro *The Judeo-Spanish Ballad Chapbooks of Yacob Abraham Yoná* (Berkeley-Los Angeles, 1971), núm. 23. Véase II. 1 *supra.*

[19]   Véanse «A Judeo-Spanish Derivative of... *The Bridge of Arta*» y «A New Sephardic *Romancero*», pp. 74-75 (= Attias, núm. 62). Véase II. 2 *supra.*

balada griega de *Ho Cháros kaì hē kórē*[20] y *El sueño de la hija* (difundido de Oriente a Marruecos, pero carente de testimonios peninsulares) también parece ser adaptación de una balada griega.[21] En la poesía lírica, así como en la narrativa, se documentan influencias neo-helénicas, como, por ejemplo, la copla «Echa agua en la tu puerta...», que traduce literalmente un dístico griego: «Ríxe nèrò stén pórta sou...»,[22] o las famosas *Complas de las flores,* adaptación de un canto folklórico de difusión pan-balcánica.[23] Los varios injertos balcánicos en la poesía tradicional sefardí no se limitan a préstamos temáticos, sino que se extienden también a ciertos recursos estilísticos del canto lírico-narrativo.[24]

La exclamación *amán* suele repetirse a intervalos regulares a lo largo de buen número de romances judeo-españoles corrientes en la tradición oriental. Se emplea como una especie de estribillo o muletilla que sirve para intensificar el contenido emotivo del poema. A veces se coloca entre los hemistiquios *a* y *b* del verso romancístico; en otros casos se intercala en una repetición parcial del segundo hemistiquio; o bien ocurre al principio o al final de los versos. El manuscrito rodiense de Yakov Hazán, editado por nosotros en *Diez romances hispánicos,* proporciona los ejemplos a que alude el profesor S.-S.:

Syen donzeas van ala misa   por azer la 'orasyón.
'Entre medyas va mi dama,   telas de mi korasón.
¡Amán de mí!
Sayo yeva sovre sayo,   'un ǧibón de kolasyón.
Kamiza yeva de 'olandas,   sirma, perla, 'el kavesón.
¡Amán de mí!...

(*La bella en misa:* núm. 1).

Tú sos 'una mučačika   de kinze 'a dyes i seš.
Amán, amán, dyes i seš.

[20] Véase «A New Sephardic *Romancero*», pp. 75-76 (= Attias, núm. 85). Véase II. 1 *supra.*
[21] Véase «A New Collection», pp. 138-139. Véase II. 1 *supra.*
[22] Véase nuestra nota «A Judeo-Spanish *Kompla* and its Greek Counterpart», *WF,* XXIII (1964), 262-264 (reimpreso II.3 *supra).*
[23] Véase nuestro artículo «*Las Complas de las flores* y la poesía popular de los Balcanes», *Sef,* XXVIII (1968), 395-398 (reimpreso II. 5 *supra).*
[24] Cfr. nuestra nota «*Selví:* una metáfora oriental en el Romancero sefardí», *Sef,* XXVIII (1968), 213-219 (reimpreso: II. 6 *supra).* Sobre elementos orientales en la música de los romances, véanse los importantes artículos de nuestro amigo Israel J. Katz, «Toward a Musical Study of the Judeo-Spanish *Romancero*», *WF,* XXI (1962), 83-91, y «A Judeo-Spanish *Romancero*», *EMu,* XII (1968), 72-85 (sobre todo la p. 75) (véase III *infra*), así como su libro *Judeo-Spanish Traditional Ballads from Jerusalem,* 2 tomos (Nueva York, 1972-1975), todos muy desbrozadores de sentimentales ficciones anteriores y juicios subjetivos acerca del hispanismo puro y absoluto de la música sefardí.

> Ke me dyeron por marido,   marido de syento i dyes.
> Amán, amán, syento i dyes...
>
> *(Casada con un viejo:* núm. 10*b).*

El uso de *amán* constituye un rasgo estilístico típico y distintivo de los romances de Oriente. Como tal se documenta en casi todas las sub-tradiciones geográficas; aunque, a causa de su función casi «extra-textual» de muletilla, su presencia apenas ha sido notada en las colecciones publicadas hasta la fecha:

> Arvolero i arvolero,   arvolero tan žentil,
> la raís tieneš de oro ¡amán, amán!   i la simiente de marfil.
> En la ramika más alta ¡amán, amán!   ay una dama tan žentil...
>
> *(Vuelta del marido* [í]: inéd., Rodas)

> —¿Di ké yoráš, Blankailiña? ¡Amán!   ¿Di ké yoras, Blankaiflor?
> —Yoro por vos, kavayero, ¡amán!   ke vos vaš i me dišáš...
>
> *(Vuelta del hijo maldecido:* inéd., Rodas)

> Irme kero, la mi madre,   por estos kampos me iré,
> ¡amán! yo me iré.
> Las yervas de akeyos kampos,   por pan me las komeré,
> ¡amán! las komeré...
>
> *(Choza del desesperado:* inéd., Salónica)

> ¡Amán! Durmiéndose 'stá Parize   de esueño ke le venía.
> Tres damas lo están velando,   todas tres una porfidia.
> ¡Amán! Tres damas lo van velando,   todas tres una porfidia...
>
> *(Juicio de Paris:* inéd., Salónica)

> [Paseáva]se Silbana ¡amán!   por 'un verǧel ke teniy'a,
> vigu'ela de 'oro 'en su mano ¡amán!   'i tanyer ke la tanyí'a...
>
> *(Silvana:* MS del s. xviii, Bosnia)[25]

> Mi padre era de Fransia, ¡amán, amán!   mi madre d'Anatole...
> Él se komi la karne, ¡amán, amán!   los uesizikos yo...
>
> *(Malcasada del pastor:* inéd., Sofía)

> Tres palombas van bolando   a por el sarray del rey. ¡Amán, amán!
> Bola l'una, bola l'otra,   ya bolavan todas tres. ¡Amán, amán!...
>
> *(Rico Franco:* inéd., Jerusalén)[26]

---

[25]   Editado ahora en nuestro libro *Judeo-Spanish Ballads from Bosnia* (Filadelfia, 1971), núm. A3.

[26]   Los textos de Rodas y Salónica fueron recogidos por nosotros de inmigrantes en Estados Unidos; los de Sofía y Jerusalén por I. J. Katz en Israel. Para ejemplos publicados, véase I. Levy, *Chants judéo-espagnols* (Londres, 1959 [?]), núm. 9, donde *La choza del desesperado* figura, sin identificación geográfica, con la muletilla *amán.* En nuestro artículo «Judeo-Spanish Ballads in a MS by Salomon Israel Cherezli», *Studies in Honor of M. J. Benardete* (New York, 1965), pp. 367-387: núm. 6, se publica una versión de *La vuelta del marido* (í) con *amán* entre los hemistiquios.

También se emplea *amán* con frecuencia en la poesía lírica, como, por ejemplo, en la siguiente cantiga de novia:

> Besimán tob me dicen la gente
> y yo ya no sé cuando,
> cuando mi siñor y mis hermanos
> están en mi cuidado.
> ¡Amán, amán, siñora!
> vengáis en la buena hora.[27]

En la poesía popular turca, así como en la de varios otros pueblos de los Balcanes, *aman* se usa con propósitos y en distribuciones en todo idénticos a los que encontramos en los ejemplos judeo-españoles arriba aducidos. Compárense los siguientes textos turcos:

> Yürükde yaylasında aman yaylayamadım imanım
> divane göynümü eyleyemedim
> Uyandım sıkıldım aman söyleyemedim

> *(En los prados de los nómadas ¡amán! no pude apacentar*
>   *[mis rebaños.*
> *No pude consolar mi corazón errante.*
> *Me desperté, me sentí oprimido, ¡amán! no pude hablar.)*

> Ey benim mestane gözlüm aman
> şimdi buldum ben seni
> Ben aşıklık bilmez idim aman
> o yar öyretdi beni

> *(Oh, mi [amante] de ojos embelesados, ¡amán!*
> *ahora te he encontrado.*
> *No sabía lo que era ser amante, ¡amán!*
> *pero este amado me ha enseñado.)*

> Usul usul yürüsün aman aman
> Samur kürkü sürüsün aman aman

> *(Pasito, pasito, caminas. ¡Amán, amán!*
> *Arrastras tu abriguito de piel de marta. ¡Amán, amán!)*[28]

---

[27] M. Attias, *Romancero sefaradí*, 2.ª ed. (Jerusalén, 1961), núm. 100. Véanse más ejemplos en poesías líricas en A. Z. Idelsohn, *Hebräisch-orientalischer Melodienschatz*: tomo IV. *Gesänge der orientalischen Sefardim* (Jerusalén-Berlín-Viena, 1923), núm. 482; nuestro «Judeo-Spanish *Kompla*», p. 263; I. Levy, *Chants judéo-espagnols*, núm. 49. Algunas canciones incluso incorporan estribillos turcos más elaborados, como, por ejemplo, los núms. 69 y 90 de la misma colección de Levy: «Aman, aman, gul pembé, / Ne bu yuzellik sendé» (= t. *Aman, aman, gül pembe, / ne bu güzellik sende* «Oh, rosa rosada, ¡cómo [está] en ti esta belleza!» o «¡Qué bella eres!» [*gül pembe* había de leerse *Gülpembe*, el nombre de una chica]); «Ayde, Rucu, ... Ruculele, gel bana gel» (t. «Anda, R., ... R., ven a mí, ven»).
[28] R. Yekta, *Anadolu halk şarkıları: Chansons populaires turques*, Istanbul, [1928-1929?]. El tercer ejemplo es una adivinanza cantada referente al ratón. Véase I. Başgöz y A. Tietze, *Bilmece: A Corpus of Turkish Riddles* (Berkeley-Los Angeles, 1973), p. 504.

En el repertorio poético de diversos pueblos balcánicos encontramos *amán* en función idéntica, junto con otras exclamaciones turcas como *canım* («¡mi alma!») y *vay* («¡ay!»).[29] Al hablar del estilo recitatorio de las canciones servo-croatas, B. Bartók observa: «Syllables of refrains, or of additions in the guise of a refrain, although they do not belong to the text lines proper, are an essential part of the text... [They are] put into various places (end of a line or between the metrical parts of a line). These are very characteristic of the Serbo-Croatian and Bulgarian folk songs. The most common are the following three: *more* (interjection having no specific sense), *aman* (Turkish «mercy, favor»), *džanum* (from *canım,* Turkish «my

---

Para más documentación de *aman* en canciones turcas, véanse H. Ritter, *Karagös: Türkische Schattenspiele,* 2.ª serie (Istanbul, 1941), pp. 160, 206; U. Reinhard, *Vor seinen Häusern eine Weide...: Volksliedtexte aus der Süd-Türkei* (Berlín, 1965), pp. 98, 156, 224, 256, 273, 282, 292, 302, 314, 316, 318, 323. También se usa a menudo en los pasajes vocales melismáticos:

> Canım yelelel le lel le lel lel li
> Mirim terelel lelel le lel lel li
> Aman aman aman aman beli yar-ı men.

> *(¡Mi alma! yelelel, etc.*
> *¡Mi dueño! terelel, etc.*
> *¡Amán, amán, amán, amán! ¡De veras, mi amada!)*

Citamos de la colección *Seçilmiş şarkı güfteleri,* I (Istanbul, 1948), 15.

[29] *¡A ğanim!, ¡Ay ğanim!, ¡Ya ğanim!,* etc. («¡Oh, mi alma!») se documenta en varios romances sefardíes; incluso alguna ver alternando con *amán:*

> Arvolero i arvolero   i arvolero tan žentil,
> las raís tiene de oro   i la simiente de marfil. ¡A ğanim!
> (Vuelta del marido [í]: inéd., Rodas)

> ...—Dime, así vivas, el malineru,   si vitiš al mi ižo rial. ¡I amán!
> —Ya lu vidi al su ižo,   galiandu i pur la mar. ¡Ya ğanim!
> (Vuelta del hijo maldecido: inéd., Rodas)

> 'I 'una 'iža tyene 'el rey   'i no la troka ni por 'oro, ni por aver,
> ¡Ğanim ayy!
> ni por azyenda menuda   ke no se konta 'en 'un mes.
> ¡Ğanim ayy!
> (Rico Franco: MS del siglo XVIII, Bosnia)

Huelga decir que *canım* o *a canım* es de uso frecuente en las canciones turcas. Véase, p. ej., J. Németh, *Die Türken von Vidin* (Budapest, 1965), p. 324. Para ejemplos en canciones griegas y búlgaras, véanse S. Baud-Bovy, *Chansons du Dodécanèse,* I (Atenas, 1935), 166 («Br' amàn kianím» «Di, *amán,* mi alma»); B. A. Kremenliev, *Bulgarian-Macedonian Folk Music* (Berkeley-Los Angeles, 1952), p. 65 *(džánum).*

La exclamación turca *¡vay!* ocurre en un texto sefardí inédito, recogido en Los Angeles en 1953 por nuestro amigo Irving Spiegel, de una cantora oriunda de una de las comunidades del Bósforo: «Asentada, asentada está la reina, ¡vay, vay! / asentada está la reina, asentada en su chožé» (= t. *köşe* «rincón, escondrijo»).

soul»).»[30] Entre otras canciones servo-croatas que usan la exclamación, Bartók y Lord publican la siguiente:

> Falijo se žuti limun kraj mora, aman, aman,
> Falijo se žuti limun kraj mora:
> «Ima l' danas iko ljevši od mene, aman, aman,
> Ima l'danas iko ljevši od mehene?...»

> *(Alabóse el limonero amarillo*
> *a orillas de la mar: ¡amán, amán!*
> *—¿Es que hay alguien hoy día*
> *más hermoso que yo? ¡Amán, amán!...).*[31]

Encontramos idéntica documentación de *aman* en la siguiente balada macedonia:

> Zablejala, zablejala, *lele,* vakla mi ovca,
> ka mi bleje, *aman bre kardaš,* tri dni i tri nošči,
> dočulo ja, *aman bre kardaš, lele* Zaim ovčar...

> *(Baló y baló ¡lele! la oveja ojinegra.*
> *¡Cómo me balaba, ¡amán, oh compañero! tres días y tres noches!*
> *La oyó ¡amán, oh compañero! ¡lele! Zaim, el pastor...)*[32]

Y en canciones búlgaras también se dan casos del todo parecidos:

> Mariika na stól sedéshe
> Oh, amán,
> Liubóvno pismó chetéshe,
> Oh, amán!...

> *(Mariquita sentada en una silla,*
> *¡oh, amán!,*
> *leyendo una carta de amor.*
> *¡Oh, amán!)*[33]

---

[30]   B. Bartók and A. B. Lord, *Serbo-Croatian Folk Songs* (New York, 1951),
pp. 32-33. Cfr. también B. Širola, «The Folk Music of the Croatians», *Studia Memoriae Belae Bartók Sacra,* 3.ª ed. (Londres, 1959), pp. 91-106: 105.

[31]   Bartók-Lord, núm. 15 (pp. 130-131 y 308-309). Las palabras «aman, aman» se
repiten según el mismo patrón a lo largo de la canción. Para otros ejemplos de *aman,*
véanse los núms. 20 (p. 138), 27a-e (pp. 154-165), 28b-c (pp. 170-172), 36 (pp. 190-
193), 51 (pp. 224-225).

[32]   Birthe Traerup, *East Macedonian Folk Songs: Contemporary Traditional Material from Maleševo, Pijanec and the Razlog District* (Copenhague: *Acta Ethnomusico-
logica Danica* 2, 1970), pp. 188-189 (núm. 51). Más adelante la misma canción emplea, entre otros, el estribillo *aman bre džanam* (= t. *canum*).

[33]   Kremenliev, *Bulgarian-Macedonian Folk Music,* p. 80. Una versión de *La fortaleza de Smilen,* traducida por A. Strausz, nos proporciona otro ejemplo búlgaro:

> Es gelobten, aman, einmal drei der Brüder,
> Drei Geschwister, aman, drei Geschwisterkinder:

Asimismo el cancionero tradicional griego nos proporciona abundante documentación:

Πέντε-δέ, ἀμὰν ὄχ ἀμὰν, πέντε-δέκα παπαδιές,
Πέντε-δέκα παπαδιές, κι'ἄλλες τόσες καλογριές.
Πᾶνε ν', ἀμὰν ὄχ ἀμὰν, πᾶνε νὰ θερίσουνε...

(Cinco, die-, ¡amán, ay, amán! cinco, diez mujeres de
sacerdotes y otras tantas monjas
van a, ¡amán, ay, amán! van a hacer la cosecha...)[34]

Πέτρος καὶ Παῦλος τό 'λεε κι ὁ ἅγιος 'Αθανάσης,
Κὲλ ἀμὰν ἀμὰν, κι ὁ ἅγιος 'Αθανάσης, κὲλ ἀμὰν 'αμάν.
«Τ'ἀντρόγυνο ποὺ γίνηκε νὰ ζῆ καὶ νὰ γεράση,
κὲλ ἀμὰν ἀμὰν, νὰ ζῆ καὶ νὰ γεράση, κὲλ ἀμὰν ἀμὰν...».

(Pedro y Pablo lo decían y San Atanasio
¡ven, amán, amán!, etc.
—La pareja que se ha creado, que viva y llegue a la vejez,
¡ven, amán, amán!, etc.)[35]

En fin, lejos de ser herencia de las lejanas *ḫarǧas* hispánicas, el j.-esp. *amán* se nos ofrece como rasgo estilístico típico de la poesía tradicional pan-balcánica. El Romancero sefardí lo adopta o directamente del turco o, quizá, de la poesía popular griega,[36] de donde le

Aufzubauen, aman, Smilen's hohe Feste,
Smilen's Feste, aman, an dem Štrundža-Flusse.
Nachts es einstürzt, aman, was am Tag sie bauten...

Véase *Bulgarische Volksdichtungen* (Viena-Leipzig, 1895), p. 407. Cfr. también las observaciones de L. Sainéan, «Les rites de la construction d'après la poésie populaire de l'Europe Orientale», *RHR* XLV (1902), 359-396: p. 388, n. 1. Para otros ejemplos búlgaros, véase *Sbornik' za narodni umotvoreniya i narodopis'*, tomo XXXIX (Sofía, 1934), núms. 648 y 692.
    [34] S. Chianis, *Folk Songs of Mantineia, Greece* (Berkeley-Los Angeles, 1965), núm. 28.
    [35] Baud-Bovy, *Chansons du Dodécanèse*, I, 338-339. Para más casos griegos, véanse Chianis, núms. 26, 29, 33, 41, 52, 53, 55; M. O. Merlier, *Tragoúdia tēs Roúmelēs* (Atenas, 1931), pp. 38-39, 42, 57, 65; M. de Marcellus, *Chants du peuple en Grèce*, 2 tomos (París, 1851), II, 394; A. K. Oikonomides, *Tragoúdia toũ Olúmpou* (Atenas, 1881), pp. 83-84, 89-90, 127-128. Contamos unos cuarenta ejemplos en los dos tomos de la monumental obra de Baud-Bovy.
    [36] Al tratar de los «Balkan and Slavic Elements in the Judeo-Spanish of Yugoslavia», E. Stankiewicz observa: «The highly developed civilization of the Turkish ruling class left a deep imprint on the lexicon of all Balkan languages, and particularly on that of Serbo-Croatian, which was in contact with Judeo-Spanish... A large number of J-Sp. loans are considered to be of Turkish origin. For these loans the term «Balkan elements» in more appropriate, for a variety of reasons. First, the Turks brought into the Balkans not only words of Turkic origin, but also many Arabic, Persian, and Greek elements. Second, it is impossible to know in the case of some terms whether they came directly from Turkish, or even through Turkish intermediacy, as these terms exist in other Balkan languages and in territories which were beyond Turkish

provienen también buen número de temas narrativos. Sirva el caso específico del giro poético *amán* para señalar el camino hacia una región hasta ahora poco explorada de la vida cultural de los sefardíes orientales: su convivencia con musulmanes y cristianos en la península balcánica; extraño y conmovedor paralelo de otra convivencia peninsular vivida siglos ha por sus lejanos antepasados al otro extremo del mar Mediterráneo.

domination» *(For Max Weinreich on his Seventieth Birthday: Studies in Jewish Languages, Literature, and Society* [La Haya, 1964], pp. 229-236: p. 232). Véase también lo que dicen M. L. Wagner, *Beiträge zur Kenntnis des Judenspanischen von Konstantinopel* (Viena, 1914), p. 166; K. Baruch, «El judeo-español de Bosnia», *RFE*, XVII (1930), 113-151: p. 120; K. Sandfeld, *Linguistique balkanique: Problèmes et résultats* (París, 1930), pp. 91-92; M. Sala, *Estudios sobre el judeoespañol de Bucarest* (México, 1970), pp. 143-155.

CANCIONES NARRATIVAS ITALIANAS ENTRE LOS SEFARDÍES DE ORIENTE

Para Julio Caro Baroja

Hemos llamado la atención sobre el carácter ecléctico, políglota y multi-cultural de la poesía tradicional —y en particular del romancero— de los sefardíes de Oriente. Como se ha venido diciendo, aquel romancero judeo-oriental incluye sin duda muchas venerables supervivencias de la Edad Media hispánica, pero también refleja, según creemos haber demostrado, una síntesis de aquella tradición hispana con temas narrativos y elementos estilísticos provenientes del ámbito balcánico oriental donde fueron a arraigarse las víctimas de la diáspora sefardí. En concreto, hemos señalado ciertos temas narrativos griegos, así como varias exclamaciones formulísticas turcas y estribillos árabes incorporados al romancero de los judíos españoles orientales.[1] Ultimamente, ciertos minúsculos descubrimientos —uno en un manuscrito de la Jewish National and University Library (Jerusalén) y otros en el Archivo Menéndez Pidal (Madrid)— nos permiten sumar con seguridad otro nuevo incremento lingüístico-cultural al abigarrado panorama de los orígenes del romancero sefardí en Oriente.

El Ms. JNUL 413 es una miscelánea poética recopilada por el rabino David Beḳar Mošeh ha-Kohen durante la segunda mitad del siglo XVIII. Firma el manuscrito en Sarajevo en 1794 y lo lleva consigo a Venecia en 1800. La antología del rabino David incluye *piyyutim* en hebreo, varios poemas de tema religioso, así como poesías seculares en judeo-español, algunos poemas en turco e italiano y, al final, una colección de diecinueve romances tradicionales.[2] En la

---

[1] Véanse aquí los demás capítulos del apartado II. Téngase en cuenta también D. Catalán, «Memoria e invención en el Romancero de tradición oral (I)-(II)», *Romance Philology*, XXIV (1970-1971), 1-25, 441-463: pp. 11-13. La música de los romances de Oriente, con su marcado carácter balcánico, confirma nuestros hallazgos textuales. Véase sobre todo la fundamental monografía de Israel J. Katz, *Judeo-Spanish Traditional Ballads from Jerusalem: An Ethnomusicological Study*, 2 tomos (Brooklyn, N. Y., 1972-1975), así como el apartado III *infra*.

[2] Sobre el manuscrito del rabino David, pueden consultarse los artículos de M. Attias, «Šelôšāh širê Çîyôn bĕ-ladino û-ḳĕṭāb ha-yād šel R. Dāwid Beḳar Mōšeh ha-Kōhēn me-Śarayy-Bôsna», *Shevet va-'Am*, IV (1959), 92-104, y «Çĕrôr rômanṣôṯ

sección de los romances y en la misma letra que los demás textos figura el singular poema que aquí transliteramos. Está copiado a continuación de una versión del romance de *Landarico* en judeo-español (fol. 177 [léase 179] ro. y vo.)[3] y lleva en el folio 179 vo. la acotación «Kantiga en talyyano»:

1   La bela monta 'in nave,
     kominsyya anavegar,
     la ran la rin don dela,
     kominsyya anavegar.

2   'E ko la ǧunta 'in porto,
     la anelo la kaškà,
     la ran la rin don dela,
     la anelo la kaškà.

3   Ǧirò li 'oǧyii al mare;
     là vede 'un peškator,
     la ran la rin don dela,
     là vede 'un peškatore.

4   —'O peškator del mare,
     vene apeškar pyyù 'in ku'a,
     la ran la rin don dela,
     vene apeškar pyyù 'in ku'a.

5   Ke mi 'a kaškà 'un anelo;
     vene melo apeškar,
     la ran la rin don dela,
     vene melo apeškar.

6   Koza me dè, madama,
     kuando lo avrò peškà,
     la ran la rin don dela,
     kuando lo avrò peškà?

7   —Ve dago sento 'eśkudi
     'e borsa arekamà,
     la ran la rin don dela,
     'e borsa arekamà.

8   —Non voyyo sento 'eśkudi,
     nè borsa arekamà,
     la ran la ran la rin don dela,
     nè borsa arekamà,

9   śi non 'un bazin di amore,
     ke per amor si da,

bi-ḳṯ" y šel Ṣarayevo», *Shevet va-'Am,* II (VII) (1973), 295-370, así como nuestro artículo-reseña (con I. M. Hassán), «Un nuevo testimonio del romancero sefardí en el siglo XVIII», *ESef,* I (1978), 197-212.
    [3]   Véase la edición del romance en Attias, «Çěrôr», pp. 314-315 (núm. 3).

la ran la rin don dela,
ke per amor si da.

10   —Koza diràn la ğente,
ke mi 'a lašà bazar,
la ran la rin don dela,
ke mi 'a lašà bazar?

11   Koza dirà 'il mi'o padre,
ke mi 'a lašà bazar,
la ran la rin don dela,
ke mi 'a lašà bazar?

12   Koza dirà la mi'a madre,
ke mi 'a lašà bazar,
la ran la rin don dela,
ke mi 'a lašà bazar?

13   —Nešun no dirà nyente,
ke ze da maridar,
la ran la rin don dela,
ke ze da maridar.

14   —Fème 'una fosa grande,
ke kepano tre kon me,
la ran la rin don dela,
ke kepano tre kon me.

15   Śopra la śopoltura
metegi 'un bel fyyor,
la ran la rin don dela,
metegi 'un bel fyyor.

16   Tuti ke paśarano
dirano «Ke bel fyyor»,
la ran la rin don dela,
dirano «Ke bel fyyor!».

17   'Il ze 'il fyyor di Margarita,
ke 'a morto per amor,
la ran la rin don dela,
ke 'a morto per amor.—

18   Ke 'a tre kap[i]tani
voleśtu far la amor,
la ran la rin don dela,
voleśtu far 'il amor.[4]

---

[4]   Para el sistema de transliteración, ténganse en cuenta nuestros libros *The Ju-deo-Spanish Ballad Chapbooks of Yacob Abraham Yoná* (Berkeley-Los Angeles, 1971), pp. 18-19, *Judeo-Spanish Ballads from Bosnia* (Filadelfia, 1971), p. 15, y *Tres calas en el romancero sefardí (Rodas, Jerusalén, Estados Unidos)* (Madrid, 1979), pp. 22-24.

Trátase de una versión, con evidentes rasgos dialectales venecianos,[5] de la canción narrativa italiana *La pesca dell'anello*.[6] En su desenlace nuestro texto denuncia un proceso de contaminación típico, aunque no exclusivo, del área istriana.[7] Las estrofas 14-17 pertenecen a la balada *Fior di tomba*,[8] mientras que el motivo de los tres capitanes (estrofa 18) ha de tener su origen en la canción narrativa de *La bella Cecilia*.[9] Esta segunda contaminación se deberá a la

[5] Tales son *kominsyya* (v. 1) y *sento* (7, 8) (G. Bertoni, *Italia dialettale* [Milán, 1916], p. 112; J. Brosig, *Laut- und Formenlehre des venezianischen Dialektes bei Goldoni* [Breslau, 1929], p. 25: veneciano *s* = toscano *ć); kaškà* (2, 5), *arekamà* (7, 8), *lašà* (10-12), típicos participios pasados venecianos (Bertoni, p. 111; Brosig, p. 63); *'oǧyii* (3) (Bertoni, p. 120: *oćo "occhio"); dago* (7) (Brosig, pp. 52, 65); *bazin* (9) (G. Boerio, *Dizionario del dialetto veneziano*, 3.ª ed. [Venecia, 1867], p. 66c: *basin* "piccolo bacio"); *bazar* (11-12) (Boerio, p. 66b: *basàr* "baciare"); *ze* (13, 17) (Bertoni, p. 121; Brosig, p. 65: *xè, zè, sè* = "è"); *metegi* (o *-ge*) (15) = toscano *-ci* (Brosig, p. 48); *voleštu* (18) "quieres" (Brosig, p. 53). Nos complace hacer constar nuestra deuda para con el profesor Erminio Braidotti (University of Pennsylvania) por su valiosa ayuda con los elementos dialectales del texto.

[6] Tenemos a la vista los siguientes textos: A. Aurelio, *Uomini, leggende e canti di Dalmazia* (Roma [1933]), p. 39; G. Bernoni, *Canti popolari veneziani* (Venecia, 1872), V, 5-6; M. Borgatti, *Canti popolari emiliani raccolti a Cento* (Florencia, 1962), núm. 22; R. M. Cossàr, «Momiano d'Istria, nei giochi e nell'allegria della sua gente», *ARSTPI*, XV (1940), 27-40: p. 34; G. Ferraro, *Canti popolari di Ferrara, Cento e Pontelagoscuro* (Ferrara, 1877-Bologna, 1967), pp. 60-61, 95-96; Id., *Canti popolari della provincia di Reggio Emilia* (Modena, 1901-Bologna, 1969), p. 56; A. Gianandrea, *Canti popolari marchigiani* (Turín, 1875), pp. 261-262; G. Giannini, *Canti popolari della montagna lucchese* (Turín, 1889), pp. 164-165; G. Mazzatinti, *Canti popolari umbri raccolti a Gubbio* (Bologna, 1883-1967), pp. 288-291; G. Meyerbeer, *Sizilianische Volkslieder*, ed. F. Bose (Berlín 1970), p. 27; L. Molinaro del Chiaro, *Canti popolari raccolti in Napoli*, 2.ª ed. (Nápoles, 1916), p. 409; C. Nigra, *Canti popolari del Piemonte* (Turín, 1957), núm. 66; B. Pergoli, *Saggio di canti popolari romagnoli* (Forlì, 1894-Bologna, 1967), pp. 26-27; G. Pinguentini, «Folklore triestino», *Il Folklore* (Nápoles), IX (1954), 63-69: pp. 65-66; G. Radole, *Canti popolari istriani* (Florencia, 1965), núms. 96-97; Id., *Canti popolari istriani: Seconda raccolta con bibliografia critica* (Florencia, 1968), núm. 60; G. Vidossi, «Canzoni popolari narrative dell'Istria», *Saggi e scritti minori di folklore* (Turín, 1960), pp. 460-507: núm. 15. Huelga decir que se podría apurar una vasta bibliografía adicional. Véanse especialmente las indicaciones de Borgatti, Radole II y Vidossi. Es indispensable el exhaustivo estudio (con extensa bibliografía y abundantes versiones inéditas) de G. B. Bronzini, *La canzone épico-lirica nell'Italia centro-meridionale*, 2 tomos (Roma, 1956-1961), II, 1-61. Sobre el tema en su contexto pan-europeo, véanse nuestros artículos «El buceador: Una canción popular francesa en la tradición sefardí», *ESef*, I (1978), 59-64 (reproducido II.12 *infra*), y «Uma canção francesa na tradição brasileira: *A Filha do Rei da Espanha*», *Ciência e Trópico* (Pernambuco), VI (1978), 315-336. Otra versión veneciana vista a última hora: S. Ferrari, «Canti popolari in San Pietro Capofiume», *ASTP*, 8 (1889), 105-112: núm. VIII.

[7] Véase lo que dice Bronzini, II, 23.

[8] Nótense, por ejemplo, las contaminaciones análogas en versiones de *La pesca dell'anello* publicadas por Pergoli, p. 26, y Vidossi, núm. 15 (p. 485). Para versiones de *Fior di tomba*, véanse Aurelio, pp. 48-49; Nigra, núm. 19; Radole, II, núm. 53; Vidossi, núm. 6; también Bronzini, II, 292, n. 28. Sobre el motivo en la balada pan-europea, véase *The Judeo-Spanish Ballad Chapbooks*, pp. 161-163, n. 9.

[9] Para versiones de *Cecilia*, véanse Aurelio, pp. 46-48; Bernoni, V, 11-13; Borgatti, número 36; Ferraro, *Ferrara*, pp. 108-109; Id., *Canti popolari monferrini* (Turín-Florencia, 1870), núm. 21; Gianandrea, pp. 264-266; Giannini, pp. 166-169; Molinaro

presencia del detalle de la tumba y la flor en muchas versiones de
Cecilia, originarias algunas de ellas de Venecia e Istria.[10] Es de notar, además, el empleo de un estribillo («laritondela») casi idéntico
al nuestro en una de las versiones istrianas de *La pesca dell'anello.*[11]
En suma, por razones tanto lingüísticas como literarias, nuestra versión ha de atribuirse al área veneciano-istriana. Constituye, además,
el primer testimonio que se conoce de la balada en cuestión, siendo
casi dos décadas más antiguo que el texto —también «d'origine pro-
babilmente veneziana»— que en 1813 se publicó en la colección *Altdeutsche Wälder.*[12] Pero lo que aquí más nos importa es que nuestra
versión en letras hebraicas de procedencia sarajevana nos demuestra
cierta popularidad de las baladas italianas entre los sefardíes de Bosnia —hecho del todo natural, dados los muchos contactos entre Sarajevo y la comunidad hebrea de Venecia.

El que esta popularidad pasara de ser meramente superficial y
efímera a tener cierto impacto en el romancero judeo-español de
otras comunidades ya lejanas del ambiente bosnio nos lo confirman
tres brevísimos textos descubiertos recientemente en el Archivo Menéndez Pidal.[13] Trátase de unos poemitas romancísticos en los que la
misma narración de la balada italiana —muy reducida—ya se encuentra vertida al judeo-español casi sin huellas lingüísticas de su
origen y en localidades relativamente remotas de Sarajevo. Los textos siguientes fueron recogidos en Sofía, Rodas y Jerusalén por don
Manuel Manrique de Lara durante su gran campaña romancística en
Oriente en 1911:

> ... Por en medio del kamino,   el aniyo le kayó.
> Por ayí passó un mansevo,   el aniyo lo topó.[14]

> Aparíme a la ventana,   el anillo me cayó.
> Aparíme a la otra;   vide un pexcador:
> —Pexcador de estos mares,   péxcame este anilló.
> —¿Qué me daréx, nuvia?   Yo vo lo pexcaré.[15]

del Chiaro, pp. 408-409; Nigra, núm. 3; Radole, I, núm. 93; Radole, II, núm. 50; S.
Salomone-Marino, *Leggende popolari siciliane in poesia* (Palermo, 1880-Bologna,
1970), pp. 38-42; Vidossi, núm. 2; G. Zanazzo, *Canti popolari romani* (Turín, 1910),
pp. 79-81. Téngase en cuenta el fundamental estudio de Bronzini, I, 455-528.

[10]   Véanse los textos de Gianandrea, p. 266; Giannini, p. 169; Radole, I, núm. 93
y Vidossi, núm. 2, así como las observaciones de Bronzoni, I, 465, 468 y las variantes
BCDFGHIJMNOP publicadas por él.

[11]   Véase Vidossi, p. 485.

[12]   *Altdeutsche Wälder,* I (Kassel, 1813), 130, *apud* Bronzini, II, 3-5.

[13]   Véase S. G. Armistead *et al., El Romancero judeo-español en el Archivo Menéndez Pidal (Catálogo-Indice de romances y canciones),* 3 tomos (Madrid, 1978), II,
núm. X14.

[14]   Fragmento de Sofía (Bulgaria), recogido por M. Manrique de Lara, Sofía,
1911. Los versos van precedidos de una breve versión del romance de *Hero y Leandro.* Corresponde al núm. X14.1 del *Catálogo-Índice.*

[15]   Versión de Rodas (Grecia), recogida por M. Manrique de Lara, Rodas, 1911.
Es el número X14.2 del *Catálogo-Índice.* Se edita en la «Antología de romances rarísimos» incluida en el tomo III de dicha obra (p. 54, núm. 47).

> Aparíme a la ventana,   el anillo me cayó.
> Aparíme a la otra;   vide un pexcador:
> —Pexcador de los mares,   pexcadme el anilló.
> —¿Vos qué me dax, mandona?   Yo vos lo buxcaré...[16]

A los tres breves textos del Archivo Menéndez Pidal conviene añadir otro minúsculo fragmento de Salónica recogido por Cynthia M. Crews en 1935:

> S'apar'a la ventana,   l'aniyo le kayó.
> S'aparó a la otra;   vido un peškador:
> —Peškador de las mares,   peškáme est'anïyo.[17]

Ahora bien, *La pesca del anillo* no es el único testimonio a favor de cierta influencia italiana en el romancero sefardí. Un enigmático trozo octosilábico bilingüe, también perteneciente a la colección Menéndez Pidal, nos viene a confirmar la presencia de otra balada italiana entre los judíos de Bosnia. En 1911, Manrique de Lara apuntó en Sarajevo la siguiente rareza poética:

> Pelegrín viene de Roma,   demandando la caridad:
> —¡Caridad, caridad, señora,   para este pobre pelegrín!—
> Yul se alza, yul se calza,   yul se mete il più bel vestir.[18]

Este fragmento lingüísticamente híbrido, que no es ni italiano ni judeo-español, resulta derivar de una larga canción épico-lírica italiana, *Il falso pellegrino,* de amplia difusión veneciana e istriana, sobre el tema de la vuelta del esposo: Este vuelve de la guerra disfrazado de peregrino para comprobar la fidelidad de su mujer.[19] Los versos italianos que corresponden al fragmento sefardí pertenecen a distintas etapas de la narración:

[16] Versión de Jerusalén, dicha por Mercada de Paredes, de 84 años, recogida por M. Manrique de Lara, Jerusalén, 1911. Van a continuación una serie de versos pertenecientes a *Hero y Leandro + La malcasada del pastor.* En el *Catálogo-Índice* es el núm. X14.3. Se edita el texto entero en *Romancero tradicional de las lenguas hispánicas,* IX, ed. A. Sánchez Romeralo, *et al.* (Madrid, 1978), núm. IV.74 (p. 348).
[17] Los versos están incrustados en una versión de *Hero y Leandro + La malcasada del pastor* dicha por la señora Merú Levy, analfabeta de Salónica, nacida hacia 1880. Véanse el texto y nuestro comentario en «Sobre los romances y canciones judeoespañoles recogidos por Cynthia M. Crews», núm. 23. (Se publicará en el tomo en homenaje a la profesora Crews que se prepara colaborativamente en Girton College, Cambridge, y en el Instituto Arias Montano, Madrid.) Al citar el texto aquí, simplificamos la transcripción fonética de la profesora Crews.
[18] Véase el *Catálogo-Índice,* núm. I9.1. Se edita el fragmento en la «Antología de romances rarísimos» incluida en el tomo III. La lectura *yul,* nacida, según se verá de una falta de comprensión del original italiano, corresponde al turco *gül* "rosa". Se entiende que el peregrino, incongruentemente, irá vestido y calzado de color de rosa.
[19] Véanse las versiones que publican Bernoni, IX, 9-11; Cossàr, p. 33; Giannini, pp. 151-153; Radole, I, núm. 91; Radole, II, núm. 71; Vidossi, núm. 23. Este último trae amplia bibliografía adicional.

El se vesti, el se incalza,   el se lava le bianche man...
E la vedi in mezo al mare   el bastimento d'un gran soldá;
dentro iera un pelegrino   che çercava la carità.
—Carità, carità, signora,   per sto povero pelegrin.[20]

Lu se vesti, lu se incalza,   lu se lava le bianche man...
In meso de sti soldati,   alogiava un pelegrin.
Pelegrin che vien da Roma   domandare la carità.
—Carità, carità, signora,   per sto povero pelegrin.[21]

Lu'l se veste, lu'l se calza,   lu'l se lava le bianche man...
E in mezzo un pelegrino   ch'el çercava la carità.
—Carità, carità, signora,   per sto povaro pelegrin![22]

E se alza, el se incalza,   el se lava le bianche man...
E la vedi un bastimento,   un bastimento de bei soldai.
Dentro jera un pellegrino,   che domandava la carità:
Pellegrin che vien de Roma,   domandando la carità.
—Carità, carità, o signora,   par sto povaro pellegrin.[23]

Creemos que los dos testimonios aquí aducidos comprueban una presencia italiana —mínima, pero no desprovista de interés—en el romancero judeo-español de Oriente.[24] Al lado de un notable incremento balcánico (helénico y turco), tales préstamos romancísticos italianos nos demuestran, una vez más, el carácter multi-cultural de aquella tradición poética sefardí, a la vez hispana y diaspórica.

[20]   Vidossi, núm. 23, vv. 1, 22-27; casi idénticas son las lecturas de Radole, I, núm. 91, y Radole, II, 71*A*.
[21]   Radole, II, 71*B*.
[22]   Bernoni, IX, 9, 11.
[23]   Cossàr, p. 33.
[24]   El rarísimo romance del *Rescate* (asonancia en *á-e*) está contaminado al principio en algunas versiones judeo-españolas con versos en *é-a* provenientes de *Rey marinero*. La misma combinación de los dos temas se da en la tradición catalana. *El rescate* tendrá, por lo tanto, un origen peninsular. Sin embargo, en la diáspora oriental, creemos que habrá sufrido alguna influencia de su congénere italiano, la balada de *Scibilia Nobili*. Nos referimos concretamente al contenido específico del rescate de la doncella: «Tres falcones, tres leones, / tres coronas del rey son, tres» (M. Attias, *Romancero sefaradí* [Jerusalén, 1961], núm. 51). Corresponde casi verbalmente con la balada italiana: «Tri liuna, tri farcuna, / quattru culonni chi d'oru su'» (F. Liebrecht, *Zur Volkskunde* [Heilbronn, 1879], pp. 222-226), mientras faltan semejantes detalles en las versiones catalanas. Sobre el romance entre los sefardíes y sus congéneres peninsulares y europeos, véanse nuestro artículo «A New Sephardic *Romancero*», pp. 72-73 y nn. 55-56, y el *Catálogo-Índice*, núm. H13. Sobre la canción italiana es fundamental el estudio de Bronzini, I, 269-322.
Otro caso más de influencia italiana está reflejado en el estribillo «Bianco de rosa, ramo de fior», presente en un texto istriano de *La pesca dell'anello* (Cossàr, p. 34), que parece haberse trasladado a algunas versiones judeo-españolas de *Hero y Leandro*: «Blanca de roz, ay, ramas de flor», o bien, «Blanca de roz, la rama de flor» (I. Levy, *Chants judéo-espagnols*, I [Londres, 1959], núm. 4 [sin localizar]; IV [Jerusalén, 1973], núm. 5 [de Salónica]). No sabemos si la adaptación del estribillo en la tradición judeo-española se relaciona con la ocasional contaminación de *Hero y Leandro* por *La pesca del anillo* o si, por otra parte, se realizó de modo independiente.

II.12

EL BUCEADOR: UNA CANCIÓN
POPULAR FRANCESA EN LA TRADICIÓN SEFARDÍ

A la memoria de
Moshe Attias

El admirable *Cancionero judeo-español* del llorado maestro Moshe Attias nos aporta una riqueza extraordinaria de textos y datos sobre la tradición lírica y narrativa de los judíos españoles, a la vez que nos plantea otros tantos intrigantes problemas que aún quedan por explorar.[1] De sólo uno de éstos hemos de tratar en la presente nota, en respuesta a una cordial invitación de parte de nuestro amigo Iacob M. Hassán y en memoria y homenaje a un querido maestro, quien conoció y amó como nadie las tradiciones de su pueblo y quien tanto hizo para rescatarlas en beneficio de futuras generaciones.

Como núm. 5 de su colección publica Attias el siguiente texto, observando que la ambientación del poema y los personajes sugieren un origen castellano. Sin embargo, el benemérito folklorista no pudo dar con su fuente hispánica. Supone que la canción fue olvidada en la Península Ibérica, pero que siguió con vida tenue entre los judíos de Oriente. A fines del siglo XIX aún se la oía cantar en Salónica. Attias la transcribió de labios de su propia madre, quien la había aprendido en su juventud. Un indicio de su rareza, según Attias, es el hecho de que hasta ahora no se conoce otra versión del triste y evocador poema (p. 60). He aquí el texto:

> Se passea Katina   por un rico verǧel
>   al boḏre del río
>   al agua de la mar
>   javda está, salada está.
> 2   Cuarenta marineros   todos a una boź.
>   al boḏre etc.
>   —O, ¡qué hermosa cantiga!   Yo la quero embeźar.
>   al boḏre etc.

---

[1] M. Attias, *Cancionero judeo-español: Canciones populares en judeo-español traducidas al hebreo con introducción y notas; Notación de treinta y nueve melodías tradicionales,* Jerusalén: Centro de Estudios sobre el Judaísmo de Salónica (Tel-Aviv, 1972), x + 376 + viii pp. Véase ahora nuestra reseña en *Sef,* XXXVIII (1978), 175-176.

4   —Entra en la mi barca;   yo te la enbeźaré.
    al boḍre etc.
    El pie mitió en la barca;   el anillo le cayó.
    al boḍre etc.
6   Cuarenta marineros   s'echaron a nadar.
    al boḍre etc.
    Echaron pares y nones;   al más chico le cayó.
    al boḍre etc.
8   De los cuarenta d'ellos,   el chico s'ahogó.
    al boḍre etc.[2]

Los vv. 5*b*-6*b* y 8*a-b* de la canción que estamos comentando nos reflejan un tema baládico europeo de gran difusión: *La pesca del anillo,* que nos es conocido en versiones francesas,[3] en bretonas,[4] en italianas,[5] en croatas,[6] en griegas[7] y en lituanas,[8] así como en varios

[2]   Attias, *Cancionero,* pp. 59-60. Modificamos la puntuación del original e imprimimos los versos impares y pares como hemistiquios en un mismo renglón, numerándolos de nuevo. Escribimos con mayúscula *Katina,* que figura con minúscula en el original. La forma *javda* la documenta S. I. Cherezlí, en su *Nouveau petit dictionnaire judéo-espagnol-français,* 2 tomos (Jerusalén, 1898-1899), p. 231: *šavdo* "fade, insipide"; la estudian en detalle P. Bénichou, «Formas de *insípídum* en latín y sus derivados españoles», *NRFH,* II (1948), 265-268; y M. L. Wagner, «Espigueo judeo-español», *RFE,* XXXIV (1950), 9-106: p. 95.
[3]   G. Doncieux, *Le Romancéro populaire de la France* (París, 1904), pp. 312-320, reúne una masiva bibliografía en apoyo de su versión facticia. Hemos consultado, además, los siguientes textos de Francia y el Canadá: Anónimo, *Chansons populaires de France du XVe au XIXe siècle* (París: Librairie Plon, 1941), pp. 29-31; M. Barbeau y E. Sapir, *Folk Songs of French Canada* (New Haven, 1925), pp. 100-106; J.-F. Bladé, *Poésies populaires de La Gascogne,* 3 tomos, París, 1881-1882), III, 354-359; J. Bujeaud, *Chants et chansons populaires des provinces de l'Ouest,* 2 tomos (Niort, 1895), II, 166-172; H. Davenson, *Le livre des chansons* (Neuchâtel-París, 1955), núms. 18 y 77; J. Daymard, *Vieux chants populaires recueillis en Quercy* (Cahors, 1889), pp. 88-91; L. Esquieu, *Cahier de chansons populaires recueillies en Ille-et-Vilaine* (Brest, 1907), pp. 105-107; E. Gagnon, *Chansons populaires du Canada,* 6.ª ed. (Montreal, 1925), pp. 171-173; M. Haupt, *Französische Volkslieder* (Leipzig, 1877), pp. 29-30; A. Millien, *Chants et chansons [populaires] (du Nivernais),* 3 tomos (París, 1906-1910), I, 128-132; Comte de Puymaigre, *Chants populaires recueillis dans le Pays Messin,* 2.ª ed., 2 tomos (París, 1881), I, 104-106; C. Roy, *Trésor de la poésie populaire française* (París, 1954), pp. 115-119. Sobre *Le plongeur* y sus congéneres paneuropeos, véanse Wm. J. Entwistle, *European Balladry* (Oxford, 1951), pp. 82, 138, 141, 149, 288, 315, y Wm. P. Jones, *The Pastourelle* (Cambridge, Mass., 1931), pp. 115-116, n. 2.
[4]   Sobre las versiones bretonas, véase Doncieux, p. 318.
[5]   C. Nigra, *Canti popolari del Piemonte* (Turín, 1957), núm. 66 *(La pesca dell'anello);* G. Vidossi, «Canzoni popolari narrative dell'Istria», *Saggi e scritti minori di folklore* (Turín, 1960), pp. 460-507: núm. 15. Véase también el admirable estudio de G. B. Bronzini, *La canzone epico-lirica nell'Italia centro-meridionale,* 2 tomos (Roma, 1956-1961), II, 1-61. Cfr. G. Pitrè, «La leggenda di Cola Pesce nella letteratura italiana e tedesca», *Raccolta di studii critici dedicata ad Alessandro d'Ancona* (Florencia, 1901), pp. 445-455. Ver también el cap. II.11 *supra.*
[6]   Véase Bronzini, II, 9-11.
[7]   La canción griega se suele titular *Tò dachtulídi* («El anillo»). Véanse G. F. Abbott, *Songs of Modern Greece* (Cambridge, Inglaterra, 1900), pp. 180-181; P. Arabantinos, *Sullogê dēmōdōn asmátōn tēs Ēpeírou* (Atenas, 1880), núm. 451; Ph. P. Argenti

textos sefardíes de Oriente extremadamente exiguos.[9] A la luz de
una compulsa del poema de Attias con las varias ramas de la tradición europea, queda patente la filiación inmediata de la versión sefardí. En los vv. 1*a*-5*a*, vemos a Katina paseando por un vergel a
orillas del mar; pasan cuarenta marineros cantando en armonía; la
chica exclama que le gustaría aprender su canción y uno de ellos la
invita a subir al barco. Estos versos corresponden con notable exactitud al principio de la canción tradicional francesa *L'embarquement
de la fille aux chansons*. Incluso la palabra *vergel* (v. 1) reflejará la
rima del poema francés. He aquí los versos pertinentes según la versión facticia elaborada por Doncieux:

> La belle se promène   tout le long de la mer,
>   tout le long de la mer,
>   *Sur le bord de l'île,*
>   tout le long de la mer,

y H. J. Rose, *The Folk-lore of Chios*, 2 tomos (Cambridge, Inglaterra, 1949), II,
734-735; A. Jeannaraki, *Kretas Volkslieder nebst Distichen und Sprichwörtern* (Wies-
baden, 1967), p. 94 (núm. 72); E. Legrand, *Recueil de chansons populaires grecques*
(París, 1874), pp. 316-319; H. Lübke, *Neugriechische Volks- und Liebeslieder* (Berlín,
1895), pp. 246-248; H. Lüdeke, *Im Paradies der Volksdichtung* (Berlín, 1948), p. 201;
H. Lüdeke y G. A. Megas, *Neugriechische Volkslieder* (Atenas, 1964), núms. 115-116;
D. Petropoulos, *Hellēnikà dēmotikà tragoúdia*, I (Atenas, 1958), 74-75; N. G. Politis,
'Eklogaì 'apò tà tragoúdia toū hellēnikoū laoū, 4.ª ed. (Atenas, 1958), pp. 136-137.
Sobre la canción griega, véanse H. Lüdeke, «Griechische Volksdichtung», *ALV*, I
(1949), 196-250: p. 228; G. Meyer, «Il Cola-Pesce in Grecia», *ASTP*, XIV (1895),
171-172; N. G. Politis, «Cola Pesce in Grecia», *ASTP*, XXII (1903), 212-217. El mismo detalle del anillo como motivo de un engaño de desenlace fatal se incorpora a la
famosa balada del *Puente de Arta*. Véanse los estudios de G. Cocchiara, «Il Ponte di
Arta e i sacrifici di costruzione», *AMP*, I (1950), 38-81: p. 39, n. 6; de G. A. Megas,
«Tò tragoūdi toū gefurioū tēs 'Ártas», *Laog.*, XXVII (1971), 25-212: pp. 113-119; y
de L. Sainéan, «Les rites de la construction d'après la poésie populaire de l'Europe
orientale», *RHR*, XCV (1902), 359-396; y, por ejemplo, los textos que publican Lüdeke y Megas, pp. 182, 187; G. D. Pachtikos, *260 dēmódē hellēnikà ásmata*, t. I (Atenas, 1905), 214; Politis, *'Eklogaì*, p. 132.
    El motivo del buceador se encuentra también en una canción recogida en Anatolia
(E. H. Carnoy y J. Nicolaides, *Traditions populaires de l'Asie Mineure* [París, 1889],
p. 266); no está claro si la lengua original es el turco o algún dialecto asiático del
griego.
    [8] J. Balys, *Lithuanian Narrative Folksongs* (Washington, D. C., 1954), núm. K16
(Drowned because of a Girl's Ring). El núm. K15, en que el joven se ahoga al buscar
una guirnalda de flores que ha caído al río, se relaciona a su vez con una amplia gama
de canciones en varias lenguas eslavas.
    [9] Véase lo que decimos bajo el núm. 23 en «Sobre los romances y canciones
judeoespañoles recogidos por Cynthia M. Crews» (en el tomo en memoria de la profesora Crews que publicarán Girton College, Cambridge, y el Instituto «Arias Montano»). En el Archivo Menéndez Pidal hay tres brevísimas versiones de *La pesca del
anillo* procedentes de Sofía, Rodas y Jerusalén; véase S. G. Armistead et al., *El
Romancero judeo-español en el Archivo Menéndez Pidal (Catálogo-Índice de romances
y canciones)*, 3 tomos (Madrid, 1978), III, núm. X14. Que el fragmento de Crews y
las versiones de Menéndez Pidal derivan de la forma italiana del tema baládico lo
demostramos en nuestro artículo «Canciones narrativas italianas entre los sefardíes de
Oriente» (*Homenaje a Julio Caro Baroja*). Véase aquí el cap. II.11.

> *Sur le bord de l'eau,*
> *Tout auprès du vaisseau.*
2   Voit venir une barque   de trente mariniers.
    Le plus jeune des trente,   il se mit à chanter.
4   «La chanson que vous dites,   la voudrois bien savoir.»
    «—Entrez dedans ma barque   et je vous l'apprendrai.»
6   Quand el fut dans la barque,   au large il a poussé.
    Au bout de cent lieu's d'aive,   el se mit à plorer.
8   «Ah! qu'avez-vous, la belle,   qu'avez-vous à plorer?»...[10]

Ahora bien: resulta característico y bastante frecuente en la tradición francesa y canadiense el que *L'embarquement* empalme con *Le plongeur noyé* (modalidad francesa de *La pesca del anillo*) mediante el v. 8 (de Doncieux), que se da en forma esencialmente idéntica en las dos canciones. Veamos una de estas versiones contaminadas:

    Cath'rine se promène   le long de son jardin.
2   Aperçoit une barque   de trente matelots.
    Le plus jeune des trente   chantait une chanson.
4   —La chanson que tu chantes,   je voudrais la savoir.
    —Belle, entrez dans la barque,   je vous l'apprenderai.
6   En entrant dans la barque,   ell' se mit à pleurer.
    On lui demanda: —Belle,   qu'avez-vous à pleurer?
8   —C'est mon bel anneau d'ore   à la mer qu'est tombé.
    —Ne pleurez pas, la belle,   j'irai vous le chercher.
10 Du premier coup qu'il plonge,   du sable il a trouvé.
    Du second coup qu'il plonge,   l'anneau d'or a sonné.
12 Du troisiem' coup qu'il plonge,   le garçon s'est noyé...[11]

Huelga decir que la canción publicada por Attias es una traducción resumida, pero bastante exacta, del poema francés mixto

[10] Doncieux, *Romancéro*, pp. 448-449. Hemos consultado, además, los siguientes textos: C. Beauquier, *Chansons populaires recueillies en Franche-Comté* (París, 1894), p. 124; Bujeaud, II, 183-190; J. Canteloube, *Anthologie des chants populaires français,* 4 tomos (París, 1951), I, 157; II, 381; III, 118, 197, 223; IV, 62, 115, 326; Haupt, p. 15; Millien, II, 57-70; Puymaigre, *Pays Messin,* I, 146-152; E. Rolland, *Recueil de chansons populaires,* II (1967), 38-40. Con P. Bénichou, nos parece patente la relación, en último término, de esta canción con el romance del *Conde Arnaldos* (véase *Romancero judeo-español de Marruecos* [Madrid, 1968], p. 210).

[11] L. Decombe, *Chansons populaires recueillies dans le département d'Ille-et-Vilaine* (Rennes, 1884), pp. 1-7 (con amplia bibliografía adicional de versiones, tanto contaminadas como autónomas). Hemos visto, además, los siguientes textos: J.-F. Bladé, *Poésies populaires en langue française recueillies dans l'Armagnac et l'Agenais* (París, 1879), pp. 36-37; Canteloube, IV, 306; Gagnon, pp. 49-50; Millien, II, 69-70; A. Rossat, *Les chansons populaires recueillies dans la Suisse romande,* I (Basilea-Lausana, 1917), pp. 62-63. Cfr. también J. Tiersot, *Chansons populaires recueillies dans les Alpes françaises (Savoie et Dauphiné)* (Grenoble-Moutiers, 1903), p. 142. La balada mixta también se cantaba en el islote lingüístico francés de Vincennes establecido a principios del siglo XVIII en el estado de Indiana (EE. UU.). Véase Cecilia Ray Berry (ed.) *et al., Folk Songs of Old Vincennes* (Chicago, 1946), pp. 20-23 y 89-91. Sobre la vigorosa expansión de esta «ben riuscita contaminazione», véase el interesante comentario de Bronzini, II, 13-16.

Embarquement + Plongeur. Nótese incluso la identidad onomástica de las protagonistas: *Katina* y *Cath'rine*. Queda, sin embargo, el problema —por ahora insoluble— de la fecha en que la *chanson* se incorporó a la tradición judeoespañola: ¿Recientemente, como resultado del afrancesamiento cultural de los Balcanes? ¿O hace tiempo, a raíz de algún contacto esporádico de los judíos españoles quizá con correligionarios suyos de habla y de tradiciones folk-literarias transpirinaicas? Nada se puede decir a ciencia cierta. La canción, según nos informa Attias, era ya conocida a finales del siglo XIX. Desde luego, ha experimentado cierta tradicionalización, pues testimonia en el v. 7 la penetración de un famoso motivo del Romancero, procedente en este caso del romance endechesco de *Los siete hermanos y el pozo airón*[12]. Pero así y todo, queda indeterminado el momento en que se realizara este pequeño injerto gálico en el abigarrado cancionero de los judíos de Oriente.

[12] Compárese M. Attias, *Romancero sefaradí,* 2.ª ed. (Jerusalén, 1961), núm. 83: «ya '[e]charon pares y nones / y al más chico le cayó» (vv. 7-8). El motivo es difundidísimo en el Romancero tradicional (amén de baladas de las otras tradiciones europeas); así en *La muerte de don Beltrán*: «Siete veces echan suertes / quién le volverá a buscar» (*Primav.* 185-185a); «Siete vezes echan suertes / por ver quién irá a enterrarle» (A. de Larrea Palacín, *Romances de Tetuán,* 2 tomos [Madrid, 1952], I, núm. 25); «Deitaram sortes á ventura / a qual o havia de ir buscar» (Th. Braga, *Romanceiro geral portuguez,* 2.ª ed., 3 tomos [Lisboa, 1906-1909], I, 207); en *El cautiverio de Guarinos*: «Siete veces echan suertes / cuál de ellos lo ha de llevar» (*Primav.* 186; Larrea, núm. 65); en *El ramito de arrayán*: «Empezaron a echar suertes / por cuál le iba a sacá» (B. Gil, *Romances populares de Extremadura* [Badajoz, 1944], pp. 65, 66); en *La loba parda*: «Venían echando suertes / cuál había de echar la caza» (J. M. de Cossío, *Romances de tradición oral* [Buenos Aires-Méjico, 1947], p. 129); en *A Nau Catrineta*: «Deitaram sorte á ventura / qual se havia de matar» (Braga, I, 2); y en *Disfrazado de mujer (é-a):* «Siete veces echan shuelte / quien hay de durmir con ella» (Attias 118.15-16). Sobre las implicaciones del motivo, conviene consultar el acertado artículo de E. Rogers, «Games of Muscle, Mind, and Chance in the *Romancero*», *H,* LV (1972), 419-427 y ahora su libro, *The Perilous Hunt: Symbols in Hispanic and European Balladry* (Lexington, Kentucky, 1980), pp. 41-57.

[13] Al leer el presente artículo en *ESef,* I (1978), nuestro amigo y maestro Paul Bénichou nos proporcionó, en una carta fechada en París, el 23 de abril de 1979, el siguiente dato precioso: «En cuanto al romance de *Se pasea Katina,* la canción francesa es una de las más conocidas y populares, y creo que se difundió mucho a base de antologías folklóricas publicadas desde fines del XIX. Yo la oía cantar, de niño, por niños judíos en un barrio de Orán donde vivía una tía mía, y esos chicos, cuyos padres entonces apenas hablaban francés sólo la podían haber aprendido en la escuela, y quizá más bien en las clases de la 'Alliance juive'. No sería imposible que hubiera penetrado en Oriente por la misma vía, y que más tarde haya sido traducido al español.»

Por otra parte, la Dra. Mónica Holander ha podido recoger en 1978 una breve versión de *El buceador* de un anciano sefardí de la comunidad de Sarajevo. La profesora Denah Levy Lida da a conocer otra notable variante en *El sefardí esmirniano de Nueva York,* tesis de Ph. D. (Universidad Autónoma de México, 1952), pp. 69-70 (núm. VII).

Para otro reflejo hispánico del *Plongeur noyé,* véase nuestro artículo, «Uma canção popular francesa na tradição brasileira: *A Filha do Rei da Espanha*», *Ciência & Trópico* (Pernambuco), 6:2 (1978), 322-336.

III

PERSPECTIVAS MUSICALES

LA MÚSICA DE LOS ROMANCES JUDEO-ESPAÑOLES

(por Israel I. Katz)

El romance, el género más característico de la poesía nacional española, ha tenido una existencia continua y vital por lo menos desde la primera mitad del siglo XIV.[1] Sus orígenes textuales han sido estudiados minuciosamente y la investigación del romance desde perspectivas poéticas, filológicas, históricas y folklóricas ha producido una extensa bibliografía. En estos últimos años, los musicólogos han descubierto el legado riquísimo e inexplorado del romance, que abarca desde los cancioneros musicales y manuales de vihuelistas del siglo XVI hasta las innumerables colecciones regionales de canciones populares españolas recopiladas en su mayor parte durante los últimos setenta años.[2] La existencia de una gran cantidad de fuentes musicales es razón suficiente para aducir la ayuda de la disciplina musical y conviene dar por entendido que las investigaciones efectuadas en este campo ayudarán a desenmarañar muchas de las conjeturas sobre orígenes e influencias, surgidas debido a la falta de pruebas sustanciales.

Ha despertado un interés especial entre ciertos investigadores el hecho de que el romance sobrevive de forma especialmente vigorosa en la tradición oral de los judíos sefardíes residentes en las comunidades del Mediterráneo, más allá de los límites del mundo hispánico.[3] Estos judíos, descendientes de los que fueron expulsados

[1] Se han establecido los antecedentes musicales del romance sobre la base de formas seculares y litúrgicas compuestas de acuerdo con principios métricos similares. Estos principios tienen características poéticas tales como: forma estrófica, recuento de sílabas, rima asonante y verso acentuado o más bien metro cualitativo. La forma del romance surgió como un verso de dieciséis sílabas dividido, mediante una cesura, en dos hemistiquios octosilábicos, de los cuales el primero no tiene rima y el segundo termina en asonancia.

[2] Cfr. Daniel Devoto, «Sobre la música tradicional española», *RFH*, V (1943), 344-366; Id., «Sobre el estudio folklórico del romancero español: Proposiciones para un método de estudio de la canción tradicional», *BHi*, LVII (1955), 233-291; Id., «Poésie et musique dans l'oeuvre des vihuélistes (Notes méthodologiques)», *Ann-Mu*, IV (1956), 85-111. Miguel Querol Gavaldá, «Importance historique et nationale du romance», *Musique et Poésie au XVIe siècle* (París, 1954), pp. 299-324. Estos artículos contienen bibliografías riquísimas de las fuentes musicales hispánicas.

[3] Para un estudio detallado de investigaciones tempranas relativas al romancero judío-español, véase R. Menéndez Pidal, «Catálogo del romancero judío-español» (1906), reimpreso en *Los romances de América y otros estudios* (Madrid, 1958),

de España en 1492 y de Portugal a partir de 1506, experimentaron una trágica historia a raíz de una doble oleada de emigración que aún se refleja claramente en su situación actual.[4] Las ciudades en las que se establecieron, principalmente Salónica, Istanbul, Esmirna, Jerusalén, Tetuán y Tánger se transformaron en grandes centros sefardíes, en los que el idioma, la cultura y las tradiciones hispánicas se han transmitido oralmente de generación en generación a través de los cinco últimos siglos. Sólo dentro de semejante ambiente etnocéntrico, aferrado a tradiciones multiseculares, pudo sobrevivir durante tanto tiempo una tradición romancística tan arcaica y a la vez tan vigorosa. Es de lamentar que la mayor parte de las comunidades sefardíes pequeñas ya hayan pasado al olvido y sólo se encuentran vestigios de esta gran tradición en las ciudades más importantes de la diáspora sefardí. En las comunidades judeo-españolas donde el romance floreció —como las de Grecia, Turquía, Marruecos y luego los Estados Unidos e Hispanoamérica— el género ahora tiende a desaparecer. En Israel, la antiquísima costumbre de cantar romances se ha visto reforzada por la llegada de grandes grupos de exilados sefardíes, pero aun allí, dentro de algunas décadas, la tradición del Romancero ha de caer en el olvido.

Gran parte de la crítica realizada hasta la fecha sobre los orígenes musicales del romancero judeo-español ha sido caracterizada por generalizaciones subjetivas y de índole romántica. Mientras las investigaciones extra-musicales sobre este vasto repertorio de folklore viviente han eliminado en gran parte semejante mística étnica, los investigadores y coleccionistas musicológicos a menudo se han limitado a definir los distintos elementos musicales de los romances sefardíes como si fueran en todos los casos de origen hispánico. En realidad, el texto de un romance determinado o, por otra parte, su melodía no tienen necesariamente que relacionarse directamente con la tradición peninsular; aun aquellos textos cuyos orígenes pueden identifi-

pp. 114-128. Otras obras posteriores que tratan de las investigaciones más recientes son: I. R. Molho, «Mĕkôrôtâw wĕ-hôkrâw šel hā-Rômancêrô» («Las fuentes y los investigadores del Romancero»), *Maḥberet (Les Cahiers de l'Alliance Israélite Universelle)*, IV (París y Jerusalén, agosto, 1956), 108-112; M. Attias, *Romancero sefaradí: romanzas y cantes populares en judeo-español*, 2.ª ed. (Jerusalén, 1961), pp. 3-14, 334-347. Un capítulo de mi *Judeo-Spanish Traditional Ballads from Jerusalem: An Ethnomusicological Study*, 2 vols. (Brooklyn: Institute of Mediaeval Music, 1972-1975), está dedicado a un estudio musical del romancero judeo-español.

[4]   Véase la obra de M. J. Benardete, *Hispanic Culture and Character of the Sephardic Jews* (Nueva York, 1952), pp. 53-97, o bien la traducción española, *Hispanismo de los sefardíes levantinos* (Madrid, 1963), pp. 59-106. Según explica Benardete, la diáspora sefardí se divide en dos grupos: los judíos medievales y los renacentistas. Entre éstos estarían los sefardíes que emigraron a diversos lugares de Europa occidental y al continente americano y cuya rápida occidentalización había de borrar casi todas las huellas de su herencia hispánica. Los del primer grupo serían aquéllos que emigraron a Africa del Norte y al Mediterráneo oriental y que continuaron su existencia como sociedades populares conservando al mismo tiempo su cultura hispánica.

carse definitivamente como hispánicos también han sufrido significativas influencias externas. Pero sobre todo, el problema de estilos e influencias ha sido muy descuidado por la crítica anterior y ha quedado en gran parte sin aclarar. Basándose exclusivamente en la percepción auditiva, muchos coleccionistas que viajaron por las diversas regiones de la diáspora sefardí especularon de modo subjetivo sobre la posible relación entre la música sefardí y otras formas musicales hispánicas tales como la saeta y el cante jondo andaluz. Es obvio que ha llegado el momento de hacer una comparación musical sistemática entre el conjunto de romances pan-hispánicos y los abundantes materiales romancísticos recogidos de la tradición sefardí.

Durante dos años (1959-1961) de trabajos de campo musicales en Israel,[5] tuve la oportunidad de obtener numerosas grabaciones de la tradición actual del romance entre los sefardíes que han vivido en la ciudad vieja de Jerusalén desde el siglo XVI.[6] Con el fin de completar el material grabado en Jerusalén, efectué viajes a otras zonas de Israel en las que se habían establecido comunidades sefardíes (Tel Aviv, Beit Shemesh, Tiberias, Safed) y a diversas colonias agrícolas, así como también a los $ma^cabar\hat{o}t$ («domicilios temporales») en los que se alojan temporalmente los inmigrantes recién llegados. Los materiales recogidos integran unas 200 versiones de 55 romances diferentes, además de una cantidad apreciable de canciones religiosas y profanas.[7] Un estudio de estos materiales señala claramente la

[5]   Deseo expresar mi agradecimiento a la Comisión de Becas Charles Brown de Los Angeles por haberme dado la oportunidad de estudiar en la Universidad Hebrea de Jerusalén con la eminente musicóloga, doctora Edith Gerson-Kiwi. Los estudios de un segundo año fueron patrocinados por el Instituto de Etnomusicología de la Universidad de California en Los Angeles mediante una beca de la Fundación Rockefeller. Doy gracias especiales a los profesores Mantle Hood, Boris A. Kremenliev y Laurence Petran, cuyo interés y estímulo apoyaron mis trabajos y a los profesores Samuel G. Armistead y Joseph H. Silverman, cuya colaboración y ayuda continúan siendo una fuente de inspiración en este campo de estudios.

[6]   M. D. Gaon, *Yehûdê ha-mizrāh bĕ-'ereç Yiśrāēl ba-ʿābār û-ba-hōweh* («Los judíos de Oriente en Israel en el pasado y el presente») (Jerusalén, 5685 [1925]), I, 107, observa que los judíos españoles ya se habían instalado en Jerusalén antes de la expulsión de los sefardíes de España en 1492, a causa de los funestos acontecimientos en la Península Ibérica a partir de 1391. Después de la expulsión, llegaron numerosos judíos españoles a Palestina. Cuando los otomanos derrotaron a los mamelucos en 1516, a los judíos se les permitió establecerse libremente en cualquier área del Imperio Otomano. Así se iba reforzando la comunidad de Jerusalén mediante unas oleadas incesantes de recién llegados. Ya hacia fines del siglo XVI, los sefardíes constituían el grupo judío más numeroso y fueron capaces de dominar la vida de la comunidad hierosolimitana hasta mediados del siglo XIX.

[7]   Fueron entrevistados cincuenta y dos informantes (veintidós de la Ciudad Vieja de Jerusalén, tres de Bulgaria, tres de Yugoslavia, tres de Grecia, trece de Turquía y ocho de Marruecos). Cito los temas romancísticos de mi colección de acuerdo con la numeración del «Catálogo del romancero judío-español» de R. Menéndez Pidal: *Juan Lorenzo* (12), *Expulsión de los judíos de Portugal* (13), *Gaiferos y Melisenda* (27), *Melisenda insomne* (28), *Nacimiento y vocación de Abraham* (30), *Consagración de*

existencia de dos, o posiblemente de tres, categorías distintas de estilo en el repertorio musical de los sefardíes. Dichas categorías representan las divisiones oriental y occidental de las comunidades mediterráneas judeo-españolas —la primera procedente de Turquía, de centros como Istanbul, Esmirna, Rodas y Jerusalén, y la occidental localizada en Marruecos, especialmente en Tánger y Tetuán. La posible existencia de una tercera categoría la sugieren los romances procedentes de la metrópoli sefardí de Salónica en Grecia. Conviene tener en cuenta que la música de la iglesia bizantina ejerció una notable influencia sobre la música popular griega. El hecho de que esta influencia sigue existiendo en el momento actual sugiere la posibilidad de que la música islámica quizá no haya logrado dejar huellas tan profundas en Grecia como se pensaba. Por otra parte, los sefardíes que vivían en Turquía tenían forzosamente que recibir una fuerte influencia de los estilos vocales turco-árabes. El repertorio musical hispánico, con sus modos medievales, traído por los judíos desde la Península Ibérica, se trasplantó al nuevo medio ambiente oriental y poco a poco debe haberse visto muy influenciado por las prácticas modales de las *maqamāt* árabes, turcas y persas. Dentro del nuevo estilo asimilado por los sefardíes, debe haber ocurrido una serie de modificaciones en el repertorio tradicional de su música, tales como las variaciones melódicas improvisadas y cambios progresivos respecto a la ornamentación.

Un romance que ejemplifica el estilo musical turco es el de *La choza del desesperado* (MP 140: «Irme kero, la mi madre»), difundidísimo entre los sefardíes de los Balcanes (véase el ejemplo 1). El marco melódico parece pertenecer al modo frigio (modo de Mi), aunque sus inflecciones microtónicas indican claramente el modo Mi árabe de la *maqam segâh*. Es muy característica la gradual transformación microtónica más baja del *finalis* (Mi-bemol) y de la quinta (Si-bemol), indicado por el signo ♭. He aquí el primer dístico del romance (Ejemplo 1):[8]

Moisés (34), *Las tablas de la Ley* (35), *David y Goliat* (36), *Amnón y Tamar* (37), *Hero y Leandro* (41), *Robo de Elena* (43), *Virgilios* (46), *Hermanas reina y cautiva* (48), *Don Bueso y su hermana* (49), *¿Por qué no cantáis la bella?* (57), *Vuelta del marido (í)* (58), *Vuelta del marido (é)* (59), *Diego León* (63), *Conde Alarcos* (64), *Sueño de la hija* (68), *Mala suegra* (70), *Sufrir callando* (71), *Malcasada del pastor* (72), *Mujer engañada* (74), *Adúltera (ó)* (78), *Raquel lastimosa* (79), *Adúltera (á-a)* (80), *Landarico* (82), *Infanticida* (84), *Rico Franco* (85), *Envenenadora* (88), *Forzador* (96), *Silvana* (98), *Delgadina* (99), *Gerineldo* (101), *Infanta deshonrada* (106), *Una ramica de ruda* (107), *Princesa y el segador* (108), *Desilusión* (111), *Repulsa y compasión* (115), *Buena hija* (119), *Vos labraré un pendón* (120), *Doncella guerrera* (121), *Rey envidioso de su sobrino* (123), *Partida del esposo + Vuelta del hijo maldecido* (124), *Bella en misa* (133), *Choza del desesperado* (140). También he recogido otros varios romances que no se encuentran en el «Catálogo»: *Catarina, Casada con un viejo (é), Niña de los siete enamorados; Paso del Mar Rojo, Princesa y el bozağí, Sentenciado del bajá* y *Venganza de la novia rechazada*.

[8]   Cantado por la Sra. Rivka Shalom, de 65 años, de la Ciudad Vieja de Jerusalén. Jerusalén, 8 de noviembre de 1960.

En este ejemplo, el verso de dieciséis sílabas está dividido en cuatro frases silábicas desiguales que representan cuatro frases musicales, de las cuales tres contienen cadencias figurativas que terminan la mediante (Sol) más alto que la tónica, y la cuarta frase que acaba en el *finalis*. Luego continúan dos frases más —la primera utiliza la exclamación turca *amán* («piedad, ay de mí») y termina en el sub*tonium* (Re), el cual lleva a la frase final que repite las tres últimas sílabas y acaba en el *finalis*. Esta modalidad es constante en toda la interpretación.[9] La característica diatónica y el estilo rítmico libre son los rasgos más sobresalientes, junto con las frases que comienzan con recitativos de tipo declamatorio y que se desarrollan hasta formar melismas ornamentales con sucesivas improvisaciones melódicas. Estas características son comunes a la mayoría de los romances cantados conforme al estilo turco.

El romance de *La vuelta del marido (í)* (MP 58) o *Arvoleras,* uno de los romances más estimados y populares en la tradición oriental, ofrece otro problema interesante. Todas las variantes musicales que recopilé guardan entre sí una extraordinaria semejanza. El texto, común en todas las interpretaciones con una variación relativamente limitada, mantiene un patrón estrófico basado en un dístico iterativo dividido en hemistiquios de ocho y siete sílabas, que equivalen, en términos musicales, a las cadencias *ouvert* y *clos,* respectivamente. Ésta, precisamente, ha sido la forma más popular de las canciones griegas desde la época bizantina.[10] Será interesante averiguar, en futuras investigaciones, cuántos romances sefardíes griegos han mante-

---

[9] Once variantes adicionales que recogí de informadores de Jerusalén y de Turquía muestran la misma organización del texto, con cuatro sílabas para cada frase musical. Compárense las melodías de Isaac Levy, *Chants judéo-espagnols* (Londres, 1959), p. 13 (núm. 9) y José de S[an] S[ebastián], *Canciones sefardíes para canto y piano* (Tolosa, España [1945]), núm. 4.

[10] S. Baud-Bovy, «The Strophe of Rhymed Distichs in Greek Songs», *Studia Memoriae Belae Bartók Sacra,* 3.ª ed. (Londres, 1959), pp. 359-376: p. 359.

nido esta forma de verso. Ésta y otras variantes transcritas de *Arvoleras* participan en la *maqam bayatî,* con su segunda aplanada. La exclamación turca *amán, amán,* en todas sus variantes presenta un tetracordio descendente que hace las veces de puente entre el primero y el segundo hemistiquio. Puede ser posible, por lo tanto, que la melodía de *Arvoleras* haya tenido su origen en Grecia y que más tarde se haya asimilado al idioma musical turco, dada su gran popularidad en todo el Mediterráneo oriental. Ofrezco a continuación el primer verso de una de las variantes recogidas en Jerusalén (Ejemplo 2):[11]

Si en el estilo griego predomina el verso de quince sílabas, también podemos atribuir a Grecia la influencia de un metro poético basado más bien en la cantidad que en la calidad. Tal relación entre el metro poético y el metro musical se encuentra en el romance de *Las hermanas reina y cautiva* (MP 48: «Morikos, mis morikos») cantado por un informante de Salónica (Ejemplo 3):[12]

---

[11]   Cantado por la Sra. Sultana Parnass, de 71 años, de la Ciudad Vieja de Jerusalén, Jerusalén, 12 de noviembre de 1960. Compárese con B. Jungić, «Tri sefardske romanse», *Godišnjak* (Sarajevo-Belgrado, 1933), pp. 290-291, incluido en *Judeo-Spanish Ballads from Bosnia* (Philadelphia, 1971), pp. 60-61; R. R. MacCurdy y D. D. Stanley, «Judaeo-Spanish Ballads from Atlanta, Georgia», *SFQ,* XV (1951), 223 (texto A); León Algazi, *Chants séphardis* (Londres, 1958), p. 52; I. Levy, *Chants judéo-espagnols,* I (Londres, 1959), pp. 10-12 (núms. 7 y 8); II (Jerusalén, 1970), 14-15; IV (Jerusalén, 1973), 12; E. Gerson-Kiwi, «The Legacy of Jewish Music through the Ages», *Journal of Synagogue Music,* I:1 (Nueva York, 1967), 3-25: p. 14.

[12]   Cantado por el Sr. Daniel Arzuz, de 77 años, Tel Aviv, 7 de diciembre de 1960. Compárese la melodía con Algazi, p. 39 (núm. 47). Para las versiones melódicas occidentales o marroquíes, véanse: M. L. Ortega, *Los hebreos en Marruecos,* 3.ª ed. (Madrid, 1929), p. 225; P. Bénichou, «Romances judeo-españoles de Marruecos», *RFH,* VI (1944), 377; Id., *Romancero judeo-español de Marruecos* (Madrid, 1968), p. 301; Arcadio de Larrea Palacín, *Romances de Tetuán,* 2 tomos (Madrid, 1952), I, 148-157; Levy, *Chants,* II, 5; III (Jerusalén, 1971), 37.

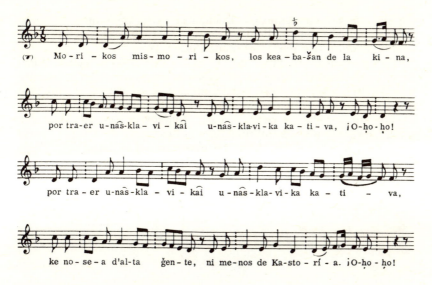

(♥) Mo - ri - kos mis-mo - ri - kos, los kea - ba-šan de la ki - na,

por tra - er u-nâs-kla - vi - kaĩ u-nâs-kla-vi-ka ka - ti - va, ¡O-ḥo - ḥo!

por tra - er u-nâs-kla - vi - kaĩ u-nâs-kla-vi-ka ka - ti - va,

ke no - se - a d'al-ta   ǧen - te, ni me-nos de Ka-sto - rí - a. ¡O-ḥo - ḥo!

Se usa aquí el modo dórico (Modo de Re) con Si-bemol. El aspecto más sobresaliente es la interacción de negras y corcheas organizadas según el esquema métrico de 7/8 llamado epítrito. El ritmo característico es ♩ ♪ ♩ ♩, con el refrán *oḥoḥó* que completa la estrofa métrica. Se sabe que la épica homérica se cantaba en este metro, lo cual sirve como un argumento a favor de su origen griego. Desde el punto de vista estilístico, se puede argüir que la observancia estricta de los modos griegos antiguos[13] y la adaptación rígida a un metro poético cuantitativo, constituyen un poderoso testimonio a favor de la categoría de estilo griego de los romances sefardíes que hemos propuesto. Los refinamientos microtónicos habían de ser tan importantes para la música griega como lo son para la de Turquía.

La tradición occidental o marroquí no se caracteriza por las complejidades presentes en la de Oriente. Debido a su contacto casi ininterrumpido con la Península, la tradición de los sefardíes de Marruecos a menudo había de reflejar el impacto de la tradición romancística moderna de España. Aún queda por averiguarse la antigüedad de las melodías de la tradición marroquí. Cierto número de melodías romancísticas recogidas en Marruecos también se ha encontrado en Oriente. Los sefardíes occidentales se han abstenido, por lo visto, de improvisar variaciones melódicas y de cultivar una ornamentación elaborada de sus melodías. Al contrario, han usado la forma estrófica como una estructura fija, aunque se encuentran den-

---

[13]   Se entiende que el modo griego con el *finalis* en Re fue el modo frigio del sistema griego, aunque los teóricos medievales lo denominaron erróneamente como dórico.

tro de este esquema musical frecuentes variaciones que tienen su equivalente en Oriente. Esto ha de ser así, ya que el Magreb, claro está, también forma parte del mundo islámico.

La melodía del romance de *Gerineldo* (MP 101) se puede considerar como representativa de la tradición marroquí. Aquí transcribimos los tres primeros versos del romance, con su estrofa melódica de cuarteta en AA'BC[14] (Ejemplo 4). Nótese la consistencia de la hemiola en la cadencia de cada frase. Aunque el compás de 6/8 parezca apropiado para la interpretación, el esquema de 9/8 que aparece al final de cada frase A' se ha mantenido a lo largo de toda la interpretación:

---

[14] Cantado por la Sra. Bela Alpaz, de 53 años, emigrante de Tánger, Jerusalén, 27 de febrero de 1961. Esta melodía tiene gran parecido a la que publica Bénichou (1944), p. 375 (núm. IV); ed. de 1968, p. 295. Véase también Larrea Palacín. II. 152-164.

Como ya se ha dicho, el romancero sefardí se divide fundamentalmente en el grupo de Oriente, que abarca Grecia, Turquía y los Balcanes, y el Oeste, que comprende Marruecos y las otras comunidades del norte de Africa. Sin embargo, no debe olvidarse que el repertorio sefardí sólo constituye un pequeño segmento de la amplísima tradición pan-hispánica, que tuvo su origen en Castilla en los siglos XIV, XV y XVI y que luego se difundió por todos los dominios del mundo hispánico. Los componentes estilísticos, o parámetros, que son musicalmente constantes en la tradición sefardí son los siguientes:

1. Todos los romances se cantan monotónicamente y en general sin acompañamiento.
   En los casos poco comunes en los que hay acompañamiento, éste será armónico en la tradición occidental y heterofónico en la oriental.
2. La forma estrófica es fundamental en todas las estrofas melódicas y predomina la división en cuartetas.
3. Las estrofas melódicas se caracterizan por la repetición variada.
4. El ámbitus cae generalmente dentro de la octava.
5. La dinámica es constante una vez que se establece la estrofa melódica.
6. El trémolo no forma parte de la práctica del cantor.

Aquellos parámetros que difieren entre las tradiciones mediterráneas oriental y occidental se pueden comparar de la manera siguiente:

		ORIENTE	OCCIDENTE
1.	*La estrofa melódica:*	Se ciñe a la clase de melodías del sistema de las *maqamāt* turco-árabes; su movimiento es diatónico.	Es modal y diatónica, incluyendo mayor y menor; algunos romances tienen claras características penta-tónicas y triádicas.
2.	*El tono:*	Tiene una cantidad mayor de entonación microtónica.	Se suscribe al concepto occidental de tono.
3.	*El movimiento:*	Varía desde un *tactus* pulsante fundamental a una interpretación *parlando-rubato*.	Fluye de forma nive-lada y constante.
4.	*El ritmo:*	Varía dentro de la longitud de la frase.	Se determina de acuerdo con la inter-pretación del esquema melódico. Las irregu-laridades son el pro-ducto de la adición u omisión de sílabas en la versificación.
5.	*La longitud de la frase:*	Varía según la canti-dad de ornamentación vocálica.	Se distribuye de modo bastante uniforme.
6.	*La tesitura:*	Registro medio a alto.	Registro medio.
7.	*La ornamenta-ción:*	Mucha ornamentación vocálica, sobre todo al final de las frases.	Grado mínimo de or-namentación vocálica. Ésta equivaldría a nuestro concepto de estilo neumático orna-mentado.
8.	*La cualidad tonal:*	Típica de las prácticas vocales del Medio Oriente	Típica del romancero español autóctono.

* * *

Lo que aquí se ha presentado —cuatro ejemplos de nuestra co-lección de más de 1.000 melodías de romances judeo-españoles— sólo constituye un preludio al estudio de un aspecto muy desatendido del romancero sefardí. Las categorías estilísticas que aquí se han propuesto pueden ofrecer un nuevo modo de abordar un estudio musical más exacto del romancero sefardí. Trabajando dentro de las áreas donde predominan estos estilos, podremos llegar a comprender mejor la transmisión de los romances a través de los siglos, desde sus remotos orígenes hispánicos hasta su recreación bajo la fuerte influencia de las prácticas estilísticas del Mediterráneo oriental. Si queremos reconstruir la tradición musical del romancero que los sefardíes llevaron consigo al exilio, debemos emprender primero un detenido estudio comparativo de los repertorios romancísticos conservados modernamente en las comunidades del Mediterráneo oriental y occidental. Desde este punto de arranque, nos tocará trabajar en forma retrospectiva, hacia un estudio comparado más amplio de las fuentes musicales conocidas del romancero español de los siglos xv y xvi. Sólo mediante una empresa de tal envergadura podremos solucionar los muchos problemas relacionados con la supuesta herencia española de los romances judeo-españoles e identificar al mismo tiempo aquellas importantes influencias externas que han producido alteraciones significativas en su estilo y contenido durante casi quinientos años de tradición oral[15].

---

[15] Conviene señalar algunas publicaciones recientes no tenidas en cuenta cuando fueron redactadas estas páginas. Para lo publicado sobre el Romancero durante la última década, véase S. G. Armistead, «A Critical Bibliography of the Hispanic Ballad in Oral Tradition (1971-1979)», *El Romancero hoy: Historia, comparatismo, bibliografía crítica*, ed. S. G. Armistead et al. (Madrid, 1979), pp. 199-310. Para mis contribuciones más recientes al estudio de la música de los romances sefardíes y temas afines, véanse «The Traditional Folk Music of Spain: Explorations and Perspectives», *YIFMC*, VI (1974), 64-85; «Manuel Manrique de Lara and the Tunes of the Moroccan Sephardic Ballad Tradition: Some Insights to a Much-Needed Critical Edition» y «A Survey of the Ballad Tunes Presented during the Symposium», *El Romancero hoy: Nuevas fronteras*, ed. A. Sánchez Romeralo et al. (Madrid, 1979), pp. 75-87 y 451-474; «Stylized Performances of a Judeo-Spanish Traditional Ballad: *La mujer engañada*», *Studies in Jewish Folklore*, ed. F. Talmage (Cambridge, Mass., 1980), pp. 181-200; y «Jewish Music: Sephardic Secular Music», *New Grove Dictionary of Music and Musicians*, IX (London, 1980), 639-641, 644-645. Para más transcripciones mías de la tradición occidental (marroquí), véanse S. G. Armistead y J. H. Silverman (con O. A. Librowicz), *Romances judeo-españoles de Tánger* (Madrid, 1977), pp. 199-205; «On the Music of the Three *Romances* from Tangier», *ESef*, I (1978), 129-31; «Judeo-Spanish Folk Poetry from Morocco (The Boas-Nahón Collection)», *YIFMC*, XI (1979), 58-75 (con S. G. Armistead y J. H. Silverman); de la tradición oriental: S. G. Armistead y J. H. Silverman, *Tres calas en el romancero sefardí (Rodas, Jerusalén, Estados Unidos)* (Madrid, 1979), pp. 145-51; «Sobre la antigua discografía sefardí y el Romancero», *La Corónica*, IX: 2 (1981), 138-44 (con S. G. Armistead y J. H. Silverman); y «Five Judeo-Spanish Ballads from Smyrna», in *Homenaje a Dorothy C. Clarke-Shadi* (Berkeley, 1982; en prensa) (con D. Levy Lida, S. G. Armistead y J. H. Silverman).

ÍNDICE TEMÁTICO

El índice temático concuerda con S. G. Armistead et al., *El romancero judeo-español en el Archivo Menéndez Pidal,* 3 tomos, Madrid, 1978. Los temas que faltan en este catálogo se señalan con asteriscos (*). Los números en paréntesis a continuación de los títulos de romances remiten a R. Menéndez Pidal, «Catálogo del romancero judío-español», *CE,* IV (1906), 1045-1077; V (1907), 161-199.

A. ÉPICOS

    A4. El rey Fernando en Francia (ó) (4) II.2.

B. CAROLINGIOS

    B6. El sueño de doña Alda (á-e) (21) I.17, II.8.

C. HISTÓRICOS

    C4. El moro de Antequera (í-a) I.6.
    C7. El alcaide de Alhama (á-a) (9) I.6.

D. MORISCOS

    D3. La sanjuanada (á-a) (8) I.1.

E. BÍBLICOS

    E17. Tamar y Amnón (á-a) (37) I.12.

F. CLÁSICOS

    F7. Tarquino y Lucrecia (á-a) (45) I.10.

H.   CAUTIVOS Y PRESOS

H1. Las hermanas reina y cautiva (í-a) (48) III.
H16. El infante cautivo (á) I.7.
H20. El esclavo que llora por su mujer (polias.) II.1.
H27. La niña de Gómez Arias (estróf.) I.4.

I.   VUELTA DEL MARIDO

I1. La vuelta del marido (í) (58) III.
I6. La partida del esposo (á) (124) II.1.
I9. El falso peregrino (á, í) II.11.

J.   AMOR FIEL

J5. Diego León (á-a) (63) I.13.

K.   AMOR DESGRACIADO

K3. La choza del desesperado (é) (140) III.

M.   ADÚLTERA

M11. Celinos y la adúltera (á-e) I.3.

O.   RAPTOS Y FORZADORES

O1. La esposa de don García (polias.) (62) I.15.
O7. El forzador (í-a) (96) II.9.

Q.   MUJERES SEDUCTORAS

Q1. Gerineldo (í-o) (101) III.
*Q3 +. La princesa y el bozağí (í) II.2.
Q6.   El villano vil (estróf.) (139) II.6.

R.   MUJERES SEDUCIDAS

R3. La infanta parida (í-a, á-a) (106) II.8.
R11. La Celestina (estróf.) I.9.

S. VARIAS AVENTURAS AMOROSAS

S6. El sueño de la hija (polias.) (68; 129) II.1.
S7. La bella en misa (ó) (133) I.5.

V. LA MUERTE PERSONIFICADA

V3. El Huerco y el navegante (polias.) I.11.
V5. La moza y el Huerco (á-o) II.1.

X. ASUNTOS VARIOS

X6. La vuelta del hijo maldecido (á) (124) II.1.
X13. El pozo airón (ó) II.1.
X14. La pesca del anillo (ó) II.11.
*X14 +. El buceador (polyas.) II.12.
*X32. El puente de Arta II.2.

Y. CANCIONES ACUMULATIVAS

Y3. El buen viejo II.4.
*Y7. La mosca y la mora I.8, II.4.
*Y8. El cavretico II.4.
*Y9. Vivardueña I.15.

AA. CANCIONES LÍRICAS

*AA105. Echa agua en la tu puerta II.3.

CC. CANCIONES PARA-LITÚRGICAS

CC2. Las coplas de las flores II.5.

ABREVIATURAS

AEM	=	*Anuario de Estudios Medievales*, Barcelona.
AFC	=	*Archivos del Folklore Cubano*, La Habana.
Africa	=	*Africa*, Madrid.
AION	=	*Annali:* Istituto Universitario Orientale, Nápoles.
AJA	=	*American Journal of Archaeology*, Concord, New Hampshire.
AJSR	=	*Association for Jewish Studies Review*, Cambridge, Mass.
AlAn	=	*Al-Andalus*, Madrid.
ALG	=	*Archiv für Litteraturgeschichte*, Leipzig.
ALM	=	*Anuario de Letras*, México.
ALV	=	*Archiv für Literatur und Volksdichtung*, Lahr, Baden.
AMP	=	*Annali del Museo Pitrè*, Palermo.
Anales Toledanos	=	*Anales Toledanos*, Toledo.
AnM	=	*Anuario Musical*, Barcelona.
AnnMu	=	*Annales Musicologiques*, París.
AO	=	*Archivum*, Oviedo.
Arab	=	*Arabica*, Leiden.
ARSTPI	=	*Archivio per la Raccolta e lo Studio delle Tradizioni Popolari Italiani*, Nápoles.
ASTP	=	*Archivio per lo Studio delle Tradizioni Popolari*, Palermo.
BAAEE	=	*Biblioteca de Autores Españoles*, Madrid.
B.A.E.	=	*Biblioteca de Autores Españoles*, Madrid.
BBMP	=	*Boletín de la Biblioteca Menéndez Pelayo*, Santander.
BDE	=	J. Corominas, *Breve Diccionario Etimológico*.
Ber	=	*Berceo*, Logroño.
BHi	=	*Bulletin Hispanique*, Bordeaux.
BHS	=	*Bulletin of Hispanic Studies*, Liverpool.
BICC	=	*Thesaurus: Boletín del Instituto Caro y Cuervo*, Bogotá.
BRAE	=	*Boletín de la Real Academia Española*, Madrid.
CCM	=	*Cahiers de Civilisation Médiévale*, Poitiers.
CE	=	*Cultura Española*, Madrid.
Celestinesca	=	*Celestinesca*, Athens, Georgia.
Clav	=	*Clavileño*, Madrid.
CuH	=	*Cuadernos Hispanoamericanos*, Madrid.
Davar	=	*Davar*, Buenos Aires.
DCELC	=	J. Corominas, *Diccionario crítico etimológico de la lengua castellana*.
DL	=	*Douro Litoral*, Oporto.
Edoth	=	*Edoth*, Jerusalén.

EG   = *Etudes Germaniques*, Lyon.
EMP   = *Estudios dedicados a Menéndez Pidal*, Madrid, 1950-
                        1957.
EMu   = *Ethnomusicology*, Middletown, Connecticut.
ESef   = *Estudios Sefardíes*, Madrid.
FA   = *Folklore Americas*, Los Angeles.
Fabula   = *Fabula*, Berlín.
Fil   = *Filología*, Buenos Aires.
FLJ   = *Folk-lore Journal*, Londres.
GRLMA   = *Grundiss der Romanischen Literaturen des Mittelalters*,
                        Heidelberg.
H   = *Hispania*, Worcester, Massachusetts.
HMP   = *Homenaje a Menéndez Pidal*, Madrid, 1925.
HR   = *Hispanic Review*, Philadelphia.
Iberoromania   = *Iberoromania*, Munich.
Ilerda   = *Ilerda*, Lérida.
JAF   = *Journal of American Folklore*, Washington, D. C.
JFI   = *Journal of the Folklore Institute*, Bloomington.
JJS   = *Journal of Jewish Studies*, Londres.
JMRS   = *Journal of Medieval and Renaissance Studies*, Durham,
                        North Carolina.
JPh   = *Journal of Philology*, Cambridge, Inglaterra.
JREL   = *Jahrbuch für Romanische und Englische Literatur*, Ber-
                        lín.
JS   = *Le Judaïsme Séphardi*, Londres.
JVF   = *Jahrbuch für Volksliedforschung*, Berlín.
JWH   = *Journal of World History*, Montreux, Suiza.
KRQ   = *Kentucky Romance Quarterly*, Lexington, Kentucky.
La Corónica   = *La Corónica*, Greensboro, North Carolina.
Laog   = *Laografía*, Atenas.
Mélusine   = *Mélusine*, París.
MLN   = *Modern Language Notes*, Baltimore.
MPh   = *Modern Philology*, Chicago.
NBAE   = *Nueva Biblioteca de Autores Españoles*, Madrid.
Neoph   = *Neophilologus*, Groningen.
NPhM   = *Neuphilologische Mitteilungen*, Helsinki.
NRFH   = *Nueva Revista de Filología Hispánica*, México.
OCPC   = *Obra del Cançoner Popular de Catalunya*, Barcelona.
PAPhS   = *Proceedings of the American Philosophical Society*, Phi-
                        ladelphia.
PMLA   = *Publications of the Modern Language Association of
                        America*, Nueva York.
RABM   = *Revista de Archivos, Bibliotecas y Museos*, Madrid.
RBF   = *Revista Brasileira de Folclore*, Rio de Janeiro.
RCEE   = *Revista del Centro de Estudios Extremeños*, Badajoz.
RDM   = *Revue des Deux Mondes*, París.
RDTP   = *Revista de Dialectología y Tradiciones Populares*, Ma-
                        drid.
REE   = *Revista de Estudios Extremeños*, Badajoz.
REJ   = *Revue des Études Juives*, París.
Rěšûmôt   = *Rěšûmôt*, Tel-Aviv.
Revista Ibérica   = *Revista Ibérica*, Madrid.

REW	= W. Meyer-Lübke, *Romanisches Etymologisches Wörterbuch*, *5ta.* ed., Heidelberg, 1968.
RF	= *Romanische Forschungen*, Köln.
RFE	= *Revista de Filología Española*, Madrid.
RFH	= *Revista de Filología Hispánica*, Buenos Aires.
RHi	= *Revue Hispanique*, París.
RHR	= *Revue de l'Histoire des Religions*, París.
RIHGB	= *Revista do Instituto Histórico e Geográfico Brasileiro*, Rio de Janeiro.
RL	= *Revista Lusitana*, Lisboa.
RLC	= *Revue de Littérature Comparée*, París.
RLR	= *Revue des Langues Romanes*, Montpellier.
RN	= *Romance Notes*, Chapel Hill, North Carolina.
Ro	= *Romania*, París.
ROcc	= *Revista de Occidente*, Madrid.
RPh	= *Romance Philology*, Berkeley.
RR	= *The Romanic Review*, Nueva York.
RRL	= *Revue Roumaine de Linguistique*, Bucarest.
RTP	= *Revue des Traditions Populaires*, París.
SATF	= *Société des Anciens Textes Français*, París.
Sef	= *Sefarad*, Madrid.
Shevet va'Am	= *Shevet va'Am*, Jerusalén.
SFQ	= *Southern Folklore Quarterly*, Gainesville, Florida.
TI	= *Tribuna Israelita*, México.
UCPMPh	= *University of California Publications in Modern Philology*, Berkeley-Los Angeles.
UnivZ	= *Universidad: Revista de Cultura y Vida Universitaria*, Zaragoza.
Viator	= *Viator*, Los Angeles.
VR	= *Vox Romanica*, Bern.
WF	= *Western Folklore*, Berkeley.
Yeda^c ^{c}Ām	= *Yeda^c ^{c}Ām*, Tel-Aviv.
YIFMC	= *Yearbook of the International Folk Music Council*, Kingston, Ontario.
ZGJD	= *Zeitschrift für die Geschichte der Juden in Deutschland*, Braunschweig, Alemania.
ZRPh	= *Zeitschrift für Romanische Philologie*, Tübingen.
ZVVk	= *Zeitschrift des Vereins für Volkskunde*, Berlín.

ÍNDICES

Títulos de romances, baladas y canciones

Primeros versos

Comprende todos los primeros versos citados en el texto y además los primeros versos de romances y canciones de los siglos XV a XVII aquí aludidos por sus números en *Primavera* y Durán, aunque no sean citados verbalmente. Siempre que sea posible, se pone el número de *Primavera* en paréntesis a continuación del verso en el presente índice.

Cath'rine se promène / le long de son jardin 238.
Cercada está Santa Fe / con mucho lienzo encerado (93) 61, n. 1, 69.

De Antequera dartio [sic] el moro 70, n. 20.
De Antequera partió el moro / tres oras antes del día (74) 70 y n. 20.
De Antequera sale el moro, / de Antequera se salía 70, n. 20.
De Antequera sale vn moro, / de Antequera aquessa villa 70.
De Antequera salió el moro... 71, n. 20.
De Antequera salió el moro, / d'Antequera aquessa villa 70, n. 19.
De Antequera salió el moro / por la cueva de Albarizas 71, n. 20.
Debajo el kiuprí de Lárisa / hay una moza zarif 173.
Debašo del kioprí de Larsa / ay una iža en karsél 174.
Debašo el kioprí de Larso / avía'na mosa zarif 173.
Debaxo el kuprí del Arcio / hay una mosa zarí 174.
De caluario sale el demonio / de Caluario ya salía 71, n. 20.
De Francia salió la niña, / de Francia la bien guarnida (154a) 68, n. 15.
De Granada parte el moro / que Alatar se llamaba (90) 69.
¿De ké yoras, Blankailinda? / ¿De ké yoras, Blancaiflor? 163.
¿De ké yoras, pobre esklavo? / ¿De ké yoras? ¿Ké te kešas? 160.
De la giúma sale el moro, / de la giúma al mediodía 68.
De la ǧuma sale el moro, / de la ǧuma al mediodía 65.
De Lucrecia contaré / la historia, pues fui testigo 83.
De Mantua salió el marqués, / Danés Urgel el leal (165) 166.
De prinsipyyo de sus males, / navegó por la fortuna 89.
De Ronda sale el alcayde / Maymón por nombre llamado 69, n. 18.
Deš cand meu Cidello venid / tan bona 'l-bišãra 145, n. 32.
Día era de los Reyes, / día era señalado (30b) 205, n. 3.
Día era de San Antón, / ese santo señalado (82) 118.
¡Diez del cielo, Diez del cielo, / Diez del cielo, hacé conmigo! 132, n. 13.
¿Di ké yoráš, Blankailiña? / ¿Di ké yoras, Blankaiflor? 222.
¡Dio del sielo, Dio del sielo / i Dio de toda ǧudería! 132.
¡Dios del sielo, Dios del sielo, / Dios del sielo estís conmigo! 132, n. 13.
Döden han gick til then rike mans gård 92, n. 7.
Don García de Padilla, / ése que Dios perdonase (69) 72, n. 21.
Durmiéndose 'stá Parize / de esueño ke le venía 222.

Ea, llamábolo la doncella 194, n. 2.
Echa agua a la tu puerta; / passaré, me caeré 180.
Echa agua en la tu puerta, / pasaré, me kaeré 180, 221.
Echa agua en la tu puerta, / pasaré y me caeré 181.
Echa agua en la tu puerta, / passaré, me caeré 180.
Echa da en la tu puerta, / pasaré, mi cayiré 181.
El ball de la civada, / jo us el cantaré 114.
¡El buen moro, el buen moro, / el de la barba envellutada! 63.
El buen viar, el buen viar. / ¿Cómo se ensembra el buen viar? 111.
El dia de Sant Joan / n'és un molt senyalat dia 14, n. 2.
El gavilán / ehcarda su trigo 113.
El maniana de San Joan, / al tempo que el manecía 14.
El rey moro tenía un hijo / más hermoso que la plata 97.
En Burgos está el buen rey / asentado a su yantar (30a) 205, n. 3.
En Castilla está un castillo, / que se llama Rocafrida (179) 67, n. 13.
En el nombre de Jesús / que todo el mundo ha desformado 134.

La 'iža del rey de Fransyya / se fu'e 'a vižitar al vezir 174.
La mañana de San Juan / al punto que alboreaua 16, 69, 137.
La mañana de San Juan / cuando el sol alboreaba 19.
La mañana de sant Joan / al tiempo que alboreaba (75) 61, n. 1, 68, n. 15, 69, n. 18.
La mañana de Sant Juan... 16, n. 6, 18, n. 7.
La mañana de Sant Juan / al tiempo que alboreaua 18.
La mañana de Sant Juã / quando el alua começaua 16-17, n. 6.
La mañana de S. Juan / al punto que rompe el alba 19.
La noche de Navidad / al tiempo que alboreaua 17, n. 6.
La noche de Navidad / que ya el alba se acercaba 17, n. 6.
La reina di Fransia / tres ižas tenía 157.
Levantóse Gerineldo / que al rey dejara dormido (161) 105, n. 1.
Lo matí de Sant Joan / com es fresca matinada 19.
¡Los ángeles te alaben, / gran Dios de Israel! 127.
Los vientos eran contrarios, / la luna estaba crecida (5a) 68, n. 15.

Madre, casar, casar, / que çarapico me quiere llevar 204, n. 3.
¡Mala la vistes, franceses, / la caza de Roncesvalles! (186) 239, n. 12.
Mañana de Navidad / al tiempo que alboreaua 17, n. 6.
Mañanciña de San Xoan / cando o sol alborexaba 19.
Mañanita de San Juan, / cuando el sol alboreaba 19.
Mañanita era, mañana, / al tiempo que alboreaba 18, 137.
Mariika na stól sedéshe 225.
Media noche era por filo, / los gallos querían cantar (174) 72, n. 21.
Media noche era por filo, / los gallos querían cantar (190) 68, n. 17, 72, n. 21, 83, n. 1.
Mensajeros le han entrado / al rey Chico de Granada (92) 141.
Mes' 's tèn hagía' Paraskeuè' / kórē koimãtai monachē 158.
Mià kórē ekauchēthēke / tòn Cháron dèn fobãtai 162.
Mià mánna, mià kakómanna / toū guioū tēs katariétai 164.
Minha mãe, casar, casar, / que o gavião me quer levar 204, n. 3.
Mi padre era de Fransia, / mi madre d'Anatole 222.
Mi padre era de Ronda / y mi madre de Antequera (131) 137.
Miraba de Campo-Viejo / el rey de Aragón un día (101) 67, n. 13.
Mira Nero de Tarpeya 18, n. 7.
Mira Neyo [sic] de Tarpeya / a Roma cómo se ardía 83, n. 1.
Montesina era la graça / y de muy alto volar 205, n. 3.
Moriana en un castillo / juega con el moro Galván (121) 144, n. 31.
Morikos, mis morikos, / los ke abašan de la kina 248, 249.
Morir vos queredes, padre, / San Miguel vos haya el alma (36) 83, n. 1.
Moro alcaide, moro alcaide, / el de la barba vellida (84) 63, n. 5.
Moro alcaide, moro alcaide, / el de la vellida barba (84a) 63, n. 5.
Mujer de don Buezo / a la misa iría 32, n. 16.
Mujer del rey Fernando / a la misa iría 32, n. 16.

Náchame, tí náchame; / nácham' éna géronta 188.
Na manhã do S. João, / pela manhã d'alvorada 19.
N'esa villa de Madrid, / junto a los Caños del Agua 103.
Nochebuena, Nochebuena, / la Noche de Navidad 138, n. 25.
Nochebuena, nochebuena, / que es noche de Navidad 142.
Nunca viera jaboneros / tan bien vender su jabón 49, n. 22.

Saránta káterga eímaste / k' hexēnta duò fergádes 160.
Saránta pénte mástoroi / k' hexēnta mathētádes 175.
Señor Gómez Arias, / doleos de mí 44, 46.
Señor Gómez Arias, / duélete de mí 45.
Se passea Katina / por un rico verǧel 235, 239, n. 13.
S'estávase la mora / en su bel estar 185.
Sevilla está en una torre / la más alta de Toledo (128) 68, n. 15.
Siempre lo tubiste, moro, / de andar en barraganías 63, n. 5.
Sobre Baza estaba el rey, / lunes, después de yantar 61, n. 1.
Syen donzeas van ala misa / por azer la 'orasyón 221.

Teníamos un buen viejo / que arrodea las viñas 183.
Tenía yo un viejo / que cavava viñas 183.
Téssares kaì pénte ētan / enneá 'delfoí 155.
Tió Juan Periñal / tiene un arenal 112.
Todas las gentes dormían / en las que Dios tiene parte (198) 83, n. 1, 139-
     140.
Tres palombas van bolando / a por el sarray del rey 222.
Tú sos 'una mučačika / de kinze 'a dyes i seš 221.

Una mosa y una mosa / ke no s'espanta de la Muerte 161.
Una tarde de las tardes, / jéndomi para minhá 133.
Un barquito vino al puerto / y al puerto de Tetuán 145, n. 32.
Un hijo tien' el rey David, / que por nombre Amnón se yama 96.
Un kavretiko / ke me lo merkó mi padre 186, 292.

Vámonos, dijo, mi tío, / a París esa ciudad (172) 105, n. 1.
Vierte aguas por las tus puertas, / pasaré me cayeré 181.
Vivardueña lo siembra'n su arenal / y así lo siembra Vivardueña 110.
Vn hijo del rey Dauid / namoro se de su hermana 98.
Voulez-vous savoir comment, / comment on sème l'aveine? 115

Ya cabalga Calaínos / a la sombra de una oliva (193) 68, n. 15.
Ya cantan los gallos, / buen amor, y vete 21.
Ya se agiuntan las flores, / ya se agiuntan todas en una 189.
Ya se salía el rey moro / de Granada para Almería (86) 68, n. 17, 69.
Ya se salen de Jaén / los trescientos hijosdalgo (82a) 68 y n. 17, 118.
Ya se van los siete ermanos, / ya se van para Aragó 154.
Ya se van los siete hermanos, / ya se van para Aragón 220.
Yo me estando, madre, /en mi rico vergel 47.
Yo me estando, madre, / en mi rico verjel 47.

Zablejala, zablejala, vakla mi ovca 225.

Autores y obras

Abū-l-ᶜAbbās al-Aᶜmà at-Tuṭīlī 216.
Aïol 67, n. 13.
Alemán, Mateo 77, n. 1.
Amadís de Gaula 146, n. 35.
Andrić, Ivo: *The Bridge on the Drina* 171, n. 6.
Aranda, Luis de: *Glosa peregrina* 37-38, 41, 42.
Arragel de Guadalajara, Mosé 146, n. 36.
Aymeri de Narbonne 67, n. 13.

Baladro del sabio Merlín 170, n. 1.
Beuve de Hantone 36, 39, n. 21, 40, n. 23, 40-41.
Boeve de Hanstone 39, n. 21.
Boeve de Haumtone 39 y n. 19, 40, n. 21.
Bovo d'Antona 38.
Bovo d'Antone 40, n. 21.
Beuve de Hantone 39-40, n. 21.
Buovo d'Antona 39, n. 21.

Calderón de la Barca, Pedro 45, n. 10.
Cantar de la muerte del rey don Fernando: ver Muerte del rey don Fernando.
Cantar de mio Cid 21, 28, n. 6, 68, n. 17, 118.
Cantar de Rodrigo: ver Mocedades de Rodrigo.
Castillo Solórzano, Alonso de: *A la fuerça de Lucrecia* 83.
Cerco de Zamora 24, n. 2, 68, n. 17.
Cervantes, Miguel de: *Don Quijote:* 46, n. 11, 78, n. 4. 146, n. 36.
Chanson d'Aspremont 67, n. 13.
Chrétien de Troyes, *Cligés* 67, n. 13.
— : *Erec* 67, n. 13.
— : *Perceval* 67, n. 13.
Copla que hizo tremar a una alcahueta 82 y n. 10.
Crónica de Alfonso XI 43.
Crónica de Castilla 29-30 y nn. 10-11, 31, n. 14.
Crónica de los Reyes de Castilla: ver Crónica de Castilla.
Crónica de Veinte Reyes 30-31, n. 13, 95, n. 11.
Crónica de 1344 29 y n. 10, 30 y nn. 11, 13, 31, n. 15, 95, n. 11.
Crónica de 1404 30, n. 11, 31, n. 15.
Crónica Geral de Espanha de 1344: ver Crónica de 1344.
Crónica Ocampiana 30 y nn 11-12.
Crónica particular del Cid 24, n. 2, 30, n. 11.
Crónica rimada: ver Mocedades de Rodrigo.
Cuchulain of Muirthemne 167, n. 40.

Danza general de la Muerte 92, n. 7, 95, 214, n. 1.
Daurel et Beton 39 y n. 17, 40 y nn. 22-24.

Voces comentadas

Las voces no acompañadas de una atribución específica pertenecen al judeo-español oriental. Aunque hemos procurado que sean obvias, convendría consignar las siguientes abreviaturas: alb. = albanés; ant. = antiguo; ár. = árabe; argel. = argelino; ast. = asturiano; búlg. = búlgaro; dialect. = dialectal; egipc. = egipcio; esp. = español; fr. = francés; germ. = germanía; gr. = griego; h. = hebreo; hisp.-ár. = hispano-árabe; ingl. = inglés; it. = italiano; j.-esp. = judeo-español; lat. = latín; levant. = levantino; lib. = libio; maced. = macedonio; maced.-rum. = macedo-rumano; magr. = magrebí; marr. = marroquí; med. = medieval; mod. = moderno; mold. = moldavio; mozár. = mozárabe; port. = portugués; rum. = rumano; serv.-croat. = servo-croata; t. = turco; ucran. = ucraniano; vasc. = vascuence; venec. = veneciano.

ᶜabd (ár.) 'esclavo, siervo, sirviente' 202, n. 5.
abwāq (hisp.-ár.): ver būq.
aceros (esp. ant.) 'energía, fuerza' 201.
aczán 'cruel' (?) 120, n. 5.
adelantado (esp. ant.) 'gobernador' 202, n. 5.
adiantado (port. ant.) 'gobernador' 202, n. 5.
adofaina (esp. ant.) dimin. de adafina (plato típico judío) 125, n. 5.
ᶜafārīt (ár.) 'supernatural underground beings' 173, n. 15.
'akzār (h.) 'cruel' 120, n. 5.
ahorrar (esp. mod.) 206.
alā (ár.) 'O!, up, come' 212.
alazán (j.-esp.?) 'alazán' 115, n. 5.
alazán (esp. mod.) 118, 119, n. 3, 121, n. 5, 123.
alazano (esp. mod.) 118, 119.
alazão (port. mod.) 'alazán' 119, n. 3, 121, n. 5.
* alazar (esp. ant.) 'alazán' 119, 121.
alazare 'alazán' 118-123 y n. 7.
alboca (vasc.) 'albogue' 125, n. 4.
albogón (esp. ant.) 'albogue grande' 125, n. 4.
albogue (esp. mod.) 'flauta de dos cañas paralelas con agujeros' 125 y n. 4.
albogue (port. ant. y mod.) 'albogue' 125 y n. 4.
albojaira (esp. dialect.) 'albufera' 125, n. 5.
alboque (esp. dialect.) 'albogue' 125.
alboque (port. ant. y mod.) 'albogue' 125 y n. 4.
alboquea (vasc.) 'albogue' 125, n. 4.
albudeca (esp. mod.) 'sandía' 125, n. 5.
* albueca (esp. ant.) 'pequeña trompeta' 125.
albufera (esp. mod.) 'laguna' 125, n. 5.
alcastá 'alazán' (?) 121, n. 5.
alcazare 'alazán' (?) 120, n. 5.

Alcolea = topónimo 125, n. 5.

alezan (fr.) 'alazán' 119, n. 3.

alforí'a 'libertad' 206, n. 7.

alforí'a (j.-esp. ant.) 'libertad' 206, n. 7.

alforiya (ladino) 'libertad' 206, n. 7.

alforría (j. esp. ant.) 'libertad' 206, n. 7.

alforría (esp. ant.) 'libertad' 206, n. 7.

algüeca 'trompetilla, flauta' 124-126.

alḥad 'domingo' 218.

alhanzaro (esp. ant.): fiesta musulmana del solsticio de verano 14, n. 2.

alhorría (esp. ant.) 'libertad' 206, n. 7.

Aliud: topónimo (Prov. de Soria) 117, n. 17.

almoxama (esp. ant.) 'mojama' 62, n. 4.

almušama 'mojama' (?) 62, n. 4, 64.

alt (fr. ant.) 'alto' 124.

amán 'perdón, misericordia, ¡ay de mí!' 180, n. 3, 212, n. 11, 214-227.

amàn (alb.) 'per pietà, per carità' 219, n. 9.

amān (ár.) 'clemency' 219, n. 12.

amán' (búlg.) 'mercy!, oh!' 219, n. 13.

amàn (gr.): exclam. 219, n. 8.

aman (maced.) 'aman, milost, pošteda' 219, n. 11.

amán (maced.-rum.) 'grâce' 219, n. 10.

aman (mold.) 'tened piedad [de mí]' 219, n. 14.

amānu (mozár.): exclam. 216.

aman (rum.) 'indurare! iertare!' 219, n. 14.

àmān (serv.-croat.) 'Pardon, Gnade!; mercy, favor' 219, n. 12, 224, 225, n. 31.

aman (t.) 'perdón, misericordia, ¡ay de mí!' 180, n. 3, 219, nn. 8-10, 12-14, 223, 247.

amán (ucran.) 'Verzeihung' 219, n. 13.

amató 'apagó' 187, n. 8.

ᶜanṣara (ár. magr.): fiesta del solsticio de verano 14 y n. 2.

ᶜanṣra (ár. magr.): fiesta del solsticio de verano 14, n. 2.

arekamà (venec.) 'bordada' 231, n. 5.

aspro 'monedita' 186, n. 8.

'áspron (gr.) 'dinero, moneda; un ochavo' 186, n. 8.

'áspros (gr.) 'blanco' 186, n. 8.

'ašqar (ár.): ver 119, n. 3.

'ašqar (ár. marr.) '(caballo) alazán' 119, n. 3.

atacanar 'poner (ropa)' 54, n. 5.

ázâar (ár. marr.) 'rubio' 119, n. 3.

'azᶜar (ár.) 'de cabellos ralos; sin rabo; blond, blond ardent, roux, alezan' 119 y n. 3, 120, n. 5.

ázᶜar (ár. lib.) 'biondo' 119, n. 3.

'azᶜár (hisp.-ár.): un color de caballo 119.

baffar (esp. ant.) 'jactarse, baladronear' 65, n. 9.

bafo (port. mod.) 'favor, protección' 66, n. 9.

bafor 'jactancia, pomposidad' (?) 65, n. 9.

baguãca (hisp.-ár.) 'trompa o trompeta derecha, trompeta de bueltas' 125, n. 3.

baguãq (hisp.-ár.) 'alboguero, tañedor de trompeta, trompetero que tañe [la baguãqua]' 125, n. 3.

baguāqua (hisp.-ár.) 'trompa o trompeta derecha, trompeta de bueltas' 125, n. 3.

bahareros (esp. ant.) 'fanfarrones, embusteros' 66, n. 9.

baile (germ.) 'ladrón' 136.

bārā'(h.): *ver* barū'a.

barū'a (h.) 'engordar, cebar' 215, n. 3.

basàr (venec.) 'baciare' 231, n. 5.

basin (venec.) 'piccolo bacio' 231, n. 5.

bawwāq (hisp.-ár.) 'trompeta, alboguero' 125.

bawwāqa (hisp.-ár.) 'trompeta de vueltas' 125.

bazar (venec.) 'besar' 231, n. 5.

bazin (venec.) 'besito' 231, n. 5.

běnê ḥôrîn (h.) = «hijos forros» 207, n. 8.

bizden iyileri (t.) 'seres subterráneos mitológicos' 220.

boza (t.): cierta bebida fermentada 173, n. 16.

bozaci (t.) 'vendedor de *boza*' 173, n. 16.

brijimal 'hilo de oro' 74, n. 7.

bruḥa: significado? 215, n. 3.

buena ğente 'seres subterráneos mitológicos' 220.

buena xente (ast.) 'seres subterráneos mitológicos' 220.

būq, pl. abwāq (hisp.-ár.) 'trompa' 125 y n. 3.

***** **buwayqa** (hisp.-ár.) 'pequeña trompeta' 125.

buzají 'vendedor de *boza*' 173, n. 16.

cami (t.) 'mezquita' 215, n. 3.

canım (t.) 'mi alma' 224-225 y nn. 29, 32.

çelebi (t.) 'señor' 173, n. 16.

colación (esp. mod.) 215, n. 3.

colazione (it.) 'desayuno' 215, n. 3.

congia: *ver* konğá.

correr (esp. ant.) 'saquear, almogavarear' 201.

croce (it.) 'cruz' 137.

crocha 'cruz' (?) 137.

cuma (t.) 'viernes, asamblea general ṣalāt del viernes' 65, n. 9, 215, n. 3.

Cháros (gr.) 'la Muerte (personificada)' 162 y n. 23.

chelebbí 'señor' 173, n. 16.

dago (venec.) 'doy' 231, n. 5.

daršar 'leer' 138.

dāsa (ár.) 'to tread, step (on)' 210, n. 6.

daus (ár.) 'treading, trampling, tread, step' 210, n. 6.

djumᶜa (ár.) 'viernes, asamblea general, ṣalat del viernes' 65, n. 9.

D-K-R (ár.) 'hierro, fuerza, vehemencia' 201.

doos (ár. egipc.) 'pace; strut' 210.

dos (ár. egipc.) 'act of treading on, walking on' 210, n. 6.

džanam (maced.): exclam. 225, n. 32.

džánum (búlg.): exclam. 224, n. 29.

džanum (serv.-croat.): exclam. 224.

ezᶜar (ár. argel.) 'blond' 119, n. 3.

favor 'pavor' 65, n. 9.
forro (j.-esp. marr.) 'libre' 207, n. 8.

guezerá (j. esp. marr.) 'abundancia' 200, n. 2.
Güerco 'la Muerte (personificada)' 162, n. 22.
gül (t.) 'rosa' 233, n. 18.
ğamí 'mezquita' 215, n. 3.
ğami^c (ár.) 'mezquita' 215, n. 3.
ğanim: exclam. 224, n. 29.
ğuma 'viernes, asamblea general musulmana' 65, n. 9, 66, n. 11, 215, n. 3.
ğum^ca (ár.) 'viernes, asamblea general, ṣalāt del viernes' 215, n. 3.
ğannā (ár.) 'cantar' 210, 212.
ğazāra (ár.) 'abundancia' 200, n. 2.
ğazīra: *ver* ğazāra.
G-W-R (ár.) 'correr, galopar, hacer una correría o incursión' 201.

hakāfôṭ (h.) 'circuitos' 109, n. 23.
halā (ár.) 'O!, up, come' 212.
halboie (fr. ant.) 'oboe' 124.
halt (fr. ant.) 'alto' 124.
hamán (alb.): *ver* amàn.
haulboys (fr. ant.) 'oboe' 124.
hault (fr. ant.) 'alto' 124.
haultboie (fr. ant.) 'oboe' 124.
haultbois (fr. ant.) 'oboe' 124.
haut (fr. ant.) 'alto' 124.
hautbois (fr.) 'oboe' 124 y n. 2.
hautboy (ingl. med.) 'oboe' 125, n. 2.
horro (esp. mod.) 206.
Huerco 'la Muerte (personificada)' 162 y n. 22.
Huerco (esp. ant.) 'La Muerte (personificada)' 162, n. 22.
hürriyet (t.) 'libertad' 206, n. 7.
ḥoriét 'democracia' 206, n. 7.
ḥorr (ár. magr.) 'libre' 207, n. 8.
ḥorr, fem. **ḥorra** (ár. marr.) 'libre, dégagé, pur, chaste' 206.
ḥorr (hisp.-ár.) 'libre hecho de siervo, libre nascido en libertad' 207.
ḥorra (ár. levant.) 'libre, chaste' 207, n. 8.
ḥórra (hisp.-ár.) 'casta muger, muger casta e onrrada' 207.
ḥorriya (ár. marr.) 'libertad' 206.
ḥorro (j.-esp. marr.) 'libre' 207, n. 8.
ḥurr (ár. egipc.) 'free, frank, honest, genuine' 207, n. 8.
ḥurra (ár.) 'libre, vertueuse, honnête, franche, pure, intacte, vierge' 207, n. 8.
ḥurra (hisp.-ár.) 'honesta, honrada' 207, n. 8.
ḥurria (hisp.-ár.) 'libertad, castidad, castidad de la muger, virginidad' 207.
ḥurrīya (hisp.-ár.) 207, n. 8; *ver también* ḥorra.
ḥisân (ár.) 'caballo de raza' 119, n. 3.
Ḥākām (h.) 'rabino' 138.
ḥăzîr (h.) 'cerdo' 136.
ḥeruṭ (h.) 'libertad, liberación' 206, n. 7.
Ḥ-L-Ṣ (ár.) 'pureza, lealtad, fidelidad' 201.

ibrişim (t.) 'hilo de oro' 74, n. 7.
insĭpĭdum (lat.) 236, n. 2.

javda 'fade, insipide' 236, n. 2.
jofaina (esp. mod.) 125, n. 5.

kamān (ár.) 'otra vez, también, más' 211.
kapará 'expiación' 172, n. 13.
ķapārāh (h.) 'expiación' 172, n. 13.
kaškà (venec.) 'cayó' 231, n. 5.
kianím (gr.): exclam. 224, n. 29.
kidûšîn (h.) 'ceremonia de casamiento' 133.
kilise (t.) 'iglesia' 137.
kiuprí 'puente' 173, n. 16.
klisa 'iglesia' 137, 141.
kolasyón: significado? 214, n. 3.
kominsyya (venec.) 'comienza' 231, n. 5.
konca (t.) 'pimpollo' 209, n. 4.
konǵá 'rosa' 191, 209, n. 4.
köprü (t.) 'puente' 173, n. 16.
köşe (t.) 'rincón, escondrijo' 224, n. 29.

lābān (h.) 'blanco'; *ver* lebānîm.
lakzar: significado? 120, n. 5.
lasare 'alazán' (?) 120-121.
lašà (venec.) 'dejado' 231, n. 5.
lazare 'alazán' (?) 120-123 y nn. 5, 7.
lĕbānîm (h.), pl. de lābān 'moneda(s) de plata' 186, n. 8.
levanim 'moneditas' 186, n. 8.
libertade (j.-esp. marr.) 'virginidad' 203.
libre (j.-esp. marr.) 'virgen' 84, n. 3, 203-207.

Māgēn Dāwid (h.) 'estrella (lit. escudo) de David' 138.
malaḥ 'ángel (de la muerte)' 186, n. 8.
mal'āķ (h.) 'ángel' 187, n. 8.
mal'āķ ha-māweṭ (h.) 'ángel de la muerte' 184, n. 4.
malákh-hamavet 'ángel de la muerte' 184, n. 4.   ·
malik (ár. marr.) 'rey' 201.
mancebo (esp. morisco): *ver* 202, n. 5.
maromero 'mal romero' 138.
meldar 'leer' 138.
melk (ár. marr.) 'propiedad, lo que es poseído' 201.
melkiya (ár. marr.) 'escritura (de propiedad), propiedad, título' 201.
memlaka (ár. marr.) 'reinado' 201.
metege (venec.): *ver* metegi.
metegi (venec.) 'que nos pongas' 231, n. 5.
milsa 'misa' 138.
minḥāh (h.) 'oración del atardecer' 133.
mínyān (h.) 'quórum obligatorio de diez varones' 133.
misa 'torre, ermita, choza' 136.
mižores de mozotros 'seres subterráneos mitológicos' 220.
mlek (ár. marr.) 'poseer, dominar, conquistar' 201.

mojama (esp. mod.) 62, n. 4.
molk (ár. marr.) 'dignidad real' 201.
monja 'moza' 137.
more (serv.-croat.): exclam. 224.
morió 'mordió' 187, n. 8.
mosidade (j.-esp. marr.) 'virginidad' 204, n. 3.
mousamãs (gr.) 'hule' 62, n. 4.
mudbage (esp. y port. ant.): prenda de vestir 13, n. 1.
muršáma 'toile cirée' 62, n. 4.
mushamá (alb.) 'hule' 62, n. 4.
mušama 'toile cirée' 62, n. 4.
mušamá 'toile cirée' 62, n. 4.
mušamá (búlg.) 'hule' 62, n. 4.
muşamà (rum.) 'hule' 62, n. 4.
muşamba (t.) 'hule' 62, n. 4.
mušamma^c (ár.) 'hule' 62, n. 4.

nisá (j.-esp. marr.): significado? 138, 142.
nisán (j.-esp. marr.): significado? 138, 142.
nisar (j.-esp. marr.): significado? 138, 142.

oboe (esp. mod.) 125, n. 2.
oćo (venec.) 'occhio' 231, n. 5.
'oğyii (venec.) 'ojos' 231, n. 5.
Orcus (lat.) 162 y n. 22.
ortada 'hurtada' 62, n. 4.
ortala 'decisiva, urgente' (?) 62, n. 4.
örtülü (t.) 'covered; concealed; obscure of speech' 62, n. 4.

papás 'cura' 137, 138, 141.
papaziko 'cura' 137.
pappãs (gr.) 'cura' 137.
parás 'dinero' 92, n. 7.
para (t.) 'moneda' 92, n. 7.
pelegrino 'peregrino' 141.
perlinguito 'peregrino' 138.
Pesaḥ Ri'šôn (h.) 'Pascua Primera' 136.
poridad (esp. ant.) 'secreto' 201, 202, n. 5.
puridad (esp. mod.) 202, n. 5.

qalīs (ár.) 'église' (?) 214, n. 3.
qulays (ár.): *ver* qalīs.
qullays (ár.): *ver* qalīs.

raqaṣa (ár.) 'bailar' 209, 210.
reinado (j.-esp. marr.) 'bienes materiales' 200-202, 203, n. 1.
rentación (j.-esp. marr.) 'prebenda' 136.
reynađo 'bienes materiales' 201, n. 2.
reyes 'rey' 62, n. 4.
rozales: significado? 120, n. 5.
ruán (esp. mod.) 119 y n. 3.
ruano esp. mod.) 119.

sakira (ár.) 'beber o estar bebido' 209.
saksı (t.) 'maceta' 209, n. 4.
saksís 'macetas' 209, n. 4.
Sanǧeruań 'San Juan' 138, 142.
Sanǧiguare 'San Juan' 138, 142.
sanǧi (r) ‹ San Gil 138.
Sanjiguale 'San Juan' 138, 142.
saray 'palacio' 209, n. 4.
saray (t.) 'palacio' 209, n. 4.
sarv (persa) 'ciprés' 199, n. 15.
sè (venec.) 'es' 231, n. 5.
selví 'ciprés' 198 y n. 15.
Selví: significado? 198, 221, n. 24.
selvi (t.) 'ciprés' 197, 198, n. 15.
selvir: significado? 196.
sento (venec.) 'cien' 231, n. 5.
serví: significado? 196.
servil: significado? 196.
stoicheīon (gr.) 'espíritu local o elemental' 176, n. 25, 177.
stoicheiónō (gr.) 'dedicar, sacrificar' 176, n. 25.

šarif (ár.) 'noble' 66, n. 9.
šavdo 'fade, insipide' 236, n. 2.
šoḥad 'soborno' 92, n. 7.
šoḥad (h.) 'soborno' 92, n. 7.
šōḥēt (h.) 'degollador de animales' 184, n. 4.

tabaque 'especie de azafate' 111.
takınmak (t.) 'ponerse, llevar' 54, n. 5.
thusía (gr.) 'sacrificio' 173, n. 15.

umá (j.-esp. marr.) 'en cuanto a, tocante a' 97, n. 3.
u-amma (ár. marr.): ver wa-amma.

vay '¡ay!' 224, n. 29.
vay (t.) '¡ay!' 224.
Vírgel 'Virgen' 138, 140.
voleśtu (venec.) 'quieres' 231, n. 5.

wa-amma, u-amma (ár. marr.) 'quant à' 97, n. 3.

xè (venec.) 'es' 231, n. 5.
xohet 'degollador de animales' 184, n. 4.

yallāh (ár.) '¡venga!' 211.
yihūd (ár.) 'judíos' 117, n. 17.
yul 'rosa' (?) 233, n. 18.

zaᶜar (ár. marr.) 'rendre roux; teindre en roux' 119, n. 3.
ẓᶜảṛ (ár. marr.) 'blond' 119, n. 3.
zarif (t.) 'elegante, graciosa' 173, n. 16.
zè (venec.) 'es' 231, n. 5.

ÍNDICE GENERAL